ÉPISODES

DE LA COMMUNE

CHAPITRE PREMIER

LES MAIRES DE PARIS

ET LE COMITÉ CENTRAL

I. — LES PREMIÈRES CONCESSIONS.

Prétention des apologistes de la Commune. — Le 18 mars. — Révocation du général d'Aurelle de Paladines. — Le colonel Langlois. — Il se rend à l'Hôtel de Ville. — Nommé ou élu ? — Le Comité central est le maître et le prouve. — Tout le monde a perdu la tête. — « Nuit calme et sans incident. » — Les maires abandonnés sans instructions. — 50 000 francs pour solder la garde nationale. — L'administration de Paris est déléguée aux maires. — Pourparlers inutiles. — L'amiral Saisset nommé commandant supérieur des gardes nationales. — Forces de l'insurrection. — Forces de la légalité. — Disproportion.

Marat eut des apologistes, la Commune en a aussi, et les historiographes de cette lugubre aventure n'ont point manqué d'accuser « le Gouvernement de Versailles » de s'être refusé à toute concession. Les fautes du Gouvernement sont nombreuses ; elles ont été telles, qu'elles l'ont contraint à évacuer Paris devant une bande de factieux dont les menées et les aspirations devaient lui être connues depuis longtemps ; mais le reproche d'avoir systématiquement répudié les compromis est absolument injuste, car il avait fini par accorder au Comité central tout ce que celui-ci avait primitivement demandé. Mû par un sentiment de patriotisme qui ne doit pas être soupçonné, le Gouvernement prouva qu'il était disposé à dépasser la limite de ce que l'on pouvait concéder, sans périls, à des hommes d'autant plus exigeants, qu'ils ne savaient en réalité ce qu'ils voulaient. Sous prétexte de respecter ce que l'on a la sottise d'appeler l'opinion publique, le Gouvernement issu du 4 septembre semblait avoir pris à tâche de garder pour l'émeute les forces que l'on aurait dû employer à la guerre. Deux fois, comme si l'on eût voulu créer des diversions en faveur de l'Allemagne, il fut attaqué : le 31 octobre et le 22 janvier ; deux fois les chefs de la révolte furent arrêtés, puis relâchés avant ou après jugement, de sorte que l'état-major de la révolution à outrance était au complet et à son poste lorsque le Gouvernement entama l'affaire du 18 mars, que son incurie ne sut pas diriger, et que son incapacité fit retomber sur Paris, qui n'en pouvait mais.

Dès la soirée du 18, les concessions commencent. Depuis le 3 mars, M. d'Aurelle de Paladines était général en chef de la garde nationale de Paris ; c'était un homme énergique, dont les Allemands avaient eu le loisir d'apprécier la vigueur, rigoureux observateur de la discipline pour lui-même comme pour les autres, peu enclin à flatter les foules et voulant être obéi quand il avait commandé. Un pareil choix n'était point pour plaire à la garde nationale, dont la majeure partie ne voyait dans le service militaire que la solde, les distributions des vivres et la facilité de jouer au bouchon toute la journée. La nomination du général d'Aurelle de

Paladines ne fut point populaire dans « le peuple armé », et l'on ne se gêna guère pour la traiter d'attentat à la liberté. Deux ministres de ce temps-là, MM. Ernest Picard et Jules Favre, ne prenant ni le temps ni le soin de consulter leurs collègues, remplacèrent, le 18 mars même, le général d'Aurelle de Paladines par M. Langlois, qui, ayant été blessé en combattant les Allemands, jouissait alors dans Paris d'une popularité que méritaient du reste sa franchise un peu brusque et sa loyauté.

Le choix en lui-même était bon. Le colonel Langlois — comme l'on disait — était certain de rallier presque toutes les opinions adverses dans la sympathie qu'il inspirait. Très exubérant de gestes et de paroles, il avait su, par la rectitude de son caractère, conquérir une estime qu'on ne lui marchandait pas. Attaché aux idées républicaines, il offrait des garanties que nul ne cherchait à discuter; en outre, quoique sa nature chevaleresque le portât à subir bien des entraînements, on savait qu'entre ses mains l'ordre ne péricliterait pas, et qu'à l'exemple de Clément Thomas en 1848, il saurait faire respecter les décisions de l'Assemblée nationale, qui, à cette heure, était le pouvoir souverain librement choisi par la France. Excellente en toute autre circonstance, sa nomination de général en chef de la garde nationale devenait, en présence de l'insurrection victorieuse, une sorte de reconnaissance implicite de celle-ci et un désaveu des mesures précédemment adoptées par M. d'Aurelle de Paladines. On prouvait au Comité central qu'on ne le blâmerait pas autant qu'on voulait bien le dire, puisque l'on allait au-devant de ses vœux en révoquant un général qui n'avait pas le don de lui plaire. MM. Picard et Jules Favre purent regretter leur précipitation, et dans un dernier conseil des ministres qui eut lieu, pendant la nuit du 18 mars, à l'École militaire, suprême refuge à Paris du Gouvernement régulier, ils furent blâmés d'avoir pris une initiative dont ils ne paraissent pas avoir mesuré les conséquences. La nomination était acquise néanmoins ; il fallait savoir l'imposer à la garde nationale, comme on imposait à M. Langlois la tâche qu'il n'avait pas recherchée. L'assassinat du général Lecomte et de Clément Thomas lui démontrait que sa nouvelle fonction ne serait point une sinécure ; mais il était homme à ne pas reculer devant le péril et l'avait prouvé. Cependant, au lieu d'aller s'établir au siège même du commandement supérieur des gardes nationales, c'est-à-dire à l'hôtel de la place Vendôme, au lieu de s'affirmer par un acte de vigueur, il essaya de se faire accepter et se rendit près du Comité central. Paschal Grousset et Raoul Rigault avaient daigné approuver la nomination de M. Langlois et l'avaient engagé à aller prendre son investiture à l'Hôtel de Ville.

Le Comité central n'était plus en séance ; Assi avait présidé et, se doutant peut-être du sort qui lui était réservé dans l'avenir, avait fait décréter que les conseils de guerre étaient pour jamais abolis. Il était environ deux heures du matin lorsque M. Langlois, escorté de M. Lockroy, de Paschal Grousset et de Cournet, pénétra dans l'Hôtel de Ville. Les chefs victorieux avaient été se coucher, estimant que le meurtre de deux généraux, l'assassinat de quelques gendarmes, le renversement d'un gouvernement, suffisaient à leur satisfaction et méritaient quelque repos. Ne rencontrant pas les nouveaux maîtres de Paris, M. Langlois s'adressa à leurs soldats. Il y avait là quelques bataillons de fédérés tout étonnés de leur triomphe ; il leur dit : « Je suis votre général. » On lui répondit : « Puisque vous êtes notre général, nous allons vous nommer. — Mais je suis nommé. — Par qui ? — Par le Gouvernement. —

Lequel ? — Celui de M. Thiers. » Ce fut un éclat de rire. M. Langlois insistait, on lui riposta : « Vous ne serez, vous ne pouvez être notre général qu'à la condition d'être choisi, d'être élu par nous. » M. Langlois comprit alors que nulle concession ne ramènerait des gens qui ne voulaient pas être ramenés, et il se retira. Évidemment le Comité central, composé, comme l'on sait, de gens inconnus, nommés par des gens qui ne les connaissaient pas, le Comité central s'érigeait en Gouvernement. Il croyait peut-être à la légalité de sa mission ; il se rappelait le Gouvernement de la Défense nationale du 4 septembre, le Gouvernement provisoire du 24 février, la Commission municipale du 29 juillet, et il se demandait pourquoi, lui aussi, il ne règnerait pas, puisque tant d'autres, qui n'étaient pas plus légitimes que lui, avaient régné. Il repoussait avec hauteur le chef délégué par le Gouvernement régulier, et lui disait : « Vous n'aurez d'autre droit à commander que celui que je vous déléguerai moi-même en vertu de la plénitude du pouvoir que je détiens. » C'était un échec et un avertissement pour le Gouvernement de Versailles, qui cependant fit la sourde oreille et feignit de ne pas comprendre. Il ne se tint pas pour battu, et reprit les négociations sous une autre forme.

Les pourparlers qui s'engagèrent alors furent-ils sincères de la part du Gouvernement qui siégeait à Versailles ? A-t-on cru, un peu naïvement, que l'on parviendrait à désagréger le pouvoir entre les mains d'hommes qui y tenaient d'autant plus, qu'ils étaient incapables de l'exercer ? A-t-on pensé qu'on les amènerait à rentrer dans l'ensemble de nos institutions consenties et à avoir pitié de la France ? Ou bien, n'a-t-on ouvert des conférences que dans le but de gagner du temps, et de permettre aux forces du pays d'accourir au secours de la capitale en proie aux futurs assassins des otages? Après la chute de la Commune, cette dernière version a été volontiers propagée. On avait alors trop d'intérêt à la faire prévaloir pour qu'il ne soit pas difficile de l'accueillir sans réserve. Il me semble plus vrai de dire que chacun avait perdu la tête et qu'au milieu des incertitudes parmi lesquelles on s'égarait, tous les compromis, même les moins avouables, eussent été acceptés. Le Gouvernement de Versailles ne savait que faire pour reprendre possession de Paris, et le Comité central, jugeant de sa force par la faiblesse de ses adversaires, était décidé à ne reculer devant rien pour se maintenir au pouvoir.

Il était le maître, ce Comité central, et dès lors estimait que tout était pour le mieux dans le meilleur des mondes possible. M. Washburne, ministre plénipotentiaire des États-Unis d'Amérique en France, ne peut cacher son étonnement lorsqu'il écrit : « Comme exemple de l'état de choses extraordinaire qui règne ici, vous pourrez voir avec quelle sanguinaire naïveté un rapport militaire a été fait par le général qui commande la garde nationale de Montmartre, un nommé Ganier, autrefois marchand d'instruments de cuisine. Il dit d'abord qu'il n'y a « rien de nouveau » ; un peu plus loin : « Nuit calme et sans incident. » Il dit qu'à dix heures cinq minutes deux sergents de ville ont été amenés par les francs-tireurs, qui les ont immédiatement fusillés. Il continue : « A minuit vingt minutes un gardien de la paix, accusé d'avoir tiré un coup de revolver, est fusillé. » Il termine son rapport sur cette nuit calme et « sans incident » en disant qu'un gendarme, amené par des gardes du 28e bataillon, à sept heures, est fusillé. Ainsi, l'on verra qu'en une seule nuit, dans un seul arrondissement, nuit que l'on nous représente comme « calme et sans incident », quatre officiers de la loi sont assassinés de propos délibéré [1]. »

En face de ces actes de violence les maires des vingt arrondissements de Paris restaient seuls pour représenter l'autorité légale. Nommés à l'élection pendant le mois de novembre, ils avaient, en outre, été confirmés dans leur poste par le Gouvernement de la Défense nationale, qui, lors des jours difficiles, les avait souvent consultés. Ils étaient fort embarrassés ; on les avait abandonnés, sans ordres, livrés à leur propre initiative, au milieu d'une population désespérée ou surexcitée outre mesure, selon les opinions qui la divisaient. Deux d'entre eux s'étaient rendus le 19 mars, dès le point du jour, au ministère de l'intérieur, afin de s'entendre avec le ministre. Les délégués des municipalités parisiennes cherchèrent en vain M. Ernest Picard, qui, dans la nuit, s'était rendu à Versailles ; mais le secrétaire général n'était pas encore parti. Il écouta les maires et n'eut rien à leur répondre, sinon qu'il allait se hâter de demander à Versailles les instructions qui devenaient plus indispensables d'heure en heure ; car le Comité central faisait acte de souveraineté et, sans désemparer, se fortifiait dans Paris à l'aide des bataillons fédérés dont il disposait. A une heure de l'après-midi, le secrétaire général se présentait à l'assemblée des maires réunis à la mairie du deuxième arrondissement, rue de la Banque ; il leur remettait *cinquante mille francs*, c'est-à-dire 2500 francs par arrondissement, pour solder les gardes nationaux restés fidèles au Gouvernement légal et leur communiquait la délégation suivante : « Le

---

[1] *Franco-German war and insurrection of the Commune*; correspondence of E. B. Washburne, *Envoy extraordinary, etc., etc.* — Washington, *Government printing office*, 1878. — N° 186, *M. Washburne to M. Fish*, p. 167. — Les faits que rapporte M. Washburne se sont produits dans la nuit du 18 au 19 mars.

ministre de l'intérieur, vu les circonstances dans lesquelles se trouve la ville de Paris, considérant que l'Hôtel de Ville, la Préfecture de police et les Ministères ont dû être évacués par l'autorité régulière, considérant qu'il importe de sauvegarder l'intérêt des personnes et de maintenir l'ordre dans Paris, délègue l'administration provisoire de la ville de Paris à la réunion des maires. »

Une telle décision a dû coûter à M. Thiers, car il fut l'adversaire persistant du pouvoir personnel, toutes les fois qu'il ne l'exerça pas lui-même; mais la stratégie gouvernementale et militaire qu'il avait déployée le 18 mars avait eu des résultats si peu en rapport avec ses prévisions, qu'il ne dut pas hésiter à permettre à M. Ernest Picard d'investir les maires de Paris d'une autorité qui n'aurait d'autres limites que celles de leur bon sens et de leur patriotisme. En réalité, la paix et la guerre étaient entre leurs mains. Ils acceptèrent la tâche, et quelques-uns d'entre eux surent l'accomplir avec une fermeté dont Paris serait ingrat de ne pas se souvenir.

Pour négocier utilement, il est élémentaire d'avoir derrière soi une force quelconque, sur laquelle on puisse s'appuyer pour faire prévaloir ses prétentions et au besoin pour les imposer; sans cela, les négociations sont dérisoires, et c'est ce qui devait arriver, car les forces représentant à Paris le Gouvernement régulier de la France n'existaient réellement pas. Plus de cent mille personnes quittant la ville aussitôt que la signature de l'armistice eut permis d'entre-bâiller les portes, avaient, par leur départ irréfléchi, complètement désorganisé les bataillons de garde nationale où la légalité aurait pu trouver un refuge et une protection. Il restait alors à Paris une groupe d'environ 11 500 hommes prêts à lutter contre l'émeute pour le maintien des lois ; mais ils étaient sans cohésion, sans chefs, sans impulsion, et comprenaient que leur organisation était des plus défectueuses; néanmoins ils ne demandaient qu'à obéir et ne savaient à qui s'adresser pour être commandés.

Pendant toute la journée du 19 mars, il y eut des conciliabules entre les chefs de bataillon, les officiers, les maires, les simples gardes, mais sans résultat, car la direction et les moyens d'action manquaient également. Cette défaillance d'autorité, qui constituait un péril de plus au milieu des dangers dont on était menacé, ne prit fin que le 20 mars. Ce jour-là, M. Thiers nomma M. l'amiral Saisset commandant supérieur des gardes nationales de Paris. Les ordres que le nouveau général reçut furent extraordinairement vagues. Le chef du pouvoir exécutif dit à l'amiral Saisset : « Je n'ai pas d'instructions à vous donner ; les maires de Paris ont mes pleins pouvoirs ; laissez-les faire ce qu'ils croiront utile ; vous leur devez vos avis, votre assistance militaire, mais rien de plus. » C'était un blanc-seing, c'est-à-dire, dans les circonstances actuelles, une délégation de responsabilité avec la certitude d'un désaveu en cas d'échec. L'amiral Saisset connaissait les forces de l'insurrection: une artillerie nombreuse et environ 250 000 fédérés obéissaient au Comité central. Pour faire face à une telle armée, il trouvait que 11 500 hommes dispersés à Saint-Sulpice, à l'École polytechnique, à la Bourse, à la Banque, au Grand-Hôtel, à la gare Saint-Lazare, à Passy, ne lui permettraient même pas une défensive honorable. L'armement, composé de cinq armes différentes — chassepots, tabatières, snyders, remingtons, fusils à piston, — était approvisionné de douze cartouches en moyenne par homme, tandis que le Comité central, ayant dès l'abord mis la main sur les dépôts de munitions, possédait plus de trente millions de cartouches.

Malgré cette infériorité, l'amiral Saisset, ne se décourageant pas, essaya de prendre quelques mesures militaires, afin d'appuyer, autant qu'il serait en son pouvoir, les négociations que les maires allaient engager avec le Comité central ; car il était persuadé que toute la partie honnête de la population viendrait se grouper autour de lui, si elle se sentait appuyée par le Gouvernement réfugié à Versailles.

II. — LES PRÉTENTIONS DU COMITÉ.

Les communications militaires entre Paris et Versailles sont coupées. — Deux courants d'opinions divisent la réunion des maires. — La Commission permanente. — Le Comité central prend l'initiative des négociations. — Les délégués et les propositions du Comité. — On paraît se concilier. — Un mot de Jourde. — La prophétie d'Arnold. — Le Comité manque à ses engagements. — Projet de décret. — Protestation des journaux. — M. Jules Favre demande pardon à Dieu et aux hommes. — Toute la contestation se concentre sur la date des élections municipales. — Manifestation pacifique. — M. Saisset à la réunion des maires. — L'intendant général de la Commune. — Léo Meillet et l'amiral Saisset. — Concession du Comité central.

Pour protéger la population parisienne et défendre la légalité, il était indispensable que l'amiral Saisset pût garder ses communications avec Versailles. Il devait donc se maintenir sur les bords de la Seine par la Muette et Passy, ou s'établir solidement à la gare Saint-Lazare, de façon à commander le chemin de fer de la rive droite. Il avait installé son quartier général au boulevard des Capucines, dans les bâtiments du Grand-Hôtel, à deux pas de l'état-major fédéré, qui s'était emparé de la place Vendôme. L'amiral paraît avoir renoncé à conserver les rives de la Seine, soit pour des raisons stratégiques qui ne manquaient pas de valeur, soit, tout simplement, parce qu'il ne croyait pas la garde nationale de Passy disposée à quitter le seizième arrondissement. Il se rejeta donc vers la gare Saint-Lazare, en fit une sorte de place d'armes qui eût été l'intermédiaire entre Paris et Versailles, si les insurgés, bien inspirés, n'avaient pris Levallois-Perret et n'avaient organisé un poste sur la voie même du chemin de fer. En fait les communications de la garde nationale fidèle et de Versailles étaient très menacées, sinon interrompues. En vain l'amiral Saisset, en vain les maires avaient prié, supplié M. Thiers de leur envoyer un régiment de ligne qui eût servi de soutien à la garde nationale, M. Thiers avait opiniâtrement refusé ; il croyait n'avoir pas trop de toutes ses forces pour protéger l'Assemblée contre un coup de main possible. Paris était donc abandonné à lui-même, livré à la révolte ; Versailles se contentait de lui adresser des encouragements et ne faisait rien pour lui donner du secours.

Les forces qui pouvaient appuyer les négociations et le parti que l'on en pouvait tirer étaient illusoires ; nul ne dut se méprendre à cet égard, ni l'amiral, ni les maires, ni les délégués de la fédération au Comité central. On essaya de s'entendre cependant : — le Comité central, dans l'espérance d'arracher au gouvernement de Versailles une sorte de consécration légale — les maires, avec la résolution de mettre obstacle à la guerre civile. Quelques-uns d'entre eux, résolument dévoués à l'intégrité gouvernementale, se refusaient à toute concession compromettante pour les lois ; d'autres, au contraire, penchaient vers les opinions radicales, avaient quelque propension à accepter le programme des vainqueurs du 18 mars. De cette diversité d'appréciations sortit un double courant d'influences opposées, qui se paralysèrent et échouèrent misérablement. De la part des maires il y eut de grandes illusions ; de la part du Comité central, il y eut mauvaise foi ou, du moins, ignorance du respect que l'on doit à la parole donnée.

Dès le début, le 19 mars, la réunion des maires investie des pleins pouvoirs que M. Thiers lui avait délégués, avait nommé une commission chargée d'organiser la résistance aux usurpations du Comité central et composée de MM. Tirard, Dubail et Héligon. Cette commission siégeait en permanence à la mairie du deuxième arrondissement. C'est le Comité central qui prit l'initiative des négociations ; il envoya des mandataires à la commission des maires pour faire savoir qu'il était disposé à restituer à qui de droit l'Hôtel de Ville et les mairies, mais sous certaines conditions dont il évitait de donner connaissance. On fit partir immédiatement une députation de quatre maires chargés de reprendre possession de l'Hôtel de Ville. Ceci se passait vers cinq heures de l'après-midi ; à dix heures du soir la députation n'était pas encore de retour, et l'on commençait à s'en étonner, lorsqu'on la vit apparaître, accompagnée de quatre membres du Comité central, qui étaient Jourde, Varlin, Arnold et Édouard Moreau.

Les prétentions des insurgés étaient inacceptables : ils voulaient que le Comité central, les députés, les maires de Paris rédigeassent de concert une affiche convoquant les électeurs pour le 22 mars, à l'effet de nommer la représentation municipale. C'était rendre les maires et les députés complices de l'attentat du 18 mars. La proposition fut rejetée d'emblée. Tout ce que les maires purent concéder fut que l'on annonçât, par voie d'affiches, à la population que les municipalités régulières et les députés de Paris demanderaient à l'Assemblée nationale de voter d'urgence une loi prescrivant les élections municipales à bref délai. A cette condition, les délégués du Comité central s'engagèrent à évacuer l'Hôtel de Ville le lendemain 20 mars, et à le remettre aux maires, seuls représentants légaux et autorisés du gouvernement. Deux membres de la réunion des maires, MM. André Murat et Bonvalet, furent désignés, séance tenante et en présence des mandataires de l'insurrection, pour aller réoccuper le palais municipal. Au cours de la discussion, qui fut confuse et pleine de récriminations, on put comprendre entre les mains de quels hommes le sort de Paris venait de tomber. Comme M. Tirard disait à Jourde : « A quel titre nous parlez-vous ? « Celui-ci répondit : « Vous demandez à quel titre nous sommes ici ; nous avons le meilleur des titres, nous avons la force. » C'est le mot des barbares entrant en Italie : « Que parlez-vous de droit ? La force nous suffit : notre droit est attaché au fer de nos lances. » Arnold fut très franc et dévoila, d'une seule parole, les projets que nous avons vu mettre à exécution : « C'est la guerre civile, dit-il, que vous allez déchaîner par votre résistance, et une guerre effroyable : c'est l'incendie, c'est le pillage ; nous serons vaincus, soit ; mais, avant de disparaître, nous aurons brûlé Paris. » Il ne mâchait pas les mots ; on leva les épaules ; on crut à de la jactance, à ces fanfaronnades familières aux brasseurs d'insurrections, et l'on n'en tint compte. Deux mois après, on put voir qu'il avait dénoncé la préméditation du crime.

Le lendemain, MM. André Murat et Bonvalet, fidèles au mandat qu'ils avaient reçu la veille, se rendirent à l'Hôtel de Ville, afin d'y remplacer le Comité central. On refusa net d'exécuter le contrat ; on leur expliqua — et ils n'en crurent rien — que les citoyens Jourde, Arnold, Moreau et Varlin avaient outrepassé leurs pouvoirs ; on leur affirma qu'ils avaient été désavoués, et sans user de beaucoup d'ambages on leur fit comprendre que le Comité central serait vraiment trop simple d'abandonner l'Hôtel de Ville qui, entre ses mains, était un gage et le constituait, aux yeux de la population, maître de Paris. Lorsque les maires eurent connaissance de cette infraction aux engagements acceptés, ils furent sur le point d'abandonner la partie; cependant une pensée de légalité les maintint à leur poste : ils y restèrent pour empêcher les élections municipales d'être faites le 22 par la seule autorité du Comité central et en dehors de toute loi votée par l'Assemblée. Ils donnèrent avis aux députés de Paris des incidents qui s'étaient produits à l'Hôtel de Ville, et les députés, croyant encore à une transaction possible, déposèrent un projet de loi concédant les élections municipales à bref délai et autorisant les conseillers municipaux à choisir parmi eux un président qui aurait titre et exercerait les fonctions de maire de Paris. Cette concession était excessive; mais elle n'était point de nature à désarmer des prétentions qui variaient et s'aggravaient de minute en minute.

Au milieu d'une liasse de papiers ramassés à l'Hôtel de Ville dans la matinée du 20 mars, je vois un projet de décret qui prouve que les négociations avec les maires n'avaient d'autre but que d'amuser le tapis et qu'il fallait tout autre chose que des élections rapprochées pour satisfaire des gens insatiables : « 1° changer le ministère; 2° mettre en accusation tous les membres du gouvernement de la Défense nationale; 3° donner à chaque maire un conseil municipal; 4° rendre à chaque mairie la police de son arrondissement; 5° donner à la garde nationale le droit d'élire tous ses officiers, jusqu'au grade de général en chef inclusivement; 6° ne conserver de la préfecture de police que la division de la sûreté, qu'on mettra sous les ordres du ministre de la justice; 7° envoyer tous les gendarmes, sergents de ville, soldats, au delà de la Loire. » Ce n'était là qu'un projet; la suite a prouvé que l'on voulait aller plus loin, jusqu'à la confiscation, à l'incarcération, aux fusillades et à l'incendie.

Les maires se sentaient soutenus par tout ce qui restait d'honnêtes gens à Paris; trente et un journaux publiaient une protestation identique, rédigée par MM. Guéroult, Thureau-Dangin et H. Vrignault. L'amiral Saisset avait pris le commandement des hommes de bon vouloir qui portaient l'uniforme; le 21 mars, l'Assemblée avait adopté une proclamation au peuple et à l'armée, rhétorique *in extremis*, qui ne devait, qui ne pouvait rien sauver[1]. Les maires cependant redoublaient d'efforts pour arriver à une transaction supportable, mais le Comité central ne démordait pas, et maintenait imperturbablement pour le 23 mars les élections, qu'il voulait imposer à la population, ainsi que le prouve la pièce suivante : « Administration du département de la Seine et Mairie de Paris; 22 mars 1871; Comité central. Ordre au citoyen Blin, chef de légion du 5ᵉ arrondissement d'y faire procéder aux élections communales demain jeudi. En cas de refus des municipaux actuels, se faire appuyer par la garde nationale. Le Comité central : Prudhomme, Rousseau, Grélier, H. Geresme, Tony Moilin, Andignoux, Castioni, Lavalette. » Les hommes d'ordre que Paris contenait encore refusaient de reconnaître une valeur quelconque à ces actes d'oppression; ils voulurent, pour donner un appui moral aux maires de Paris, faire une manifestation pacifique afin d'affirmer leur volonté de rester soumis aux décisions de l'Assemblée nationale, assemblée souveraine et seul pouvoir régulier reconnu par la France. On sait ce qu'il en advint, comment les fédérés, massés sur la place Ven-

---

[1] Cette proclamation parut « subversive » aux hommes du Comité central; ordre fut donné de la saisir : « 22 mars 1871. Le commandant de la 5ᵉ légion est invité à faire saisir tous les exemplaires de l'affiche apposée par les soins des maires, adjoints et députés qui ne porte pas de nom d'imprimeur et est un appel formel à la guerre civile. Le délégué à la Préfecture de police : Raoul Rigault. »

dôme, ouvrirent le feu contre une foule inoffensive et y firent de nombreuses victimes[1].

Ce guet-apens ne suffit pas à briser l'intention que les maires exprimaient d'arriver, coûte que coûte, à éviter la guerre civile, qui cependant était commencée et qui, aux buttes Montmartre comme rue de la Paix, procédait, selon son habitude, par des assassinats. Le soir même il y avait réunion des maires à la mairie du deuxième arrondissement; des délégués du Comité central devaient se présenter, et l'on espérait pouvoir déblayer un terrain sur lequel l'entente fût encore possible. M. l'amiral Saisset fut prié d'assister à la séance; il s'y rendit, vers onze heures du soir, accompagné de M. Schœlcher, qui, dans toutes ces circonstances, fit effort pour conjurer les malheurs qu'il prévoyait. Un incident vint éclairer l'amiral Saisset, s'il en était besoin, sur la moralité des gens avec qui il allait se trouver en contact. Pendant qu'il attendait dans le cabinet du maire l'arrivée des mandataires du Comité central, il vit entrer un homme qu'il ne connaissait pas et qui paraissait fort ému. Cet homme dit, en jetant quelques billets de banque sur la table : « Je n'en veux plus. Qu'on me laisse tranquille ! ce ne sont que des assassins ! » L'amiral l'interrogea : « Qui êtes-vous donc ? — Je m'appelle Le Breton, et je suis intendant général de *la Commune.* » La Commune n'existait cependant pas encore, et déjà l'on parlait en son nom. M. Le Breton s'ouvrit tout entier : « Assi me dit : Tu vas dîner avec moi, j'ai à te parler. — Je dînai avec lui; c'était un dîner excellent. — A la fin

---

[1] On dénonça les gens qui avaient été, rue de la Paix, essayer de ramener les esprits à la concorde; cela du moins semble résulter de la lettre suivante, qui fut adressée à Raoul Rigault, délégué civil à la Préfecture de police : « Le nommé Delmas, rue Lamandé à Batignolles, a pris part à la manifestation; il ne portait pas de ruban; il a crié : Vive l'Assemblée ! »

du dîner, il me dit: Tu sais, un intendant a toujours de l'argent. — Je dis: Mais non, je n'en ai pas. — Tu es intendant général, tu dois avoir encore plus d'argent qu'un intendant ordinaire; il faut que tu me donnes 300 000 francs pour que je puisse filer en Belgique; si tu ne me les donnes pas, je te tue. — Assi me répéta: Tu vas me donner 300 000 fr.; il faut que je parte; si tu ne me les donnes pas, ton affaire est faite. — Un instant après, je vis arriver six garibaldiens, armés de chassepots, qui se mettent en ligne derrière moi. L'un d'eux, dont la femme était malade et à laquelle j'avais envoyé de l'argent, me dit: Nous avons ordre de vous exécuter, si vous ne faites pas ce que veut le citoyen Assi. » — Le malheureux Le Breton réussit à se sauver et accourut à la mairie du deuxième arrondissement déposer les fonds qu'il avait entre les mains; on lui abandonna quatre cent cinquante francs pour qu'il pût quitter Paris, où il n'était plus en sûreté[1].

L'amiral ne resta pas longtemps en séance avec les maires et les délégués de l'insurrection; on lui dit son fait. Léo Meillet, un petit homme agité et parlant avec un vif accent méridional, lui apprit qu'il était « un traître »; l'amiral parut surpris. « La preuve que vous êtes un traître, reprit Léo Meillet, la voici: le *Rappel* vous cite nominalement parmi les traîtres. » La preuve était sans réplique. M. Schœlcher sentit son cœur se soulever de dégoût; il voulut soustraire l'amiral à ces invectives, et il l'emmena. C'étaient là, du reste, les aménités familières aux gens du Comité central, et l'on ne peut qu'admirer les députés et les maires de Paris qui, dans l'espoir d'assurer le salut de la ville, ont consenti à affronter leur vocabulaire. Cette séance de nuit, où un homme qui devait plus tard commander

[1] Voir *Enquête parlementaire sur l'insurrection du 18 mars*; dépositions des témoins; déposition de l'amiral Saisset.

pour la Commune le fort de Bicêtre, insultait un officier général de haute distinction, encore accablé par la perte d'un fils tué à l'ennemi pendant la guerre, cette séance ne fut point inutile. Pendant que le Comité central décrétait que les assassins de la place Vendôme avaient bien mérité de la patrie, ses délégués ne parvenant pas à conquérir l'adhésion des maires à leurs projets, consentaient à reculer la date des élections. On les rejetait au 26 mars. C'était bien peu. Mais l'on espérait toujours voir l'insurrection sombrer d'elle-même dans sa propre insanité. Les maires eurent donc quelque satisfaction du résultat obtenu. Quant au Comité central, deux motifs l'avaient engagé à accorder cette mince concession : d'abord il se prolongeait au pouvoir; ensuite il était persuadé, d'après certains avis venus de Versailles même, que l'Assemblée finirait par céder et qu'il obtiendrait de voir ainsi consacrer son usurpation. Il ne se trompait qu'à moitié.

III. — LA MAUVAISE FOI DU COMITÉ.

La conduite des maires est approuvée par le gouvernement. — Concession législative. — Le Comité central veut livrer bataille. — La jeunesse des écoles se met spontanément à la disposition de l'amiral Saisset. — Proclamation de l'amiral. — Mal appréciée à Paris et à Versailles. — Le Comité nomme trois généraux. — Leur proclamation agressive. — Le « général » Brunel marche contre le premier arrondissement. — On se prépare à résister. — Projet de conciliation proposé par Brunel. — On croit que la paix est faite; soulagement général. — Les maires ne repoussent pas la proposition de Brunel. — Le traité est signé. — Les élections sont fixées au 30 mars. — Victoire du Comité central. — Les concessions de la réunion des maires n'ont rien réservé.

Le 23 mars, M. Picard, alors ministre de l'intérieur, écrivait à M. Tirard une lettre qui prouvait que le Gouvernement acceptait sa situation de vaincu et qu'il ne reculait devant aucun sacrifice; il promettait les élections municipales pour le 3 avril. La conduite des maires était approuvée en haut lieu; M. E. Desmarest en avait reçu l'assurance de la bouche même de M. Thiers; enfin, ce même jour, dans une séance du soir, l'Assemblée nationale avait adopté, à l'unanimité, l'urgence sur une proposition de loi où l'on pouvait lire : « Les élections de la garde nationale auront lieu avant le 28 mars et l'élection du conseil municipal avant le 3 avril. » En présence de ces concessions, qui enlevaient au Gouvernement le commandement en chef de la garde nationale de Paris et la préfecture de la Seine, le Comité central, s'il eût eu quelque patience, restait le maître.

L'insurrection à main armée, la guerre civile en un mot, n'eût pas été conjurée; mais elle était ajournée, et c'est ce que les meneurs ne voulaient pas. Tandis que la masse de la population, ne comprenant rien à ce qui se passait, eût volontiers accepté tous les compromis qui éloignaient l'inéluctable bataille, les membres du Comité central, — internationalistes, blanquistes, hébertistes, jacobins, — sentant que la force leur appartenait, sachant que les troupes de la future armée régulière voyageaient lentement sur les routes de l'Allemagne, n'ignorant pas la faiblesse du Gouvernement de Versailles, voulaient profiter de cette occasion inespérée pour livrer combat, mettre la civilisation à sac et faire triompher ce qu'ils appelaient leurs idées. Assi, président du Comité central, presque dictateur, sollicité de reprendre les négociations avec les maires, afin d'arriver à un arrangement quelconque, répondit : « Les maires et les députés de Paris ne méritent aucune confiance; les ministres sont des canailles, les députés sont des imbéciles féroces; il est donc bien difficile de pouvoir mettre une ombre de confiance dans des gens pareils. »

Les jeunes gens de Paris, ceux que l'on appelle volontiers « la turbulente jeunesse des écoles », refusaient de reconnaître l'autorité du Comité central ; ils sentaient là une sorte de trahison qui révoltait leur probité. Spontanément, les élèves de l'École polytechnique, des Écoles de droit et de médecine votèrent une adresse dans laquelle ils affirmaient leur volonté de rester unis aux maires de Paris et de combattre l'insurrection campée à l'Hôtel de Ville. Dans la soirée, organisés militairement et marchant comme une troupe prête à la bataille, ils se rendirent au quartier général de l'amiral Saisset et se mirent à la disposition de celui-ci, qui les accueillit avec chaleur et promit d'utiliser leur dévouement. Ce dévouement devait rester stérile ; car, dans cette journée du 24 mars, une maladresse avait été commise, qui avait eu pour résultat d'exalter jusqu'au délire les prétentions du Comité central.

L'amiral Saisset avait jugé opportun d'adresser une proclamation au peuple de Paris ; il résulte des dépositions reçues par la commission d'enquête parlementaire sur l'insurrection du 18 mars, que le texte affiché ne fut point identique à celui que l'amiral avait rédigé. Les modifications introduites étaient fort importantes ; la seule substitution du temps passé au temps futur présentait comme faits accomplis tout ce que l'amiral avait déclaré être un projet qui serait probablement réalisé par l'Assemblée nationale. A la question posée par le président de la Commission d'enquête : « Amiral, vous déclarez que vous n'avez autorisé personne à faire imprimer cette affiche, qu'elle a été imprimée malgré vous et sans votre assentiment ? » L'amiral répond : « Oui, monsieur le président. » Une note jointe à cette déposition dit : « M. Tirard a bien voulu déclarer depuis que, le jugeant utile à la situation, il avait fait afficher une des rédactions, de lui-même[1]. » Quoi qu'il en soit de cet incident, qui fut considérable, voici le texte de l'adresse tel qu'il fut placardé sur les murs de Paris, le 24 mars 1871 :

« Chers concitoyens, je m'empresse de porter à votre connaissance que, d'accord avec les députés de la Seine et les maires élus de Paris, nous avons obtenu du Gouvernement de l'Assemblée nationale : 1° la reconnaissance complète de NOS FRANCHISES MUNICIPALES ; 2° l'élection de TOUS LES OFFICIERS de la garde nationale, Y COMPRIS LE GÉNÉRAL EN CHEF ; 3° des modifications à la loi des échéances ; 4° un projet de loi sur les loyers, favorable aux locataires jusques et y compris les loyers de 1200 francs. En attendant que vous confirmiez ma nomination ou que vous m'ayez remplacé, je resterai à mon poste d'honneur, pour veiller à l'exécution des lois de conciliation que nous avons réussi à obtenir et contribuer ainsi à l'affermissement de la RÉPUBLIQUE. Le vice-amiral, commandant en chef provisoire : SAISSET[2]. »

Cette affiche produisit une fâcheuse impression sur les membres de l'Assemblée, qui s'imaginèrent, bien à tort, que l'amiral Saisset visait à la dictature. En outre, mal appréciée à Versailles, repoussée par le Comité central dont elle sanctionnait les prétentions, elle décourageait le groupe de gardes nationaux restés fidèles au Gouvernement, et désagrégeait les éléments de résistance que l'on possédait encore. A cette proclamation, le Comité central répondit en nommant trois généraux chargés du commandement des fédérés et de la direction des opérations militaires. Les nouveaux

---

[1] *Enquête parlementaire sur le 18 mars*, p. 312 ; édit. à trois colonnes.

[2] Le mot *provisoire* ne se rencontrait pas dans le texte original de l'amiral Saisset.

chefs qui allaient entrer en campagne étaient : Brunel, ancien sous-lieutenant de cavalerie, qui du moins avait l'avantage d'avoir autrefois porté l'uniforme ; Duval, ouvrier fondeur en fer, et Eudes, qui, avant d'être promu à un si haut grade, avait été garçon apothicaire, sténographe, commis de nouveautés, typographe, gérant de journal et assassin, comme il le prouva, le 17 août 1870, en tuant un pompier. Les trois généraux n'omirent point non plus d'adresser une proclamation au peuple de Paris. Pour qui sut lire, cette harangue était une déclaration de guerre : « Tout ce qui n'est pas avec nous, est contre nous. »

Brunel se hâta d'affirmer ses talents diplomatiques et militaires. Sous prétexte de renouer les négociations interrompues, il marcha tambour battant, mèche allumée, place Saint-Germain-l'Auxerrois, contre la mairie du premier arrondissement : « Je somme le maire de consentir immédiatement, sous peine de bombardement, à fixer à la date du 26 mars les élections municipales. » Le maire argumentait, parlait de l'Assemblée nationale, s'en référait aux décisions législatives et souveraines, demandait le temps de recevoir d'autres instructions et faisait effort pour tenir bon. En hâte, on avait fait connaître cet incident à MM. Dubail et Schœlcher qui se trouvaient alors à la mairie du deuxième arrondissement ; ces messieurs estimèrent que l'heure de la lutte avait sonné et qu'il fallait opposer la force à la brutalité ; en conséquence, ils donnèrent aux bataillons qui les entouraient ordre de se porter sur la mairie du premier arrondissement et de la dégager. Le Louvre, dont on était encore maître, constituait une forteresse qui, par la colonnade de Perrault, dominait et écrasait la place Saint-Germain-l'Auxerrois. Au moment où les soldats de l'ordre allaient se mettre en marche pour exécuter le mouvement qui leur était prescrit, le maire du premier arrondissement et l'un des adjoints firent savoir qu'ils ne pouvaient résister aux forces du Comité central et demandèrent l'autorisation de traiter. Il est si dur de prendre l'initiative du combat, il est si lourd pour une conscience droite d'avoir à se reprocher le premier sang versé, que René Dubail, membre du comité permanent des maires, et Schœlcher, député de Paris, colonel de l'artillerie de la garde nationale, n'hésitèrent pas à autoriser un compromis. Le maire du premier arrondissement put traiter à la condition de fixer la date des élections municipales au 3 avril ; c'était, on se le rappelle, la date indiquée par M. E. Picard. Le maire s'efforça de faire accepter cet ajournement à si bref délai ; il rencontra chez le « général » Brunel une invincible opposition ; le maire ne démordait pas, discutait, se retranchait derrière ses instructions, et refusait à son tour d'accepter la date du 26 mars, que le délégué du Comité central voulait faire prévaloir. Enfin, de guerre lasse, Brunel dit : « Je serai plus conciliant que vous ; vous tenez à votre date du 3 avril, nous avons des raisons pour tenir à celle du 26 mars. Eh bien ! faisons une cote mal taillée ; je vous cède quatre jours, cédez-m'en quatre aussi, et convenons que les élections auront lieu le 30 mars. » Le maire ne crut pas devoir repousser cette concession ; il accepta, et une transaction fut signée par lui et par Brunel.

Beaucoup d'oisifs, de curieux, s'étaient groupés sur la place Saint-Germain-l'Auxerrois, derrière les bataillons fédérés munis de leur artillerie ; on n'avait pas tardé à apprendre ce qui se passait dans l'intérieur de la mairie, et l'on avait compris que du résultat de cette négociation suprême sortirait la paix ou la guerre. Lorsque Brunel fut remonté à cheval, il s'écria, en agitant son képi : « Tout est fini, nous sommes d'accord. » Il y eut un soulagement dans la foule, les poitrines respirèrent plus à l'aise, on cria : Bravo ! On se serra la main, on « fraternisa », comme l'on dit, et il y eut là une minute de joie. Nul ne pensa aux conséquences d'une transaction dont on ignorait les termes ; on ne vit qu'une seule chose, c'est qu'on n'allait pas se battre, et l'on fut content. Cependant ce n'était là qu'un traité éventuel, il ne devait avoir force de loi que s'il était agréé par la réunion des maires, puisque seule elle avait été munie de pleins pouvoirs par le gouvernement régulier qu'elle représentait à Paris. Tous les membres de la municipalité du premier arrondissement, ceints de leur écharpe, marchant aux côtés de Brunel, de Protot, le futur garde des sceaux de la Commune, suivis de bataillons fédérés, se rendirent à la mairie du deuxième arrondissement où siégeait cette sorte d'assemblée souveraine, composée des maires et de quelques députés de Paris. Sur le passage de ce cortège qui, par plus d'un côté, eût prêté à rire, la population applaudissait et, ne sachant ni qui ni quoi acclamer, criait raisonnablement : Vive la paix ! vive la concorde ! Si la paix, si la concorde qu'invoquait ce pauvre peuple ne régnèrent pas immédiatement, si les armes ne restèrent pas inutiles dans les mains de l'insurrection, ce n'est point la faute des maires qui acceptèrent le traité Brunel à leurs risques et périls, firent un suprême effort, et subirent toute exigence dans l'espoir d'éviter la guerre civile.

Les maires étaient réunis, lorsque Brunel et Protot, suivis de plus de soldats qu'il ne convenait, se présentèrent et firent connaître la transaction signée à la mairie du premier arrondissement. M. Schœlcher, n'oubliant pas qu'il appartenait à l'Assemblée nationale et sachant qu'en matière législative la partie ne doit pas se séparer du tout, insista pour que la date du

3 avril fût acceptée par le Comité central. C'était tout remettre en question; les maires se consultèrent rapidement des yeux et répondirent qu'ils « accordaient » les élections municipales pour le 30 mars. Le mot *accorder* déterminait la situation respective des deux parties : les maires, autorité régulière, n'*acceptaient* pas les propositions du Comité central, représentant une fraction insurrectionnelle, ils lui *accordaient* sa demande, rien de plus. Les principes étaient sauvegardés; pas pour longtemps, nous le verrons bientôt. Un des aides de camp de l'amiral Saisset assistait à la séance; il dit : « C'est ce qu'il y avait de mieux à faire. » On agita la question de savoir quel mode on adopterait pour l'élection du général en chef; on proposait déjà le suffrage à deux degrés, lorsque Protot déclara que le Comité central n'admettait que l'élection directe par le suffrage universel. *Sic volo, sic jubeo.* Les maires obéirent; il y avait parmi eux plus d'un avocat de talent, qui dut frémir de honte en se voyant forcé de s'incliner devant la volonté de Protot, bohème stagiaire au Palais de Justice, dont il ne connaissait que la buvette. On signa, — non pas un armistice, non pas les préliminaires de la paix, — mais le traité de paix lui-même, l'acte définitif qui mettait fin au conflit. Quelques questions de détail restaient à régler; on s'ajourna à neuf heures du soir pour les résoudre d'un commun accord.

En somme, le Comité central restait victorieux; il emportait, haut la main, les deux décisions qui lui assuraient le pouvoir et lui permettraient, dans l'avenir, d'entrer en lutte armée contre tout gouvernement qui ne lui conviendrait pas. La garde nationale fédérée lui composait une troupe prétorienne dont le chef ne dépendrait que de lui; de plus, le maire élu de Paris, remplaçant le préfet de la Seine, constituait un pouvoir exécutif indépendant, se mouvant en dehors de l'administration centrale et pouvant mettre celle-ci en échec toutes les fois qu'elle ne lui obéirait pas. Paris, de ce fait, allait donc avoir son armée, son budget, son gouvernement ; la capitale devenait une ville libre dans l'État ; il y aurait dorénavant Paris et la France, deux pays juxtaposés, ne se mêlant plus dans une vie commune et n'ayant plus ensemble que des rapports matériels, nutritifs, pour ainsi dire, sans grandeur comme sans dignité.

Les maires s'étaient jetés dans un péril futur pour éviter un péril immédiat, concédant toute transaction pour soustraire Paris aux horreurs d'un second siège, à la bataille dans les rues, pour arracher les honnêtes gens à la rapacité qui les guettait du fond de l'Hôtel de Ville. Il n'y a pas à les blâmer ; ils ont agi dans l'intérêt de tous, ils se sont exposés aux désaveux de l'Assemblée, et ils ont cru peut-être que la population serait assez sage pour répondre, le 30 mars, à leur sacrifice par des élections qui permissent le retour du travail et de la vie régulière. Ils pensaient avoir le temps, entre le 24 et le 30, de rappeler les absents, de réunir autour d'eux les hommes d'ordre et d'essayer de remporter une victoire pacifique où Paris retrouverait le repos dont il avait hygiéniquement et moralement besoin après tant d'angoisses et de déceptions. Si ce fut là leur espérance, elle fut promptement déçue ; leur illusion dura à peine quelques heures.

IV. — LA CAPITULATION DES MAIRES.

La séance du Comité central. — La guerre à outrance. — Proposition pacifique de Billioray. — Arnold et Gabriel Ranvier. — Le traité Brunel, ratifié par les maires, est repoussé par le Comité. — Indignation des maires. — Le Comité exige les élections pour le 26 mars. — René Dubail, maire du dixième arrondissement. — Sa ferme attitude. — Protestation des maires. — Proclamation de René Dubail. — Les pourparlers sont rompus le 24. — Ils sont repris le 25 par le Comité. — Incident. — Fortuit ou préparé? — Faux bruit venu de Versailles. — Les maires capitulent ; René Dubail se retire. — Adresse à la population. — Dénaturée par le Comité. — Seul texte authentique. — L'Assemblée de Versailles condamne la conduite des maires de Paris.

Dans la soirée du 24 mars, les maires étaient réunis dans la salle du conseil, à la mairie du deuxième arrondissement, pour recevoir, ainsi qu'il avait été convenu, les délégués du Comité central. Ceux-ci ne se pressaient pas d'arriver ; nos nouveaux maîtres ignoraient que si l'exactitude est la politesse des rois, elle est aussi celle de tout le monde. Pendant que la réunion des maires commençait à s'impatienter de leur absence, ils étaient à l'Hôtel de Ville, où le Comité central s'était formé en séance secrète sous la présidence d'Assi. Quelque secrète que fût la séance, on sait ce qui s'y est passé. Le président prit la parole : « Dans les circonstances actuelles, la guerre civile est pour nous une nécessité fatale. Si nous retardons les élections, le pouvoir qui est synonyme de réaction viendra peser de tout son poids sur les électeurs. Il dirigera le vote de telle façon que nous, les vainqueurs d'aujourd'hui, nous serons les vaincus de demain. Nous sommes les maîtres de la situation ; nos adversaires n'ont ni organisation, ni communauté d'idées. Si les maires et le gouvernement ne veulent pas adopter la date du 26 mars pour les élections, nous devons rompre les négociations. » Du traité intervenu entre Brunel, Protot et la municipalité du premier arrondissement, ratifié, *accordé* par la réunion des maires, il ne fut même pas question. Bergeret, général par la grâce du 18 mars, prit la parole, appuya l'opinion d'Assi et demanda qu'après avoir renoncé à tout pourparler, on se préparât à la guerre à outrance. Sur l'avis de Billioray, on se décida cependant à envoyer deux délégués à la mairie du deuxième arrondissement, pour signifier aux maires de Paris les volontés du Comité central.

Les deux mandataires choisis furent Arnold et Gabriel Ranvier. Le premier était un architecte fruit sec de l'École des beaux-arts; le second, Gabriel Ranvier, était un failli non réhabilité dont j'ai déjà longuement parlé[1]. Les maires furent surpris de les voir entrer dans la salle du conseil, car ils attendaient la visite de Brunel et de Protot, avec qui le traité de conciliation avait été signé. Aux premiers mots échangés, on s'aperçut qu'une fois encore on se trouvait en présence de gens qui se jouaient volontiers de toute convention acceptée. A l'énoncé des prétentions du Comité central, il y eut un cri d'indignation. Ceux des maires qui ne voulaient, qui, par conscience, ne pouvaient reconnaître que le Gouvernement de Versailles, se révoltèrent contre tant de mauvaise foi, traitèrent vertement les délégués du Comité central et arguèrent de la transaction intervenue dans la journée même. Arnold et Ranvier déclarèrent que les citoyens Brunel et Protot avait outrepassé leurs pouvoirs en fixant la date des élections au 30 mars, car ils n'avaient point reçu mandat pour traiter : ce qui prouvait qu'ils avaient été au delà de leurs instructions, c'est que le Comité central maintenait la date du 26. C'était à prendre ou à laisser; du reste, la démarche des nouveaux délégués démontrait l'esprit de conciliation qui animait le Comité central, car il était prêt à la lutte et ne doutait pas de la victoire.

Quelques-uns des maires eurent bonne envie de jeter par la fenêtre ces singuliers ambassadeurs, mais ils purent s'apercevoir que certains de leurs collègues,

---

[1] Voir les *Convulsions de Paris* t. I, chap. v, et *passim*.

mus par des intérêts ou des opinions peu avouables, inclinaient vers les hommes du Comité et ne paraissaient pas éloignés de renouer des négociations avec eux. Il y avait parmi les représentants de la municipalité parisienne un homme qui pendant la période d'investissement ne s'était point ménagé pour subvenir aux besoins de ses administrés : c'était René Dubail, maire du dixième arrondissement, républicain de vieille date, fort estimé au Palais de Justice, où il avait, comme avocat, laissé d'excellents souvenirs, grand, maigre, sec, ignorant toute transaction de conscience et ayant l'habitude de marcher droit dans une imperturbable probité. Son zèle et son dévouement l'avaient entraîné à assumer sur lui la plus lourde part du travail et de la responsabilité de ces jours difficiles. Il se tourna vers ceux de ses collègues qu'il sentait favorables à l'insurrection et leur dit : « Si vous êtes ici pour résister avec nous, c'est bien ; sinon, il faut f.... le camp. » Le mot n'était pas encore parlementaire, — depuis on en a entendu bien d'autres, — mais il est telles situations où la patience échappe aux esprits les plus corrects. A cette parole d'un honnête homme indigné, la majorité se resserra et se rallia à la résistance ; on comprit que c'était rejeter toute pudeur que de ne pas rompre immédiatement les pourparlers. M. Dubail fut chargé de rédiger une protestation contre la mauvaise foi du Comité central. Cette protestation, que la suite des incidents qui allaient se précipiter empêcha de rendre publique, était très ferme :

« Le Comité central manque pour la deuxième fois à la parole donnée en son nom par ses délégués. Il veut faire demain des élections sans sincérité, sans régularité, sans contrôle ; c'est la guerre civile qu'il appelle dans Paris ; que la honte et le sang en retombent sur lui seul ! Quant aux maires, ils engagent la garde nationale à se rallier à eux pour défendre l'ordre et la République ! »

Pendant que les maires approuvaient la proclamation de René Dubail et en prescrivaient l'impression ainsi que le prompt affichage, les délégués Arnold et Ranvier étaient retournés à l'Hôtel de Ville, apprendre au Comité central que les pourparlers devaient être considérés comme définitivement abandonnés. A l'unanimité, le conseil insurrectionnel déclara « les négociations entamées nulles et non avenues »; puis il se sépara aux cris de : Vive la République! Vive la Commune ! On pouvait croire que tout était fini; les maires, après être restés en séance jusqu'à trois heures du matin, se retiraient avec les honneurs de la guerre; ils avaient poussé l'esprit de conciliation au delà de toute limite et ne se refusaient à poursuivre d'illusoires négociations qu'après avoir subi deux actes de félonie capables de révolter les cœurs les plus insensibles aux froissements de la dignité. Il n'y avait plus rien à faire avec les hommes de l'Hôtel de Ville et il y avait lieu d'espérer qu'on n'aurait plus qu'à les combattre et qu'à les vaincre; mais on n'était pas à bout de surprises; celle que la matinée du 25 mars réservait aux honnêtes gens ne devait pas être la moins extraordinaire.

Le samedi 25 mars, les maires, réunis à la mairie du deuxième arrondissement, étaient en conférence avec quelques députés de Paris qui arrivaient de Versailles, lorsque Gabriel Ranvier et Arnold se firent annoncer. Malgré le vote unanime du Comité central, ils venaient reprendre la délibération et essayer d'emporter l'adhésion des maires à leur projet d'élections immédiates. Ils les mettaient en demeure d'obéir ou de se retirer ; ils leur disaient : « Voulez-vous convoquer les électeurs pour le jour que nous avons choisi, pour le 26 mars, pour demain ? Si vous acceptez nos conditions, nous vous rendrons vos mairies, et les élections seront faites par vos soins. Si vous refusez, nous nous passerons de vous. » — La discussion recommença, discussion énervante, fastidieuse, où l'on ne pouvait que répéter des arguments déjà employés, combattus, abandonnés, repris, ressassés sous toutes les formes et sur tous les tons. Une telle délibération ne pouvait aboutir : les maires allaient-ils donc se déjuger au moment même où la protestation rédigée par René Dubail, approuvée par eux, était sur le point d'être affichée sur tous les murs de Paris? Les maires du parti de la résistance, qui se refusaient à de nouveaux compromis, qui estimaient que l'on avait déjà trop fait pour sanctionner l'usurpation du Comité central, restaient immuables dans leur volonté et se préparaient déjà à se retirer, afin de dissoudre la conférence par le fait même de leur départ, lorsqu'un dernier incident, se produisant tout à coup, infligea à la situation un dénoûment lamentable. Un député de Paris dit : « Nous arrivons de Versailles. On affirme dans les couloirs de l'Assemblée que le duc d'Aumale va être nommé lieutenant général du royaume. » Un autre reprit : « Non, ce n'est pas le duc d'Aumale, c'est le prince de Joinville. » — Alors, dit un témoin, les maires se sont jetés sur les plumes et ont signé le traité. » Les maires? Le mot demande explication : ce traité, cette capitulation, comme on l'a justement nommé, a été signé par sept maires sur vingt, par trente-deux adjoints sur quatre-vingts, par six députés sur quarante-trois : donc quarante-cinq personnes sur cent quarante-trois, c'est-à-dire les représentants d'une faible minorité, ont cru pouvoir associer le Gouvernement, l'Assemblée nationale, la France entière à l'accomplissement d'un acte dont l'illégalité était flagrante. Il est incontestable que c'est l'annonce de l'élévation de l'un des princes d'Orléans à la dignité de lieutenant général du royaume qui a précipité la solution et qui a engagé MM. Bonvalet, maire du troisième arrondissement, Vautrain, maire du quatrième, Desmarest, maire du neuvième, Mottu, maire du onzième, Grivot, maire du douzième, Favre, maire du dix-septième, Clémenceau, maire du dix-huitième, à approuver une transaction qui était plus qu'un aveu de défaite. Il était plus honorable de se retirer comme fit René Dubail, maire du dixième arrondissement.

Cette fausse nouvelle, qui l'a apportée? Qui est venu, par étourderie ou dans un but inqualifiable, colporter ce cancan parlementaire dont l'invraisemblance même aurait dû faire justice? On ne sait. Des témoins ont nommé MM. Clémenceau et Floquet, mais tous deux ont nié le propos; il n'est donc pas permis de le leur attribuer. Il est positif que le propos a été tenu à Versailles, dans la salle même des séances de l'Assemblée. M. Tirard raconte : « M. Jules Simon, qui était au pied de la tribune, me dit : Je suis excessivement inquiet, le bruit court que quelques membres de la majorité ont l'intention de proposer que le commandement de l'armée soit donné au prince de Joinville[1]. » Le caractère officiel de M. Jules Simon, qui était alors ministre de l'instruction publique, donnait à ce « canard » une autorité considérable. Cet « on dit » changea subitement de nature, devint une affirmation, et arriva à Paris avec toutes les apparences d'une certitude. Nul ne pensa à démentir ce bruit erroné, sinon mensonger, nul ne songea à protester; la maladresse était commise, ou le tour était joué. Les délégués du Comité central, les maires que j'ai nommés, MM. Lockroy, Floquet, Tolain, Clémenceau, Schœlcher, Greppo, dé-

[1] *Enquête*, etc., dépositions des témoins, p. 342.

putés de la Seine, signèrent la proclamation suivante :

« Les députés de Paris, les maires et adjoints élus, réintégrés dans la mairie de leur arrondissement, et les membres du Comité central fédéral de la garde nationale, convaincus que le seul moyen d'éviter la guerre civile et l'effusion du sang à Paris et, en même temps, d'affirmer la République, est de procéder à des élections immédiates, convoquent pour aujourd'hui dimanche tous les citoyens dans les collèges électoraux. Les habitants de Paris comprendront que, dans les circonstances actuelles, le patriotisme les oblige à venir tous voter, afin que les élections aient le caractère sérieux qui seul peut assurer la paix dans la cité. Vive la République ! »

Cette adresse à la population parisienne avait été rédigée d'un commun accord, après discussion, entre les maires « dissidents » et les délégués du Comité central ; on pouvait donc croire que celui-ci l'accepterait sans modification. On était loin de compte. Les membres du Comité ne furent point satisfaits ; l'humiliation de quelques maires et de quelques députés ne leur parut pas suffisante ; ils surent déplacer le peu de légalité qui restait encore, altérèrent le texte primitif et firent placarder la proclamation en introduisant dans la première phrase une inversion qui en dénaturait le sens : « *Le Comité central de la garde nationale, auquel se sont ralliés les députés de Paris, les maires et adjoints élus*, etc. » En outre, l'affiche était signée par les membres du Comité qui à côté de leurs noms n'avaient daigné admettre ni celui des députés, ni celui des maires, ni celui des adjoints. Ceux-ci, tout vaincus qu'ils étaient, regimbèrent et trouvèrent que le Comité dépassait un peu les bornes. On aurait bien envie de rire de ces compétitions d'amour-propre si, au **bout** de tout cela, il n'y avait eu deux mois de combats suivis des massacres et des incendies que l'on sait. Les signataires de la convention se sentirent donc blessés de la forme dans laquelle on la présentait au public, et ils firent, à leur tour, afficher la proclamation telle qu'elle avait été primitivement rédigée, en ayant soin de l'intituler : *seul texte authentique*. Ils obtinrent ainsi une sorte de succès d'hilarité ; par le travers du placard, quelques plaisants s'amusèrent à écrire la phrase connue d'une annonce célèbre ailleurs encore qu'à Cologne : « C'est ici le seul Jean-Marie Farina. »

En présence de la capitulation des maires, tout espoir d'un accord était perdu. A moins d'abandonner jusqu'au dernier les grands intérêts dont il doit être la sauvegarde, le Gouvernement ne pouvait que répudier toute connivence avec les signataires de cette convention qui, en quelque sorte, équivalait à un acte de démembrement du pays. On avait pu négocier avec l'insurrection, faire des sacrifices, dans le but de l'apaiser ; mais il était impossible de s'associer à elle pour l'aider dans ses œuvres. On le comprit à Versailles, et lorsque M. Louis Blanc proposa un bill d'indemnité pour les maires qui n'avaient pas répudié les exigences du Comité central, l'Assemblée nationale refusa, à la presque unanimité, de prendre la demande en considération. C'était condamner tout ce qui s'était fait, tout ce qui allait se faire dans Paris.

V. — LES ÉLECTIONS DE LA COMMUNE.

Proclamation de M. Thiers à la France. — L'amiral Saisset licencie la garde nationale. — A-t-on sérieusement voulu négocier ? — Vains efforts pour déterminer M. Thiers à envoyer du secours à Paris. — Entrevue du comte de Turenne et de M. Thiers. — Ce que M. Thiers a voulu faire. — Sacrifier momentanément Paris pour sauver la France.

— Les concessions *in extremis* sont toujours inutiles. — 24 février 1848 et 29 juillet 1830. — M. Thiers a gagné du temps. — Les affiches. — Félix Pyat. — Une prédiction qui s'est réalisée. — Jules Vallès et le *Cri du peuple*. — Vermersch et le *Père Duchêne*. — Le scrutin du 26 mars. — Les abstentions. — Retour à la féodalité. — Ce que Mazzini pensait de l'insurrection du 18 mars. — Un vers de don Juan. — *A perfect farce*.

M. Thiers notifia à la France la décision de l'Assemblée nationale condamnant, sans appel, la détermination que les maires avaient cru devoir prendre. La dépêche qu'il expédia aux préfets était explicite : « Un accord, auquel le Gouvernement est resté étranger, s'est établi entre la prétendue Commune et les maires, pour en appeler aux élections. Elles se feront sans liberté et, dès lors, sans autorité morale. Que le pays ne s'en préoccupe point et ait confiance : l'ordre sera rétabli à Paris comme ailleurs. »

Par suite de la rupture des négociations et du désaveu formulé par le vote de l'Assemblée nationale, la situation de l'amiral Saisset devenait intolérable. Du moment qu'une partie des maires se rapprochait de l'insurrection et que l'autre se retirait, il n'avait plus rien à faire dans Paris à la tête d'une troupe insuffisante pour rétablir l'ordre, trop nombreuse pour ne pas essayer d'engager la lutte et risquant ainsi de s'exposer à une défaite irréparable. Il prit le parti le plus sage : il abandonna les rares points stratégiques qu'il occupait encore, et, par un ordre de service, il congédia simplement sa petite armée : « J'ai l'honneur d'informer MM. les chefs de corps, officiers, sous-officiers et gardes nationaux de la Seine, que je les autorise à rentrer dans leurs foyers, à dater du samedi 25 mars, sept heures du soir. » — Les bons citoyens restés fidèles aux lois étaient donc licenciés sans avoir pu défendre ce qui restait de nos institutions.

Il est difficile, à distance, de s'imaginer que l'on ait

pu sérieusement négocier avec les vainqueurs du 18 mars. Si le Gouvernement ne s'était pas hâté de se réfugier à Versailles en évacuant Paris, si l'on s'était établi — ce qui était sinon facile, du moins possible — dans la partie ouest de la ville ; si l'on s'était maintenu aux forts de Vanves, d'Issy comme au mont Valérien, gardant le cours de la Seine et le chemin de l'Ouest ; si, en un mot, au lieu de se sauver devant une insurrection tout étourdie de sa victoire, on eût battu en retraite, se fortifiant dans les positions indiquées par la configuration du terrain, on serait probablement resté maître de la situation, et les conditions formulées auraient eu chance de n'être pas rejetées avec hauteur par le Comité central. Mais vouloir négocier, en s'étayant sur une armée disparate, numériquement très faible, sans cohésion, coupée, dès le début, de sa base d'opération et de son point de ravitaillement, c'était courir au-devant d'un échec et exposer les maires négociateurs aux déboires qui ne leur ont point été épargnés.

Ce résultat avait été prévu et les avertissements n'ont point manqué à M. Thiers, qui les a tous repoussés avec une extrême vivacité. En vain M. Rouland, gouverneur de la Banque de France, le conjurait d'envoyer un seul régiment occuper les abords ouest de Paris ; en vain l'amiral La Roncière Le Nourry lui proposa-t-il de faire garder les forts d'Issy, de Vanves et de Montrouge par ses marins, de la fidélité desquels il répondait : M. Thiers fut inébranlable dans son projet d'abandonner Paris pour le reprendre plus sûrement. Certes la capitulation des maires fut une des causes qui engagèrent l'amiral Saisset à ne point utiliser les offres des étudiants et des élèves de l'École polytechnique, à licencier les gardes nationaux spontanément groupés autour de lui ; mais le motif qui domina la détermination, fut qu'il n'avait jamais pu obtenir que M. Thiers fît saisir militairement soit Passy, soit Levallois-Perret, c'est-à-dire un des deux points sur lesquels il devait stratégiquement s'appuyer pour se ravitailler de munitions ou opérer sa retraite [1]. Sentant que la situation s'aggravait de minute en minute, comprenant que la faiblesse des maires s'accentuait en raison directe des prétentions du Comité central, l'amiral Saisset, avant de prendre une résolution que les circonstances allaient lui imposer, voulut savoir définitivement à quoi s'en tenir sur les desseins de M. Thiers, et dans la journée du 24 mars il lui dépêcha son aide de camp, M. le comte de Turenne, pour lui signifier que toute bataille livrée dans Paris serait une défaite, si, à bref délai, Passy ou Levallois-Perret n'était au pouvoir de troupes expédiées de Versailles et fournies d'un parc de munitions amplement approvisionné. M. Thiers parla plus d'une demi-heure sans répondre : — l'Allemagne menaçante...., les partis qui divisent l'Assemblée..... La sottise de Paris..... Ah! si l'on m'avait laissé faire... Que diable! est-ce que je suis sur un lit de roses, moi ?... Je voudrais bien vous voir à ma place... Je ferai un exemple terrible... Ce flux de paroles laissait la question en suspens ; M. de Turenne

---

[1] Dans certains quartiers les insurgés ne semblaient pas rassurés sur l'issue d'une lutte possible : cela, du moins, semble résulter de la lettre suivante : « Cinquième arrondissement ; mairie du Panthéon. Paris, 24 mars 1871. — Citoyen général, la réaction armée s'est concentrée à l'École polytechnique, comme je vous l'ai dit ce matin. Nos espions nous indiquent 4000 hommes prêts et la résolution d'agir cette nuit. Le chef avoué, Salicis, capitaine de frégate, me notifie, du reste, sa déclaration d'hostilités dans la lettre ci-jointe, à laquelle vous seul pouvez répondre. J'ai promis de m'expliquer avant dix heures ; veuillez me recevoir et prendre un parti pour vous et nous. Nous avons à peine 400 hommes armés et des canons sans munitions et sans artilleurs. La revanche de leur échec récent leur serait trop facile. Avisez donc. Salut et fraternité. Le maire provisoire : D. Th. Régère. » C'est probablement à Bergeret que cette lettre a été adressée.

y revint. — Passy ou Levallois-Perret, à votre choix ; lequel de ces deux points indispensables à la défense de Paris pouvez-vous faire occuper? — L'un des deux, je ne sais lequel? — Mais, monsieur le Président, reprit le comte de Turenne avec une insistance justifiée, il faut cependant que l'amiral le sache, sans cela il ne peut agir. — Les maires ont plein pouvoir, qu'il les consulte. — Mais la décision ne dépend que de vous, je ne puis retourner près de l'amiral sans savoir s'il peut s'appuyer sur Levallois ou sur Passy. — Dites-lui que je ferai de mon mieux, que diable ! Je ne suis pas sur un lit de roses ! — Sur de nouvelles observations de M. de Turenne, M. Thiers consentit enfin à s'engager de faire occuper un des deux points désignés, mais se refusa absolument à indiquer celui vers lequel il dirigerait son effort.

M. de Turenne rentra à Paris vers onze heures du soir et rendit compte de sa mission à l'amiral Saisset. On attendit avec impatience le résultat des promesses de M. Thiers, et l'on se prépara à donner la main aux troupes françaises qui devaient apparaître à Passy ou à Levallois-Perret. On attendit en vain, et l'amiral comprit qu'abandonné par le pouvoir exécutif, abandonné par les maires, il ne lui restait plus qu'à se retirer. Mû par un sentiment chevaleresque, il assuma sur lui toute responsabilité. Il rassembla les lettres, les instructions, les dépêches que M. Thiers lui avait adressées et les jeta au feu. De cette façon, dit-il, je n'aurai pas, dans un moment de vivacité, la tentation de raconter du haut de la tribune de l'Assemblée que c'est parce que j'ai imperturbablement exécuté ses ordres que rien n'a été sauvé. Puis il lança l'ordre du jour que j'ai cité et se rendit à Versailles.

Ce que M. Thiers a voulu faire apparaît clairement aujourd'hui ; entre Paris qui était la révolte et l'Assemblée nationale qui représentait la France, il n'a point hésité : il a sacrifié momentanément Paris pour défendre la France et lui rendre sa capitale. C'est là certainement le mobile qui a dirigé ses actions. Certes le motif est louable et l'on ne peut que l'approuver ; mais il semble que M. Thiers y a obéi avec un certain aveuglement et s'est laissé entraîner à des conséquences excessives. Il s'est trop hâté de croire que l'armée devait être complètement refaite avant d'être opposée de nouveau aux fédérés de l'insurrection ; dans sa précipitation à ramener sur Versailles toutes les troupes dont il pouvait disposer, dans la crainte de voir les forts s'ouvrir, sans combat, devant la révolte, il abandonna les forts du Sud malgré les propositions de l'amiral La Roncière Le Nourry, et il ne dut la conservation du mont Valérien qu'à l'intervention d'une volonté qui n'était point la sienne. Il n'imaginait pas, du reste, que la résistance serait si longue et aboutirait à de tels désastres. C'est une affaire de quinze jours, répétait-il volontiers, au moment où l'amiral Saisset se voyait contraint de licencier les volontaires. Du reste, il connaissait assez les hommes et le parti révolutionnaire qu'il avait toujours combattu pendant sa longue existence politique, pour savoir que les concessions n'auraient point le privilège de ramener à la raison et à la modération les insensés et les immodérés qui s'étaient emparés de l'Hôtel de Ville? Ils avaient la proie, ils dédaignaient l'ombre, et ils ont dû rire de la naïveté des gens qui prenaient la peine de discuter avec eux. Ils n'avaient certainement aucune foi dans une issue favorable des négociations, et M. Thiers devait, à cet égard, partager leur scepticisme. Il connaissait trop bien, par sa propre expérience, les divers incidents de notre histoire moderne pour ne pas savoir que les concessions de la dernière heure sont une preuve de l'impuissance de ceux qui les offrent et un aveu de faiblesse fait à ceux qui les repoussent.

Le 24 février 1848 n'avait-il pas été lui-même, en compagnie d'Odilon Barrot, proposé par Louis-Philippe comme une concession désespérée aux amateurs de la réforme ? N'avait-il pas alors poussé la confiance en sa popularité jusqu'à faire retirer l'armée commandée par le maréchal Bugeaud ? n'avait-il pas obtenu d'emblée, par ce moyen, la substitution immédiate du suffrage universel à l'extension du droit électoral, et de la république à la royauté constitutionnelle ? Il devait se souvenir aussi qu'il était de ceux qui, le 29 juillet 1830, répondirent : Il est trop tard ! à M. de Mortemart, porteur de l'acte royal prescrivant le retrait des ordonnances et acceptant la démission du ministère Polignac.

Pendant qu'à Versailles tout était en désarroi et que M. Thiers cherchait à inspirer à l'Assemblée une confiance qu'il n'éprouvait peut-être pas lui-même, le Comité central, fidèle à ses projets, faisait faire les élections le dimanche 26 mars. Il semble, du reste, ne pas s'être trop étourdi sur sa popularité : un rapport lu en séance dit que le grand nombre d'abstentions assurera probablement le succès du Comité. Chacun fit son affiche ; les murailles de Paris disparurent sous les placards cramoisis, ponceau, écarlates, où les candidats avaient dégorgé leur profession de foi. On y parlait de « la révolution du 18 mars que la magnanimité du peuple avait faite si grande et si pure » ; on traitait M. Thiers, les ministres et les membres de l'Assemblée nationale d'assassins, de bandits et même de petits crevés. Les coryphées attitrés du sans-culottisme rivalisaient de violence et de mauvaise foi. Ce vieux serpent à sonnettes de Félix Pyat, qui mourra infailliblement le jour où il se mordra la langue, ne

manqua pas cette occasion de baver un manifeste ;
il gonfla son emphase jusqu'au galimatias ; il dit :
« Quel nom aurait groupé dans son halo 220 bataillons de la garde nationale..., les rayons d'astres s'entremêlent..., les œuvres immortelles comme la Loi
des douze tables sont de pères inconnus. » Ces amphigouris se concrètent, en finissant, dans un conseil qui
fut écouté : « Contre cette jeunesse dorée de 71, fils des
sans-culottes de 92, je vous dirai donc comme Desmoulins : Électeurs ! à vos urnes ! ou comme Henriot :
Canonniers ! à vos pièces ! » Le jour même où cette
proclamation fut affichée, je m'étais arrêté pour la lire.
J'étais en compagnie d'un homme qui a fait partie de
nos Assemblées de la seconde République, qui a été
ministre, qui est actuellement vice-président du Sénat,
qui est un républicain rectiligne. « Que dites-vous de
cela ? lui demandai-je. — Toutes ces sottises amèneront
une bataille, me répondit-il ; parmi les hommes qui
vont peser sur Paris, j'en connais deux : Félix Pyat et
Delescluze ; retenez bien ceci : Félix Pyat se sauvera et
Delescluze se fera tuer. »

Non seulement on surexcitait les mauvais sentiments
de la population, mais on la trompait sans vergogne ;
on lui disait que la France l'applaudissait, que les
troupes réunies à Versailles se révoltaient contre l'Assemblée ; il n'est bourde qu'on ne lui fît avaler ; on la
gorgeait de mensonges jusqu'à la rendre folle. Le *Cri
du Peuple*, rédigé par Jules Vallès, publia ceci le
25 mars : « On nous confirme la nouvelle, qui circulait
déjà ce matin dans Paris, que le général Ducrot, dit
mort ou victorieux, aurait été jugé, condamné et fusillé à Satory, près Versailles, par les troupes placées
sous ses ordres. » Les benêts de la fédération avalaient
cela, entre deux verres de vin, comme parole d'Évangile, et étaient persuadés que l'armée de Versailles les

attendait impatiemment pour fraterniser avec eux. On leur disait en outre que les riches voulaient affamer la population, et que « tout l'argent de Paris » était envoyé à Versailles. Le même *Cri du Peuple* insérait le fait-divers suivant : « On vient d'arrêter trois jeunes gens porteurs chacun d'un million. Ces trois jeunes gens allaient à Versailles. » Ce n'était pas assez ; le vieux précepte de Basile : « Calomniez, calomniez, il en restera toujours quelque chose, » était largement mis en pratique ; on renversait les rôles, et c'étaient les victimes qui devenaient les meurtriers. C'est encore le *Cri du Peuple* qui publie ce que voici : « Les réactionnaires ont assassiné hier, à trois heures, boulevard Haussmann, un garde soupçonné d'adhérer au Comité central. Cet infortuné, poursuivi par une cinquantaine d'individus, a été frappé par de nombreux coups de revolver et percé, finalement, de coups de canne à épée. Sa poitrine disparaissait sous les trous. » C'est de cette façon que les hommes du Comité central et leurs adhérents comprenaient le journalisme, qui est un sacerdoce, comme chacun sait.

Vermersch ne restait pas en arrière de Vallès ; il avait endossé la carmagnole, célébrait le vin à quatre sous, passait sa main sous le menton barbu de la Commune et créait le *Père Duchêne;* jamais pareille immondice ne fut versée sur la voie publique. Plus de 60 000 exemplaires étaient vendus chaque jour et exerçaient une influence réelle sur la population qui se plaisait à ce torrent de grossièretés. Il engageait aussi les électeurs à voter, et dans quels termes : « Sacré tonnerre ! les affaires vont rudement bien ! et les j... f... n'auront pas le dessus. Aujourd'hui le peuple de Paris, dans les vingt arrondissements, va de nouveau affirmer ses droits, sa vie communale, sa foi dans l'avenir, sa capacité politique et la force progressive de la révolution. Tout va bien.

Ah! les quelques j… f… de bonapartistes et d'orléanistes qui conspiraient contre la patrie, ont eu le nez b… refait hier quand ils ont vu que toutes leurs manœuvres s'en allaient en eau de boudin. A la chie-en-lit la réaction! Le carnaval est fini, ma vieille! et tâche de ne pas repasser une autre fois! On a déjà trop donné à ta sœur! A la chie-en-lit!. »

On voit au milieu de quelles excitations et de quels mensonges on faisait vivre une population désœuvrée qui passait la meilleure partie de son temps chez les marchands de vin, où l'on discutait, auprès du comptoir, les articles du *Père Duchêne* et du *Cri du Peuple*. C'est sous l'influence de ces dépressions que les électeurs — qui se résignèrent à voter — se rendirent au scrutin d'où la Commune est sortie, le dimanche 26 mars 1871. M. François Favre, maire du 16ᵉ arrondissement, déposant devant la commission d'enquête parlementaire, a eu raison de dire : « La garde nationale, sous le régime du gouvernement parlementaire, est, à mon avis, un instrument permanent de guerre civile. » En effet, c'est la garde nationale armée, munie de canons, amplement fournie de munitions, qui a voté pour la Commune, qui l'a protégée, l'a maintenue et a brûlé Paris pour la défendre.

Quoiqu'une partie de la population, abusée par la proclamation des maires ralliés au Comité central, ne se soit pas refusée au vote, les abstentions furent très nombreuses ; sur 481 970 électeurs inscrits, 257 773, c'est-à-dire cinquante-quatre pour cent, s'éloignèrent d'un scrutin qui leur paraissait frelaté d'avance et dont le résultat ne pouvait être que criminel. Les quartiers les plus populeux, ceux sur lesquels la révolution sociale semblait s'appuyer de préférence, ne furent point les moins empressés à s'abstenir. A Belleville, 11 282 électeurs sur 28 870 déposèrent leur bulletin. Parmi les élus on comptait quinze adversaires de la Commune qui tous allaient donner leur démission. Ceux qui acceptèrent leur mandat, on les connaît ; ils ont désormais leur place dans l'histoire entre Cartouche et Marat, Hébert et Mandrin. On cherchera, on a déjà cherché à les réhabiliter ; c'étaient, sauf deux ou trois illuminés irresponsables, de vulgaires malfaiteurs qui crochetaient la politique, comme d'autres, moins coupables qu'eux, pourraient crocheter des coffres-forts. En regardant de près dans leurs actes, en étudiant les procès-verbaux de leurs délibérations, en lisant ce qu'ils ont écrit depuis leur défaite, il est impossible de découvrir, dans le fatras de leur bavardage, une idée neuve ou seulement pratique. Pendant deux mois qu'ils sont les maîtres et que Paris leur appartient, ils rampent dans l'imitation servile de la Révolution telle qu'ils la connaissent par les feuilletons de leurs petits journaux ou par leurs almanachs populaires. Leur phraséologie est un tissu de lieux communs exprimés en phrases toutes faites ; absence de toute conception, ignorance des lois les plus simples de l'économie politique, entraînement peu combattu vers les plaisirs grossiers, c'est là ce qui ressort de tout ce qu'ils ont fait.

Leur idéal paraît avoir été de donner à Paris d'abord et ensuite à chaque ville le droit de se gouverner elle-même, ne conservant, de cette façon, entre toutes les communes de France, qu'un simple lien fédératif ; ce n'était pas de la décentralisation, c'était de la pulvérisation. Ils se proclamaient volontiers et depuis longtemps des hommes de progrès ; c'étaient simplement des gens du moyen âge qui nous ramenaient à la féodalité telle que M. Guizot l'a définie dans son *Histoire de la civilisation :* « Le caractère propre, général, de la féodalité, c'est le démembrement du peuple et du pouvoir en une multitude de petits souverains ; l'absence de toute nation générale, de tout gouvernement central. » Et encore la féodalité était supérieure à la Commune telle que l'avaient conçue les hommes du 26 mars. La féodalité représentée par une famille à laquelle le pouvoir appartient par hérédité établissait à la longue, par l'usage, par « la coutume », une sorte d'union entre le chef de droit et le sujet de fait; mais dans la Commune, le seigneur étant une municipalité élue, nul lien n'était possible, puisque ce lien eût été brisé forcément à chaque élection nouvelle. Si cette rêverie avait pu prendre corps et durer pendant deux ans, il n'y aurait plus eu de France. On n'accusera pas Joseph Mazzini d'être un révolutionnaire hésitant; il a dit: « L'insurrection du 18 mars a présenté un programme qui, s'il pouvait être adopté, ferait reculer la France au temps du moyen âge et lui enlèverait toute chance de résurrection, non point pendant des années, mais pour des siècles[1]. »

La Commune ne pouvait vivre; nous le savions tous, au lendemain même de sa naissance, et ceux qui l'avaient créée le savaient aussi bien que nous. Dans l'Hôtel de Ville, où ils trônaient, regardant la nef qui forme les armes de Paris, ils ont pu répéter les vers du *Don Juan* de Byron : « Alors le navire, inutile débris, flotte à la merci des vagues, qui ressemble à celle des hommes dans la guerre civile; » et M. Washburne eut raison d'écrire : L'élection d'hier à Paris est une véritable farce, « *a perfect farce*[2]. » C'est le vrai mot : la Commune, en effet, était une farce, une farce dérisoire, qui, se sentant ridicule et prêtant à rire, allait se hâter d'épouvanter les railleurs afin de se réhabiliter à ses propres yeux.

[1] *Contemporary Review*, juin 1871.
[2] *Loc. cit.* Dépêche 187.

VI. — LES PRÉTENDUES REPRÉSAILLES.

De l'échec des négociations date la guerre civile. — Double jeu. — Les purs esprits. — Incapacité, violence, manie d'imitation. — Ils se sentent odieux. — Les « crimes » de Versailles. — Conduite de la Commune avant l'ouverture des hostilités. — Assassinat du docteur Pasquier. — Arrestation des commissaires de police. — Incarcération du président Bonjean. — Le Comité central érigé en tribunal révolutionnaire. — Ses jugements. — Le général Ganier d'Abin. — Wilfrid de Fonvielle condamné à mort. — Le premier otage ecclésiastique. — Excitation à l'assassinat. — La légion des tyrannicides. — L'armée repousse la force par la force. — Effarement après la première défaite. — Il a fallu sauver la France.

Si je me suis longuement étendu sur les négociations ouvertes entre les maires de Paris et les membres du Comité central, c'est que cet épisode est le début réel, non pas de l'insurrection, mais de la guerre civile. C'est de l'échec définitif des pourparlers que date la bataille et tout ce qui s'ensuivit. Grâce à la mauvaise foi des hommes du Comité, Versailles et Paris se trouvaient en état de lutte forcée; la civilisation et la barbarie allaient se saisir à la gorge, et M. Thiers, en tant que chef du pouvoir exécutif, se voyait contraint de prendre des fortifications que, comme historien, il avait toujours déclarées imprenables.

Dès que les membres de la Commune eurent été élus par la minorité des électeurs, nulle négociation ne fut plus permise au gouvernement régulier: la légalité n'avait plus à discuter avec l'usurpation. S'il y eut encore des négociations après le 26 mars 1871, elles furent secrètes et les traces en échappent actuellement à l'histoire. Quelques membres du conseil qui déraisonnait à l'Hôtel de Ville, mus par un intérêt personnel ou dans l'espoir d'assurer leur salut au jour de la défaite, jouèrent double jeu et laissèrent voir que leur conscience était une bourse entr'ouverte où l'on pouvait jeter quelque monnaie. Il ne serait pas impossible de nommer ces personnages, moitié loups et moitié singes, qui hurlaient d'un côté et grimaçaient de l'autre; mais il est plus sage de se taire. Je puis dire cependant que ce n'est point Versailles qui vint les chercher et murmurer à leur oreille des paroles de tentation; non, il n'en fut pas besoin; on s'offrit, on se fit marchander, mais on se cota à un si haut prix que l'on fit douter de sa bonne foi et que le marché fut rompu. Je puis affirmer, en outre, que, blessé d'être dédaigné par les hommes du gouvernement légal, on se retourna humblement et en faisant le gros dos vers un souverain détrôné, qui repoussa avec indignation toute proposition de cette nature. Les preuves de ce que je viens d'indiquer existent et l'avenir, sans aucun doute, les livrera à l'histoire. Cela n'a pas empêché les membres de la Commune de se donner pour de purs esprits, haïssant l'iniquité et animés du seul amour du bien public. Jusqu'à la dernière heure ces Bridoisons patibulaires invoquent « la fo-orme » avec l'impudence des criminels ou la naïveté des aliénés. Le 22 avril, Delescluze dit: « Nous sommes pour les moyens révolutionnaires, mais nous voulons observer la forme, respecter la loi et l'opinion publique. » Or, depuis le 18 mars, la forme est anéantie, la loi n'est plus, l'opinion publique est outragée. A force de vivre dans des rêves, ces hommes en étaient arrivés à avoir naturellement des idées fausses; ils voyaient les choses à travers un prisme qui en modifiait les contours, et leur bon sens consistait à n'avoir pas le sens commun.

Isolément ils n'étaient point absolument pervers, on pouvait les ramener, ou tout au moins les réduire à la raison; mais lorsqu'ils étaient réunis en conciliabule, s'excitant par la discussion, cherchant à se surpasser les uns les autres, parlant comme devant un écho qui eût grossi leur voix, ils parvenaient sans effort, par le seul fait de l'émulation à imaginer des monstruosités, afin de prouver aux autres et de se prouver à eux-mêmes qu'ils avaient le « souffle révolutionnaire ». Comme les incapables, ils virent des traîtres partout; comme des hommes sans doctrine, ils ne purent supporter la contradiction; comme des hommes faibles, ils furent cruels; comme des lâches, ils rejetèrent sur leurs adversaires la cause des crimes qu'ils commettaient. Ce qu'ils appelaient leur force n'était que la manie de l'imitation jacobine poussée jusqu'au délire. Le 16 août 1792, « les hommes du 14 juillet et du 10 août » déposèrent à la barre de l'Assemblée une pétition où il était dit : « Si la victoire trahit notre cause, les torches sont prêtes; les anthropophages du Nord ne trouveront que des cendres à recueillir et des ossements à dévorer. » C'est peut-être en souvenir de cette parole que les hommes du Comité central et de la Commune ont brûlé Paris plutôt que de le restituer aux anthropophages de la légalité.

Ils sentaient confusément ce que leur conduite avait d'odieux. Séquestrations arbitraires, confiscations, condamnations à mort, massacres, incendies, ce sont là des méfaits que la civilisation n'aime point à pardonner. Ils l'ont compris et ils ont crié bien haut dans leurs clubs, dans leurs journaux et plus tard dans leurs livres, qu'ils n'avaient fait qu'user de représailles en présence « des crimes » commis par les Versaillais. Ceci est un mensonge. « Les crimes » de Versailles étaient des faits de guerre inhérents au droit de légitime défense, en vertu duquel toute société se protège contre une attaque à main armée. Or, du 19 mars au 2 avril, ce droit de défense chôma; tout loisir fut laissé aux insurgés pour rentrer dans la gravitation normale du pays; Versailles se tut, essaya de négocier et ne tira pas un coup de fusil. Les hostilités furent ouvertes le 2 avril, avenue de Courbevoie, au rond-point des Bergères, par des fédérés qui tuèrent, à bout portant, M. Pasquier, chirurgien en chef, revêtu de son uniforme bien connu, protégé par la croix de Genève et par son caractère exclusivement pacifique et hospitalier [1]. D'après cela, puisque l'on n'agissait de rigueur qu'en représailles des actes des Versaillais, il est donc à croire qu'entre le 19 mars et le 2 avril nulle mesure de compression ne fut adoptée par le Comité central ou par la Commune. C'est ce que nous allons examiner.

Le 18 mars, MM. André, Dodieau et Boudin, commissaires de police, sont arrêtés, sans mandat, à leur domicile; le 19, les généraux Chanzy, de Langourian, les capitaines Ducauzé de Nazelles et Gaudin de Villaine sont incarcérés à la prison de la Santé après avoir subi des outrages sans nom. Le 20, M. Claude, chef de service de sûreté, homme de bien qui pour ennemis n'avait que les malfaiteurs, est écroué, sans autre forme de procès, en compagnie d'un de ses garçons de bureau. Le 21, M. Bonjean, président de la chambre des requêtes à la cour de cassation, est appréhendé au collet comme un forçat en rupture de ban, enfermé au Dépôt, d'où il sera transféré à Mazas et ensuite à la Roquette pour recevoir dix-neuf coups de fusil. Le 22, « le général » Bergeret, aidé de l'autre « général » Du Bisson, laisse tuer ou fait tuer, devant la place Vendôme, treize personnes marchant avec une mani-

---

[1] « Lorsque nous étions à la porte Maillot, M. de Romanet reprocha à l'officier qui commandait les insurgés, d'avoir permis qu'un médecin militaire fût tué d'une manière aussi lâche. La réponse est caractéristique : « Nous ne savions pas qu'il était médecin; nous croyions que c'était un parlementaire. » *Épreuves et luttes d'un volontaire neutre*, par John Furley, p. 341. Paris, Dumaine, 1874.

festation sans armes qui criait : « Vive la paix! vive l'Assemblée! » En admettant que ces crimes soient des représailles, il faut reconnaître que ce sont des représailles anticipées.

Le Comité central veut renouer sans délai la chaîne de tradition qui le rattache au tribunal révolutionnaire, chaîne brisée par tant d'années de despotisme et de réaction. Il veut se montrer digne de ses aînés, évoquer l'âme d'Hébert et apaiser les mânes de Marat. Le 28 mars, il éprouve le besoin de s'épurer lui-même : trois de ses membres, Chouteau, Billioray, Ganier, sont déclarés suspects et décrétés d'accusation. — Soyons sévères, mais justes! — Chouteau et Billioray sont acquittés. Quant à Ganier, il est condamné à mort; l'accusé et les juges n'ont jamais su pourquoi. Ce Ganier avait du bon cependant, et l'avait prouvé; le 18 mars, il était à Montmartre, il n'y avait point laissé languir l'émeute, et sa belle conduite lui avait valu, d'emblée, le grade de commandant de place du dix-huitième arrondissement; il avait même, à ce sujet, fait une proclamation : « Citoyens, je suis heureux de vous transmettre, au nom du Comité central, les plus grands éloges pour le patriotisme et le courage que vous avez montrés dans la nuit du 18 et la journée du 19 mars; moi-même je vous ai vus à l'œuvre, et je sais que vous méritez la plus chaleureuse sympathie. »

C'était un singulier homme que ce Ganier, qui à son nom ajoutait celui du village où il était né et se faisait appeler Ganier d'Abin; figure originale parmi les grimaciers de la Commune, il représente le type exact de l'aventurier qui se bat pour se battre, sans se soucier de la couleur du drapeau qu'il défend ou qu'il attaque. En 1860, il est à Castelfidardo, dans la petite armée du Pape; en 1863, il est en Pologne et fait le coup de fusil contre les soldats russes. Revenu à Paris, il s'essaye aux occupations sédentaires, entre dans une administration, n'y peut tenir, décampe, disparaît et réapparaît tout à coup en Asie avec qualité de généralissime des troupes du roi de Siam. Lorsqu'il apprend que la guerre a éclaté entre l'Allemagne et la France, il accourt, obtient un commandement quelconque de la délégation de Tours et, le 18 mars, se donne sans réserve à l'insurrection. Lui aussi, sur la butte Montmartre, il ne fut point avare de représailles anticipées, ainsi que le prouve la dépêche de M. Washburne que j'ai citée plus haut; mais il paraît que, malgré son goût pour les exécutions sommaires, ce Ganier n'était qu'un sbire de la réaction et qu'il était digne de la peine capitale; heureusement pour lui, il ne l'obtint que par contumace. Cette condamnation avait mis le Comité central en appétit; le lendemain, 29 mars, sur la proposition du citoyen Assi, « Wilfrid de Fonville, coupable d'attentat contre la Commune, est décrété d'accusation et condamné à mort. » Le même jour, à la première séance de la Commune, le « général » Émile Duval, délégué militaire à la Préfecture de police, est chargé de s'assurer des gens hostiles à la Commune, et de faire toute perquisition pour les découvrir. Le 30 mars, le « général » Lucien Henry, chef de légion du quatorzième arrondissement, ne paraît pas avoir grand goût pour les communications par voie ferrée et ordonne de faire dérailler les trains Ouest-Ceinture « qui ne s'arrêteraient pas au premier signal [1] ». C'est ainsi que l'on se mettait en devoir « d'observer la forme et de respecter la loi ». Le 31 mars, M. Blondeau, curé de Plaisance, est arrêté et conduit au Dépôt par l'ouvrier typographe Louis-Adolphe Bertin, que Raoul Rigault a improvisé commissaire de police pour

---

[1] Voir *Convulsions de Paris*, t. I, p 44.

le quartier Montparnasse. C'est le premier otage ecclésiastique, que tant d'autres vont aller rejoindre.

Ce sont là des actes émanés du groupe insurgé qui s'intitulait le gouvernement, ou prescrits par des hommes armés de plein pouvoir par la grâce de la révolution. Le *Journal officiel*, qui représente l'âme du Comité central et de la Commune, fit chorus et s'efforça d'inculquer de bons principes à la population des fédérés. Le citoyen Ed. Vaillant y publia, le 27 mars, un article que le rédacteur en chef, Ch. Longuet, recommande à la méditation des lecteurs. La conclusion de l'article dit assez quel en est l'esprit ; il semble avoir été inspiré par Pépin, par Morey ou par quelque autre ancêtre de la Commune : « La société n'a qu'un devoir envers les princes : la mort. Elle n'est tenue qu'à une formalité : la constatation d'identité. Les d'Orléans sont en France, les Bonaparte veulent revenir : que les bons citoyens avisent ! » La réponse à ces provocations se fit longtemps attendre ; elle vint enfin, fut adressée à un journal obscur intitulé *la Sociale*, mais fut ramassée par le *Journal officiel*, qui n'hésita pas à la publier. Cela, du reste, était légitime. On avait fait appel à l'assassinat, celui-ci répondait, on devait insérer sa réponse.

Le 18 mai, on lit dans le *Journal officiel :* « Je demande la formation d'un corps de mille à douze cents volontaires, dits *Tyrannicides*, lesquels se dévoueront à combattre corps à corps, à exterminer par tous les moyens praticables, n'importe en quelle contrée, jusqu'au dernier rejeton de ces races royales et impériales si funestes à la France.... Si mon idée était adoptée, je tiens à honneur de m'inscrire en tête de la légion libératrice. Signé : *Joseph*, 64, rue de Clignancourt. — Je m'inscris le second : *Barré*, 62, même rue. » — L'entrée des troupes françaises à Paris empêcha peut-être la formation de ce corps de commis-voyageurs en assassinat; on aurait pu désigner les bataillons par un nom glorieux : le bataillon Ravaillac, le bataillon Louvel; le régiment complet se serait appelé : la légion Fieschi, car Fieschi était leur maître à tous; il était brave, sans préjugés, et eût pendu son père pour un petit écu.

Ainsi, bien avant l'ouverture des hostilités, les représailles avaient commencé. Elles devinrent furieuses après le premier combat; mais je tenais à constater que ces hommes ont menti lorsqu'ils ont prétendu qu'ils n'étaient devenus criminels qu'en présence des « crimes » de Versailles. Ils l'ont été dès le premier jour, dès la première heure; ils l'ont été volontairement, de sang-froid, pour faire peur et rester les maîtres d'un pouvoir qu'ils avaient volé avec effraction. Sur tous les tons, par toutes leurs voix, ils ont parlé des « crimes » de Versailles; cela est dérisoire et ne mériterait pas réfutation si nous n'étions d'un pays où tout s'oublie. Les crimes de Versailles, du gouvernement légal représenté par l'armée française, ont consisté à repousser la force par la force, à ne pas consentir à recevoir des coups de fusil sans les rendre et à riposter par des obus aux obus qu'on lui envoyait. Ce n'est point Versailles qui a marché sur Paris; c'est Paris qui a marché contre Versailles. Celui-ci s'est défendu; il serait puéril de démontrer que c'était son droit et son devoir. La stupeur, l'effarement qui régnèrent dans la Commune à l'heure du premier combat, sont inexprimables[1]. Ces

---

[1] « Le désarroi était au comble (3 avril) et la Commune fut ce jour-là à deux doigts de sa perte. Le seul manque d'audace de la part des chefs de l'armée versaillaise empêcha que cette déroute n'eut pour Paris des suites plus directement désastreuses. » Le Français, *Étude sur le mouvement communaliste de Paris en* 1871, p. 222.

malheureux fédérés, abusés par les mensonges, alcoolisés jusqu'au *delirium tremens,* — le mot est de Rossel, — s'en allaient gaiement par Châtillon, marchaient en chantant par Courbevoie, jusque sous les feux du mont Valérien, persuadés que l'armée française les attendait pour vider les bidons de compagnie au cri de : Vive la Commune ! Il fallut jouer des jambes. On signala à la réprobation du monde entier la conduite d'une armée régulière qui avait l'audace de ne vouloir ni déchirer son étendard, ni se laisser égorger comme un troupeau de moutons. On avait fait toute sorte de préparatifs cependant : on avait des canons, des fusils, et des munitions à en revendre, et 60 000 hommes bien équipés, et la fine fleur des braillards de clubs pour les commander, et des prolonges chargées de victuailles, et des tonneaux de vin, et des barriques d'eau-de-vie, et l'on avait crié bien haut que l'on coucherait à Versailles même, sur le champ de bataille, après avoir « enlevé » l'Assemblée ; on revint l'oreille basse et, pour se consoler, on lâcha des proclamations, qui faisaient rire, malgré les évènements que l'on subissait et que l'on prévoyait.

Ce qu'il y a de vrai, c'est que c'est l'armée légale qui a usé de représailles, et non point la Commune. L'assassinat de Clément Thomas, du général Lecomte, des victimes de la rue de la Paix, du docteur Pasquier, ont justifié l'exécution sommaire de Duval et de Flourens pris les armes à la main, insurgés contre les lois de leur pays, en présence des ennemis victorieux, attentifs à nos fautes et stupéfaits de la quantité de sottise que Paris pouvait contenir. C'était là un crime impardonnable et qui ne fut point pardonné. Il s'agissait de sauver la France et l'on dût la sauver à tout prix.

CHAPITRE II

LE PALAIS DE LA LÉGION D'HONNEUR

I. — LES BATAILLONS FÉDÉRÉS.

Ce que l'on aurait pu faire après les premiers combats. — Les fédérés sont toujours battus. — Causes de leur infériorité. — Calcul proportionnel. — *Item faut vivre!* — Les éclopés. — Un bossu. — Absence de convictions — Modification dans les bataillons fédérés. — Les vieillards et les enfants. — Précocité. — Les femmes. — Utilisées par Rigault et Ferré. — Ambulancières. — Institutrices. — Leur rêve. — Déguisées en soldats. — L'ivresse furieuse. — Abolition de la prostitution. — Les crimes. — Devant les tribunaux. — Ordre du jour de Rossel.

Si, le 2 avril, après le combat de Courbevoie, si, le 3, après la débâcle des révoltés qui marchaient sur Versailles, les troupes françaises avaient poussé en avant, elles seraient rentrées dans Paris, et, au milieu de l'effarement communard, s'en seraient facilement emparées. Ce n'eût été qu'un coup de main; le Gouvernement, arrivant derrière sa petite armée, aurait-il réussi à se maintenir? On ne sait vraiment que répondre à cette question, car il semble prouvé qu'il fallut à la Commune sept semaines de combats pour donner à ses hommes la solidité dont ils ont fait preuve derrière les barricades pendant la bataille des sept jours.

Malgré certaines apparences et malgré leur uniforme, les bataillons fédérés n'étaient point une armée; c'était une multitude indisciplinée, raisonneuse, que l'alcoolisme ravageait. Dans toutes les luttes qu'ils engagèrent, même à forces triples, contre l'armée de Versailles, ils furent battus. Lors du combat suprême commencé le 21 mai et terminé le 28, malgré les positions formidables qu'ils occupaient, malgré les abris qui les protégeaient, malgré les refuges que leur offraient les rues, les ruelles, les maisons à double issue, malgré leur énorme artillerie, malgré leur nombre, ils furent vaincus par nos soldats marchant à découvert. Plus d'une cause leur a infligé une infériorité qui devait nécessairement amener leur défaite : au point de vue technique, ils ne savaient pas obéir, et l'on ne savait pas les commander; au point de vue moral, la plupart ne savaient pas pourquoi ils se battaient; presque tous trouvaient le métier fort dur et ne le faisaient qu'en rechignant. Ceux qui avaient pris les armes pour assurer le triomphe de leurs convictions représentaient une infime minorité. On a fait à cet égard une enquête, dont les résultats sont de nature à étonner les personnes qui n'ont pas étudié nos guerres civiles et les éléments de résistance qu'elles mettent en œuvre. Dans l'armée de la Commune, sur un groupe de cent individus on constate : quatorze repris de justice, douze volontaires croyant défendre une cause légitime et soixante-quatorze pauvres diables qui ont été forcés de marcher autour d'un drapeau qu'ils détestaient; donc, sur cent combattants, douze seulement ont raisonné leur action et ont été les soldats d'une théorie révolutionnaire. Parmi ces révoltés il y eut beaucoup d'ignorants qui ne comprirent rien au drame dont ils étaient les acteurs. Un fusilier des équipages de la flotte, resté à Paris, est ramassé par l'insurrection, qui l'incorpore parmi les fédérés; il se bat bien et est blessé à Neuilly; il demande la croix de la Légion d'honneur, car deux fois déjà, dit-il, il l'a méritée, au Mexique et en Cochinchine.

La suppression précipitée de la solde que l'État payait aux gardes nationaux pendant la période d'investissement, et qui dépassa la somme de cent vingt millions, laissa beaucoup de malheureux sans ressources; le *item faut vivre* s'imposa à eux; ils acceptèrent de servir un gouvernement d'aventure, qui du moins leur donnait le pain quotidien et plus de vin qu'ils n'en pouvaient boire. Si l'Assemblée nationale, même après l'ouverture des hostilités, avait offert deux ou trois francs par jour aux fédérés, l'armée de la Commune eût fondu comme neige au soleil; car, malgré que l'on en eût, on savait bien que la clef du vrai coffre-fort était à Versailles et non pas à Paris. Tout ce qui ne pouvait ou ne voulait travailler alla bénévolement grossir les rangs de l'insurrection; on ne demandait aux gens ni leur acte de naissance, ni compte de leur opinion; ils se présentaient, on les enrôlait, on les armait, on les abreuvait, et ça faisait quelques hommes de plus. Les conseils de révision n'ont pas dû fonctionner avec une grande régularité, car les borgnes, les bossus, les boiteux ne faisaient point défaut aux troupes des Cluseret et des Rossel.

La maison que j'habite est située sur une des voies qui mettent l'ancien Paris en communication avec les communes suburbaines, annexées par la loi du 16 juin 1859. Bien souvent, j'ai vu un certain bataillon passer, fanfare en tête, précédé de ses cantinières à plume rouge, suivi par deux ou trois omnibus réquisitionnés, pleins de tonneaux qui ne contenaient pas de poudre.

Je remarquais toujours dans les derniers rangs un petit bossu d'une cinquantaine d'années, exempté du sac à cause de la gibbosité qui lui en tenait lieu, le képi sur le coin de l'oreille, allongeant ses jambes noueuses pour ne pas déparer l'alignement et marchant de l'air vainqueur familier aux gens difformes. Il devait faire très régulièrement son service, car je ne me rappelle pas avoir une seule fois constaté son absence. Les jours passaient, et le petit bossu passait comme eux, portant gaillardement le fusil sur sa bosse. Le 22 mai, dès six heures du matin, mon quartier était occupé par les troupes françaises ; je dois rendre cette justice aux bataillons fédérés que nul d'entre eux n'apparut. Le 23, vers la fin du jour, j'avais été jusque sur le boulevard Haussmann, qui était jonché du débris de ses arbres hachés par les obus, et je rentrais chez moi, lorsque je me trouvai inopinément face à face avec mon bossu. Toujours vaillant et toujours militaire, il n'avait point quitté son uniforme, mais au bras gauche il portait un brassard tricolore et au képi un galon blanc. C'était, on se le rappelle, le signe de ralliement adopté par les gardes nationaux restés fidèles à la civilisation et qui désiraient combattre aux côtés de la troupe de ligne. En voyant ce déguisement, j'eus un haut-le-cœur, et regardant le bossu dans les yeux, je ne pus m'empêcher de lui dire : « Diable ! vous n'avez pas été lent à changer de cocarde ! » Il ne fut point interloqué, souleva sa bosse avec insouciance et me répondit : « Pourquoi qu'ils ont eu le dessous, aussi ? » C'était sans réplique, et je ne répliquai point. Les convictions de mon bossu étaient celles des neuf dixièmes des soldats de la Commune, qui presque tous auraient préféré être, comme Raoul Rigault, des artilleurs en chambre.

Après les premiers combats, lorsque l'on eut, par expérience, acquis la certitude que, malgré les proclamations des membres de la Commune, les soldats de Versailles ne s'empressaient pas de jeter leurs armes aux pieds des fédérés, ceux-ci réfléchirent. Beaucoup d'entre eux ne conservèrent aucun goût pour ce jeu brutal de la guerre, où ils n'étaient pas les plus forts; ils se cachèrent, surent disparaître, quitter Paris et se soustraire à un service que trente sous par jour rémunéraient médiocrement. C'est alors, vers le milieu d'avril, que l'on put remarquer le changement survenu dans la composition des bataillons fédérés. Les hommes faits, les hommes de vingt-cinq à trente-cinq ans y étaient rares; en revanche, beaucoup d'hommes de quarante à cinquante ans et plus, et surtout une quantité prodigieuse de jeunes gens, si jeunes qu'ils ressemblaient à des enfants. Menée par ces galopins grandis en marge du ruisseau, la lutte devint promptement cruelle. Insouciants du danger qu'ils ne connaissent pas, ils eurent d'inconcevables hardiesses et furent sans merci. L'homme qui froidement ajusta le docteur Pasquier et le tua était un enfant de dix-huit ans, nommé Pessunc. Ils firent le plus de mal qu'ils purent, pour s'amuser; « cet âge est sans pitié. » Pendant la bataille qui se livra dans les rues de Paris, sous les flammes mêmes de nos monuments incendiés, on prit six cent cinquante et un enfants les armes à la main, dont le plus âgé avait seize ans, et qui se battaient comme des démons[1]. Il est intéressant de les distribuer par catégories selon leur âge, afin de faire comprendre la précocité de certaines natures. Le nombre total se

---

[1] « Il y avait dans le même quartier (gare de Strasbourg), pendant la lutte, un gamin d'une quinzaine d'années, armé d'un fusil, qui tirait sur la troupe. Tous ses coups portaient. Il arborait à sa fenêtre, dont il avait fait son quartier général, un petit drapeau rouge et le transportait avec lui lorsqu'il changeait de fenêtre. (Rossel, *Papiers posthumes*, p. 220.)

décompose par 237 enfants de 16 ans; 226 de 14; 47 de 13; 21 de 12; 11 de 11 ; 4 de 10; enfin un de huit et un de sept ans. On fut indulgent pour ces marmots meurtriers ; 87 seulement furent livrés à la justice, qui en acquitta 22, en dirigea 56 sur des maisons de correction paternelle et en condamna neuf. Il est à remarquer que sur les 87 enfants dont les tribunaux eurent à s'occuper, 56 avaient déjà des antécédents judiciaires. On peut estimer à douze ou treize mille le nombre des enfants qui, tombant tête baissée dans l'insurrection, lui apportèrent un contingent de valeur irréfléchie dont nos troupes eurent à souffrir.

Tout fut sinistre dans cette Commune où la niaiserie semblait marcher de pair avec la violence; pendant que les hauts personnages menaient joyeuse vie dans les Ministères et à l'Hôtel de Ville, pendant que Paris se dépeuplait et fuyait devant la ménagerie qui s'en était emparée, pendant que les enfants prenaient la férocité pour du courage, les femmes ne voulurent pas rester en arrière et se jetèrent au premier plan. Le sexe faible fit parler de lui, et pour faire suite au *Mérite des femmes*, on pourrait écrire un livre curieux : *Du rôle des femmes pendant la Commune*. Le récit de leurs sottises devrait tenter le talent d'un moraliste ou d'un aliéniste. Elles avaient lancé bien autre chose que leur bonnet pardessus les moulins ; tout le costume y passa. Celles qui se donnèrent à la Commune — et elles furent nombreuses — n'eurent qu'une seule ambition : s'élever au-dessus de l'homme en exagérant ses vices. Elles furent mauvaises. Utilisées par la police des Rigault et des Ferré, elles se montrèrent impitoyables dans la recherche des réfractaires qui se cachaient pour ne point servir la Commune. Comme « ambulancières », elles abreuvèrent les blessés d'eau-de-vie, sous prétexte de les « remonter », et poussèrent dans la mort bien des malheureux qu'une simple médication aurait guéris. Dans les écoles où elles s'installèrent, elles apprirent aux petits enfants à tout maudire, excepté la Commune. Du haut de la chaire des églises converties en clubs, elles se dévoilèrent ; de leur voix glapissante, au milieu de la fumée des pipes, dans le bourdonnement des hoquets, elles demandèrent « leur place au soleil, leurs droits de cité, l'égalité qu'on leur refuse » et autres revendications indécises qui cachent peut-être le rêve secret qu'elles mettaient volontiers en pratique : la pluralité des hommes.

Elles se déguisèrent en soldats : elles eurent des toques hongroises, des culottes de zouave, des vestes galonnées, des brandebourgs, des soutaches, des broderies, du clinquant, du similor ; elles s'armèrent, firent le coup de feu et furent implacables. Elles se grisèrent au sang versé et eurent une ivresse furieuse qui fut horrible à voir. Elles « manifestaient » ; elles se réunissaient en bandes, et, comme les tricoteuses leurs aïeules, elles voulaient aller à Versailles « chambarder la parlotte et pendre Foutriquet premier ». Elles étaient toutes là, les pensionnaires de Saint-Lazare, les natives de la petite Pologne et de la grande Bohême, les marchandes de modes à la tripe de Caen, les vestales du temple de Mercure et les vierges de Lourcine. Ces évadées du dispensaire parlaient de Jeanne d'Arc, et ne dédaignaient pas de se comparer à elle. La Commune, sans trop s'en douter, aida à ce soulèvement féminin qui vidait les maisons à gros numéro au détriment de la santé publique et au profit de la guerre civile. Elle sut résoudre d'un seul coup le problème social qui trouble, depuis tant d'années, les administrateurs, les économistes, les moralistes, les philosophes, les médecins et les législateurs. Elle fit coller un papier sur les murailles de Paris, et la difficulté fut dénouée pour jamais. Par une simple affiche, elle abolit la prostitution. Ce ne fut pas plus difficile que cela. Les pauvres créatures libérées de tout lien administratif, de tout contrôle sanitaire, ne se le firent pas répéter : elles se répandirent comme une lèpre dans la ville, et lorsque, réduites à la misère par les hommes qui les exploitaient, elles n'eurent plus de quoi manger, elles prirent la casaque du fantassin, et allèrent aux avant-postes, où elles ne furent pas moins redoutables à leurs amis qu'à leurs adversaires[1].

Aux derniers jours, ces viragos tinrent derrière les barricades plus longtemps que les hommes ; elles furent là où le crime fut sans merci : à l'avenue Parmentier, quand on assassina le comte de Beaufort ; à l'avenue d'Italie, quand on chassa aux dominicains ; devant les murs de la Petite-Roquette, lorsqu'on y tua les otages évadés ; à la rue Haxo, quand on y massacra les gendarmes et les prêtres. On en arrêta beaucoup, les mains noires de poudre, l'épaule meurtrie par le recul du fusil, émues encore par la surexcitation des batailles. 1051 furent conduites à Versailles, parmi lesquelles on pouvait compter, selon les euphémismes de la statistique, « 246 célibataires soumises à la police. » Comme pour les enfants, on ne fut pas trop sévère, et 850 ordonnances de non-lieu furent rendues en leur faveur ; parmi les prisonnières, on en envoya quatre dans un asile d'aliénés : c'est bien peu ! Pour qui a étudié l'histoire de *la possession*, il n'y a guère à se tromper ; presque toutes les malheureuses qui combattirent pour la Commune étaient ce que l'aliénisme appelle « des malades ».

Ces fédérés de tout âge et de tout sexe, ces adoles-

---

[1] La suppression des mesures administratives relatives à la prostitution produisit de tels scandales, que la Commune elle-même dut essayer d'y porter remède. Voir *Pièces justificatives*, n° 1.

cents, ces vieillards, ces femmes et ces bossus, composaient l'armée de la révolte ; les chefs valaient peut-être encore moins que les soldats. Aussi, lorsque Rossel lança son fameux ordre du jour : « Le soldat en état d'ivresse, celui qui déshonore l'uniforme ayant au bras une femme publique, seront l'un et l'autre punis exemplairement par leurs chefs, et envoyés hors tour aux avant-postes, » il ne fut obéi par personne ; car ses reproches s'adressaient plus aux généraux qu'aux simples gardes. Parmi ceux-là quelques-uns n'étaient que des malfaiteurs ; entre autres, le général Eudes, qui fut, à lui seul, comme une bande de voleurs et d'incendiaires.

II. — LE GÉNÉRAL EUDES.

Entrée des Allemands à Nancy — Blanqui. — Le 17 août 1870. — Assassinat. — Le 4 septembre délivre quelques meurtriers. — Eudes élu chef de bataillon. — Garçon apothicaire. — Le 31 octobre. — Ses résultats. — « Si Dieu existait, je le ferais fusiller. » — Eudes nommé général par le Comité central. — Le sans-culottisme héréditaire. — Délégué à la guerre. — Bon cavalier. — La maison militaire. — Le spahi. — Le chef du peloton des exécutions. — Lettre de recommandation. — Eudes au fort d'Issy. — Au palais de la Légion d'honneur.

Émile-Désiré-François Eudes a débuté dans la vie politique par un assassinat qui l'a rendu fameux et lui a ouvert d'emblée les portes d'une carrière où il a brillé avec l'éclat d'une mèche incendiaire saturée de pétrole. Né à Roncey, dans le département de la Manche, le 12 septembre 1843, il allait avoir vingt-sept ans au mois d'août 1870. Il était bien jeune, mais

> Ses pareils à deux fois ne se font pas connaître,
> Et pour des coups d'essai veulent des coups de maître.

La France regardait du côté de la frontière où nous

avions été battus à Forbach, à Wissembourg, à Reichshoffen, et espérait obstinément une victoire improbable, pendant que les conspirateurs, les ambitieux, les irréconciliables se frottaient les mains et comptaient bien qu'une nouvelle défaite, habilement exploitée par eux, leur livrerait le gouvernement du pays. On apprit que les armées allemandes marchaient sur Paris, et que, déjà maîtresses des Vosges, elles venaient de lancer leurs batteurs d'estrade jusqu'à Nancy. La population parisienne fut émue, mais résignée, et resta prête aux sacrifices que notre mauvaise fortune allait lui imposer.

Cet évènement qui eût dû soulever les cœurs et enfler les courages, parut à un vieux monomane une occasion propice d'ébaucher un essai de révolution. De la retraite où il se cachait, Blanqui organisa une de ces émeutes à la fois ridicules et odieuses auxquelles il excelle. Il resta dans l'ombre, selon son habitude, poussa au crime et ne s'y mêla qu'en le dirigeant. Il avait découvert un bailleur de fonds, un certain Granger, qui lui remit 18 000 fr. pour entreprendre et solder cette équipée à laquelle il fallait un chef. Ce chef fut Émile Eudes. Escorté d'un ouvrier mécanicien nommé Charles-Antoine Brisset, marchant à la tête de malandrins armés de poignards composés d'une lame de tiers-point non striée, emmanchée dans une poignée de fonte, Eudes se dirigea, le dimanche 17 août 1870, par la grande rue de la Villette, sur un poste de sapeurs-pompiers. Il en tua un ; un de ses complices en tua un autre ; on tua aussi, par-dessus le marché, un enfant de six ans et demi qui passait par là. C'était agir avec un véritable esprit révolutionnaire, et le parti des conspirateurs put regarder avec confiance du côté de cet Eudes et se dire : Voilà un homme ! Eudes fut arrêté, jugé et condamné à mort. On s'émut de sa jeunesse ;

quelques naïfs demandèrent sa grâce ; les plus avisés, prévoyant un écroulement prochain, sollicitèrent un sursis qui fut accordé. Le 4 septembre arriva. Les hommes du gouvernement de la Défense nationale s'empressèrent de faire acte de clémence en faveur de quelques assassins ; Mégy fut rappelé de Toulon, et Eudes fut rendu à la liberté, ainsi que son camarade Brisset. Au 31 octobre et au 22 janvier, le Gouvernement eut occasion de regretter son indulgence. Si bon dompteur de bêtes que l'on soit, il n'est pas toujours prudent d'ouvrir la cage où l'on enferme les loups enragés.

Eudes avait tenté de soulever une insurrection devant l'ennemi ; il avait tué un pompier qui lui tournait le dos ; c'étaient là des titres sérieux qu'il sut faire valoir, et il fut élu chef du 138e bataillon. Il était bien, sinon dans le rôle, du moins dans le costume de l'emploi qu'il avait rêvé. Grand et bien découplé, de jolie figure brune, d'élégante tournure et de gestes étudiés, il avait tout ce qu'il fallait pour faire un officier de cirque olympique et ne fut jamais autre chose ; il savait retrousser sa fine moustache noire et porter la brette en verrouil mieux qu'un comparse du Gymnase. Il suait la vanité. Il crut qu'il lui suffisait de revêtir un uniforme pour avoir des aptitudes militaires, et d'avoir assassiné un homme pour être un général. Avant d'être meurtrier, condamné à mort et chef de bataillon, il avait fait plus d'un métier, sans grand succès, car il mettait en tout ce qui n'était pas œuvre d'insurrection une nonchalance qu'un autre que lui aurait prise pour de l'incapacité. Émule distingué des Chicard et des Brididi, il avait excité l'admiration des fillettes du quartier Latin pendant qu'il faisait semblant d'étudier la médecine. La médecine et lui ne se convenaient guère ; il y eut séparation à l'amiable ; il fut alors garçon apothicaire, et tout en pesant la farine de graine de lin, en dosant les lavements composés, il rêva de rénovation sociale et entra dans le groupe des blanquistes. Il fut un de ceux qui s'endormirent à l'ombre du vieux mancenillier révolutionnaire et qui se réveillèrent empoisonnés pour toujours. Il quitta le pilon du pharmacien et, pendant quelque temps, mania l'aune du *calicot;* puis il fut sténographe ; il voulut être journaliste, et, pour cause d'insuffisance, se vit contraint à n'être que signataire gérant. Plus il échouait dans ses tentatives, plus ses opinions s'aigrissaient ; il échoua si souvent, qu'il commit le crime de la Villette.

La lutte contre les armées allemandes paraît avoir été le moindre de ses soucis pendant la période d'investissement. Il y avait bien autre chose à faire, en vérité, que de délivrer Paris, de tendre la main aux armées de province et de tâcher de sauver notre pauvre pays. Avant de se consacrer à ces futilités, il fallait établir un bon gouvernement, bien démocratique et tout à fait social ; installer un Comité de salut public, ouvrir un tribunal révolutionnaire, proclamer la terreur, choisir Blanqui pour dictateur et nommer Émile-Désiré-François Eudes général en chef des armées de la République. Là était le salut et non ailleurs. C'est ce que l'on essaya de faire comprendre à la population parisienne dans la soirée du 31 octobre 1871 ; mais la population eut l'oreille dure et n'entendit pas. Les fantoches dont Blanqui tenait les fils ne purent même pas saisir le pouvoir dont ils s'étaient emparés ; leur équipée fut misérable, mais elle eut du moins ce résultat de faire rejeter l'armistice, d'entraîner la perte de la Lorraine, le payement de deux milliards de plus, d'assurer à Paris trois mois de famine et d'élargir la plaie par où s'écoulait le sang de la France. Ce n'était pas, il est vrai, tout ce que l'on avait espéré ; mais c'était déjà quelque chose, et ceux qui avaient imaginé ce forfait n'avaient point perdu leur journée. Eudes s'était montré; ses bottes molles avaient paru à côté de celles de Flourens. Il fut arrêté, cassé de son grade et relâché, car l'ombre du pompier de la Villette le protégeait. Et puis il avait vomi un peu de prose dans *la Patrie en danger*, de Blanqui; il avait énoncé quelques idées neuves, entre autres celle-ci : « Si Dieu existait, je le ferais fusiller. » Tout cela méritait une indulgence qu'on ne lui marchanda pas; car les hommes d'action sont rares, et il faut bien leur passer quelques étourderies.

Pendant la journée du 18 mars, il était à Bruxelles; dès le lendemain, il accourt pour « offrir son épée » au Comité central, qui s'empressa de l'accepter et le nomma général. — Le 9 thermidor, lorsque la Commune, au sein de laquelle Robespierre s'était réfugié, s'insurgea contre la Convention, « le conseil général arrête que les pièces de canon de la section des Droits de l'homme seront sous le commandement du commandant Eudes, capitaine[1]. » Il est douteux que ce fait ait été connu des membres du Comité central; mais si, par hasard, il n'en était pas ignoré, il a dû aider singulièrement à la promotion subite d'Eudes au grade de général. Le monde des sans-culottes a ses Montmorency comme le monde de la noblesse; ceux qui ont aboli l'hérédité pour les autres, la revendiquent pour eux-mêmes : ce qui tendrait à prouver que les décrets restent impuissants devant les mœurs et que les habitudes traditionnelles d'une nation sont plus fortes que les principes abstraits qu'elle essaye de s'imposer tout en tâchant de s'y soustraire. Si les lois de la tératologie n'interdisaient aux monstres de se reproduire, et si Marat avait eu un petit-fils, celui-ci

---

[1] Voir d'Héricault : *La Révolution du 9 thermidor*, p. 458.

eût certainement été dictateur pendant la Commune par droit de naissance.

Le XIe arrondissement nomma Eudes membre de la Commune par 17 392 voix et la Commune en fit son délégué à la guerre : pour peu de temps, il est vrai, car dès le 2 avril il est remplacé par Cluseret. Les troupes de Versailles ne s'aperçurent pas du changement. Parmi les plus galonnés de ce carnaval, Eudes fut certainement le plus chamarré. Il avait sur ses rivaux un grand avantage : il savait monter à cheval, et tandis que Bergeret était obligé de se faire traîner en fiacre jusqu'aux environs des champs de bataille, Eudes caracolait à faire envie aux palefreniers du marché aux chevaux. Aussi, tout fier de ses talents d'équitation, qu'il prenait pour des facultés de stratège, il se composa un brillant état-major, qu'il intitula — je ne plaisante pas — sa maison militaire. La liste en est curieuse et, par certains détails, elle est sinistre.

Bergeret, lui aussi, avait un état-major et pour planton une sorte de mulâtre, vêtu en turco. Cela était connu du monde de la fédération ; on disait : le turco de Bergeret, comme jadis on avait dit : le mamelouck de l'empereur. Cela mettait une pointe de jalousie au cœur du général Eudes ; il avait beau attacher à sa suite un Polonais, un Anglais, un Hongrois, cela ne valait pas un turco, le turco de Bergeret. Enfin, ses vœux furent comblés, et il acquit définitivement une supériorité incontestable sur tous les autres généraux de la Commune, car il découvrit un vrai spahi, noir comme un ramoneur ; il s'en empara et ne sortit plus sans être escorté par son Bédouin, comme le bourgeois gentilhomme ne sortait pas sans être suivi par « son laquais » et « son autre laquais ». Ce spahi appartenait au détachement venu d'Algérie, qui arriva précisément le 4 septembre. Eudes en fit son ordonnance favorite, et, dans les dernières convulsions de la Commune, son homme de confiance, ainsi que nous aurons à le raconter; on ne savait, ou l'on ne pouvait prononcer son nom, et on l'appelait Nègre. Vingt-quatre personnes composaient la maison militaire du général Eudes. Il y avait le commandant des écuries, le brigadier des écuries, le chef du grand état-major, le chef du petit état-major, le commandant payeur, qui était souvent en avance; il y avait un conducteur d'omnibus spécialement requis pour voiturer les approvisionnements; il y avait le colonel gouverneur des prisons, président de la cour martiale, Émile Gois, familièrement surnommé Grille d'Égout, qui, dans les fastes de la Commune, devait s'immortaliser, en conduisant le massacre de la rue Haxo; il y avait le médecin attaché à la personne du général; il y avait beaucoup de cuisiniers, et il y avait un Caria père qui était chef du peloton des exécutions : le sacripant ne marchait qu'escorté du bourreau. Ces gens avaient à leur usage une morale qui restera un objet de stupeur pour l'histoire. Ils agissaient dans la sincérité de leur âme, et parmi eux le fait d'être un assassin reconnu devenait un titre à la bienveillance et à la faveur. Cela résulte de leur conduite et de bien des documents que l'on a ramassés derrière eux. Voici une lettre de recommandation à laquelle Eudes a participé, et qui mérite d'être signalée au lecteur : « 18ᵉ *arrondissement, mairie de la Butte-Montmartre :* Citoyen Assi, prenez-moi vite le citoyen Boisson, il vous sera utile, c'est un vieux lutteur et un assassin de Montmartre. C'est tout dire. Salut et fraternité. *Signé,* J.-B. Clément. — Je recommande également mon ami Boisson à mon ami et collègue Assi. *Signé,* Th. Ferré. — Le citoyen Boisson est un solide patriote, je vous le recommande. *Signé,* le général

Eudes. » Je ne sais ce que l'on a fait du citoyen Boisson, mais il faut espérer que l'on aura rendu justice aux mérites de ce vieux lutteur, et qu'il aura été convenablement pourvu.

La maison militaire qui gravitait autour du général Eudes fut sans influence sur sa stratégie et ne lui assura pas la victoire. Battu toutes les fois que, marchant derrière ses troupes, il les engagea contre celles de Versailles, il avait fini par se réfugier à l'abri des forts du Sud, par s'y tapir et n'en plus bouger. « Eudes, dit Rossel, avait pris son quartier dans la casemate la plus obscure et la moins exposée du fort (d'Issy), et encore il se plaignait du danger. » Il suivait assidûment les séances de la Commune, qui offraient moins de périls que les avant-postes; il y pérorait, se rangeait toujours du côté des excessifs et appartint, sans restriction, au parti des terroristes. Comme il ne défendait pas du tout les forts du Sud dont il avait le commandement, il fut remplacé par le Polonais Valéry Wrobleski, le seul des généraux de la Commune, — je n'en excepte pas Rossel, en toute circonstance pitoyable, — qui montra quelques talents militaires, non point, il est vrai, dans les défenses devant Paris, mais dans Paris même, à la Butte-aux-Cailles.

Eudes redevenait donc un simple général à la suite; c'était humiliant; il fut triste et ne se sentit plus apprécié à sa juste valeur. Il avait de l'entregent et savait solliciter. Delescluze le nomma commandant d'une brigade de réserve, avec le palais de la Légion d'honneur pour quartier général. Il s'y installa et n'eut que peu de temps à rester dans l'ancien petit palais du prince de Salm que le comte de Lacépède, premier grand chancelier, avait fait acheter, le 1er floréal an XII, pour la Légion d'honneur. Cela lui suffit pour dévaliser la maison de fond en comble. Il est juste d'ajouter que dans cette œuvre de réparation sociale, il fut aidé par Mme Eudes; car il y avait une « madame Eudes », qui n'était point encore épousée.

III. — LA GÉNÉRALE EUDES.

L'autel de la nature. — La fille Victorine-Louise Louvet. — Aptitudes masculines. — Pillage. — Les robes de Mme Leflo, les vestes fourrées du général Gallifet. — Une révélation. — Vol continu. — L'argenterie de la Légion d'honneur. — L'expertise de l'opticien. — Les divers domiciles. — Les réceptions. — Réquisition. — Le colonel Collet. — Mégy. — L'ouvrier stupide. — Eudes au Comité de salut public. — Les naufragés. — Le Comité des trente-trois. — Eudes dictateur. — Son ministère. — *Plusieurs* et *plusieures*. — Brûlez tout !

Dans ce monde-là, on se marie volontiers à « l'autel de la nature »; la concubine en est quitte pour prendre le nom de son « homme ». C'est ainsi que la fille Victorine-Louise Louvet était appelée Mme Eudes depuis 1867, quoique son général ne l'ait épousée qu'en 1873, à Genève. C'était une femme jeune, blonde, maigrelette, peu scrupuleuse, assez jolie, marquée d'une tache rouge sur le front, naturellement agitée, très vulgaire, quoique prétentieuse et jouant à « la madame », comme Eudes jouait au général. Elle menait celui-ci par le bout du nez, et ne se gênait guère pour faire elle-même des promotions dans l'état-major. Qui lui plaisait obtenait facilement un galon de plus, avec supplément de solde. Je m'imagine qu'elle était désespérée d'être femme, ou que tout au moins elle eût voulu être « la femme à barbe ». Dans la brutalité des opinions qu'elle émettait, dans la grossièreté de son langage, dans sa liberté d'allures, pour ne dire plus, on sentait le regret d'être condamnée à porter des jupes; elle ne détestait pas la violence masculine de certains exercices, et si elle ne pratiquait ni la boxe ni la savate, elle aimait à prendre un fleuret et à faire des armes. Parfois le soir, à la Préfecture de police, lorsque Raoul Rigault n'avait pas trop bu, elle faisait assaut avec lui et ne savait pas cacher son dépit d'être souvent touchée. Très communarde et le criant par-dessus les toits, elle n'en était pas moins en relations avec un émissaire du gouvernement de Versailles et elle lui fournissait des renseignements qui furent qualifiés de « précieux[1] ». Elle savait mettre le temps à profit. Elle ne fit que traverser le ministère de la guerre, mais elle s'y conduisit comme en pays conquis et expédia dans un logement qu'elle avait loué rue Saint-Ambroise, sous un faux nom, tous les objets de toilette ou d'art qu'elle avait pu ramasser dans les appartements particuliers réservés à la famille des ministres. Robes, fourrures, armes de prix, garnitures de cheminée, elle fit main basse avec discernement sur tout ce qui représentait quelque valeur. Elle se pavanait dans les toilettes de Mme Le Flo, pendant que son général, revêtu, malgré la tiède température, des vestes fourrées du marquis de Gallifet, se promenait à la tête de sa maison militaire. Le ministère était au pillage. Cela dura jusqu'à l'heure où Eudes, remplacé par Cluseret, fut nommé commandant des forts du Sud et installa son quartier général au séminaire d'Issy, dont tout le linge de table et de literie disparut comme par enchantement. D'Issy on alla au Petit-Montrouge, et l'on vint enfin s'abattre sur la Légion d'honneur, dans le palais qui avait servi de résidence à Lacépède, à Mac-Donald, à Mortier, à Gérard, à Oudinot, à Molitor, à Exelmans, à Pélissier, à l'amiral Hamelin. Eudes trouva légitime d'occuper la place de tant de héros.

[1] Voir Gesner Rafina : *Une mission secrète à Paris pendant la Commune;* rapports adressés au gouvernement. Paris, Dentu, 1871, p. 27.

Le commandant de place du séminaire d'Issy, Léopold Caria, avait suivi Eudes au Petit-Montrouge et à la rue de Lille. Pour des causes que nous ignorons, il a publié, dans le journal *la Fédération* du 25 janvier 1875, un long mémoire relatant les hauts faits du citoyen et de la citoyenne Eudes [1]. C'est ce mémoire, écrit par un témoin oculaire, que nous suivons pas à pas dans notre récit; il concorde du reste avec l'enquête faite sur les évènements qui se sont passés, pendant la Commune, au palais de la Légion d'honneur, où l'on débuta par quelques exécutions historiques en brisant, à coups de marteau, un buste en marbre de Napoléon Ier. L'argenterie du palais avait de la valeur, car non seulement elle se composait de celle qui servait aux réceptions, mais aussi des vases sacrés, des services en vaisselle plate, de cinq cents couverts et de cinq cents timbales, appartenant à la maison d'éducation de Saint-Denis. Tout avait été caché avec soin; aussi le premier devoir du général Eudes en s'établissant rue de Lille fut-il d'interroger le conservateur du mobilier, et de le sommer, sous peine d'être passé par les armes, de livrer l'argenterie de la grande chancellerie. Le conservateur fut forcé d'obéir; il réussit cependant à ne désigner que deux cachettes, placées sous les marches d'un escalier, et put ainsi sauver plus d'un objet. Une masse considérable d'argenterie fut remise à Eudes. On en prit quelques pièces comme échantillon, et on les fit essayer par « un opticien » du voisinage : « car, disaient les aides de camp du général, ils sont si canailles à la Légion d'honneur, qu'ils sont capables de nous avoir donné du faux. » L'expertise les rassura et l'argenterie fut portée à la Monnaie. Caria prétend que la Monnaie ne reçut que les deux tiers de l'argenterie « réquisi-

---

[1] Voir *Pièces justificatives*, n° 2.

tionnée » et que le surplus est resté aux mains du général Eudes. Le fait est-il vrai ? Nous l'ignorons ; mais, le 23 avril, Eudes réunit les officiers de son état-major et leur enjoignit de garder dorénavant le secret sur toute découverte d'objets cachés, et de n'en parler qu'à lui seul. Il ressort de là une présomption qui n'a pas besoin de commentaire pour être appréciée.

Mme Eudes, dès qu'elle fût à la Légion d'honneur, s'empressa de louer un nouvel appartement, avenue Parmentier, et s'y prépara un second garde-meuble, car celui de la rue Saint-Ambroise devenait insuffisant. On déménagea sans mystère ; on s'amassa quelques ressources pour mieux vivre lorsque cette sarabande hébertiste aurait pris fin. Glaces de Venise, assiettes et verreries, édredons, serviettes, rideaux, collection d'autographes, nécessaires de voyage, nappes pour des dîners de cent couverts, torchons, tabliers de cuisine, sans oublier les croix de commandeur et les médailles d'argent, passèrent ouvertement du domicile officiel de Mme la générale à ses deux domiciles clandestins. Elle faisait des largesses à ses amies, et la fille Labourcey, femme transitoire et peu légitime du colonel Émile Gois, reçut sa part de prise, qui ne fut point mince, et que l'on retrouva, en partie, rue des Couronnes, au logement de celui-ci. Eudes, de son côté, avait mis la main sur 1600 ou 1700 médailles militaires et croix, qui furent placées en lieu sûr.

Le 22 mai, dans la matinée, au moment où, malgré les dénégations des membres de la Commune, il ne fut plus possible de douter de la rentrée des troupes françaises dans Paris, le général Eudes, aidé de la fille Louvet, prit ses dispositions stratégiques ; il fit intrépidement charger sur trois fourgons : cinquante paires de draps, quatre cents serviettes damassées, quatre matelas, six couvertures, des oreillers, des traversins ; il y ajouta bravement ce que l'on put découvrir de literie, d'argenterie, de croix, d'objets précieux, et l'on dirigea le tout sur l'avenue Daumesnil. C'est ainsi que l'on sut exercer la revendication sociale dont on nous parlait depuis longtemps, sans nous l'expliquer ; grâce à Eudes et à ses congénères, nous savons aujourd'hui en quoi elle consiste.

On recevait quelquefois, le soir, à l'ancien palais du prince de Salm, et l'on y faisait des bombances dont les tapis avaient conservé la trace. Pour ces solennités, Mme Eudes portait en sautoir le cordon rouge des grand'croix, mais elle n'en était pas plus fière pour cela, et disait volontiers au concierge du palais : « Ce n'est plus comme du temps de Flahaut, où tu étais forcé de dire : Monsieur le comte ; appelle-moi comme tu voudras ; tutoie-moi si ça t'arrange ; moi, je m'en bats l'œil ». Il était de bon ton de se montrer aux soirées de Mme Eudes, et le monde communard s'y empressait. C'était quelque chose d'être admis, dans l'intimité, au palais de la Légion d'honneur. On se rengorgeait en disant : « Je vais chez la générale. » Rien n'y manquait, ni les bons vins pris dans la cave des chanceliers, ni les femmes. Un soir cependant que celles-ci n'étaient pas en nombre suffisant pour un petit bal, « une simple sauterie » que l'on voulait improviser, Eudes envoya ses plantons chercher huit femmes « convenablement vêtues, en bonne santé : service de l'état-major », dans un endroit que le lecteur devinera, si bon lui semble, car je ne le lui dirai pas. Pour cette circonstance, Eudes signa : « Général, grand chancelier de la Légion d'honneur. »

Les familiers de la maison appartenaient presque tous à l'état-major : c'était Émile Gois et sa concubine Labourcey, blanchisseuse à Charonne ; c'était le colonel Collet, de son métier marchand de légumes et parfois brocanteur, qui avait accompli un haut fait militaire dont il aimait à se vanter : au delà de Vaugirard, près de la porte de Vanves, il avait, à la tête de quelques fédérés, surpris deux gendarmes envoyés en reconnaissance ; il les fit dépouiller de leurs vêtements, car il pleuvait, et lorsqu'ils furent nus, il les fusilla. Sa femme, qui l'avait accompagné à la Légion d'honneur, était de mœurs simples ; elle disait franchement qu'elle se sentait déplacée dans le grand monde : « ça lui faisait quelque chose de monter au salon » chez Mme la générale, et par goût elle se tenait à la cuisine, où elle prenait ses repas.

Il y avait fête à la Légion d'honneur lorsque Mégy daignait y venir ; on l'appelait le capitaine Mégy, le général Mégy, au choix ; il n'insistait pas, mais le dernier titre lui convenait mieux ; en effet, n'avait-il pas droit à tous les honneurs, lui qui avait tué un inspecteur de police chargé de l'arrêter, qui avait été condamné par les sicaires de la tyrannie à quinze ans de travaux forcés, et auquel le gouvernement du 4 septembre avait ouvert à deux battants les portes du bagne de Toulon ? On aimait à voir ce collègue en assassinat, et cependant on le redoutait un peu, car il avait un caractère primesautier qui déroutait les prévisions. Ainsi, lorsqu'il était en train de causer, autour de quelques bouteilles « à cachet rouge », il prenait son revolver et, sans même interrompre la conversation, tirait dans les glaces, dans les tableaux, ou dans le cadran des pendules ; très brave, du reste, ainsi qu'il le prouva en faisant fusiller, le 22 mai, le portier de l'hôtel de M. de Chabrol et en allant lui-même, le 24, en amateur au chemin de ronde de la Grande-Roquette décharger son fusil sur l'archevêque de Paris. Il avait eu à commander le fort d'Issy, qu'il abandonna avant l'heure ; car se bien battre est plus difficile que de bien assassiner. Rossel sut l'apprécier et le peignit d'un mot : « Mégy est un ouvrier stupide. » Rossel n'est pas plus indulgent pour Eudes ; il en parle et dit : « Son occupation ne s'étendait pas au delà de la cuisine, » ce qui n'empêcha pas la Commune d'appeler Eudes à faire partie du Comité de salut public, le 9 mai, avec Gabriel Ranvier, Ant. Arnaud, Ferd. Gambon et Delescluze. De la sorte, il porte les responsabilités de la dernière heure ; mais, prévoyant le sort qui pouvait l'atteindre, il quitte, dès le 27 mai, ses galons, son écharpe, ses insignes de général ; il reprend les vêtements bourgeois et se dispose à passer à l'étranger avec les économies faites au palais de la Légion d'honneur.

Il a réussi à dépister les recherches et à fuir. M. et Mme Eudes ont fait un voyage d'agrément en Suisse, en Allemagne, en Belgique, et se sont enfin décidés à fixer leur résidence à Londres. Ce que le général Eudes fait en Angleterre, nous pouvons le dire. Il est arrivé aux réfugiés de la Commune ce qu'il advient ordinairement aux naufragés : ils se sont dévorés entre eux. Ils se sont mutuellement reproché leurs méfaits ; comme les gens dont la probité n'est à l'épreuve de rien, ils se sont accusés d'appartenir à la police et ont fait tant de bruit dans leurs conciliabules, que l'écho en est parvenu au dehors. L'un d'eux, soupçonné de vivre de ressources dont l'origine devait rester inconnue, a exigé que l'on ouvrît une enquête sur son compte. L'enquête a été faite simultanément en Angleterre, en Belgique et en Suisse ; elle ne lui a point été favorable, ce qui nous importe peu ; mais elle a été rendue publique, et elle nous permet de parler en connaissance de cause des destinées que le général Eudes et ses amis réservent à la France.

Le général attribue la défaite du mois de mai 1871 à ce que, dans tous les évènements de la Commune, il n'a eu qu'un rôle secondaire à jouer ; s'il eût été maître, et seul maître, tout eût marché à souhait. Aussi, pour ne pas retomber dans les fautes du passé et assurer l'avenir de la prochaine révolution, il a jeté à Londres les bases de notre futur gouvernement ; il l'a appelé : *la Commune révolutionnaire*, autrement dit : *le Comité des trente-trois*. Quelques sceptiques, — dont la justice du peuple aura bientôt raison, — ont poussé la mauvaise grâce jusqu'à surnommer ce comité : *la Société du doigt dans l'œil;* en réalité, ce comité est la transformation de l'ancienne société secrète *du double-six.*

Le personnel est désigné ; les ministres sont nommés ; ils sont prêts à entrer en fonctions, et les voici ; Eudes, *dictateur ;* Cournet, *ministre de l'intérieur ;* Vaillant, *ministre de l'instruction publique ;* Breuillé, *ministre de la police ;* Viard, *ministre du commerce ;* Granger, Gois, Goullé, *ministres sans portefeuille* [1] ; le conseil des ministres forme le comité de salut public, sous la présidence du dictateur. On se réunit en conciliabule et l'on ne s'interpelle jamais que par son titre, tout en se tutoyant : citoyen dictateur ! citoyen ministre sans portefeuille ! et l'on discute. Que peut-on discuter ? l'avenir du prolétariat ? le moyen de donner la terre au

---

[1] Cournet, membre de la Commune, de la Commission de sûreté générale (30 mars), de la Commission exécutive (4 avril), délégué à la sûreté générale (25 avril), membre de la Commission musicale (10 mai), de la Commission de la guerre (16 mai). — Vaillant, délégué à l'intérieur (25 mars), membre de la Commune, de la Commission exécutive (30 mars), délégué à l'enseignement (21 avril), membre de la Commission exécutive (27 avril). — Breuillé, substitut du procureur de la Commune. — Viard, membre de la Commune, délégué aux subsistances (21 avril), membre de la Commission exécutive (27 avril). — Granger, bailleur de fonds pour l'affaire de la Villette. — Gois, colonel d'état-major, secrétaire d'Eudes, président de la cour martiale. — Goullé (Albert), chef d'escadron d'état-major, sous-chef d'état-major d'Eudes, juge suppléant, juge rapporteur à la cour martiale.

paysan, l'usine à l'ouvrier, la misère à tout le monde? Non pas ! on s'élève plus haut dans le domaine de l'idée et l'on règle l'ordre des prochaines exécutions. Qui fusillera-t-on d'abord, les prêtres ou les gendarmes? les adversaires de la Commune révolutionnaire ou les monarchistes? Le programme revendique le droit à l'incendie et aux exécutions sommaires. Ces rêveries occupent les loisirs et entretiennent les méditations du général Eudes et de ses associés. Ils ont débité tant de sottises qu'ils en sont arrivés à révolter leurs anciens camarades de massacre ; le groupe des blanquistes a fini par les répudier. Un de ceux qui ont été les plus violents pendant la Commune, a écrit : « Le manifeste de la *Commune révolutionnaire* est le comble de l'imbécillité et de l'infamie; ces misérables mettent comme programme l'incendie, on n'est pas plus idiot; sans compter qu'il faudrait rétablir au moins la connétablie pour l'illustre général Eudes. » Si, comme tant de gens naïfs l'ont dit, la Commune a été « un moment d'erreur », il faut avouer que le moment se prolonge plus que de raison [1].

Le Comité des trente-trois a ses protégés; on va voir ce qu'ils valent. Les réfugiés ont fondé à Londres une école laïque française; rien de mieux. Le Comité a eu assez d'influence pour faire adopter l'instituteur qu'il patronnait, le citoyen H..., qui se donne pour bachelier ès lettres, ancien professeur, et qui, je crois, a été substitut de Raoul Rigault. Or, dans une inspection, on a constaté que ce lettré ignorait, en géographie, l'existence des quatre points cardinaux et qu'en ortho-

---

[1] Je ne fais qu'indiquer ceci en passant; j'y reviendrai plus tard et en détail lorsque je parlerai des projets que les communards contumax agitent entre eux et qu'ils comptent mettre à exécution quand ils auront ressaisi le pouvoir. Voir *Convulsions de Paris*, t. IV, chap. v, *la Revendication*.

graphe il enseignait à ses élèves que *plusieurs* fait *plusieures* au féminin. Certes, cette science suffirait au besoin pour organiser un nouveau massacre d'otages, mais on a cependant remercié l'instituteur, qui a dû crier à la réaction.

Si le général Eudes s'était contenté de démeubler à son profit le palais de la Légion d'honneur, de parader dans son travestissement, de rédiger pour l'avenir des projets d'incendies et d'assassinats, on pourrait lever les épaules et n'en point parler; mais il a été l'un des incendiaires de Paris; aux dernières séances du Comité de salut public, il criait : « Faites sauter les maisons; incendiez les monuments; brûlez tout! » et ça n'a pas été seulement une menace. L'ancien assassin de la Villette fut maître en l'art d'utiliser le pétrole, et il sut donner à son spahi de confiance des ordres qui furent exécutés.

IV. — L'INCENDIE.

La matinée du 22 mai. — Nous sommes trahis! — Pillage des hôtels particuliers. — Effarement. — Premier centre de résistance. — Espoir déçu. — Les premières barricades. — Un avertissement donné par Jules Vallès. — Le marchand de vin Théodore Benoist. — Chef de la mairie du septième arrondissement. — Le couvreur Louis Benoni Decamp. — Les *Enfants perdus*. — Les pétroleuses. — Le diable noir. — N° 25634. — Mégy fait fusiller le concierge Thomé. — Le Conseil d'État et la Cour des Comptes. — Les médailles de Sainte-Hélène. — Haute paye. — Eudes donne le signal de l'incendie. — Tout est en feu. — Le lampiste Rochaix, le cocher Cartier. — Courage et dévouement.

Le lundi 22 mai, les habitants de la portion de la rue de Lille comprise entre la rue du Bac et la rue de Bourgogne furent réveillés vers quatre heures du matin par un fracas inaccoutumé. Les fédérés postés au Trocadéro et à l'École militaire, points stratégiques importants pour eux et faciles à défendre, fuyaient devant les troupes françaises, rentrées dans Paris depuis la veille. Fantassins, cavaliers, gardes nationaux, officiers, cantinières, voitures et canons couraient à la débandade. Tout ce monde affolé vociférait ; un cri dominait les autres : Nous sommes trahis !

Les troupes du colonel Vinot, celles du lieutenant-colonel Razoua décampaient lestement, mais elles étaient précédées par Mégy, qui, monté sur un bon cheval, ballottait au galop. Il s'arrêta au palais de la Légion d'honneur, s'y sentit un peu rassuré et se réunit au général Eudes. Rapidement on tint un conseil de guerre d'où résulta un ensemble de mesures stratégiques qui consistèrent à piller les hôtels de MM. de Bagneux, de Chabrol et de Béthune. Tout ce qui pouvait être emporté fut chargé sur des fourgons ; les gros meubles, les matelas furent jetés par la fenêtre sous prétexte qu'on les utiliserait à la construction des barricades. Afin de se raffermir le cœur et de mieux résister aux attaques de « la réaction », on but largement dans les caves des maisons mises à sac ; tout le jour, l'orgie fut en permanence pour ceux qui restèrent dans le quartier, car un grand nombre de fuyards s'étaient dirigés vers le centre de Paris.

Pendant quatre heures environ, c'est-à-dire jusqu'à huit heures du matin, les bandes de fédérés passèrent dans la rue de Lille comme un troupeau pris de vertige. Vers huit heures, une centaine d'hommes plus solides que les autres ou las de courir firent halte dans la rue Solférino, entre le palais de la Cour des Comptes et celui de la Légion d'honneur ; ils s'aperçurent qu'ils n'étaient point poursuivis. Un ancien chasseur d'Afrique nommé Gustave Pélicot, qui commandait le corps des éclaireurs du général Eudes, et qui faisait le service à la Légion d'honneur, essaya d'organiser la résistance. Il plaça des sentinelles dans la rue de Lille, sur le quai d'Orsay, afin d'arrêter les fuyards ; il fit filer des fédérés sur le pont Solférino, afin d'aller occuper la barricade élevée en arrière du pont de la Concorde, entre la terrasse du bord de l'eau et le parapet du quai des Tuileries. Ce centre de défense ne tarda pas à s'accroître et engloba les rues voisines, bientôt couvertes de barricades rapidement construites, pendant que la prudence des mouvements stratégiques de notre armée laissait trop de loisir à l'insurrection.

J'ai sous les yeux le récit écrit par un concierge de la rue de Lille, témoin et victime des faits qu'il a racontés, car la maison dont il avait la garde a été brûlée. De quatre heures du matin à huit heures, le pauvre homme vague dans les rues, rencontrant les fédérés ahuris ; il court au Corps législatif, il se masque derrière le parapet du quai d'Orsay, regarde vers les Champs-Élysées, entend quelque fusillade, prend espoir d'être promptement délivré, et retombe en désolation lorsqu'il comprend que nos troupes se massent vers l'Arc de Triomphe au lieu de marcher en avant. « Hélas ! dit-il, si les sauveurs de Paris avaient su ce que je savais ; si du moins j'avais pu leur faire connaître, à huit heures du matin, ce que je voyais de mes yeux, nous étions sauvés ; il suffisait de deux cents cavaliers pour chasser tous ces fuyards et en nettoyer les rues, car, dans tout notre faubourg Saint-Germain jusqu'à l'Hôtel de Ville, il n'existait pas une seule barricade. » Cela est strictement vrai ; toutes les défenses du quartier de la rive gauche qui côtoie la Seine, furent élevées dans la journée du lundi 22 mai, entre huit heures du matin et deux heures de l'après-midi[1]. Ces défenses,

---

[1] « Sur la rive gauche, les premières barricades ont commencé à être élevées le lundi, vers neuf heures du matin. Le mardi, à trois heures, on ne faisait que commencer celles du boulevard Saint-Michel et de la place Maubert. Ce sont les lenteurs déplorables de l'en-

il fallut les tourner ou les prendre; cela exigea bien des heures, et lorsque nos troupes purent enfin s'en emparer dans la matinée du 24, elles pénétrèrent au milieu d'une fournaise, car tout brûlait. Eudes et Mégy n'avaient point perdu leur temps; ils s'étaient tenus prêts à l'incendie et avaient mis tout leur zèle à exécuter le plan longuement élaboré par les Érostrates de ruisseau qui formaient la Commune. Le *Cri du Peuple*, rédigé par Jules Vallès, publia, en date du 14 mai, l'avis suivant : « On nous avait donné, depuis quelques jours, des renseignements de la plus haute gravité, dont nous sommes aujourd'hui parfaitement sûrs. On a pris toutes les mesures pour qu'il n'entre dans Paris aucun soldat ennemi. Les forts peuvent être pris l'un après l'autre. Les remparts peuvent tomber. Aucun soldat n'entrera dans Paris. Si M. Thiers est chimiste, il nous comprendra. Que l'armée de Versailles sache bien que Paris est décidé à tout plutôt que de se rendre. » C'était fort clair. L'entrée inopinée des troupes françaises neutralisa en partie l'exécution de ces projets. A défaut de la dynamite que l'on n'eut pas le temps de réunir en quantité suffisante, on fut réduit à se servir d'huile de pétrole, et chacun fit de son mieux.

Il y eut dans le faubourg Saint-Germain deux groupes distincts de résistance, agissant indépendamment l'un de l'autre, mais concourant au même but. Le premier était représenté par un marchand de vins nommé Théodore Benoist, homme violent, âgé de quarante-six ans, qui s'était installé à la mairie de la rue de Grenelle. Ambitieux, quoique illettré, il s'était agité pour se faire

vahissement de Paris par l'armée qui ont donné l'idée d'essayer la résistance. » (*Enquête parlementaire sur le 18 mars*. Déposition de M. Corbon.) Cette dernière assertion est au moins contestable; une bataille sérieuse dans Paris n'aurait certes pu être évitée, mais on eût prévenu la plupart des incendies.

connaître et obtenir quelque situation qui lui permît de déployer les talents qu'il se supposait. Lors des élections de la Commune, il avait présidé la seizième section du septième arrondissement; il avait participé à la dissolution du 15ᵉ bataillon de garde nationale resté fidèle aux lois et avait dépensé une extrême activité dans la formation du 105ᵉ et du 187ᵉ bataillons fédérés, recrutés parmi les gens d'opinion excessive. Ce zèle avait enfin été récompensé, et Théodore Benoist avait été nommé membre de la commission militaire du septième arrondissement. Ces commissions, on le sait, avaient été instituées pour requérir les armes et rechercher les réfractaires, ce qui autorisait ceux qui les composaient à entrer de jour et de nuit dans les maisons, à faire des perquisitions dont on ne sortait pas souvent les mains nettes, à signer des ordres d'arrestation et à confondre parfois les couverts d'argent avec les armes de guerre.

Théodore Benoist accepta ce mandat avec joie et l'exerça brutalement. Il montra plus de zèle qu'on ne lui en demandait. Il ne porta jamais d'uniforme, mais son écharpe rouge et son revolver remplaçaient les galons dont ses complices aimaient à zébrer leurs manches. Il dévalisa plus d'une maison et promettait aux réfractaires, c'est-à-dire à ceux qui répudiaient toute solidarité avec la Commune, de leur « laver la tête avec du plomb ». On eût dit que le faubourg Saint-Germain lui appartenait; il s'en croyait le maître; il voulut le défendre. Le 22 mai, dans la matinée, il envoya la dépêche suivante à l'Hôtel de Ville: « Citoyens, nous sommes à la mairie du septième; quelques gardes avec moi; nos chefs nous ont abandonnés. J'ai proposé de faire des barricades à deux heures du matin au bout des rues de Grenelle et Saint-Dominique. Le colonel (?) nous a répondu qu'il n'avait pas d'ordres. Le peuple pour sa défense n'a pas besoin d'ordres. » Théodore

Benoist, en effet, n'eut pas besoin d'ordres ; il sut tout prévoir et tout exécuter. Sous peine de mort, il força les employés réguliers de la mairie à se retirer, puis il courut au plus pressé, c'est-à-dire à la caisse, qu'il essaya de défoncer à coups de crosse de fusil ; n'y parvenant pas, il la fit charger sur une voiture à bras et l'expédia on ne sait où. Pendant la journée il dirigea la construction des barricades ; le lendemain 23, il combattit. Aux habitants, il disait : « Tout le faubourg Saint-Germain doit sauter, c'est décidé [1] ! » Tout le faubourg ne sauta pas, mais la poudrière de l'École d'état-major éclata, ébranlant le quartier voisin, et Théodore Benoist fit allumer l'huile de pétrole dans la maison du marquis de Villeneuve de Bargemont.

Le second groupe de destruction se tenait dans la rue de Lille, au palais de la Légion d'honneur ; Eudes et Mégy le dirigeaient. Leur fondé de pouvoir fut un couvreur d'une quarantaine d'années, nommé Louis Benoni Decamp, qui passait pour un des bas officiers attachés à l'état-major d'Eudes, qui, en réalité, était le cocher du « général », et qui se révèle à la dernière heure. Il reçut probablement les ordres de Mégy lui-même, tandis que le général Eudes donnait ses instructions à son spahi. Aussitôt que l'emballage des objets volés eut été terminé, Eudes, en compagnie de Mégy, se transporta à la caserne du quai d'Orsay. Le palais de la Légion d'honneur, après avoir été le quartier général de l'assassin de la Villette et de la fille Louvet, allait devenir le quartier général de l'incendie et des incendiaires. Le spahi et Benoni Decamp, pour n'être point gênés dans leurs opérations, firent arrêter le concierge du palais, M. Hamel, qui fut écroué au Dépôt de la Pré-

---

[1] Procès Benoist ; jugement contradictoire ; 5ᵉ conseil de guerre, 29 mai 1872.

fecture de police, d'où il parvint à s'échapper le lendemain 24, lorsque le sous-brigadier Braquond délivra les détenus.

La garnison du palais était composée du 135ᵉ bataillon de fédérés appartenant à Belleville. Dans la matinée, on avait reçu comme renfort une partie de la *Légion des enfants perdus*. Pendant la Commune, il y eut deux troupes de vauriens qui portèrent ce nom : l'une commandée par Isaï Lambert, l'autre par Edmond Refray ; quelle fut celle qui vint « travailler » dans la rue de Lille ! Nous l'ignorons [1]. Ces *enfants perdus* formaient une bande dans laquelle on avait indistinctement versé la lie des faubourgs, de la province et de l'étranger qui fermentait dans Paris. Decamp en avait pris le commandement et les distribua selon les nécessités de la lutte. Ces gens stationnèrent presque tout le jour derrière les barricades encore peu attaquées, et firent le coup de feu lorsque cela fut nécessaire. On les avait gardés pour le combat, et au milieu d'eux on pouvait remarquer cinq femmes très exaltées. Elles secouaient les indolents, ranimaient les timides et criaient volontiers : « Il faut que Paris crève ! » C'étaient les femmes Masson, Suétens, Rétiffe, Marchais et Papavoine. Elles s'empressaient autour du spahi, qu'elles appelaient « le diable rouge », sans qu'il parût s'en blesser, et lui disaient : « Y es-tu ? Faut-il commencer ? » De sa voix gutturale, il répondait : « Le général n'a pas donné l'ordre. »

Des voitures du train avaient apporté soixante tonneaux de pétrole qui étaient symétriquement rangés dans la cour du palais de la Légion d'honneur. Cela devait suffire à incendier tout le quartier, et l'on y comptait bien. Par surcroît de précaution, le spahi

---

[1] Une compagnie tenait garnison à la caserne d'Orsay. Le dépôt de la légion était rue Bellechasse, dans l'ancienne caserne des Cent-gardes.

et Benoni Decamp avaient fait rouler dans les caves — tout le vin en avait été bu — des barils de poudre et des caisses de cartouches. On se tenait prêt à mettre le feu, si les Versaillais apparaissaient ; mais ils ne se montrèrent pas le lundi, et la rue de Lille eut encore un jour à vivre.

La soirée y fut bonne pour les fédérés : répandus dans les hôtels qu'ils avaient mis au pillage, réunis aux femmes qui les escortaient, ils firent bombance et chère lie. Pendant que le général Eudes s'était rendu au Comité de salut public, Mégy buvait et pérorait dans les salons de l'hôtel du comte de Chabrol. Les fédérés venaient prendre ses ordres, et lorsqu'il était satisfait de leur attitude militaire, il les nommait d'emblée lieutenants ou capitaines. Il libellait lui-même les brevets et, par une fantaisie de galérien triomphant, il les signait du numéro matricule qu'il avait porté au bagne de Toulon : 23 654.

Le concierge de l'hôtel Chabrol, brave homme nommé Thomé, père de deux enfants, désespéré de voir saccager la demeure de son maître, ayant vécu tout le jour au milieu des angoisses et des vexations de toute sorte, eut un accès de colère qu'il eut l'imprudence de ne pas modérer. Mal lui en advint. Il apostropha Mégy et lui lança au visage quelques épithètes que « l'ouvrier stupide » ne trouva pas de son goût. Mégy lui prouva sans délai comment les hommes de la Commune entendaient la fraternité. Benoni Decamp fut appelé, il comprit sans peine de quoi il s'agissait. Il s'empara de M. Thomé, le fit appliquer contre un mur et fusiller. La femme et la belle sœur de ce malheureux jetaient des cris et se ruaient sur les assassins. Elles furent saisies ; mais, avant de les passer par les armes, on voulut boire encore « une tournée ». La mesure était comble ; ces assassins étaient déjà tellement « saouls » qu'un verre d'eau-de-vie de plus les assomma. La plupart d'entre eux roulèrent sur le parquet et s'endormirent. Les deux femmes purent s'enfuir et se réfugier dans une maison de la rue des Saints-Pères.

Le lendemain mardi, 23 mai, les fédérés, les Eudes, les Mégy, les Decamp, ne purent conserver aucune illusion ; ils allaient être forcés, et le moment était venu de détruire la rue de Lille avant de l'abandonner. Ils eurent la gloire — ils s'en sont vantés depuis — de donner l'exemple et d'allumer les premiers incendies. Sous la double direction du couvreur Decamp et du spahi, on procéda avec un certain ordre, et l'on se rendit d'abord à la Cour des Comptes. Le concierge en avait fermé toutes les grilles ; on eut beau l'appeler, il ne répondit pas. On n'y mit pas longue insistance, et l'on pénétra dans le palais par la porte ouverte sur la rue de Bellechasse, qui donne accès dans les bâtiments du Conseil d'État ; on roula un baril de poudre dans la salle des séances, on y défonça un tonneau de pétrole, on répandit l'huile minérale dans les salons contenant les tableaux de Flandrin et d'Eugène Delacroix, dans le grand escalier peint par Chasseriaux. En franchissant la galerie extérieure, on entra dans la Cour des Comptes ; le spahi regardait faire et disait : *Taïeb!* (bien). Par une fantaisie singulière, deux hommes, marchant sous la galerie du Conseil d'État, portaient des tabliers pleins de médailles de Sainte-Hélène (cuivre), qu'ils lançaient à la volée dans les cours, semblables à des semeurs qui jettent la graine aux sillons. La fille Marchais, la Papavoine, la Rétiffe, la Masson, la Suétens, badigeonnaient les murs, et, en passant, mettaient dans leurs poches les menus objets oubliés sur les bureaux. On alla ensuite aux archives de la Cour des Comptes, vaste et légère construction pleine de papiers, qui promettait une belle proie à l'incendie. Quand on manquait de pétrole, on allait en chercher à la réserve centrale, c'est-à-dire au palais de la Légion d'honneur. On fit des préparatifs analogues à l'hôtel de la Caisse des dépôts et consignations, à la caserne d'Orsay. On distribua des bidons, des touries aux incendiaires de bonne volonté. Eudes et Mégy excitaient ces bandits. Benoni Decamp criait : « C'est notre droit ! c'est notre droit ! Puisque les Versaillais nous assassinent, nous avons le droit de tout brûler ! » Dans de telles circonstances, la rhétorique est bonne, mais l'argent est meilleur. Une douzaine d'incendiaires reçurent chacun soixante-cinq francs. Cette « largesse au peuple » fut accueillie par les cris de : Vive la Commune !

La Cour de la Légion d'honneur était tellement saturée d'huile de pétrole qu'il en avait coulé jusque dans le ruisseau de la rue; on l'avait jetée à pleins seaux dans les appartements, et, je le rappelle, les caves avaient reçu des barils de poudre et des sacs de munitions. On comptait sur l'explosion pour jeter bas une partie du quartier. Or, il y avait à la Légion d'honneur un employé à la lampisterie, nommé Rochaix, qui s'était caché sous la cage de l'escalier et regardait l'œuvre des incendiaires, bien décidé à faire tout ce qui serait en son pouvoir pour essayer de sauver le palais. C'était rêver l'impossible, et cependant ce fut grâce à son dévouement que l'explosion fut évitée.

Tout était prêt; il était environ six heures du soir; le mouvement tournant des troupes de Versailles s'accentuait; le général Eudes, que Mégy éclairait de ses conseils, jugea que le moment était venu. Il était à cheval, au milieu de la rue de Lille, plus pimpant que jamais, la moustache en crocs, le sourire aux lèvres, cabotinant jusqu'à la dernière minute et prêt à se « replier en bon ordre » sur l'Hôtel de Ville, où tant de crimes à commettre l'attendaient encore.

Lentement et théâtralement, il leva son épée. A ce geste, une sonnerie de clairon répondit : c'était le signal. Devant la Légion d'honneur, un officier du 135e bataillon de fédérés lâcha un coup de revolver sur le ruisseau, qui prit feu instantanément et porta l'incendie dans le palais. Le Conseil d'État, la Cour des Comptes et ses archives, la caserne d'Orsay, l'hôtel de la Caisse des dépôts et consignations, c'est-à-dire tout le côté droit de la rue de Lille, furent allumés en même temps. Eudes, suivi de sa « maison militaire », se dirigea par les quais vers l'Hôtel de Ville. Sa « dame » n'était pas avec lui; elle était rue Saint-Ambroise, ou avenue Parmentier, ou boulevard Daumesnil, occupée à empaqueter, pour un prochain départ, le butin conquis sur l'ennemi.

M. Lissagaray, un des apologistes les plus sincères de la Commune, dit, dans son *Histoire* (p. 370) : « Le bataillon fédéré qui tient depuis deux jours à la Légion d'honneur, évacue, à cinq heures, cette chapelle malpropre après l'avoir incendiée. » Les flammes s'élancèrent, et la fumée des huiles minérales monta vers le ciel comme un ouragan. Les fédérés avaient fui ; Decamp et le spahi avaient disparu ; Rochaix s'élança hors de sa cachette et courut chercher un cocher qu'il connaissait, M. Cartier, demeurant rue de Lille, n° 97. Tous deux, sous l'incendie qui dévorait les basses constructions du palais de la Légion d'honneur, descendirent dans les caves et parvinrent à en retirer les matières explosibles dont elles étaient remplies, avant que le feu eût pu les atteindre. Si la rue de Lille, le Corps législatif et le quai d'Orsay n'ont point été renversés, on le doit au courage intelligent de MM. Rochaix[1] et Cartier.

[1] M. Rochaix est actuellement huissier à la Grande Chancellerie de la Légion d'honneur. (1877.)

Dans cette histoire de la Commune dont j'ai entrepris de raconter quelques épisodes, ce qui rassérène l'esprit fatigué par la succession de tant de crimes, c'est le spectacle du devoir accompli par des hommes tranquillement valeureux, qui ne se doutent même pas qu'ils ont été des héros. Toutes les fois que j'en ai eu l'occasion, j'ai signalé ceux que j'ai pu découvrir, sans nul bénéfice pour eux, je le constate avec douleur; mais combien qui se sont admirablement conduits resteront à jamais ignorés et n'auront pour récompense que le souvenir de leur belle action!

V. — LA RUE DE LILLE.

Le n° 59. — La fin du monde. — A l'hôtel de Béthune. — *Taïeb!* — Les maisons incendiées. — La responsabilité du crime remonte à Eudes et à Mégy. — Le pasteur Rouville. — Il y a de quoi mourir d'épouvante. — Aumônier des prisons. — Il résout de sauver sa maison. — La parole. — Émotion des fédérés. — Un vieux sergent. — Les officiers. — « Tant pis, je désobéirai. » — « Je crois en Dieu ! » — Les explosions. — Le départ. — Carrefour Bucy. — La maison est intacte. — « Regardons aux choses invisibles ! » — Les derniers ordres du général Eudes. — Type du général communard.

Il ne suffisait pas à Eudes, à Mégy et à leurs complices d'avoir incendié les édifices appartenant à l'État, ils se ruèrent sur les propriétés privées et en firent un monceau de cendres. Le côté droit de la rue de Lille flambait, on mit le feu au côté gauche. On commença, je crois, par la maison portant le n° 59. Quelques fédérés mêlés à des *Enfants perdus*, excités par les femmes que j'ai nommées, obéissaient au spahi qui promenait son burnous rouge devant les flammes. Ils attaquèrent la maison, en brisèrent les devantures à coups de crosse de fusil et y lancèrent du pétrole. Les locataires qui n'avaient pas fui, les portiers, les femmes, les enfants se lamentaient autour des incendiaires, les conjuraient de les épargner, de ne pas les réduire à la misère, de leur donner au moins le temps d'emporter leurs pauvres nippes. On les traitait de Versaillais, on leur mettait le revolver sur la gorge; la fille Marchais, vivandière des Enfants perdus, un fusil en bandoulière, criait : « F... le feu partout ! » Une femme, que suivaient deux petits enfants accrochés à sa robe, saisit un fédéré à bras-le-corps : « Protégez-nous, sauvez-nous ! Sauvez mes enfants ! Ne laissez pas brûler la maison ! » Le fédéré la repoussa sans violence, et, levant les bras avec découragement, il répondit : « Madame ! ne voyez-vous donc pas que c'est la fin du monde ! »

A l'hôtel de Béthune, le concierge, sa femme, son fils et son neveu, injurient les incendiaires; on les pousse dans la cave à coups de pied; on leur crie : Il faut que vous creviez là dedans ! et l'on met le feu aux appartements; c'est miracle que ces malheureux n'aient point péri, et qu'ils aient pu se sauver. Tous ceux qui ont assisté à ce spectacle ont répété la même parole : c'était l'enfer ! L'une après l'autre, les maisons furent incendiées. On criait dans la cour : Allons ! vite ! descendez, on va tout flamber ! Puis dans les boutiques, dans les appartements, on versait de l'huile de pétrole, on la touchait d'une allumette, et tout n'était plus qu'un brasier. Dans les fenêtres, on tirait des coups de fusil, des coups de revolver; le spahi regardait, répétait *Taiéb!* (bien!), et vociférait quelque injure que l'on ne comprenait pas.

Les maisons portant les numéros 27, 37, 39, 43, 45, 48, 49, 50, 51, 53, 55, 57, 61, 63, 65, 67, 69, 81, 85, de la rue de Lille brûlèrent; le numéro 47 fut sérieusement endommagé. Des numéros 3, 4, 6, 7, 9, 11 et 13 de la rue du Bac, il ne resta plus de trace. Depuis la rue de Bourgogne jusqu'à la rue de Beaune, la rue de Lille n'était qu'un embrasement. Le Paris de la rive droite contemplait les tourbillons de flammes et de fumée qui s'élevaient au-dessus de la Seine, ne comprenait pas et mettait sur le compte d'un accident de guerre le crime prémédité et accompli par la Commune.

Les habitants du quartier avaient fui; quelques-uns, malgré le feu qui brûlait au-dessus de leur tête, s'étaient cachés dans les caves, au risque d'être écrasés par la chute des décombres; il y eut des petits enfants qui crièrent pendant toute la nuit et que l'on ne put calmer. Dans ce désastre, on n'aperçoit aucun but stratégique; on détruisit pour détruire, en haine d'une civilisation que l'on ne pouvait saccager à son aise. La responsabilité de cet incendie, qui, pour la seule Cour des Comptes, a anéanti des documents historiques de la plus rare valeur, remonte à Eudes et à Mégy. Ce sont eux qui en ont pris l'initiative, qui en ont surveillé les préparatifs et assuré l'exécution. Bénoni Decamp est mort au plateau de Satory; la femme Masson a pu se dérober; Théodore Benoist, les filles Rétiffe, Marchais, Suétens, Papavoine et Bocquin sont aux colonies pénitentiaires; le spahi, rencontré le 24 mai, rue Gribauval, par une patrouille de l'armée régulière, raconta avec bonhomie tout ce qu'il avait fait; son burnous rouge imprégné d'huile de pétrole l'accusait autant que ses aveux; on le jeta contre une borne et on le fusilla.

Il y eut plus d'un épisode émouvant pendant cette soirée. A huit heures et demie, M. Rouville, pasteur protestant, était chez lui, rue de Lille, dans la maison dont il est propriétaire. Il entend une alerte, on crie : tout brûle! il faut se sauver! Il descendit alors, vit la rue en flammes et des gens qui se sauvaient en pleurant. Au moment où il rentrait chez lui pour enlever quelques objets précieux, des fédérés se précipitèrent dans la cour, criant : Partez vite, on va allumer ! Il se hâta. Il prit quelque argent, le manuscrit des sermons qu'il avait prononcés ; machinalement, par un de ces mouvements réflexes que donne l'habitude, il saisit sa canne et son chapeau ; puis, jetant un dernier regard sur l'appartement où il avait vécu, sur les mille souvenirs qui lui étaient chers, évoquant la mémoire des grandes destructions bibliques que la lecture des Livres saints lui avait rendues familières, il descendit l'escalier de sa demeure.

Dans la rue, c'était un indescriptible tumulte que dominait le cri des femmes, cri sans paroles, modulation suraiguë involontairement jetée par l'épouvante et qui vibrait au-dessus des rumeurs, comme un appel désespéré auquel nulle puissance surnaturelle ne répondait. Le pasteur Rouville s'arrêta. La maison voisine de la sienne flambait ; on mettait le feu à la maison vis-à-vis ; les maisons situées entre la rue de Beaune et la rue du Bac, rouges de la cave au grenier, vomissaient la flamme par les fenêtres brisées. La famille du pasteur n'était point à Paris ; il était seul avec une domestique qui ne le quitta point d'une minute ; c'est là sans doute ce qui détermina sa résolution et lui donna le courage de tout affronter pour sauver sa maison. S'il eût senti près de lui sa femme et sa fille, il n'eût songé qu'à leur salut et se fût empressé de les entraîner loin de ce lieu où, dit-il, « il y avait de quoi mourir d'épouvante. » Le pasteur Rouville est un petit homme que son activité conserve jeune et singulièrement énergique. Il appartient à cette forte race des protestants du Midi, qui a résisté à tout pour conserver ses croyances. Il aurait, parmi ses ancêtres, quelque Cévenol, compagnon de Jean Cavalier, je n'en serais pas surpris. Aumônier des prisons de la Seine, habitué à sonder les âmes douteuses, à chercher dans les cœurs vicieux quelques fibres intactes qui peuvent se rattacher à la vertu, fervent dans sa foi, éloquent, ayant une voix haute qui sait dominer le bruit, sachant par expérience qu'il n'est obscurité si profonde où l'on ne puisse faire pénétrer la lumière, il était, pendant la durée de la Commune, resté à son devoir, car les détenus avaient d'autant plus besoin de secours spirituels, que l'administration régulière ne veillait plus sur eux. Il avait souffert de l'incarcération des prêtres catholiques et avait signé la protestation que les pasteurs adressèrent à l'Hôtel de Ville pour demander la liberté de l'archevêque.

Seul, en présence du désastre qui le menaçait, il éleva son âme à Dieu, se rappela que la petite pierre de David a tué le géant philistin, et il résolut de combattre pour son foyer. Il se campa devant la porte pour en interdire l'accès, et, se servant des armes que la Providence et l'étude lui ont départies, il parla. Les fédérés s'arrêtèrent devant cet homme que sa simplicité rendait héroïque. Ce qu'il leur dit, on peut le supposer : « Pourquoi frapper des innocents et se rendre exécrables? Pourquoi s'en prendre à un protestant, à un pasteur dont la religion, appuyée sur le dogme du libre examen, s'associe volontiers aux idées républicaines? La foi qu'il enseigne est celle qui a été promulguée par le Christ; c'est le Christ qui a dit à Pierre : Remets ton glaive au fourreau; c'est lui qui a dit aux hommes : Aimez-vous les uns les autres! Non, le peuple de Paris, ce peuple dont on a partagé les souffrances et secouru les infortunes pendant le siège, ce peuple si bon lorsqu'il n'est pas égaré par les méchants, ce peuple ne brûlera pas la maison d'un pauvre pasteur dont la vie n'a été qu'une expansion de charité. »

Il faut croire que le pasteur fut éloquent, car les

fédérés qui l'écoutaient se mirent à pleurer, le saisirent et l'embrassèrent. Pendant ce temps, les locataires des boutiques de sa maison, un épicier, un tailleur, avaient abaissé les devantures de fer qui, du moins, faisaient obstacle à un premier jet de pétrole. Cela avait duré une heure ; les fédérés, touchés par le désespoir du pasteur, restaient près de lui et en avaient pitié ; un vieux sergent de la garde nationale demeura à ses côtés, comme pour lui porter secours au besoin et maintenir un peu d'ordre parmi ses subordonnés. Quelque espérance renaissait dans le cœur de M. Rouville, et il se disait que peut-être sa maison serait épargnée, lorsque des jeunes gens portant le képi d'officier arrivèrent, comme pour passer l'inspection des incendies. A la vue d'une maison intacte, émergeant comme un îlot du milieu d'un océan de flammes, ils se récrièrent. Le pasteur s'élança et voulut parlementer avec eux. Ce fut peine perdue. Un lieutenant lui dit : « Tu n'es qu'un vieux *réac*, tu nous embêtes avec tes phrases ; si tu n'es pas content, on va te coller au mur. » Puis, se tournant vers les fédérés, et leur désignant de la main les maisons de la rue de Lille, il cria : « Tout cela est au peuple ; le peuple a le droit de tout brûler ! » C'en était peut-être fait de la maison du pasteur, lorsque le sergent des fédérés intervint et, s'adressant à l'officier, lui dit : « J'ai reçu ordre d'arrêter le feu ici même. — Montre-moi ton ordre, » riposta l'officier. Le sergent répondit : « C'est un ordre verbal. » Une altercation s'éleva entre ces deux hommes ; le sergent tenait bon, l'officier insistait et, selon l'usage du moment, menaçait de faire passer le récalcitrant par les armes.

Un incident dénoua la situation : un officier monté arriva au galop et commanda aux fédérés de se mettre en retraite, parce qu'ils allaient être cernés par les

Versaillais. Presque tous les gardes nationaux s'éloignèrent prestement ; le sergent était resté près du pasteur et lui disait : « Mon petit père, décampez vite, vous allez vous faire tuer et ça ne sauvera pas votre « cassine ». De nouveaux officiers passèrent alors, ordonnèrent de tout brûler et devant la résistance du sergent forcèrent celui-ci à partir. Pendant une demi-heure le malheureux pasteur resta seul, tenant tête aux incendiaires, passant des supplications aux menaces, et, par tout artifice, gagnant du temps. Le sergent revint ; il avait les yeux mouillés de larmes et portait à la main l'ordre d'incendier la maison, ordre écrit que ses chefs lui avaient remis et qu'en pleurant il montrait au pasteur. Celui-ci cependant ne se découragea pas ; il remua dans le cœur du vieux fédéré tous les sentiments de la commisération, et il l'émut à ce point que l'insurgé s'écria : « Eh bien ! tant pis, je désobéirai ; non, je ne laisserai pas brûler votre maison ; on me fusillera, ça m'est égal, car je sais que je dois mourir. » Puis, levant la main vers le ciel et montrant les étoiles qui brillaient comme des étincelles à travers le voile de fumée chassé par le vent, il s'écria : « O mon petit père, moi, je crois en Dieu ! Ne craignez rien ! je resterai ici ; j'empêcherai qu'on ne touche à votre maison et je saurai bien en éloigner les pillards [1] ! »

O peuple étrange et décevant, prêt à tous les crimes, prêt à toutes les bonnes actions selon la voix qui te parle et l'émotion qui t'emporte ! Ce sergent fédéré était bien ton image, et il ne faut jamais désespérer de toi, quoique tu désespères souvent ceux qui t'aiment le mieux !

Les tonneaux d'eau-de-vie chez les marchands de

---

[1] Voir *Pièces justificatives*, nº 3.

vin, les bombonnes d'éther chez les pharmaciens, les dépôts de poudre et de munitions oubliés dans les postes ou placés intentionnellement dans les caves, éclataient et projetaient au loin les charbons enflammés. Le pasteur regardait sa maison ; il la regarda une dernière fois et partit en sanglotant. Il était onze heures. Pendant trois heures il avait résisté aux incendiaires. Ses forces étaient épuisées ; on l'emmena. La servante, qui ne l'abandonna pas, qui, sans se lasser, montait et remontait dans l'appartement pour arracher quelque proie à l'incendie, la servante l'entraîna. Dès que l'on fut arrivé à la rue des Saint-Pères, on entra dans des ténèbres qui paraissaient d'autant plus profondes que l'on quittait un brasier plein de lueurs. A tâtons, on se dirigea, par-dessus les barricades, à travers les coups de fusil ; on tomba plus d'une fois et l'on perdit un portefeuille bien garni qui glissa de la poche pendant une chute. Enfin, sain et sauf, malgré tant de dangers, on arriva rue de Seine, près de la rue de Bucy et l'on put trouver un asile dans un hôtel garni. La nuit y fut dure. La place était mal choisie ; le lendemain, mercredi 24, on se battit au carrefour Bucy avec acharnement ; les obus éclataient sur le pavé. Les fédérés défendaient leur barricade attaquée par les fusiliers marins. Une dernière charge à la baïonnette rejeta les insurgés, qui prirent la fuite. Le quartier était nettoyé ; tout le monde acclamait les marins et les soldats du 75e de ligne qui arrivaient.

Le pasteur Rouville courut vers la rue de Lille ; sa maison, toujours debout, affirmait que le vieux sergent de fédérés avait tenu sa parole. Qu'est-il devenu, ce brave homme qui, malgré des ordres réitérés, a sauvé, au risque de sa vie, la propriété, la fortune d'un homme dont la parole l'avait ému. Peut-être l'aveugle guerre ne l'a-t-elle pas épargné. Peut-être, au contraire, a-t-il reçu de la main du pasteur une récompense proportionnée au service rendu. Peut-être traîne-t-il une vie misérable dans quelque atelier de maison pénitentiaire : à ces questions je ne puis répondre, car je ne sais rien de la destinée de cet homme, ni de cet homme lui-même, pas même son nom. Le soir de ce même jour, le pasteur Rouville écrivit à sa fille pour lui raconter les angoisses au milieu desquelles il avait vécu. Il disait, en terminant sa lettre : « Remercions Dieu d'une si grande délivrance et regardons aux choses invisibles. » Ce sont celles-là, en effet, qu'il faut contempler, car seules elles peuvent nous consoler de ces choses trop visibles dont nos âmes ont été accablées pendant la Commune.

Les instructions du général Eudes et celles de Mégy avaient été ponctuellement suivies, on vient de le voir. Eudes ne s'en tint pas là ; ce fut lui qui fit porter à Garreau, directeur de Mazas, l'ordre de faire sauter la prison, ordre dont l'habileté d'un greffier choisi par la Commune et nommé Bonnard fit avorter l'exécution. Les derniers ordres expédiés par le général Eudes, membre du Comité de salut public, sont des ordres d'extermination. En voici un qu'il adressa dans la matinée du 25 mai au chef de la batterie établie sur les hauteurs du Père-Lachaise : « Tire sur la Bourse, la Banque, les Postes, la place des Victoires, la place Vendôme, le jardin des Tuileries, la caserne Babylone. Nous laissons l'Hôtel de Ville sous le commandement de Pindy ; la guerre, ainsi que le Comité de salut public, ainsi que les membres de la Commune présents, se transportent à la mairie du onzième, où nous nous établissons. C'est là désormais que nous allons établir la défense des quartiers populaires. Nous t'enverrons de l'artillerie et des munitions du parc Basfroi. Nous tiendrons jusqu'au bout et quand même. »

Ce foudre de guerre et d'incendie manœuvra de telle sorte pendant toute bataille qu'il ne reçut pas une égratignure et qu'il put en sécurité quitter Paris et la France. Il fut le type même du général communard et méritait, à ce titre, de n'être pas négligé. Il fit consciencieusement son métier d'incendiaire dans la rue de Lille, comme il avait consciencieusement fait son métier d'assassin à la Villette, et il suscita quelque émulation dans le cœur de Bergeret, qui tâcha de s'élever à sa hauteur en faisant détruire le palais des Tuileries.

CHAPITRE III

LE PALAIS DES TUILERIES

I. — LE GOUVERNEUR MILITAIRE.

Le pétrole. — Appareil Parisel. — La proposition Grélier. — Alexis Dardelle. — Vélocipédistes. — L'orgue de la chapelle. — Les ivrognes. — Louis Madeuf. — Cabotin et chef d'escadron. — Étienne Boudin. — La chambre de veille. — Voleur. — Jacques West. — Un égaré. — Le Comité central et la paix. - Un billet échappé à l'incendie. — Antoine Wernert. — Double jeu. — Le planton Minot. — Les communards dans le château. — Parc d'artillerie. — L'égalité selon la Commune.

Ce fut en 1564 que, sur l'ordre de Catherine de Médicis, Philibert Delorme jeta la première fondation du château des Tuileries; presque tous les souverains qui régnèrent sur la France tinrent à honneur de le continuer ou de l'embellir; à la veille de la révolution du 4 septembre on y travaillait encore. Il fallut donc à la monarchie trois cents ans pour l'élever; une nuit suffit à la Commune pour le détruire. Il était resté debout pendant la Terreur, il n'avait même pas été menacé par les invasions de 1814 et de 1815. L'insurrection du 18 mars suivit imperturbablement sa logique et s'effondra au milieu des incendies allumés par elle;

des Tuileries elle fit une ruine que remplit un peu de cendres. Le pétrole tourmentait l'esprit des communards ; il y avait là un nouveau moyen de destruction fait pour tenter des hommes qui s'intitulaient volontiers les apôtres de l'humanité nouvelle ; avant d'en inonder notre ville réservée à périr, ils avaient essayé de l'utiliser contre nos soldats. Dans le cabinet de Delescluze, sur son propre bureau, on trouva, au ministère de la guerre, la lettre que voici : « Commune de Paris, délégation scientifique. Paris, le 18 mai 1871 : J'ai demandé à Dombrowski qu'il fît creuser une casemate dont je lui ai donné les dimensions pour y placer notre projecteur à pétrole. Depuis j'ai envoyé trois fois pour voir si les travaux s'avançaient, personne n'a pu me répondre à ce sujet. Je suis prêt à envoyer les appareils. *Le membre de la Commune, chef de la délégation scientifique :* Parisel. » Et en note, de la mince écriture de Félix Pyat : « Répondre à Parisel, en faisant ce qu'il demande. » La proposition d'envoyer à Dombrowski des projecteurs destinés à arroser les troupes françaises avec des jets d'huile minérale enflammée devait rester sans réponse, car déjà le général fédéré qui commandait « la première armée » avait fait son arrangement avec Georges Veysset, et dès le 14 mai avait pris ses précautions en promulguant l'arrêté suivant : « Le colonel Mathieu est nommé commandant supérieur de toutes les forces réunies entre le Point-du-Jour et la porte Wagram. » La Commune eut beau placer un de ses membres, Dereure, en qualité de commissaire civil auprès de Dombrowski, Parisel ne réussit pas à lui faire adopter ce qu'il appelait modestement « ses appareils ».

Non seulement on rêvait d'incendier Paris à l'aide du pétrole, mais on s'ingéniait à découvrir des moyens expéditifs de le faire sauter. Au siège même du Comité central, on mit la main sur cette pièce que je reproduis textuellement et qui fait elle-même son propre commentaire : « En cas de revers de notre armée, Grélier propose : d'ici deux ou trois jours envoyer deux parlementaire à Versailles pour que dans les vingt-quatre heures ils envoient deux Versaillais ; leur montré tous les dossiers des notaires, des avoués, des huissiers et des titres de rentes ; que la dette publique qui se trouve entres les mains de la commune sera détruit, brûlé avec du pétrole. Placé de la nitroglicérine sous tous les grands quartier comme Dardelle a placé les poudre aux *Tuillerie*, après cette promenade il ironts porté *l*idée de la paix à Versailles. » Cette note, dont le patriotisme rachète l'orthographe, est de la main de Grélier, qui avait fait métier de blanchisseur et de baigneur avant d'être membre du Comité central. Il n'était pas pour les demi-mesures ; ce qui ne l'empêcha pas, au lendemain de la défaite, alors qu'il se cachait pour se soustraire à des poursuites qu'il ne réussit pas à éviter, d'écrire à l'un de nos plus illustres généraux pour le prier d'intercéder en sa faveur ; cette lettre, que j'ai sous les yeux, a moins de désinvolture que la note incendiaire, mais le français en est tout aussi boiteux.

Dans les préliminaires du traité de paix qu'il proposait d'offrir à Versailles, Grélier loue les préparatifs que Dardelle a faits aux Tuileries. Cet Alexis Dardelle, qui avait servi aux chasseurs d'Afrique, avait été trouvé par le 18 mars à la tête de quelques cavaliers de la garde nationale. Sur les hauteurs de Montmartre, ce transfuge de l'armée se jeta dans la révolte, facilita la reprise des canons et mérita d'être promu au grade de colonel commandant les cavaliers de la république : titre honorifique sous la Commune, qui eut si peu de cavalerie que Rossel, délégué à la guerre, avait prescrit, pour mieux franchir les haies et les fossés, la création d'un corps de *vélocipédistes*. En attendant que la future cavalerie fût organisée et que Dardelle en devînt le Murat, il avait été nommé gouverneur militaire du château des Tuileries, ce qui lui permit de vivre grassement et « loin des soucis de la guerre ». C'était un grand garçon grassouillet, prétentieux, portant la tête de côté, bellâtre et s'admirant volontiers ; mais, malgré la beauté vulgaire dont il s'enorgueillissait, il aurait pu réciter la fable de Phèdre *Pavo ad Junonem*, car il avait une voix éraillée qui sonnait l'alcool. Il ne détestait point la bombance et avait pour les femmes des regards de vainqueur qui ne les laissaient pas insensibles. Ses attitudes penchées, ses façons précieuses, faisaient dire qu'il avait essayé d'être acteur dans un tout petit théâtre ; le fait est peut-être vrai, mais je n'en trouve point trace ; je sais seulement qu'au début de la guerre de 1870 Dardelle était employé à la gare d'un de nos chemins de fer.

Dans le monde des fédérés, il avait quelque réputation d'artiste ; les hommes et surtout certaines femmes de son entourage disaient : « Il touche si bien du piano ! » Il savait la musique, cela n'est point douteux, et pendant le temps de son séjour aux Tuileries, il allait jouer de l'orgue dans la chapelle, qui retentissait alors d'airs un peu profanes pour un tel lieu. Quoiqu'il eût le vin « mauvais », disait-on, il ne fut point méchant pour les employés réguliers du château restés à leur poste ; il avait cependant, en qualité de gouverneur, des prétentions qui parfois semblèrent excessives. Il voulait avoir toutes les clefs et il fit enlever celles qui fermaient l'agence des travaux du Louvre ; il ne fallut rien moins que l'intervention de Frankel, membre de la Commune, délégué au ministère des travaux publics, pour les faire restituer à qui de droit. Dardelle aurait traversé fort obscurément la Commune, si les Tuileries n'avaient point été brûlées.

Il avait pris possession de son gouvernement le 19 mars, et dès le 26 il put reconnaître que son autorité était plus nominative que réelle; le 127e bataillon tenait garnison au château ; les fédérés pensèrent que le 26 mars était un jour triplement férié, puisque c'était un dimanche, le dimanche de la Passion, et que l'on votait pour l'élection des membres de la Commune; ils se mirent donc en mesure de célébrer cette belle journée, forcèrent les portes de la cave, y défoncèrent les tonneaux, y vidèrent les bouteilles et se « soûlèrent » si abominablement que les sentinelles vautrées par terre ronflaient leur garde au lieu de la monter. Dardelle fit des observations que l'on n'écouta guère et des menaces que l'on n'écouta pas. Il écrivit à Raoul Rigault, alors délégué civil à la Préfecture de police, pour demander qu'on lui envoyât des hommes un peu plus sobres et qu'on le délivrât de « tous ces cochons! » Le mot y est. « Ils ne sont pas polis du tout dans cet endroit-ci, » disait Brid'oison. Je ne sais si l'on fit droit à sa réclamation, mais il dut avoir souvent à la renouveler, car les caves des Tuileries, que l'on savait amplement fournies de bon vin, exerçaient sur la milice fédérée une attraction irrésistible. On ne se piquait pas de tempérance à cet époque, et tout objet convoité devenait invariablement « propriété nationale [1] ».

Dardelle avait autour de lui un groupe d'officiers assez nombreux, dont quelques personnages seulement sont à nommer, entre autres Louis Madeuf, ordinaire-

[1] Les mêmes causes produisent toujours les mêmes effets. Le 11 août 1792, M. de Sainte-Foix écrivait au baron de Breteuil : « Les caves ont été enfoncées et plus de dix mille bouteilles de vin, dont j'ai vu les débris dans la cour, ont tellement enivré le peuple que je me suis pressé de terminer une enquête imprudemment entreprise, au milieu de deux mille ivrognes, ayant des armes nues qu'ils maniaient très maladroitement. » Voir *Le Comte de Fersen et la Cour de France*, t. II, p. 548.

ment connu sous le nom d'Armand, qui était un pseudonyme de théâtre. Chef d'escadron dans les cavaliers de la Commune, chef d'état-major du gouverneur des Tuileries, Madeuf avait alors trente-six ans; il était maigre, chauve, de taille élevée, et portait sur son visage des traces de fatigue qui ne semblaient dues ni à l'étude ni à la réflexion. Le 8 août 1867 il avait été frappé à Poitiers d'une condamnation à un an de prison pour attentat à la pudeur, châtiment qui ne l'avait point corrigé, car le 3 janvier 1870, à Bordeaux, il était condamné à cinq mois d'emprisonnement pour outrage à la morale publique. Peccadilles peu importantes, en vérité, et dont la Commune ne crut devoir tenir compte. Madeuf était acteur; il jouait les traîtres et courait les théâtres de province. Surpris par la guerre à Paris où il était venu chercher un engagement, il avait passé des éclaireurs à pied de la Seine dans les éclaireurs à cheval. Lorsque ce dernier corps, assez indiscipliné, fut licencié au mois de décembre 1870, on essaya d'en utiliser les débris pour former les cavaliers de la république; Madeuf y fut lieutenant et s'y lia avec Alexis Dardelle, qui les commandait. Le 18 mars en fit un chef d'escadron et l'installa aux Tuileries. Il y fut inoffensif; il avait le service de la garde et de la police du château; plus d'une fois il fit relever des bataillons tapageurs et plus d'une fois aussi il sut punir des fédérés récalcitrants. Ses goûts de cabotin, la manie du costume furent sans doute pour beaucoup dans le rôle qu'il se plut à jouer, ceint d'une écharpe rouge, criant à travers les cours, piaillant dans les corps de garde et caracolant lorsqu'il se rendait « à l'ordre » à l'état-major de la place Vendôme; il ne vola pas et fut seulement convaincu d'avoir reçu six bouteilles de vin provenant de l'ancienne liste : péché mignon qui mérite à peine une réprimande et qui n'aurait certainement pas interrompu la carrière dramatique de Madeuf, si ce grand premier rôle du théâtre de Perpignan n'avait paru avoir été un spectateur trop désintéressé de la destruction des Tuileries.

Au-dessous de Madeuf s'agitait un tout autre homme, un certain Étienne Boudin, qualifié de capitaine-adjudant-major. Ce n'était qu'un sous-ordre, mais il était digne de marcher de pair et de compagnon avec Ferré, Rigault, Eudes, Ranvier, Mégy et les autres carnassiers de la Commune. Il n'y a qu'un cri contre lui : « C'était le génie du mal incarné. » Ses vices le harcelaient et ne lui laissaient point de repos ; il était complet : il fut ivrogne, voleur, incendiaire et assassin. Il avait alors quarante-trois ans, avait fait un congé dans un régiment du génie et portait la médaille de Crimée ; en sortant de l'armée, il avait sollicité et obtenu une place de sergent de ville. Une troupe d'élite où la probité la plus scrupuleuse est l'esprit du corps, où une seule faute contre la sobriété entraîne l'expulsion, n'était point pour conserver longtemps un gaillard qui aimait à boire et ne dédaignait pas le bien d'autrui. Au bout de trois mois, Étienne Boudin était congédié et reprenait son état de menuisier, dans lequel il était habile. C'est en cette qualité qu'il fut souvent employé aux Tuileries, pendant les années qui précédèrent la chute du second empire. Il avait eu des boiseries à refaire, des placards à réparer ; il avait vagué dans le château, en connaissait les êtres et avait pu en apprécier la richesse. Il aurait bien voulu faire partie de cette *chambre de veille* instituée sous le consulat par l'architecte Fontaine, composée d'un serrurier, d'un fumiste, d'un menuisier, d'un charpentier, d'un couvreur, d'un plombier, et qui, les jours de réception et de bal, se tenait en permanence en cas d'incendie ; mais la place qu'il eût pu occuper était prise et ne fut point rendue vacante en sa faveur. Il savait bien ce qu'il faisait lorsque après le 18 mars il s'arrangeait de façon à être attaché à l'état-major de Dardelle; il avait compté que l'occasion ne lui manquerait pas de fureter dans les bons endroits et d'y faire main basse sur quelques objets à sa convenance ; mais il fut en partie déçu dans son espoir, car les surveillants, les employés, les hommes de peine de la régie régulière se méfiaient de lui et gardaient avec soin les portes des appartements où les meubles précieux de la liste civile avaient été déposés après le 4 septembre. Plusieurs fois ils avaient aperçu Boudin qui, ayant quitté son uniforme et revêtu une blouse, rôdait, *quærens quem devoret*, dans les salons, dans les galeries et jusque sous les combles. On redoublait alors de surveillance et l'on s'assurait que les serrures étaient bien fermées. Capitaine-adjudant-major, Étienne Boudin avait un planton, jeune fédéré de seize à dix-sept ans, nommé Albert Sech, orphelin grandi au hasard, élevé on ne sait comme, et auquel les scrofules avaient rongé quatre doigts de la main gauche ; il avait beau être estropié, il n'en était pas moins adroit et agile; il le prouva lorsque l'on incendia le palais.

Étienne Boudin seul aurait suffi à terrifier et à maltraiter les gens du château, s'il n'avait été tenu en bride par un homme qui lui faisait un peu peur, qui semble avoir pris domicile aux Tuileries afin d'éviter de combattre contre l'armée française et qui y déploya de l'énergie pour protéger les employés. C'était un Alsacien qui s'appelait Jacques West. Dans le monde de la Commune, il constitue une exception ; car, si je ne me trompe, il s'est perdu par excès de patriotisme. Il avait servi dans l'armée française, qu'il avait quittée avec le grade de capitaine de zouaves, la croix de la Légion d'honneur, la médaille d'Italie, et s'était établi à Strasbourg, où il dirigea une entreprise de maçonnerie.

Lorsque la guerre éclata, il fut nommé lieutenant dans les francs-tireurs du Bas-Rhin, se battit bien devant Strasbourg, et, dès que l'armistice fut conclu, se jeta dans Paris pour y chercher des adversaires à l'ennemi qui brisait sa nationalité et lui enlevait son pays natal Il se rallia à la fédération de la garde nationale, persuadé sans doute qu'elle ne mentait pas lorsqu'elle jurait de s'opposer à l'entrée des Allemands dans Paris, de reprendre la guerre à outrance et de ne signer la paix qu'à Berlin. Jacques West se laissa prendre à ces billevesées ; lui aussi il voulait lutter encore ; il rêvait de se jeter dans les Vosges, de traverser le Rhin, d'aller ravager le grand-duché de Bade, d'enlever Rastatt, et de rentrer triomphalement à Strasbourg. Dans ce but, il essaya de former une légion alsacienne-lorraine, qu'il ne faut point confondre avec la légion lorraine-alsacienne commandée par Othon ; il en fut naturellement nommé colonel.

Son illusion fut tenace ; du moins il faut le croire, car elle résista à la proclamation que le Comité central fit placarder le 19 mars, au lendemain des assassinats victorieux à Montmartre : « Citoyens de Paris, dans trois jours vous serez appelés en toute liberté à nommer la municipalité parisienne. Alors ceux qui par nécessité urgente occupent le pouvoir, déposeront leurs titres provisoires entre les mains des élus du peuple. Il y a en outre une décision importante que nous devons prendre immédiatement, c'est celle relative au traité de paix. Nous déclarons, dès à présent, être fermement décidés à faire respecter ces préliminaires, afin d'arriver à sauvegarder à la fois le salut de la France républicaine et la paix générale. — *Le délégué du gouvernement au ministère de l'intérieur :* Grélier. » Jacques West prit sans doute cette proclamation pour une ruse diplomatique destinée à masquer un mouvement militaire, et il attendit avec impatience l'heure d'aller combattre. Cette heure vint pour lui le 2 avril; il marcha vers le rond-point des Bergères, où il se rencontra avec l'armée française, avec ses anciens compagnons d'armes. La déconvenue fut rude. Il assista à la débâcle des fédérés que commandait Bergeret. Ce général de pacotille insurrectionnelle avait beau envoyer dépêche sur dépêche à Pindy, gouverneur de l'Hôtel de Ville : « Des canons, des canons, et vite ! » Il mena sa retraite comme une déroute, à toutes jambes.

Jacques West sut alors à quoi s'en tenir : sous prétexte de guerre nationale, il s'était laissé pousser à la guerre civile; il fut dès lors décidé à ne plus se battre ; mais, entraîné par un faux point d'honneur, ou peut-être simplement par le désir de toucher sa solde de colonel, il n'osa point jeter ses galons au nez de la Commune et continua de la servir, mais d'une façon platonique en quelque sorte, sans trop se mêler à son dévergondage. Sous prétexte de mieux former sa légion, il prit un appartement aux Tuileries, entre le pavillon Marsan et le guichet de l'Échelle. Il n'y fit pas grand bruit, se tint à l'écart et se contenta de protéger les employés et les caves contre les brutalités et les effractions de Boudin[1]. Par suite d'un hasard inexplicable, dans cet incendie des Tuileries, qui fit sauter des pans des murailles, qui réduisit des marbres en poussière

---

[1] Il est possible que cette appréciation soit trop indulgente; la proclamation suivante semble prouver que l'action de J. West fut, pendant la Commune, plus énergique que je ne l'ai dit : « *Légion Alsacienne et Lorraine* (caserne du Louvre, pavillon Colbert). Alsaciens et Lorrains! Vendus et livrés par les hommes de Versailles, venez vous rallier sous mon drapeau pour les combattre. Pour délivrer notre pays, il faut d'abord se débarrasser des impérialistes et des royalistes. C'est la République avec la Commune qu'il nous faut à tout prix; sans elle plus de liberté et plus de patrie. *Le chef de la légion :* Jacques West, *ex-lieutenant de la première compagnie franche de l'armée du Rhin,* 3 mai 1871. »

et fondit des bronzes, une feuille de papier échappa intacte ; c'était une lettre de Jacques West : « Au capitaine Rougelot de la légion alsacienne et lorraine. Capitaine, veuillez, je vous prie, remettre au porteur du présent billet le revolver qui se trouve dans ma chambre à coucher. Demandez-le plutôt à Berger. Tout à vous d'amitié. WEST, *colonel de la légion.* » — De tout ce que contenait le château, il ne subsiste que ce billet.

Jacques West n'avait d'autre autorité dans les Tuileries que celle qu'il s'attribuait et qu'il trouvait dans sa propre énergie ; il n'en était point de même pour Antoine Wernert, homme âgé de cinquante ans environ, ancien sous-officier aux chasseurs d'Afrique, capitaine dans la cavalerie de la Commune, régisseur du palais et employé comme comptable par Alexis Dardelle. Sa conduite ne fut pas nette pendant la durée de l'insurrection ; qui servait-il, la fronde ou Mazarin ? On ne le sut jamais positivement ; tous deux à la fois peut-être, comme tant d'autres qui tâchèrent, sans y bien réussir, de se tenir en équilibre entre Versailles et l'Hôtel de Ville. Antoine Wernert était assez brutal avec les agents réguliers ; on ne s'en plaignait pas trop, car on croyait que sa sévérité n'était qu'un jeu destiné à couvrir des manœuvres conservatrices ; plus tard on fut détrompé, ou l'on se trompa, car dix ans de travaux forcés frappèrent ce régisseur à double face. Près de lui et au-dessus de lui je trouve encore le gouverneur en second des Tuileries, Jean-Baptiste Martin, lieutenant-colonel d'état-major [1], qui n'entra en fonctions que le 6 mai et

---

[1] Il y a plus d'un Martin dans la Commune ; indépendamment du lieutenant-colonel (travaux forcés perpétuels), je rencontre un Martin (prénom ignoré) attaché à la sûreté générale le 13 mai ; Constant Martin, secrétaire général à la délégation de l'enseignement ; Amable-François Martin, major de la place à Vincennes (déportation simple), et Ernest-Émile Martin, major de place à la 7e légion (ordonnance de non-lieu).

eut un rôle très effacé. De tous les personnages qui gravitaient autour du citoyen Dardelle, son planton Minot était celui que l'on redoutait le plus. Il faisait du zèle, se croyait républicain sans savoir ce qu'était la république, se disait communard sans se douter de ce que pouvait être la Commune, était toujours affairé et s'imaginait qu'il avait le droit de tout oser ; il le prouva en faisant arrêter par le lieutenant Barrois M. Schœlcher, qu'une curiosité intempestive avait entraîné à venir entendre aux Tuileries un des concerts inventés par le docteur Rousselle[1]. Ce Minot ne mériterait guère que l'on parlât de lui, si le 22 mai il n'avait eu sa part dans une tragédie que nous aurons à raconter.

Tous ces gens, grands et petits, colonels et capitaines, gouverneurs et plantons, s'étaient installés aux Tuileries, non point dans le palais proprement dit, mais dans l'aile voisine de l'ex-ministère de la maison de l'empereur, et qui prend son point d'attache au pavillon de Marsan. Ils occupaient en partie les anciens appartements du duc de Bassano et les bureaux réservés à la régie du château. Des bataillons ou seulement parfois des compagnies occupaient les postes et gardaient un parc d'artillerie qui s'étalait dans la cour, derrière les grilles fermées du Carrousel. Selon les besoins de la révolte, ce parc était plus ou moins bien fourni ; un état de situation en date du 20 mai indique dix canons de 7, six canons de 8, un obusier de 16 et sept forges de campagne. Le capitaine d'artillerie directeur et le capitaine commandant le parc n'eurent rien

---

[1] « Le citoyen Schœlcher a été arrêté ce soir aux Tuileries. Il s'y trouvait en compagnie du citoyen Cernuschi. C'est un lieutenant de la garde nationale, le citoyen Barrois, qui a invité le citoyen Schœlcher à le suivre à l'ex-préfecture de police. Le délégué à la sûreté générale a maintenu l'arrestation du citoyen Schœlcher. L ex-représentant du peuple de Paris est accusé de connivence avec ennemi. » *Journal officiel de la Commune;* vendredi 12 mai 1871.

à se reprocher pendant la Commune, car l'un fut acquitté par les tribunaux militaires, et l'autre fut l'objet d'une ordonnance de non-lieu. Ceci soit dit en passant pour répondre aux apologistes de la Commune qui affirment que tout inculpé a été invariablement condamné par les conseils de guerre. Le personnel que la Commune avait placé aux Tuileries n'y menait point une existence déplaisante ; on y donnait volontiers de petites soirées intimes, qui n'avaient point l'éclat des réceptions de Mme la générale Eudes, mais où cependant le bon vin et les femmes d'une vertu peu rigoureuse ne manquaient pas. On se trémoussait entre amis pendant que le colonel Dardelle jouait sur le piano la *polka des Casquettes* ou la *valse du Chien vert*, et que chacun louait la Commune d'avoir enfin mis tout le monde à sa place : les archevêques en prison et les gens condamnés pour outrages aux mœurs dans un palais. C'était bien là en effet l'égalité rêvée par ces hommes qui, mieux que les dissertations des naturalistes, ont moralement prouvé l'excellence des théories de Darwin et démontré, par leur exemple, que si l'homme descend des orangs-outangs, il ne demande qu'à retourner à ses ancêtres. Pour eux la Commune a été une ère de réparation ; elle a emprisonné les généraux, fusillé les magistrats, fusillé les prêtres, fusillé les banquiers, fusillé les soldats, mais elle a tout mis en œuvre pour attirer à elle et protéger ceux que la civilisation avait punis parce qu'ils étaient meurtriers, voleurs, publiquement débauchés, banqueroutiers et faussaires. Cela seul fait comprendre pourquoi cette époque a laissé tant de regrets et trouve aujourd'hui sa glorification parmi les gens que la moralité fatigue et que le travail décourage.

II. — PRÉPARATIFS DE DÉPART.

Lettre de Fontaine. — Domaine privé et liste civile — Jourde. — Commission spéciale. — Aux enchères. — Armes de luxe. — Brocanteurs. — Collection de médailles. — Victor Bénot, gouverneur du Louvre. — Repris de justice. — Réquisitions et vols. — Kaweski. — Arrestation de Dardelle. — Motifs présumés. — 40 000 bouteilles de vin. — La cave au pillage. — Intervention de Jacques West. — Les objets mobiliers appartenant à M. Thiers. — Les munitions emmagasinées aux Tuileries. — Les Versaillais. — Déménagement. — Conduite d'Antoine Wernert. — Doute.

L'incendie complet des Tuileries ne permet pas de savoir d'une façon positive si, comme on l'a dit, le palais a été dévalisé pendant la Commune; il est probable que les vols qu'on a pu y commettre ont été de faible importance. Une partie du linge fut enlevée, il est vrai, mais dans des conditions qui, pour une certaine mesure, rendent ce fait excusable. Le 25 avril, Joseph Fontaine, directeur des domaines, et chargé de centraliser le produit des vols à main armée que l'on appelait alors des réquisitions, adressa la lettre suivante au docteur Rousselle, qui était encore chef des ambulances de l'insurrection, et qui s'intitulait avec modestie *Chirurgien en chef de la république universelle :* « Je puis mettre dès aujourd'hui à votre disposition une grande quantité de draps, serviettes, tabliers, etc., etc., provenant de la maison de l'ex-empereur. » Cela suffisait; mais Fontaine ne peut résister au besoin de faire un peu de rhétorique et il ajoute : « La Commune de Paris est heureuse de pouvoir consacrer au soulagement de braves citoyens qui défendent si héroïquement la république et qui sont blessés en combattant pour nos droits et notre indépendance, le linge qui jusqu'ici n'a servi qu'aux valets impériaux de tout grade et de tout rang. » Ceci est d'autant plus grotesque que jamais, sous aucune tyrannie, si ce n'est peut-être pendant la Terreur, servitude plus oppressive ne fut imposée par des chefs à leurs subordonnés. Chacun des dépositaires de l'autorité, et ils n'étaient point rares, agissait à sa guise et faisait acte de despotisme. Pour la moindre fredaine qui déplaisait à ces potentats, leurs partisans, leurs soldats étaient menacés, incarcérés, jetés en cour martiale et parfois fusillés. Sous le rapport des fantaisies du pouvoir sans contrôle, la Commune ressemble à ces cours de rois nègres dont les voyageurs nous ont conté l'histoire.

Les Tuileries renfermaient encore une notable portion des objets de prix appartenant soit au palais, soit à la famille impériale. Ces objets, trouvés et recueillis après la journée du 4 septembre, avaient été placés, par ordre de la commission de liquidation de la liste civile et du domaine privé, dans la salle dite de l'argenterie et du vermeil, située au quatrième étage du pavillon de Flore. Les surveillants réguliers firent, pendant toute la durée de l'insurrection, un service à l'entrée de cette salle. La Commune, elle aussi, avait institué une commission chargée de prendre des mesures pour s'assurer la possession de ces objets, qui ne pouvaient être que « la propriété du peuple ». Cette commission, où je vois les noms de Dardelle, de Madeuf, de Boudin, n'était point rassurante; heureusement deux honnêtes garçons en font partie : Alphonse Coupey, alors commissaire de police, bientôt juge d'instruction, et Perrichon, directeur à la délégation des finances. Le vrai maître de la commission, son président, est le délégué aux finances François Jourde. Là on le retrouve ce qu'il a été à la Banque de France, prenant son rôle au sérieux et préservant les dépôts qu'il ne veut pas laisser gaspiller. Trois fois seulement, dans le courant du mois d'avril, du 14 au 22, la commission se réunit. Les portes de la salle de l'argenterie et du vermeil étaient closes et sous scellés. Ceux-ci furent brisés, et un serrurier attaché au service du palais fut requis d'avoir à crocheter les serrures. Dans la soirée du 14 avril, le serrurier fut encore utilisé : il eut à couper des couverts afin que l'on pût en vérifier le métal. Le même jour, il fut décidé à l'unanimité que le service de vermeil offert à Napoléon Ier par la ville de Paris et les vases sacrés de la chapelle du château seraient envoyés à la Monnaie. Le procès-verbal de ce transfert fut signé par les membres de la commission, puis par Varlin, délégué aux finances conjointement avec Jourde, par M. Gally, ex-régisseur du palais, et par M. Tholomy, ex-brigadier des journaliers.

Dans la seconde séance, on tomba d'accord pour faire porter au ministère des finances, afin d'y être mises à l'encan et vendues, les décorations en diamants appartenant à Napoléon III. Dans la troisième, on adopta une semblable résolution pour les bijoux, les armes de luxe, les montres enrichies de pierreries et une très belle collection de tabatières provenant de Napoléon Ier; chaque fois le procès-verbal fut signé par les personnes que j'ai déjà nommées, et chaque fois Jourde lutta contre la résolution adoptée. Il fit remarquer avec raison, mais en vain, que la valeur intrinsèque des objets était peu de chose en comparaison de leur valeur d'art et d'histoire; n'était-ce pas une duperie de les proposer aux enchères dans des circonstances mauvaises et n'était-il pas préférable d'attendre que l'on pût en obtenir un prix sérieux? Cette argumentation si raisonnable ne convainquit aucun des membres de la commission; tout ce qui avait appartenu aux tyrans n'était bon qu'à être mis au creuset ou vendu à des brocanteurs. Jourde dut céder devant l'opinion de la majorité. Ces objets furent-ils transférés au Trésor ? Cela est douteux ; cependant on y retrouva, dans les caves, une caisse gluante du pétrole versé à flots dans le ministère des finances ; elle renfermait des armes orientales et des modèles d'armes de guerre achetés par Napoléon III. Vers la fin d'avril, deux individus ayant le type israélite et parlant une langue étrangère que l'on croit être l'anglais, vinrent, en compagnie d'un des membres de la commission, examiner ce qui restait dans la salle de l'argenterie et du vermeil, parurent discuter des prix et se rendirent à la délégation des finances ; je dirai en outre que de nombreux débris de métal tordu par le feu ont été retrouvés parmi les ruines du palais, et j'ajouterai qu'une collection de médailles rassemblée par Napoléon III se trouve actuellement en Angleterre entre les mains d'un individu, condamné à mort par contumace, qui habita les Tuileries pendant la Commune, et dont la science numismatique parvient, tout juste, à reconnaître au poids la différence qu'il y a entre un Othon et un Alexandre. Il est donc probable que des détournements ont été commis au préjudice de la liquidation de l'ancienne liste civile et du domaine privé, mais que ces détournements, grâce à la surveillance des employés de la régie, grâce à la probité de Jourde, n'ont pu s'exercer qu'en secret et sur des objets dont la valeur ne devait pas être considérable. C'est là, du moins, ce que l'on peut supposer, car l'incendie a rendu toute constatation impossible[1].

[1] Depuis que ce chapitre est écrit, j'ai appris, de source certaine, que l'on avait proposé à l'impératrice Eugénie de lui céder, pour 200 000 francs comptant, différents objets qu'elle avait abandonnés aux Tuileries dans ses appartements particuliers. Les personnes qui ont été mêlées à cette négociation ne se rappellent point si le fait

On vivait aux Tuileries dans une sorte de tranquillité relative, lorsqu'un mauvais voisinage vint y apporter le trouble. Le 5 mai, Victor Bénot fut nommé gouverneur du Louvre, Victor Bénot, qui s'intitulait colonel des gardes du général Bergeret, qui devait se ruer au massacre de la rue Haxo et être arrêté noir de poudre, à la fin du combat, sur la barricade de la rue Rébeval. Ce colonel était garçon boucher ; pas même, il était bouvier et conduisait « la viande sur pied » jusqu'à l'abattoir. C'était un garçon lippu, haut en couleur, ivrogne, dénué de sens moral, battant les femmes, battant les enfants, n'ayant d'autre argument que celui du coup de poing, argument redoutable, car il était d'une force herculéenne, tutoyant tout le monde et couchant avec ses bottes, « parce qu'il trouvait ça plus commode. » Lorsqu'il donnait un ordre à l'un de ses officiers, il ajoutait : « Plus vite que ça, ou je t'enlève le baluchon ! » Stupide, du reste, et voleur par-dessus le marché. Il avait servi ; c'était un engagé volontaire, mais sa vocation ne paraît pas avoir été d'une qualité irréprochable. Il rentre au régiment le 1er mars 1850 ; le 10 janvier 1851, il est condamné à deux mois de prison pour vente d'habillements ; le 30 octobre 1852, à trois ans de prison pour escroquerie ; le 18 mars 1854, étant au pénitencier d'Alger, à deux ans pour vente d'effets ne lui appartenant pas. Ce Bénot était prédestiné à la Commune ; il en fut colonel ; si elle eût duré, il en eût été général. Il avait du zèle : du 20 au 30 mars, il est place Vendôme ; du 2 avril au 3 mai, à la porte de Passy. C'est alors qu'on l'envoie au Louvre comme la grêle sur un champ de blé. Il s'établit dans l'appar-

---

s'est produit avant ou après la chute de la Commune. Je dirai, en outre, que des étoffes en soie blanche portant des aigles tissées dans la trame, et qui servaient de draperies à la salle du Premier Consul, ont été vendues à Londres dans les premiers jours de juin 1871.

tement qu'occupait avant la guerre le colonel de la gendarmerie de la garde; il y passa à la façon d'un ouragan et n'y laissa rien. Il fit quelques expéditions à l'intérieur. Aidé d'un Charles Lacaille, commandant du 70e bataillon de fédérés, il mit au pillage les appartements des officiers du régiment des grenadiers de la garde; comme il désirait « recevoir », il se fit délivrer par la régie un service de table complet, dont on ne retrouva pas une assiette; quant au linge, il le faisait enlever par ballots. Il ne dédaignait rien; dans une de ses « revendications », il découvre une petite malle appartenant à un tambour; il la force, y trouve un gilet de tricot et un paquet de lettres; il laisse les lettres par discrétion, mais il emporte le gilet dans la crainte du froid. La révolte eut en lui un bon ouvrier, car il mania aussi bien la torche que le fusil; de l'instrument du mal il ne se souciait guère, pourvu que l'instrument fût terrible et le mal irréparable. Il avait amené un compère avec lui, qui avait pris logement au rez-de-chaussée de l'ancien ministère d'État, sur le square Napoléon III. C'était un homme jeune, d'assez bonne tournure, médecin, disait-on, commandant le 202e fédéré, Polonais, et qui se nommait Kaweski[1]. Ce nom-là m'a tout l'air de cacher un pseudonyme. En tout cas, celui qui le portait a si bien disparu que nul n'a jamais retrouvé ses traces.

Le lendemain du jour où Bénot prit possession de son gouvernement du Louvre, il advint à son collègue des Tuileries une désagréable aventure. Le colonel

---

[1] Ce Kaweski est presque insaisissable pendant la Commune. Je n'aperçois son nom qu'une seule fois. Un certain Jean-Mineur Murat reconnaît avoir été l'ordonnance du commandant Kaweski; chargé, le 2 avril, de lui conduire un cheval au plateau de Châtillon, il attache la monture à une fenêtre et revient à Paris. (*Procès J.-M. Murat*; jugement contradictoire; 3e conseil de guerre, 15 mars 1872.)

Alexis Dardelle fut arrêté. Cette histoire-là est obscure. C'est une énigme : je ne puis que la raconter sans en dire le mot que j'ignore et que nul ne me confiera. « *Comité de salut public à sûreté générale :* Faire arrêter le citoyen Dardelle, colonel commandant les Tuileries, accusé de détournement d'objets d'art et de relations avec l'ennemi. G. Ranvier, Ant. Arnaud. » Le mandat d'amener fut signé par Dacosta et mis à exécution. Dardelle protesta, et l'un des brigadiers de service auprès de lui, le nommé Lemaître, dégaina pour délivrer son colonel. Celui-ci fut conduit à Mazas et n'y resta pas longtemps, car le 10 mai il était rendu à la liberté par ordre de Raoul Rigault, procureur de la Commune. Dardelle ressaisit simplement ses fonctions de gouverneur aux Tuileries, dont l'intérim avait été fait, pendant son incarcération, par le lieutenant-colonel J.-B. Martin. On crut sans doute que Dardelle avait des complices ; cela résulte du moins de la pièce que voici : « *Ordre d'arrestation.* Le commandant militaire du palais des Tuileries fera arrêter et conduire à la prison du Cherche-Midi les citoyens Boudin, capitaine d'état-major aux Tuileries, Lemaître, brigadier au service des Tuileries, comme prévenus de détournement d'objets d'art ou valeurs, de complicité avec le colonel Dardelle, écroué à Mazas, et Lemaître en outre de tentative de voies de fait à main armée envers ses supérieurs. Paris, le 19 floréal an LXXIX. *Le chef d'escadron d'état-major, chef de la justice militaire :* Sancioni. » Étienne Boudin et Lemaître furent immédiatement relaxés.

Quel fut le vrai motif de l'arrestation de Dardelle? S'il avait été en relations prouvées avec le gouvernement de Versailles, Rigault ne l'eût pas fait relâcher et l'eût gardé pour le peloton d'exécution. Il est probable qu'il fut arrêté sur la plainte de Jourde, qui s'était aperçu de quelques rapines et qui avait hiérarchiquement adressé sa plainte au Comité de salut public. Rigault était fort indulgent pour ces sortes de fautes, et n'hésitait guère à remettre les voleurs en liberté, pourvu que ceux-ci fussent capables de porter les armes contre la civilisation. Lorsque Jourde, échappé de Nouméa, vint en Angleterre et en Suisse, Dardelle se fit remarquer parmi ceux dont le haro s'éleva contre lui et l'accusa de trahison ; d'où l'on peut conclure que le gouverneur des Tuileries avait gardé rancune au délégué des finances, qui n'aimait point que l'on fouillât dans les dépôts confiés à sa garde.

Étienne Boudin rentré au château y avait repris ses habitudes et furetait pour découvrir quelque bonne aubaine ; le 13 mai, se promenant dans les caves, il reconnut qu'une partie de murailles paraissait fraîche et ressemblait à une porte murée. Il ne se trompait pas. Les caves des Tuileries contenaient 40 000 bouteilles de vins fins, qui représentaient une valeur considérable. Au moment où les Prussiens avaient marché contre Paris, on avait oblitéré l'entrée des caves, afin d'en soustraire le contenu à la rapacité des ennemis. On ne pensait alors qu'à ceux de l'extérieur, et pendant que l'on prenait contre eux quelques précautions, ceux de l'intérieur se fortifiaient si bien que toutes les richesses dissimulées par crainte de l'Allemagne tombaient entre leurs mains. Nous ne savons à qui Boudin fit part de sa découverte, mais il revint bientôt accompagné d'hommes armés de pics ; on défonça la cave ; plus de 3000 bouteilles avaient déjà été chargées et emportées sur sept voitures, lorsque M. Tholomy, brigadier des employés de la régie régulière, fut prévenu. Il courut donner avis de ce pillage à Jacques West ; celui-ci prit son sabre, son revolver, descendit vers la cave, saisit Boudin au collet et l'envoya butter contre le mur. On fit mine de regimber ; Jacques West mit le sabre en main :

« Vous n'êtes que des voleurs ! » Son attitude n'était sans doute point rassurante, car chacun fut satisfait et nul ne souffla mot. Je crois bien que Dardelle prit part à cette expédition dirigée contre le bon vin de la tyrannie, car Madeuf, lorsqu'il comparut le 19 mai 1875 devant le 3ᵉ conseil de guerre, « avoue avoir reçu six bouteilles de vin provenant de la liste civile, après qu'une brèche eut été pratiquée dans la cave murée et que Dardelle eut fait des distributions à sa suite. » Rêver de délivrer l'humanité, vouloir proclamer la république universelle et aboutir à la conquête d'un cellier bien garni, ce n'est vraiment pas suffisant pour mériter le respect de l'histoire.

Deux ou trois jours après cette algarade, on vit arriver des voitures de déménagement qui arrivaient de l'ancien garde-meuble de la couronne. Elles apportaient la plupart des objets enlevés dans la maison de M. Thiers. En les plaçant aux Tuileries, voulait-on les soustraire à la destruction qui pouvait les menacer dans l'ancienne île aux Cygnes, voisine de la cartoucherie de Grenelle dont l'explosion avait épouvanté la Commune? Voulait-on, au contraire, les avoir sous la main pour y mettre le feu en cas de défaite? Bien fin est celui qui répondrait à cette question. Tous les meubles provenant de l'hôtel Saint-Georges récemment démoli sous la surveillance de Joseph Fontaine, directeur des domaines, furent emmagasinés au pavillon de Flore, dans deux vastes pièces du rez-de-chaussée, ouvertes sur la cour et que l'on nommait les salles de stuc. Le même jour, une équipe de fuséens était venue s'établir dans le poste des Tuileries, entre le pavillon de l'Horloge et le pavillon Marsan; cette coïncidence est peut-être fortuite, mais elle est de nature à faire naître les soupçons.

La note de Grélier que j'ai citée est très explicite sur le rôle de Dardelle; elle dit en termes précis que ce colonel-gouverneur « a placé des poudres aux Tuileries ». Nous pouvons, à cet égard, nous en rapporter à un membre du Comité central qui pendant toute la Commune et jusqu'à la fin a déployé beaucoup d'activité. Cependant rien dans les dépositions des témoins oculaires n'affirme d'une manière certaine que Dardelle ait fait disposer des poudres dans une partie quelconque du palais pour en faciliter l'explosion. En si graves matières, l'accusé doit jouir des bénéfices du doute, aussi bien dans l'histoire que devant les tribunaux. Il est donc possible que les poudres dont parle Grélier et qu'il approuve Dardelle d'avoir intentionnellement placées dans le château aient été simplement des munitions appartenant au parc d'artillerie rangé dans la cour et aient été déposées, à l'abri de l'humidité, dans le rez-de-chaussée du pavillon central. C'est là une explication que l'on est d'autant plus enclin à accepter que Dardelle ne paraît pas avoir été un homme méchant. Il ne se serait certainement pas, il ne s'est pas opposé au mal, mais il est probable qu'il ne l'aurait pas fait lui-même. Il a pu ne pas sortir du château les mains nettes, il a pu le regarder brûler sans sourciller, mais je ne crois pas qu'il y ait entassé des matières explosibles pour en assurer la destruction.

Dans la dernière semaine de la Commune, le jeudi 18 mai, le docteur Rousselle, grand maître des fêtes populaires, et dont la bêtise emphatique me paraît avoir dépassé toute extravagance, organisa aux Tuileries, dans les appartements de réception et dans la salle des maréchaux, un concert qui restera célèbre dans les fastes du grotesque. Ce concert et une représentation qui fut, le même soir, donnée au Théâtre-Lyrique n'ont point été des faits accidentels, comme on a pu le croire; une pièce du programme avait été indiquée par le Comité de salut public et se lie intimement au projet en partie avorté d'incendier Paris. Le Comité de salut public, et derrière lui la Commune, étaient résolus au crime; mais on craignit que « le peuple » ne consentît pas aisément à laisser incendier sa ville. On voulut s'assurer du degré d'aliénation révolutionnaire auquel il était parvenu, et l'on décida de donner un concert dans le palais même des Tuileries. Cette « solennité musicale » fut annoncée par des annonces publiées dans les journaux, par des affiches apposées sur les murailles, et dans quel style, bon Dieu! « Des orchestres circuleront avec la foule dans les longues galeries, s'arrêtant par *interval*, pour soulever, par leur puissante et mâle harmonie, l'enthousiasme de tout ce qui sent un cœur d'homme et de citoyen battre dans sa poitrine. Des poètes populaires, nouveaux Tyrtées, diront leurs œuvres énergiques. » Dans le palais, sur les tentures, on avait placardé la proclamation que voici : « Peuple! l'or qui ruisselle sur ces murs, c'est ta sueur! assez de temps tu as alimenté de ton travail, abreuvé de ton sang, ce monstre insatiable : *la monarchie!* Aujourd'hui que la révolution t'a fait libre, tu rentres en possession de ton bien! Ici tu es chez toi! Mais reste digne, parce que tu es fort! et fais bonne garde pour que les tyrans n'y rentrent jamais! — Signé : Docteur Rousselle[1]. »

Le Comité de salut public n'avait point intérêt à constater l'effet produit par les différents morceaux de musique que l'on devait exécuter, mais il tenait à être renseigné sur l'impression que le peuple ressentirait en écoutant « les nouveaux Tyrtées ». En effet, le programme indiquait que l'on réciterait une pièce de vers d'Hégésippe Moreau, intitulée *l'Hiver*, titre banal qui cachait une excitation directe à l'incendie. Une actrice de talent avait été chargée de lire cette diatribe, qui

---

[1] Voir *Pièces justificatives*, n° 4.

fut d'abord écoutée assez froidement ; mais après les vers :

> Alors s'accomplira l'épouvantable scène
> Qu'Isnard prophétisait au peuple de la Seine.
> Au rivage désert, les barbares surpris
> Demanderont où fut ce qu'on nommait Paris ;
> Pour effacer du sol la reine des Sodomes,
> Que ne défendra pas l'aiguille de ses dômes,
> La foudre éclatera, les quatre vents du ciel
> Sur le terrain fumant feront grêler du sel ;
> Et moi j'applaudirai : ma jeunesse engourdie
> Se réchauffera bien à ce grand incendie !

les applaudissements éclatèrent. La foule avait compris et s'associait aux projets de ses dictateurs. Le soir, la même actrice récita les mêmes vers, avec le même succès, au Théâtre-Lyrique. Pendant le siège on avait tant répété, sur tous les tons, aux Parisiens qu'il fallait se faire sauter plutôt que de capituler, que Paris, livré aux hommes de la Commune, s'est brûlé plutôt que de se rendre à la France ; la rhétorique révolutionnaire versée à flots depuis huit mois a été pour beaucoup dans l'accomplissement du forfait, et bien des gens ont cru être héroïques, qui n'étaient que stupides.

Le dimanche 21 mai, nouveau festival dans les appartements et dans le jardin des Tuileries, avec musique des bataillons fédérés, quête pour les blessés et serment que jamais les troupes françaises n'entreraient dans Paris. A ce moment même elles y pénétraient. La Commune a eu souvent de ces à-propos qui jettent un peu de gaieté sur son histoire. « Les Versaillais sont dans Paris, » cette nouvelle éclata aux Tuileries à l'aube du 22 mai et y remua tous les cœurs. Les employés réguliers eurent un mouvement de joie ; les agents de la Commune ne furent point à leur aise, et le gouverneur, avant de songer à organiser la défense du château, s'occupa d'abord à déménager ses nippes et celles d'autrui. — Ici, le vol est manifeste. Les témoins sont nombreux, qui l'affirment sous la foi du serment et dans des termes identiques. Une partie des hommes de garde appartenant au 57e bataillon fédéré s'en étaient allés et avaient suivi la déroute des insurgés de l'École militaire. Il ne restait aux Tuileries qu'une trentaine de gardes nationaux, qui réclamaient des munitions et se préparaient à combattre. C'est à ce moment sans doute que Jacques West disparut pour n'avoir pas à prendre part à la lutte. Vers neuf heures du matin, Antoine Wernert partit aussi, mais dans des circonstances qui ne sont point à sa décharge.

Par ordre de Dardelle, il fit avancer une charrette dans la cour des Tuileries, et exigea le concours de plusieurs employés de la régie pour y faire placer de nombreux paquets. Les ballots étaient volumineux, enveloppés dans des rideaux de soie, dans des draps, dans des nappes estampillées à la marque de la lingerie du château; on constata qu'ils renfermaient des porcelaines, de l'argenterie, des pendules, de menus objets mobiliers et des bouteilles de vins fins. Wernert veilla lui-même au chargement; puis il prévint le sieur Potel, commis à la régie du palais, ex-capitaine au 112e bataillon de la garde nationale pendant le siège, d'avoir à ne mettre aucun obstacle à la libre sortie de la charrette qui contenait des objets appartenant en propre au colonel Dardelle. Les employés de la régie avaient bonne envie d'arrêter cette voiture qui allait emporter le produit du pillage, mais l'heure n'était point propice aux observations et l'on eut la sagesse de s'abstenir. Wernert fit sortir lui-même la charrette par l'Arc de Triomphe de la place du Carrousel, puis il se rendit près de M. Potel et lui demanda de lui prêter des habits bourgeois. Il les revêtit et s'éloigna, conduisant la voiture vers une destination qui n'a pas été connue.

Cet homme se rendait-il complice d'un vol? acceptait-il volontiers un rôle qui lui permettait de ne pas combattre? emmenait-il ces objets avec l'intention de les restituer plus tard à une autorité légitime? saisissait-il avec empressement l'occasion de quitter les Tuileries? était-ce un fédéré, était-ce un Versaillais? Je ne sais. Il ne fut arrêté que longtemps après la chute de la Commune, et, le 20 juillet 1871, il remettait à M. Potel un certificat ainsi conçu : « Je soussigné, Antoine Wernert, capitaine commandant en second les Tuileries pendant le règne de la Commune, suivant mandat de M. Domalain, lieutenant de vaisseau et colonel de la légion bretonne, chargé par le chef du pouvoir exécutif et le ministre de la guerre d'organiser une contre-révolution pour combattre la Commune insurrectionnelle de Paris, certifie que le lundi 22 mai, vers neuf heures du matin, après avoir renvoyé des Tuileries les gardes nationaux qui y étaient de garde, à l'exception d'environ trente hommes d'une compagnie du 57e fédéré qui avait refusé de partir en me réclamant des munitions avec menaces, lesquels sur mon refus réitéré tinrent conseil pour me fusiller, M. Potel, employé aux Tuileries, l'ayant entendu, me facilita mon évasion en me donnant des effets d'habillement pour changer de tenue. Signé: Wernert. » Nous le répétons, la justice, après enquête, n'a pas cru devoir accepter cette version, et cependant sur une liste indiquant le nom des chefs de groupe de la « conspiration des brassards », je trouve celui d'Antoine Wernert[1]. Quoi qu'il en soit, il avait quitté les Tuileries entre neuf et dix heures du matin. J'imagine que Dardelle aurait volontiers suivi son exemple, s'il n'en avait été empêché par l'arrivée d'un des hauts personnages de la Commune.

[1] *Histoire des conspirations sous la Commune*, par A. J. Dalsème, p. 312.

III. — BERGERET LUI-MÊME.

Ce que Bergeret laisse au Corps législatif. — Lui-même. — Ses antécédents. — Chef militaire de la révolte au 18 mars. — Ministre de la guerre. — Destitué. — Général de brigade. — L'industrie des sacs à terre. — La partie de billard. — Arrivée aux Tuileries. — Résistance et canonnade. — Encore le souterrain. — Construction des barricades. — M. Koch, pharmacien. — Arrêté. — Conduit au Palais-Royal et aux Tuileries. — A l'Hôtel de Ville. — A mort! — A la cave! — Trois inconnus arrêtés et joints à M. Koch. — Les blouses blanches. — Crédulité. — Étienne Boudin. — Cour martiale. — Urbain, membre de la Commune. — L'exécution. — « Ainsi périssent les traîtres! » — L'intervention de Délescluze. — Trop tard. — Le crime appartient à Bergeret et à Boudin.

Vers midi, on entendit le bruit des tambours : c'était le général Bergeret qui venait se réfugier au palais des Tuileries après avoir abandonné quarante heures trop tôt son quartier du Corps législatif où il avait laissé en souvenir de son passage des pièces d'argenterie marquées d'un V, deux cent quatre-vingts couverts aux armes de la ville de Paris, quatre croix neuves d'officier de la Légion d'honneur, quarante-sept croix neuves de chevalier et cent soixante-douze médailles militaires neuves[1]. Il

[1] Ces objets furent restitués plus tard aux légitimes propriétaires par les soins de M. Garreaud, délégué de la questure au Corps législatif. — « CONSEIL MUNICIPAL DE PARIS, *séance du 20 avril* 1880. M. Jules Roche communique une lettre d'un *ex-officier supérieur de la Commune*, le sieur Fernand Servat, relative à l'argenterie de l'Hôtel de Ville dont le Conseil s'est occupé dernièrement. Voulant éclairer cette question très obscure, le dit *ex-officier supérieur* expose que, lors du transfert de l'École militaire, du siège de l'état-major de la place, il reçut en dépôt des pièces d'argenterie en usage à la table de l'état-major, une certaine quantité de croix de la Légion d'honneur et de médailles militaires, une montre, quelques bijoux, bagues, épingles, etc., et enfin les *décorations* d'un maréchal? Le sieur Servat affirme que ces objets ont été déposés par lui dans un meuble du Palais Bourbon et qu'ils ont dû être retrouvés. » (*Moniteur universel*, 21 avril 1880). — Servat (Charles-Henri-Ferdinand), contumax, condamné à mort par défaut, a été chef d'escadron à l'état-major de la place et chef d'état-major de Bergeret.

désertait son poste de combat, où les troupes françaises ne devaient se présenter que dans la matinée du mercredi 24 mai, et il s'emparait des Tuileries à la tête de son corps d'armée, composé du 229e, du 174e bataillons et du 2e zouaves fédérés. Il était accompagné par le membre de la Commune Urbain, maître d'école sans élèves, mais non sans imagination, qui dans la séance du 17 mai, à l'Hôtel de Ville, avait demandé que dix otages fussent immédiatement fusillés, cinq dans Paris et cinq aux avant-postes. Bergeret gravit l'escalier d'honneur et s'installa dans les appartements de l'impératrice ; il y baugea avec lui une donzelle qui était attachée à sa personne ou à celles de son état-major. Là il attendit énergiquement que l'on vînt l'attaquer pour s'en aller.

Bergeret est une des illustrations de la Commune ; les Plutarques de la révolte qui écriront un jour la vie des grands capitaines dont Paris a supporté l'oppression pendant deux mois, lui réserveront certainement leurs meilleures pages. Il eut cette fortune d'être toujours battu et immédiatement ridicule. C'est lui qui commandait place Vendôme, lorsque la manifestation du 22 mars y fut reçue à coups de fusil ; c'est lui qui, le 2 avril, dirigeait l'armée communarde aux avant-postes devant Neuilly ; c'est là qu'il eut deux chevaux tués au fiacre qui le conduisait à la déroute, car, par suite d'infirmités ou d'incapacité, il ne pouvait se tenir à cheval. C'est de Neuilly que fut expédiée cette dépêche fameuse qui lui a conféré instantanément une célébrité que le temps respectera[1], dépêche par laquelle on annon-

---

[1] Voici le texte de cette dépêche : « Paris, 2 avril 1871, 5 h. 30 m. du soir. Place à commission exécutive. Bergeret est *lui-même* à Neuilly. D'après rapport, feu de l'ennemi a cessé. Esprit des troupes excellent. Soldats de ligne arrivent tous et déclarent que, sauf les officiers supérieurs, personne ne veut se battre. Colonel de gen-

çait que lui, Bergeret, Bergeret lui-même, était sur le terrain du combat; c'est à cela que se borna son action. Petit, maigrelet, bilieux, le regard flottant et terne, les yeux divergents, le crâne dénudé, le nez crochu, il ressemblait à une poule d'eau. Fort remuant néanmoins, il croyait à son génie universel et n'avait jamais pu réussir en rien. Il était bien près d'atteindre sa quarantième année lorsqu'il se travestissait en général, et il avait alors essayé bien des métiers dont il s'était dégoûté ou qui s'étaient dégoûtés de lui. Il n'y avait pas grande affinité entre lui et le travail régulier; ils se fuyaient instinctivement.

Engagé volontaire et, parvenu au grade de sous-officier dans les voltigeurs de la garde impériale, il avait été employé aux écritures dans les bureaux de l'intendance. Licencié en 1864, il devint commis voyageur pour la librairie et, quelque temps après, pour une fabrique d'ornements d'église et d'imagerie religieuse, ce qui est un singulier début pour un futur général de la Commune. Dans un des voyages qu'il fit en Belgique pour placer des objets de sainteté, il con-

---

darmerie qui attaquait tué. *Le colonel chef d'état-major*, Henry. »
— A cette heure, les troupes fédérées étaient en pleine débandade; le prétendu colonel de gendarmerie tué n'était autre que le docteur Pasquier, chirurgien en chef de l'armée. Le signataire de cette dépêche, le colonel Henry (Louis-Félix), fut pris le lendemain, 3 avril, au plateau de Châtillon. Le 5, un citoyen Barrère, arrivant de Versailles, se présenta à l'Hôtel de Ville et déclara spontanément avoir vu des fédérés prisonniers « sanglants, les oreilles arrachées, le visage et le cou déchirés par des griffes de bêtes féroces ». Il termina en disant : « J'ai vu le colonel Henry en cet état, et je dois ajouter à son honneur, à sa gloire, que, méprisant cette bande de bouchers, il est passé fier, calme, marchant stoïquement à la mort. » Cette déclaration a été pieusement recueillie par les apologistes de la Commune. Charles Beslay l'a reproduite en 1877 dans *la Vérité sur la Commune* (p. 127). Or le colonel Henry a été jugé contradictoirement le 18 avril 1872; condamné à mort, il a vu sa peine commuée en celle de la déportation dans une enceinte fortifiée.

tracta des dettes à son hôtel de Bruxelles, ne put les payer et laissa ses échantillons en nantissement. On croit que c'est en Belgique, en fréquentant les estaminets de la propagande intransigeante et de la politique irréconciliable, qu'il se pénétra des doctrines dont la Commune fut la plus haute ou la plus basse expression. On dit qu'il fut typographe, qu'il essaya d'être peintre, d'être comédien, qu'il fut marchand de contremarques, comme Hébert, le grand ancêtre, et que parfois il versait quelque prose dans la *Marseillaise;* on dit aussi qu'employé dans un magasin de modes à Bruxelles, il aurait été condamné à trois mois de prison pour escroquerie. Le rôle qu'il joua pendant la Commune est de nature à justifier les accusations dont on a chargé son passé.

Pendant le siège de Paris par les Allemands, Bergeret fut sergent et ensuite capitaine dans le 83ᵉ bataillon de la garde nationale. Le 31 octobre ne le laissa pas insensible et il fit effort pour s'y associer. Il appartenait à l'Internationale, ce qui lui constituait une supériorité, qu'il sut faire valoir pour être nommé délégué de son bataillon aux assemblées préparatoires de la fédération de la garde nationale. De là à être membre du Comité central il n'y avait qu'un pas, qui fut promptement franchi. Au 18 mars, le Comité central lui donna mission de défendre la butte Montmartre; grâce à la défection des troupes envoyées pour reprendre les canons, cette journée fut le triomphe de Bergeret, auquel elle valut le grade de général. Là s'arrêtèrent ses succès; car l'armée française, revenue de l'énervement produit par ce que M. Thiers a appelé la fièvre obsidionale, reprenait sa cohésion, retrouvait sa vigueur et ne levait plus la crosse en l'air. Un moment il fut chargé de toutes les opérations militaires et put se croire généralissime. Cela ne dura pas; il commit tant de bévues, que Cluseret le remplaça par Dombrowski. Bergeret ne fut point content; il fit remarquer qu'il était membre de la Commune pour le vingtième arrondissement, qui lui avait donné 15 290 voix, sur 16 792 votants et 21 960 électeurs inscrits; il refusa d'obéir et de céder son commandement; il fut arrêté et détenu à l'Hôtel de Ville, dans les anciens appartements du préfet, où il menait bonne existence au milieu de quelques amis et de beaucoup de bouteilles.

Sa disgrâce ne dura pas. Le 29 avril, l'incapacité militaire dont il avait donné des preuves le fit nommer délégué à la commission de la guerre; le 6 mai, il fut pourvu d'une brigade de réserve et reçut le Corps législatif pour quartier général. On l'accuse d'avoir conduit quelques expéditions moins périlleuses que la sortie du 2 avril ou que la marche sur Versailles tentée le lendemain; on prétend que deux bateaux chargés de vins amarrés à Billancourt furent pillés par son ordre et qu'il fit enlever une somme de 57 000 francs à la gare du chemin de fer de l'Ouest. Il aimait à bien vivre; Varlin se plaignait avec amertume d'avoir eu à payer, en quinze jours, 30 000 francs pour frais de nourriture de Bergeret et de ses officiers d'état-major. Malgré cela, il ne dédaignait pas les petits profits : il avait obtenu pour la femme qui portait son nom la fourniture des sacs à terre destinés à la construction des barricades; de la même plume il ordonnait et il ordonnançait. Il faut croire que ces opérations n'étaient point irréprochables, car la Commune s'en émut : « 11 mai 1871 : Il ne sera délivré dorénavant de sacs à terre, dans le service que dirige le général Bergeret, que sur la vue de la signature et du cachet officiel du citoyen Delescluze, délégué à la guerre, commandant supérieur des forces nationales, et du colonel Ed. Roselli, directeur du génie. *Le délégué civil à la guerre :* Delescluze. »

Tout autre eût donné sa démission, Bergeret s'en garda bien et continua à parader dans l'hôtel de la présidence.

Il y jouait au billard, après boire, dans la soirée du dimanche 21 mai, lorsqu'une estafette vint lui apprendre que les Versaillais avaient forcé l'entrée de Paris et lui demander du secours, car on n'était point en force pour résister. Bergeret répondit, entre deux carambolages, qu'il n'avait que 500 hommes autour de lui, et qu'il ne pouvait en distraire un seul, car cela suffisait à peine à sa garde. Dans ce temps-là, on disait les gardes de Bergeret, comme jadis on disait les gardes du roi; car il est à remarquer, une fois de plus, que ces novateurs se sont astreints à copier les mœurs qu'ils condamnent et à reproduire les abus qu'ils ont la prétention de détruire. Sans attendre l'attaque de l'armée française, sans prendre une seule disposition pour protéger le massif du Corps législatif et du Palais-Bourbon, qui constituait une très forte position militaire, Bergeret décampa et vint, comme nous l'avons vu, prendre possession du château des Tuileries. Il en fit un monceau de cendres et s'y conduisit de façon à prouver qu'il eût été digne d'avoir dans son corps d'armée la compagnie d'artilleurs dynamiteurs que commandait le capitaine Jean-Jean.

Il ébaucha quelques essais de résistance, ce qui lui fut facile, car pendant la nuit du 21 au 22 mai six batteries avaient été envoyées en réserve dans la cour du château. Une trentaine de pièces furent traînées par des fédérés et par des femmes jusqu'aux terrasses qui dominent la place de la Concorde; en outre, quatre pièces de 12 furent placées dans la grande allée du jardin. On fit là une belle canonnade contre le Trocadéro où l'on croyait que nos troupes étaient massées et contre le ministère des affaires étrangères, qui fut troué comme une écumoire. Nos soldats eurent peu à souffrir de ce feu aussi violent que mal dirigé. Bénot, le gouverneur du Louvre, Kaweski, déjà revêtu d'un costume bourgeois, étaient accourus se mettre à la disposition de Bergeret, qui leur promit d'utiliser leur bonne volonté lorsque le moment serait venu. Dans la journée du 22, Bergeret avait reçu une visite plus importante. Gabriel Ranvier, accompagné d'un commissaire de police et de deux inconnus que l'on prit pour des membres de la Commune, arrivèrent aux Tuileries. Ranvier était alors membre du Comité du salut public : c'était une puissance en ce jour de malheur. Ranvier, Urbain, Bergeret causèrent pendant quelques instants ensemble ; le colonel Dardelle, le commandant Madeuf, le capitaine Boudin, le planton Minot regardaient, à distance respectueuse, le conciliabule de ces trois personnages.

Ranvier et son commissaire de police, ayant appelé quelques fédérés et des employés de la régie, descendirent dans les sous-sols et renouvelèrent un acte que déjà bien souvent nous avons raconté et que nous raconterons encore plus d'une fois, — car elle était tenace la bêtise de la Commune. — Gabriel Ranvier ordonna de briser des portes, fit sonder les murs, inquiet, irrité de ne point trouver ce qu'il cherchait. Que cherchait-il donc? Eh! parbleu! le souterrain qui va partout, mais qu'on ne rencontre nulle part. Bénot était là ; de ses gros poings il tapait sur les murailles, demandait qu'on l'éclairât ; selon son habitude, il menaçait les employés de leur « enlever le baluchon », et se dépitait en disant : « Ce n'est pas possible qu'il n'y en ait pas! » Ces hommes d'État pouvaient, sans se rire au nez, chercher le souterrain qui, partant des caves des Tuileries, doit nécessairement aboutir au Mont-Valérien. Ils ne le trouvèrent pas et furent étonnés. Ranvier et ses acolytes se retirèrent de méchante humeur, après avoir recommandé à Bergeret de tenir bon et d'empêcher les Versaillais de faire un pas de plus en avant.

Bergeret n'était encore que général; il allait être juge, président de cour martiale et presque exécuteur des hautes œuvres de la Commune. Le quartier voisin des Tuileries était en rumeur. Les fédérés, revenus de leur premier effarement, s'agitaient et à tout coin de rue construisaient des barricades. Un pharmacien, M. Koch, demeurant rue de Richelieu, n° 44, était sur le pas de sa boutique et regardait ce tumulte. Il avait quarante-cinq ans environ; sa moustache, sa barbiche, son front prématurément chauve, ses lunettes en or, lui donnaient l'aspect moitié bourgeois, moitié militaire, d'un officier de garde nationale; en veste d'été, le pied chaussé de pantoufles, les mains dans ses poches, il haussait les épaules en entendant les vociférations que l'on poussait autour de lui. Quelques gamins de douze à quatorze ans s'étaient précipités sur une maison voisine en réparation et essayaient d'en arracher les échafaudages. Le pharmacien voulut s'y opposer et renvoya ces jeunes patriotes, en les menaçant de leur tirer les oreilles. Les enfants s'éloignèrent en grommelant et M. Koch rentra dans son arrière-boutique. Il n'y était pas depuis cinq minutes, qu'il vit arriver une bande de fédérés. Il saisit un flacon vide posé sur sa table et le brandit en criant : « Le premier qui approche!... » On se jeta sur lui et on l'arrêta. Minot, l'ordonnance de Dardelle, s'empara du flacon; puis, montant à cheval, il prit la tête du peloton qui enveloppait M. Koch. On mena celui-ci au Palais-Royal, devant un chef de légion, Damarey, qui déclara que l'affaire ne le regardait point; alors on alla trouver Dardelle. M. Koch lui dit : « Il n'y a rien dans le flacon. » La foule et les fédérés crièrent : « C'est de l'acide prussique. — C'est de l'acide sulfurique. — C'est de l'eau seconde. — Il a aveuglé des enfants. » Comme Damarcy, Dardelle recula devant la responsabilité d'une décision à prendre et donna l'ordre de conduire le prisonnier à l'Hôtel de Ville, où le Comité de salut public déciderait de son sort. On se mit en marche : en avant et à cheval, Minot, tenant toujours le flacon qu'il montrait au « peuple »; puis un groupe de turcos de la Commune, de vengeurs de Flourens, de lascars, d'enfants perdus qui se pressaient autour de M. Koch; on le tenait par les bras pendant qu'il allait nu-tête sous le soleil, parfois abattu, parfois se redressant sous les injures dont on l'accablait.

La foule avait grossi, et ce fut une cohue qui arriva sur la place de l'Hôtel de Ville. La légende était déjà faite : — on venait d'arrêter l'ex-pharmacien de l'empereur : il avait versé une limonade empoisonnée aux fédérés; de plus, quand on avait voulu se saisir de lui, il avait cassé une bombonne d'acide prussique, qui en se brisant avait causé la mort de plusieurs personnes; l'ambulance du Théâtre-Français est pleine de ses victimes. — On traversa la salle du Trône, encombrée de gens de toute sorte qui, voyant un prisonnier, crièrent : « A mort! à mort! » Quatre fédérés commandés par Minot firent pénétrer M. Koch dans le cabinet du citoyen Brissac, secrétaire général du Comité de salut public, où se trouvaient en ce moment Ranvier, deux membres de la Commune que je n'ai pas le droit de nommer, car, quoique condamnés à mort par coutumace, ils n'ont pas été poursuivis pour ce fait, et une quatrième personne, de laquelle je tiens le récit que je vais reproduire. Ranvier interrogea M. Koch; ce malheureux, qui arrivait des Tuileries au milieu des vociférations, des menaces et des coups, était dans un état digne de pitié. Il balbutiait, sa face était convulsée, il répétait toujours la même phrase : « Il n'y a rien, il n'y a rien dans le flacon. » Un des assistants dit à Ranvier : « Il n'a plus la tête à lui, laissez-lui au moins le temps de s'expliquer. » Ranvier répondit : « Vous, si vous insistez, on va vous coller au mur ! » Un des deux membres de la Commune, caressant sa longue moustache, portant ses insignes à la boutonnière, mécanicien de son métier, haïssant les patrons et les ouvriers, méprisant tout le monde, excepté lui, intervint alors. Il quitta le grand fauteuil de damas rouge où il était plutôt écroulé qu'assis, prit le flacon des mains de Minot, le flaira et, après avoir regardé Ranvier, dit tranquillement : « Les chassepots sont-ils prêts ? » Les fédérés répondirent : « Oui. — C'est bien, reprit-il ; à la cave ! » On entraîna M. Koch ; en traversant de nouveau la salle du Trône au milieu de la cohue qui la remplissait, il levait les mains au-dessus de sa tête et criait : « Justice ! justice ! » On le hua : « Espion ! assassin ! à mort ! » Il s'arrêta pendant une seconde et dit : « Au moins, donnez-moi un prêtre ! » Il y eut un éclat de rire et une parole lui fut répondue qui, dit-on, a été prononcée à Waterloo. Un employé comptable de la Commune ne put s'empêcher de s'écrier : « Mais par quels bandits sommes-nous donc gouvernés ! »

Les fédérés, toujours guidés par Minot[1], ne savaient où était la cave ; ils voulurent fusiller le pauvre pharmacien dans la cour Louis XIV ; mais on y avait déposé des caisses de cartouches, des barils de poudre, ils n'o-

---

[1] L'impudence de ce Minot était extraordinaire. Le mardi 30 mai, alors que tous les insurgés étaient recherchés avec passion, il vint aux Tuileries mêmes, où pendant deux mois il avait vécu aux côtés de Dardelle. Rasé, vêtu d'un pantalon blanc et d'un paletot en mérinos noir, il accompagnait un photographe qui désirait prendre quelques vues du palais en ruine. Nul mieux que Minot n'était capable de donner des indications à cet égard. Il fut reconnu et arrêté.

sèrent pas. Une voix cria : « Retournons aux Tuileries ! » On se remit en route. M. Koch marchait en oscillant au milieu de ses gardes qui le maltraitaient. Près du quai de Gèvres, trois hommes, dont un vêtu d'une redingote et deux couverts d'une blouse blanche, furent indignés et crièrent : « Mais ne frappez donc pas ce malheureux, c'est horrible ! » Les fédérés se jetèrent sur eux, les réunirent à M. Koch et les trouvèrent de bonne prise. Tout de suite la foule trouva une explication : — c'est un curé déguisé, ce sont des agents de police, — et elle fut satisfaite. Deux de ces hommes avaient des blouses blanches, c'en fut assez; ce costume les signalait à toute vengeance, car il est de tradition dans le peuple de Paris que lorsqu'un inspecteur de police veut n'être pas reconnu, il met une blouse blanche. Ce peuple, qui est le plus crédule que l'on puisse voir, a ainsi un certain nombre d'articles de foi indestructibles. Ce fond de superstition héréditaire résiste à tout; rien ne peut l'ébranler, ni le temps, ni l'expérience, ni le raisonnement. Il croit, il sait que les joueurs d'orgues sont des agents secrets, que les employés de l'État sont des voleurs, qu'il y a des filets au pont de Saint-Cloud pour arrêter les noyés au passage, que toute défaite de nos armées est due à la trahison; il ne croit peut-être pas à Dieu, mais il croit avec ferveur que le persil casse les verres à boire et fait mourir les perroquets.

La foule ramenait les victimes avec de grands cris; le capitaine Étienne Boudin s'avança au-devant d'elle dans la rue de Rivoli, et prit la direction du cortège, qu'il fit entrer dans la cour. Une cour martiale fut improvisée. Dans la salle des Maréchaux, Urbain, Bergeret, Étienne Boudin, et deux ou trois autres dont j'ignore le nom, se réunirent en tribunal suprême et firent comparaître les quatre accusés, qui firent assez bonne contenance. De ce qui se passa dans cet étrange prétoire, on ne sait rien, sinon qu'Étienne Boudin fit office d'accusateur public, et que les quatre prisonniers furent condamnés à mort. Il en est trois dont on n'a jamais connu le nom; on soupçonne seulement que celui qui portait une redingote était un ouvrier chapelier. — La cour des Tuileries était pleine de fédérés, de femmes, de curieux. On dit que du haut du balcon de la salle des Maréchaux Urbain fit un discours. Des employés de la régie l'ont vu parler et gesticuler, mais n'ont pu l'entendre. Étienne Boudin avait porté la parole contre ces malheureux, il ne voulut laisser à nul autre l'honneur de les faire exécuter. Il les amena, les rangea contre la muraille de la cour, entre la troisième et la quatrième fenêtre à gauche du pavillon de l'Horloge; il rassembla un peloton de fédérés qu'il divisa en deux sections; il prit place dans l'espace laissé libre, et, tenant son sabre à deux mains par la poignée et par la pointe, il se prépara à commander le feu.

On avait forcé les deux hommes en blouse blanche, les « deux mouchards », à s'agenouiller; l'un d'eux dit ce que Gustave Chaudey devait inutilement dire le lendemain dans le chemin de ronde de Sainte-Pélagie : « J'ai une femme, j'ai des enfants, laissez-moi vivre! » Étienne Boudin répondit : « Non! » L'homme reprit alors : « Eh bien, tuez-moi, assassins; Versailles n'est pas loin, et je serai vengé! » Un homme de peine employé aux Tuileries a été témoin de l'exécution : il l'a racontée dans des termes que je ne puis que reproduire : « Les deux hommes en blouse étaient à genoux; Koch et l'autre debout; les deux premiers levaient les mains et criaient : « Grâce! » La moitié des gardes nationaux criait également : « Grâce! » Mais Étienne Boudin, le sabre en main, cria d'une voix vibrante : « Pas de grâce! à mort! » Le premier feu de peloton retentit et les deux hommes à genoux sont tombés. Alors le jeune homme qui était à côté de M. Koch demanda à trois reprises : « Je suis innocent; grâce pour mes enfants! » M. Koch demandait également merci. Quand les fusils furent rechargés, c'est-à-dire une minute après la première décharge, un second feu à volonté, très irrégulier, se fit entendre. M. Koch cherchait à éviter les balles, il se sauvait en arrière, se jetait à droite et à gauche; mais les gardes nationaux l'atteignirent, et à bout portant l'achevèrent. Alors Boudin fit élargir le cercle autour des quatre victimes et cria : « Vive la Commune! » Un gamin de seize ans qui pouvait à peine épauler son fusil, vit un de ces malheureux secoué par l'agonie se convulser en grimaçant; il dit à un de ses camarades : « Regarde donc cet imbécile-là; est-il farce! Il a l'air de se moquer de nous et de nous rire au nez; flanque-lui donc un bon coup de fusil par la gueule [1]. »

Du haut du balcon de la salle des Maréchaux, Bergeret, Urbain et quelques-uns de leurs amis avaient assisté à cette exécution, qui commença au moment même où l'horloge du château sonna le premier coup de six heures. On vit alors, dans ce groupe de spectateurs, un homme agiter un drapeau rouge et on l'entendit crier : « Périssent ainsi tous les traîtres ! Vive la Commune! » On croit que cet orateur était Urbain. On a dit que M. Koch, conduit à l'Hôtel de Ville, avait été condamné à mort par Delescluze, qui l'aurait envoyé à Ferré, afin que celui-ci fît procéder

---

[1] Procès E. Boudin; jugement contradictoire; 3º conseil de guerre, 16 février 1872. Alexis Dardelle, dans une lettre publiée (août ou septembre 1878) par *le Mirabeau*, journal imprimé à Verviers (Belgique), a affirmé que pendant l'assassinat de ces quatre victimes, Étienne Boudin était dans les appartements des Tuileries. Cette affirmation est en contradiction avec tous les témoignages recueillis.

à l'exécution. Ce n'est qu'une fable mal inventée, car c'est précisément le contraire qui est vrai. J'en ai la preuve sous les yeux. Dès que M. Koch eut été arrêté, que l'on sut que, mené de Damarey à Dardelle, il était dirigé sur l'Hôtel de Ville, quelques-uns de ses voisins partirent en hâte afin de l'arracher aux mains qui le tenaient. Après mille efforts et bien des difficultés, ils parvinrent enfin près de Delescluze. Le délégué civil à la guerre les écouta et leur remit la lettre suivante, écrite tout entière de sa main, pour le délégué à la sûreté générale : « Mon cher Ferré, veuillez faire mettre en liberté le citoyen Koch, pharmacien, qui va ouvrir une ambulance. — Paris, 3 prairial LXXIX. Charles Delescluze. » Les amis de M. Koch coururent à la Préfecture de police; Ferré n'y était pas, mais au bas même de la lettre de Delescluze, Albert Regnard, secrétaire général, écrivit : « Ordre de mettre en liberté le citoyen Koch. » Tout cela avait pris du temps; lorsque l'on arriva aux Tuileries, il était trop tard. — Ce crime a été commandé par Bergeret et exécuté par Étienne Boudin, qui, voyant un des condamnés s'accrocher à ses vêtements en lui demandant grâce, le frappait sur les mains à coups de pommeau de sabre et lui criait : « A bas les pattes ! »

M. Spitzer, colonel en retraite, marié à une femme employée à la lingerie du château où il avait son logement, a suivi du regard toutes les phases de l'assassinat. Il dit que Dardelle a essayé de s'y opposer. Les employés de la régie ont déclaré que le commandant Madeuf, en apprenant ces meurtres, s'était écrié : « Ah ! les misérables ! qu'ont-ils fait ? » et qu'il avait réquisitionné un omnibus pour enlever les cadavres. Bergeret fut moins ému. Comme le soir même, entre huit et neuf heures, il se promenait sous les arcades de la place du Palais-Royal, il fut accosté par un médecin du quartier qui lui dit : « Qu'est-ce donc que ces gens que l'on a tués dans la cour du château ? » Bergeret répondit : « C'étaient des traîtres et des Versailleux ; je les ai fait fusiller ; ils n'ont eu que ce qu'ils méritaient. »

IV. — LE BOUVIER VICTOR BÉNOT.

Nouveau pillage de caves. — Bergeret inquiet. — Ne défend même pas la position stratégique. — *Que ferons-nous des Tuileries?* — Conseil de guerre. — Ordre d'incendie. — Boudin et Bénot. — Préparatifs. — Pétrole, poudre, goudron. — Dardelle prévient les employés. — Madeuf facilite leur fuite. — Départ de Dardelle. — Le feu. — Le souper. — Bergeret Néron. — L'explosion. — Le commissionnaire Clément Thomas. Joie, rhétorique, bêtise, erreur communardes. — Bergeret s'esquive. — Bénot et Kaweski aident Boursier à brûler le Palais-Royal. — La bibliothèque du Louvre. — Qu'importent les livres à qui ne sait pas lire ? — Tout brûle.

Le lendemain 23 mai, après un bon sommeil comme en donne le calme d'une conscience satisfaite, Étienne Boudin se réveilla de belle humeur et reconnut qu'il avait soif. Il se mit alors en devoir de défoncer la porte de la cave du général de Courson, pensant qu'il y trouverait quelque vieille fiole à sa convenance. Il ne se trompait pas ; aidé de plusieurs camarades, il rafla neuf cents bouteilles de vins fins qui ne restèrent pas longtemps pleines, car tous les fédérés campés dans la cour des Tuileries eurent leur part du butin. Pendant cette journée, Boudin, le fusil sur l'épaule, le revolver à la ceinture, allait sans cesse des Tuileries à la place de la Concorde, et menaçait de mort quiconque paraissait faiblir. L'armée française avançait lentement, tâtant le terrain avant d'y mettre le pied, attaquant à l'aide de l'artillerie et ne risquant ses hommes qu'à coup sûr. Les projectiles arrivaient de plein fouet jusque dans le jardin réservé des Tuileries ; lorsqu'un obus gémissant rasait la cime des arbres, les ramiers s'enfuyaient à tire d'ailes. Bergeret n'était point rassuré ; il regardait souvent vers l'avenue des Champs-Élysées, et voulait à chaque minute avoir des nouvelles. Il envoyait le commandant Madeuf vers le ministère de la marine et vers le faubourg Saint-Honoré pour être bien certain que sa position n'était pas compromise. Madeuf allait examiner la situation du haut du pont tournant et de la terrasse du bord de l'eau. Les têtes des colonnes françaises ne se montraient pas encore ; Madeuf revenait et disait : « Ce n'est qu'une simple démonstration, nous ne sommes pas sérieusement attaqués. »

Bergeret avait-il reçu des ordres auxquels il s'est conformé, je l'ignore ; mais je sais que, placé sur un terrain exceptionnellement favorable à la lutte, il n'a point combattu. Le palais des Tuileries, préservé par les terrasses de la place de la Concorde transformées en redoutes et armées d'artillerie, appuyé sur les barricades de la rue de Rivoli et du quai, ayant pour ouvrages avancés, d'un côté le Ministère de la marine, de l'autre le Corps législatif et le Palais Bourbon, protégé, sur les derrières, par le Louvre auquel il est relié et qui seul constitue une forteresse, le palais des Tuileries devait être facile à défendre ; mais je confesse qu'il était encore plus facile à brûler. On y pensait à la Commune ; c'était là un rêve révolutionnaire caressé depuis longtemps ; il ne s'agissait pas de se maintenir dans une position stratégique qui était la clef de l'Hôtel de Ville, il s'agissait de détruire la demeure où la souveraineté a passé avec ses gloires, ses grandeurs et ses faiblesses. Le 23 mai, au matin, le premier-Paris du *Vengeur*, journal de Félix Pyat, est intitulé : *Que ferons-nous des Tuileries?* La question était résolue d'avance ; il y avait plus de vingt ans que certains membres de la Commune et du Comité de salut

public vivaient dans l'espoir de faire sauter, un jour,
« le repaire de la tyrannie ».

Au milieu de la journée, Bergeret se rendit à l'Hôtel
de Ville ; lorsqu'il en revint, il réunit autour de lui,
dans la cour des Tuileries, une sorte de conseil de
guerre composé de son état-major, auquel s'adjoignirent
Victor Bénot, Dardelle, Madeuf, Étienne Boudin. Là on
ne discuta pas ; on reçut les instructions du Comité de
salut public transmises par Bergeret : — le château sera
incendié, il n'en restera pas pierre sur pierre ; on a le
temps ; on agira sans précipitation et méthodiquement,
car rien de ce palais maudit ne doit échapper à la destruction. — Se tournant vers Bénot, Bergeret lui dit :
« Colonel ! je te charge d'exécuter les ordres de la
Commune. » Bénot répondit : « Je m'en charge ! » Nul
de ceux qui étaient là ne fit d'objection ; Bergeret parlait au nom du Comité de salut public ; on se prépara à
obéir. Entre cinq et six heures, au moment où des
tourbillons de fumée, s'élevant à gauche du jardin des
Tuileries, dans la direction de la rue de Rivoli, de la
rue Royale et de la rue de Lille, annonçaient que l'heure
du pétrole était venue, cinq fourgons chargés de barils
de poudre, de bombonnes d'huiles minérales, de tonnelets de goudron liquide, arrivèrent par la place du
Palais-Royal et pénétrèrent dans la cour.

On se partagea la besogne ; Bénot se réserva le pavillon de l'Horloge ; Boudin eut pour mission de « préparer » le pavillon Marsan ; un troisième incendiaire,
qui pourrait bien être un certain Auguste-Adolphe Girardot, simple fédéré du 231e bataillon, fut envoyé au
pavillon de Flore ; chacun de ces porte-torches était
accompagné d'une équipe de dix hommes environ,
choisis parmi les fédérés du 174e bataillon qui était
cantonné aux Tuileries. Au moment où Boudin allait
pénétrer dans le palais, une cantinière lui dit : « Ce

que vous allez faire là est un crime, capitaine. » Il répondit : « Je m'en moque, il faut que tout brûle ! » Non seulement il s'était muni de pétrole, mais il avait pris les tonnelets de goudron liquide, et avec beaucoup de soin il enduisait les tentures des appartements, les boiseries du théâtre, l'autel, l'orgue de la chapelle où Dardelle aimait à charmer ses loisirs. Pendant que Boudin « travaillait » dans cette partie du château, Bénot ne restait pas inactif. Dans le grand vestibule, près de l'escalier d'honneur, il fit disposer trois barils de poudre. On en hissa deux jusque dans la salle des Maréchaux ; des seaux d'huile minérale furent répandus sur les parquets ; à l'aide de balais on en aspergeait les murs ; dans les barils on prenait la poudre avec des pelles et on la lançait à travers les appartements. Au pavillon de Flore, on brisait les bombonnes ; cinq ou six bidons d'essence de térébenthine furent versés dans les salles de stuc où étaient enfermés les objets mobiliers appartenant à M. Thiers. Victor Bénot allait d'un pavillon à l'autre, dans les galeries, jusque dans les chambres, gourmandant le zèle de ses complices, les encourageant à bien faire, louant Boudin de son activité, donnant l'exemple et payant de sa personne, lorsqu'il fallait enfoncer une porte d'un coup d'épaule.

La nuit était venue, car les appartements étaient nombreux aux Tuileries, et tous avaient dû recevoir provision de pétrole et de poudre ; cela avait exigé près de quatre heures. Le plan était simple : mettre le feu aux pavillons d'angle et aux galeries, l'incendie en se propageant atteindrait la salle des Maréchaux, dont l'explosion entraînerait l'anéantissement du palais entier. On vit une quinzaine d'hommes armés de perches à l'extrémité desquelles brillait une lumière passer devant les fenêtres, marchant du pavillon de Flore vers le pavillon de l'Horloge. Du côté du pavillon Marsan, un gardien faisant sa ronde dans les sous-sols aperçut Étienne Boudin et son planton, le manchot Albert Sech, accroupis, tenant chacun une chandelle à la main, près d'un amas de paille et de vieux papiers. L'expression du visage des incendiaires était telle, que le pauvre homme fut saisi de frayeur et se sauva. Les premières lueurs apparurent à la salle de stuc; les meubles de M. Thiers flambaient.

Il était environ neuf heures. Dardelle, inquiet, se promenait dans la cour; Madeuf s'approcha de lui et lui parla bas à l'oreille. Dardelle courut au vestibule de la régie où plusieurs employés étaient rassemblés. S'adressant au sieur Angel, il lui dit avec émotion : « Êtes-vous de service? Qu'importe? Vous me répondez sur votre tête que tous les employés des Tuileries auront, dans un instant, quitté ce palais, qui va sauter. » Le brigadier Tholomy s'écria : « Comment permettez-vous cela ? » Dardelle répondit : « Je n'y puis rien, c'est Bergeret qui le veut ! » On courait, on s'appelait ; en deux minutes, ces malheureux s'entassaient devant le guichet pour se sauver ; les fédérés de garde croisèrent la baïonnette et refusèrent de les laisser sortir. A ce moment, le commandant Madeuf apparut et donna ordre de livrer passage. Les employés s'enfuirent.

Ils ont cru que, dans le conseil de guerre ou plutôt d'incendie tenu par Bergeret on avait décidé qu'ils seraient fusillés ; ils en ont trouvé la preuve dans ce fait que les sentinelles se sont opposées à leur départ. Leur mémoire un peu effarée les a mal servis ; on ne pouvait franchir les guichets des Tuileries qu'en disant le mot d'ordre, qu'ils ne connaissaient pas. Si, comme ils se le sont figuré, ils avaient été destinés à être passés par les armes, Dardelle ne les aurait point avertis et

Madeuf ne serait point intervenu pour les faire évader. Dardelle et Madeuf sautèrent à cheval et disparurent. On a raconté qu'Alexis Dardelle avait pris part à l'incendie du Palais-Royal ; je crois fermement que l'on s'est trompé. Il quitta les Tuileries le mardi 23 mai, entre neuf et dix heures du soir ; à partir de ce moment, on perd sa trace.

Dans la cour des Tuileries et dans le Carrousel il restait environ 300 hommes du 174e bataillon qui à dix heures et demie opérèrent leur retraite. Les flammes sortaient du pavillon Marsan et gagnaient l'aile qui longe la rue de Rivoli ; la galerie comprise entre le pavillon de Flore et le pavillon de l'Horloge était en feu. Le général Bergeret, son chef d'état-major Servat, le colonel Bénot, le colonel Kaweski, le capitaine Boudin, l'officier d'ordonnance Victor-Clément Thomas, placés sous le petit arc de triomphe, regardaient et trouvaient que cela était bien. Kaweski prévint Bergeret qu'il avait fait préparer chez lui un souper composé de quelques viandes froides, et ajouta qu'il espérait que le général et les autres citoyens voudraient bien y faire honneur. Bergeret accepta, et pendant que l'incendie se développait, ces gens allèrent se mettre à table dans la pièce du rez-de-chaussée que Kaweski occupait à l'ancien ministère d'État. On mangea bien, on but mieux, on eut du vin à discrétion, de l'eau-de-vie en abondance ; on trinqua à la république universelle et l'on reconnut que décidément on était la « grande nation, seule héritière des géants de 93 ».

Bergeret sentit quelque émotion s'éveiller dans son âme d'artiste, et il proposa d'aller fumer sur la terrasse pour mieux jouir de « ce spectacle sublime ». Comme l'on passait devant le concierge Remy, qui fut très courageux, Victor Bénot lui dit : « Ça t'embête, n'est-ce pas, mon vieux ? Eh bien ! le palais des rois brûle : l'oiseau ne reviendra plus au nid. » On s'installa commodément sur la terrasse, entre le pavillon Colbert et le pavillon Richelieu. Bergeret, dont la modestie n'avait rien d'excessif, put se comparer à Néron :

> Venez, Rome à vos yeux va brûler, — Rome entière !
> J'ai fait sur cette tour apporter ma litière
> Pour contempler la flamme en bravant ses torrents !

A une heure et un quart du matin, la coupole de la salle des Maréchaux, soulevée par l'explosion des barils de poudre, éclata, lança un tourbillon d'étincelles, projeta au loin des portes, des ferrures, des madriers, et, s'effondrant sur elle-même, s'écroula dans les flammes. Les spectateurs applaudirent, et crièrent : « Vive la Commune ! » C'était « le palais des rois » qui venait de sombrer, il est vrai ; mais c'était aussi le palais de la Convention, la place même où Marat, où Hébert, avaient bavé le plus pur de leur venin.

Bergeret ne se tenait pas d'aise, et il voulut que la bonne nouvelle parvînt immédiatement au Comité de salut public. Il écrivit ce billet au crayon : « Les derniers vestiges de la royauté viennent de disparaître ; je désire qu'il en soit de même de tous les monuments de Paris. » Puis il fit porter cette dépêche par son officier d'ordonnance Thomas, qui a raconté lui-même comment il fut reçu à l'Hôtel de Ville[1]. « Les quelques membres du Comité qui se trouvaient présents, a-t-il dit, ont accueilli cette nouvelle par des bravos et m'ont invité à boire ; seul Delescluze paraissait soucieux. » Il n'est point douteux que l'incendie des Tuileries n'ait

---

[1] Le véritable nom de ce personnage, né au Sénégal le 14 octobre 1838, est Victor-Jacques-Hippolyte Thomas. Il était le neveu du général Clément Thomas.

été considéré comme une victoire par les gens de la Commune; tous les communards qui ont écrit leur histoire s'en sont félicités; le thème est identique et les variations sont pareilles. George Jeanneret, dans *Paris pendant la commune révolutionnaire de 71*, semble avoir formulé (p. 231) l'opinion admise : « Cette nuit-là les fenêtres des Tuileries s'illuminèrent comme jamais aucune fête ne les avait éclairées. Le feu purifia ce vieux repaire de tous les crimes et de tous les vices. C'était moralité et justice d'accomplir cet acte. Honneur aux citoyens généreux qui en ont pris l'initiative ! » M. Lissagaray renchérit. « De formidables détonations, dit-il (p. 372), partent du palais des rois, dont les murs s'écroulent, les vastes coupoles s'effondrent. Le flot rouge de la Seine reflète les monuments et double l'incendie. Chassées par un souffle de l'est, les flammes irritées se dressent contre Versailles et disent au vainqueur de Paris qu'il n'y retrouvera plus sa place, et que ces monuments monarchiques n'abriteront plus la monarchie. »

Erreur profonde, ô lugubres nigauds; c'est vous-même qui avez fait à votre principe une blessure incurable; si jamais la monarchie revenait en France, ce sont les forfaits que vous avez commis pendant la Commune qui la ramèneraient et qui la rendraient possible. Êtes-vous donc tellement ignorants ou avez-vous si peu de mémoire que vous ne sachiez pas que c'est le souvenir de l'insurrection de juin 1848 qui a voté au scrutin du 10 décembre? Et puis, à quoi bon brûler les palais sur lesquels, après chaque révolution, on écrit : Propriété nationale ? Il y a longtemps, en France, que les châteaux royaux ne sont plus que des auberges; on y entre au son des fanfares; à peine installé, il faut s'enfuir au bruit des sifflets. C'est une triste demeure que celle des rois; elle découvre la place où tombent les têtes couronnées, elle est toute martelée par les balles populaires et toute noire du pétrole social ; ce n'est plus qu'une hôtellerie hantée par des fantômes et qui devrait avoir pour enseigne : *Au Juif-Errant !*

Le général Bergeret avait accompli son œuvre ; il estima qu'il était quitte avec la Commune et partit. Victor Bénot et Kaweski, moins satisfaits d'eux-mêmes, s'en allèrent au Palais-Royal donner un coup de main au colonel Boursier, afin de réduire en cendres cette autre demeure des tyrans. Les portiers, les hommes de service de l'ancien ministère d'État, croyaient être débarrassés des incendiaires, mais ils se trompaient et allaient apprendre de quoi est capable un citoyen vraiment dévoué à la Commune. L'ancien logis de Philippe-Égalité commença à brûler sérieusement vers trois heures du matin ; à quatre heures, le portier du pavillon central du nouveau Louvre vit arriver trois hommes qu'il reconnut : Victor Bénot, Boursier et Kaweski. Ils portaient deux bidons blancs sur lesquels on lisait le mot *fuséens* et un numéro matricule. Bénot demanda les clefs de la bibliothèque. Comme le concierge hésitait, Bénot le prit au collet et le frappa. Il remit les clefs. Les trois colonels se précipitèrent dans l'escalier ; le portier montait derrière eux en suppliant et en criant : « Ne brûlez pas ! Ne brûlez pas ! » Boursier s'arrêta et mit son revolver en main. Le portier se laissa tomber sur une des marches. Au moment où il se relevait, une quinzaine de fédérés passèrent devant lui, lestes comme des chats, courant vers la bibliothèque. Il descendit, sans trop savoir ce qu'il faisait, et resta devant la porte, regardant machinalement le Palais-Royal qui flambait. Il vit un groupe de fédérés du 202ᵉ bataillon, qui filaient au pas de course, s'arrêter devant une des casernes de la rue de Rivoli encore occupée par les pompiers. Quelques instants après, les pompiers, portant des malles et des paquets sur le dos, s'enfuyaient. Les fédérés leur avaient dit : Le palais est miné, tout va sauter !

Boursier, Bénot, Kaweski, les fédérés qui les avaient rejoints étaient dans la bibliothèque et l'incendiaient. C'était l'ancienne bibliothèque du roi[1], la bibliothèque de l'empereur ; improprement on l'appelait la bibliothèque du Louvre. Elle remplissait la travée transversale qui, allant du square Napoléon à la place du Palais-Royal, se termine d'un côté par le pavillon Richelieu et de l'autre par le pavillon de la Bibliothèque. C'est là que les souverains déposaient les cadeaux de « librairie » qu'ils avaient reçus ; il y avait des incunables, des exemplaires uniques, des reliures merveilleuses. Qu'est-ce que ça pouvait faire à Bénot ? On eût dit à ces malfaiteurs que les armoires contenaient des richesses manuscrites sans prix, les 30 volumes du trésor de Noailles, les 61 volumes des papiers de Voyer d'Argenson, les 5 volumes de la vie des poètes par Colletet, les 700 volumes de la collection Gillet et Saint-Genis, ça ne les eût point arrêtés[2]. Ils jetèrent leur pétrole sur les rayons, parmi les papiers ; ils répandirent le contenu d'un bidon sur le parquet, le firent couler jusqu'au palier de l'escalier, y mirent le feu et s'enfuirent. Avant de quitter son appartement, Bénot fit

---

[1] La bibliothèque de la rue de Richelieu était la bibliothèque royale.

[2] Pour apprécier l'étendue et l'importance du désastre causé par l'incendie de la bibliothèque du Louvre, voir : *Pertes éprouvées par les bibliothèques publiques de Paris pendant le siège par les Prussiens en 1870 et pendant la domination de la Commune révolutionnaire en 1871*, par M. Baudrillart; Paris, Techener, 1872; et *Manuscrits de la bibliothèque du Louvre brûlés dans la nuit du 23 au 24 mai 1871, sous le règne de la Commune*, par Louis Paris; extrait du *Cabinet historique*; Paris, 1872.

quelques paquets de linge qu'il n'oublia pas d'emporter.

Les flammes ne tardèrent pas à briser les vitres et apparurent au sommet du pavillon. Le château des Tuileries n'était plus qu'un bûcher enveloppé par les flammes ; le feu glissant le long des combles consumait l'aile qui prend façade sur la rue de Rivoli ; de l'autre côté, vers le bord de l'eau, il avait envahi la nouvelle salle des États et menaçait le pavillon de la Trémoille. Au ministère d'État, le dernier étage du pavillon Richelieu brûlait. Çà et là, dans le square Napoléon, dans le Carrousel, quelques employés se sauvaient en levant les bras vers le ciel.

Dans l'ancien Louvre, les conservateurs, muets devant ce spectacle, se demandaient si toutes nos collections d'art, si tous nos musées n'allaient pas périr.

CHAPITRE IV

LES MUSÉES DU LOUVRE

I. — LA DÉLÉGATION AUX MUSÉES.

La fédération des artistes. — Administration imposée par la Commune. — M. Oudinot. — Jules Héreau. — Transbordement de tableaux à Brest. — La Vénus de Milo. — Disparus. — Mandat d'arrêt. — Le citoyen Brives. — Les conservateurs. — Les fédérés évacuent le Louvre. — Le docteur Pillot. — Ses états de service. — Toujours le souterrain. — Les surveillants sont arrêtés. — Forcés de travailler aux barricades. Un conservateur s'offre pour otage. — Inquiétude. — Héroïsme. — Les délégués sont moins arrogants. — On les enferme. — Tout va-t-il donc périr ? — Au nom de la loi ! — Deux capitaines du génie. — M. Barbet de Jouy. — Sur les toits. — Immensité du désastre.

Au Louvre proprement dit, à l'ancien Louvre, dans le palais quadrilatéral qui renferme nos musées, le temps avait paru long pendant la période de la Commune. Les conservateurs avaient réuni leurs efforts pour empêcher les insurgés d'y pénétrer, de s'y installer, et ils avaient réussi. La fédération des artistes, présidée par Courbet, avait essayé d'y tenir ses séances, mais elle n'avait pu vaincre de très courageuses résistances, et elle avait été réduite à aller bavarder dans les bureaux de l'ancien ministère des beaux-arts, qui, après l'évolution du 2 janvier 1870, avait pris la place du ministère d'État. La fédération des artistes fut d'autant plus impuissante qu'elle visait à être un corps politique. Un homme qui l'a bien connue, en a parlé dans des termes qu'il est bon de citer : « Ceux qui avaient passé leur temps à critiquer l'administration, dit-il, n'ont rien trouvé de mieux à faire que de l'imiter ; ils ont discuté des programmes, des règlements, ont nommé des commissions, des sous-commissions, des délégations. Ils se sont attribué des indemnités : tant par séance, tant par rapport[1]. » Ils estimaient qu'en matière d'art la Commune représentait le pouvoir exécutif et que la fédération était le pouvoir législatif ; ce qui peut se traduire ainsi : Les artistes se commandent des œuvres d'art et la Commune les leur paye.

Le général en chef de cette armée de rapins était Gustave Courbet, artisan de talent, dont la suffisance était bouffonne, qui croyait à sa mission et qui, en somme, n'était qu'une grosse bête. Dans les galeries du Louvre où il promenait parfois sa forte bedaine, il décidait volontiers sur toute chose qu'il ignorait, prononçait de son accent traînard des jugements sans appel et prenait les Gérard pour des Greuze ; lourdement gouailleur, du reste, et point méchant. Membre de la Commune, et — ce qui est à son éloge — faisant partie de la minorité, il était trop absorbé par les soucis de l'homme d'État pour continuer à diriger la fédération des artistes et à s'occuper des musées du Louvre. La fédération, ayant fini par destituer les conservateurs réguliers, les avait remplacés par une délégation choisie dans son sein et composée d'Oudinot, architecte ; Héreau, peintre ; Dalou, sculpteur. Il est impossible d'avoir été

---

[1] Voir l'*Enquête parlementaire sur l'insurrection du 18 mars*, t. II, dépositions des témoins, p. 255.

plus convenable et d'avoir donné preuve de meilleures intentions que M. Oudinot. Dès la première heure, on fut assuré qu'il n'avait accepté ses fonctions que dans le but de protéger les employés et de sauver les collections. Son autorité fut des plus douces et exercée avec une réserve à laquelle les gens de la Commune n'avaient accoutumé personne.

C'est le 17 mai, à la veille même de la débâcle générale, que le *Journal officiel* publia les nouvelles nominations : Achille Oudinot, administrateur ; Jules Héreau et Dalou, administrateurs-adjoints. Ce dernier n'a laissé aucun souvenir au Louvre ; il paraît avoir été sans consistance et être resté neutre : ni bon, ni mauvais. Il n'en est pas de même de Jules Héreau, qui voulut se donner de l'importance et ne réussit qu'à faire prendre le change sur son caractère. Dans un rapport rédigé au jour le jour par un des fonctionnaires du Louvre, je vois qu'il est très sévèrement qualifié. « Cet homme s'agite, se démène, hurle[1]. » C'est probablement un individu comme il en est tant, qui, ayant toujours déblatéré contre la morgue des administrateurs et des employés, exagéra sottement les défauts qu'il reprochait aux autres. Il avait cependant conçu un projet qu'il ne put mettre à exécution, mais qui était bien pervers. A l'heure de nos premières défaites, lorsque l'encaisse métallique de la Banque de France et les diamants de la couronne, confiés à M. Chazal, furent transportés à Brest, les conservateurs des musées du Louvre et du musée du Luxembourg expédièrent dans la même ville nos tableaux les plus précieux. Cette opération fut brusquement interrompue par la révolution du 4 septembre. Quelques-uns des objets réservés au transfert étaient seuls partis, les autres restèrent au Louvre. Dès lors,

---

[1] Voir *Pièces justificatives*, n° 5.

aucun de nos chefs-d'œuvre ne quitta les musées, sauf *la Vénus de Milo,* qui, nuitamment enlevée par ordre de M. Jules Simon, alors ministre de l'instruction publique et des beaux-arts, fut cachée dans la Préfecture de police, où, après la Commune, on la retrouva intacte[1]. Les tableaux réfugiés à Brest manquaient naturellement dans les salles; Jules Héreau eut la prétention d'ouvrir celles-ci au public et de faire placer sur tout cadre dont la toile avait été enlevée, l'inscription : *disparu.* C'était livrer le conservatoire du Louvre, composé des plus honnêtes gens du monde, aux suspicions et aux accusations de la Commune. Le fonctionnaire en présence duquel cette question se débattait ne put contenir un mouvement d'indignation, et il commençait à parler avec véhémence, lorsqu'il fut interrompu par Oudinot, qui déclara que jamais il ne tolèrerait une pareille infamie. Ce mot justifié, tombant de tout son poids sur Jules Héreau, mit fin à la discussion. Fort heureusement, car il y avait au Louvre tels hommes qui se seraient fait tuer devant les cadres vides plutôt que de tolérer qu'on y attachât une inscription déshonorante pour eux.

Oudinot n'était point l'homme qui convenait à la Commune; il était, non pas bienveillant, mais respectueux envers les conservateurs et les avait secrètement prévenus, le vendredi 19 mai, qu'un mandat d'arrêt collectif, signé contre eux, serait probablement mis à exécution le 22. Aussi le 20 Oudinot est destitué et remplacé, en qualité de directeur, par un certain M. Brives, qui, dit-on, avait été représentant du peuple en 1848; en cas d'absence du susdit, c'était Jules Héreau qui était chargé de donner des ordres, — ordres fort inco-

---

[1] Enfermée dans une vaste caisse, descendue dans les sous-sols des bâtiments neufs de la Préfecture de police, la statue fut ainsi soustraite aux atteintes de l'incendie.

hérents du reste, et incompréhensibles, qui consistaient à mettre les scellés tantôt sur une porte, tantôt sur une autre, quitte à les briser immédiatement pour les replacer tout de suite. — Ces incidents n'avaient été que fastidieux, et, en réalité, n'avaient créé aucun danger pour les collections, ni pour les conservateurs, qui, peu intimidés par l'intrusion d'une administration nouvelle, continuaient à venir au Louvre et veillaient sur les trésors dont ils avaient la garde. Ceux-ci avaient été mis autant que possible à l'abri des recherches; les objets les plus précieux avaient été murés[1]; dans quelques galeries, la galerie d'Apollon entre autres, on n'avait laissé en place que les vitrines; ce qu'elles contenaient était caché, — disparu, — comme aurait dit Héreau.

Les avanies ne commencèrent qu'après l'entrée des troupes à Paris[2]. Ce fut le bruit du tocsin et de la fusillade qui apprit aux habitants du Louvre que la France revenait dans sa capitale. A ce moment Jules Héreau fait du zèle; il rédige un procès-verbal constatant que lui et Dalou n'ont point quitté leur poste, tandis que le citoyen directeur Brives est absent. Les gardes nationaux, chargés de garder les portes, ont fait exactement comme l'ex-représentant Brives; à quatre heures du matin, voyant la déroute des troupes du Trocadéro et de l'École militaire passer dans la rue de Rivoli, ils se sont joints à elles et ont filé si vite qu'ils ont oublié

---

[1] Jourde, délégué aux finances, a dit devant le Conseil de guerre que des personnes, qu'il ne désigne pas, lui avaient offert une avance de cinquante millions garantie par les tableaux du Louvre. — Voir *Gazette des Tribunaux*, 7 et 8 août 1871, p. 413.

[2] Le *Journal officiel* de la Commune publia, le lundi 22 mai 1871, l'avis suivant : « Le public est averti que les musées du Louvre seront fermés pendant quelques jours pour cause majeure; la Commission fédérale des artistes procède en ce moment à leur réorganisation. »

leurs fusils, ce qui est peu de chose, mais leurs provisions de bouche, ce qui est grave et dénote de sérieuses préoccupations. Un brigadier de surveillants profita de cette occurrence et fit fermer les quatre grilles qui donnent accès dans la cour de François Ier.

La journée fut tranquille, mais la soirée réservait au personnel des musées une surprise à laquelle il ne s'attendait pas. Vers onze heures du soir, on vit arriver le docteur Pillot, délégué au premier arrondissement, le sabre d'une main, le revolver de l'autre, marchant à la tête d'une escouade d'officiers fédérés. Pillot avait alors soixante-deux ans; son crâne chauve, son apparence décrépite lui donnaient la physionomie d'un octogénaire. Docteur? il le disait, mais il n'en faut rien croire; ce lunatique n'avait pris ses grades qu'à l'Université de Laputa. Il semble n'avoir jamais été qu'un assez mince escroc, politiqueur acrimonieux et maladroit, car en 1836 il est condamné à six mois de prison, pour bris de scellés et port illicite du costume ecclésiastique; en 1841 il est frappé d'une peine analogue pour affiliation à la société secrète des *communautaires,* dont le but était la suppression radicale du droit de propriété, ce que ces gens-là appellent : la table rase. Il ne put réussir à être représentant du peuple en 1848, et il devint alors médecin homœopathe, sans diplôme ni clientèle. Malgré sa participation à la journée du 31 octobre 1870, il échoua au premier scrutin du 26 mars. Celui du 16 avril fut plus juste et l'envoya à l'Hôtel de Ville, où il n'apparut jamais que pour être violent. La délégation du premier arrondissement contentait son ambition, et il lui suffisait d'être malveillant envers ses administrés pour croire qu'il méritait bien de la Commune.

Docteur, ancien candidat aux assemblées législatives, homme d'expérience, membre d'un gouvernement à la fois militaire et réparateur, il se croyait la science infuse, car, semblable à ses congénères de l'Hôtel de Ville, il avait en lui-même la foi que donne l'excès de l'ignorance. Aussi venait-il au Louvre bien armé, bien escorté, non pour crever le portrait de Louis XIV, décapiter celui de Charles Ier, ou poignarder celui d'Henri IV, mais pour visiter les caves et y faire une perquisition. Que devait-il donc y trouver : des armes, des Versaillais ou du vin ? Il devait, — le lecteur l'a déjà deviné, — découvrir l'entrée du souterrain qui mène, — toujours tout droit, — au Champ de Mars. Le rapport que j'ai sous les yeux dit : « Les recherches restèrent naturellement infructueuses. » Elles avaient duré deux heures. C'était pénible de s'en aller les mains vides et d'avoir fait ce que les veneurs appellent buisson creux ; Pillot remédia à cet inconvénient en faisant emmener et retenir à la mairie du premier arrondissement quarante-sept gardiens ou gagistes attachés au service des musées. Ils seront des otages et, si « le Louvre donne signe de monarchisme », ils seront passés par les armes.

Ces malheureux restèrent toute la nuit debout dans une salle, après avoir été brutalement interrogés par un commissaire central nommé Landeck qui voulait les envoyer à la Préfecture de police, à Théophile Ferré, c'est-à-dire au supplice, car à cette heure, où la défaite n'était plus douteuse, Ferré pardonnait encore moins que d'habitude. On les réserva pour une autre besogne, et, la baïonnette aux reins, ils furent contraints de travailler aux barricades que les fédérés élevaient dans la rue et sur le quai du Louvre Un des conservateurs, M. Barbet de Jouy, indigné de voir ses subordonnés réduits à cette servitude et forcés sous peine de mort à construire des ouvrages de défense contre ceux-là mêmes qu'ils attendaient avec anxiété, se rendit chez les délégués aux musées, chez Héreau et Dalou. Il dit que l'on n'avait pas le droit d'arrêter d'honnêtes serviteurs qui n'avaient fait que leur devoir et qu'il priait les citoyens délégués de l'accepter, lui, comme otage, afin que les gardiens fussent rendus à la liberté. Jules Héreau et Dalou ne savaient que répondre : « Nous ne pouvons rien en tout ceci, monsieur, sinon ne pas vous dénoncer, et nous ne vous dénoncerons pas. » Vers six heures du soir les gardiens furent délivrés ; ils rentrèrent au Louvre harassés de fatigue et mourants de faim, car depuis la veille ils n'avaient point mangé. On apprit alors quelle comédie on avait jouée avec eux. On leur avait dit qu'ils allaient être fusillés, s'ils ne se hâtaient d'indiquer dans quelle partie secrète des caves se trouvait l'entrée du souterrain, du fameux souterrain qui va au Champ de Mars, et pendant ce temps les fédérés venus au Louvre disaient à l'un des fonctionnaires que, s'il ne livrait la clef du souterrain, les gardiens détenus à la mairie seraient fusillés.

On avait annoncé aux employés du Louvre que le 112e bataillon allait venir camper dans la cour ; on l'attendit avec inquiétude ; il ne vint pas, et l'on en fut heureux, car un combat livré aux portes mêmes du Musée aurait pu avoir de détestables résultats. Dans ce quartier, du reste, l'heure n'était plus à la défense, elle était aux incendies. On n'en put douter quand on vit les flammes jaillir du pavillon de Flore et du pavillon Marsan. Lorsque la salle des Maréchaux fit explosion, l'angoisse fut inexprimable : « Le Louvre va-t-il donc sauter, et tant de richesses accumulées, et nous aussi ? » Nul cependant ne déserta son poste. Parmi ceux qui restaient imperturbablement, il y avait un homme considérable, dont le logement était situé rue de l'Université. Son devoir était au Louvre, son cœur était à la maison où sa femme l'attendait. La rue de Lille n'était plus qu'un brasier masquant d'un rideau de feu la zone voisine, et l'on pouvait croire que la rue de l'Université brûlait. Cet homme, c'était M. Barbet de Jouy, qui le matin s'était offert en qualité d'otage pour obtenir la liberté des gardiens ; il ne bougea pas, semblable à un bon capitaine de vaisseau, héroïque et demeurant le dernier sur le navire en perdition.

Quelques gens descendirent leurs enfants et leur femme dans les caves, que l'on visita avec soin, car on voulait s'assurer que nulle matière explosible n'y avait été déposée. On fit une ronde générale : dans les sous-sols, dans les combles, dans les ateliers, dans les galeries, dans les salles ; le personnel était debout ; on avait réuni dans le même lieu les seaux, les pioches, les louchets, en un mot tous les ustensiles de sauvetage que l'on avait pu découvrir. Plus la nuit avançait, plus les flammes paraissaient effrayantes, plus le péril semblait se rapprocher. Dans le salon carré, on rencontra les délégués Héreau et Dalou ; ils s'approchèrent de M. Barbet de Jouy et avec quelque embarras parlèrent de mesures à prendre et de la responsabilité qui leur incombait. Le conservateur répliqua : « Vous êtes les amis de ceux qui font sauter nos monuments et qui brûlent Paris ; je vous défends de m'adresser la parole. » — Héreau, qui était devenu aussi humble qu'il avait été arrogant, s'inclina pour répondre : « Monsieur, nous sommes à votre discrétion, vos gardiens sont pour vous, nous sommes donc entre vos mains, faites de nous ce que vous voudrez. » Ces deux niais, qui s'étaient fourvoyés dans une aventure dont le plus simple bon sens aurait dû prévoir la fin, furent enfermés dans les appartements de la direction et gardés à vue, dans la crainte qu'ils ne jetassent quelque billet ou quelque avis aux fédérés qui passaient dans la rue de Rivoli ; crainte illusoire, ces deux pauvres diables ne songeaient qu'à protéger leur existence et leur liberté, qui furent sauvées [1].

Rapidement on s'était compté ; on était une cinquantaine, tous dévoués, et l'on se disait, en voyant brûler la bibliothèque du Louvre, en voyant la fumée sortir par les lucarnes des combles de la nouvelle salle des États, que l'on était en nombre et assez résolu pour faire une coupure dans les murailles ou dans les toits, et pour combattre le feu qui s'avançait par la droite et par la gauche. Le vent était faible, par bonheur, et soufflait de l'est, c'est-à-dire dans une direction qui rabattait les flammes vers les Tuileries. La situation n'en était pas moins émouvante. Quoi ! tout ce que le moyen âge nous a légué, ce que nous avons hérité de la Renaissance et des temps modernes, ces tableaux, ces dessins, ces gravures, ces statues, ces émaux, ces bijoux, ces armures, quoi ! ces raretés, ces merveilles, tout ce que nous avons arraché aux ruines de l'antiquité va-t-il donc périr dans la ruine de Paris, parce qu'il a plu à Bergeret, à Boudin, à Bénot, à Boursier, de brûler des palais, en haine d'un monde qu'ils détestent, car leurs vices leur y infligent une place qui ne convient pas à leur vanité !

Le jour se levait ; il n'était pas encore quatre heures du matin, lorsque deux femmes et cinq hommes, dont l'un portait un drapeau rouge, entrèrent dans le Louvre en pénétrant par la grande galerie qui confine au pavillon Lesdiguières. C'étaient sans doute des maraudeurs attardés à chercher aubaine dans les anciens appartements du grand-écuyer ou du grand-veneur et qui,

---

[1] Grâce à M. Barbet de Jouy, qui les fit sortir du Louvre en sa compagnie lorsque la bataille eut pris fin

chassés par l'incendie, avaient marché devant eux sans trop savoir où ils allaient. Ils traversèrent les salles, se dandinant d'un air « crâne », descendirent l'escalier Henri II et sortirent par le guichet du pont des Arts; ils emportèrent la clef de la grille en disant : « Nous allons revenir. » M. Barbet de Jouy fut averti. Les quatre grilles de la cour de François Ier ont une serrure identique et peuvent par conséquent être ouvertes par la même clef. Des ordres furent donnés; on eut bien vite découvert des chaînes et des cadenas à l'aide desquels on maintint les grilles closes, de manière à paralyser l'emploi de la clef volée. Défense fut faite d'ouvrir à qui que ce fût. La prescription n'était point inutile, car vers cinq heures un camion chargé s'arrêta devant le guichet de la rue Marengo; le conducteur cria : « Ouvrez, au nom de la loi ! » Nul ne répondit. On entendit quelques jurons, mais la place était chaude; les balles sifflaient, les obus éclataient sur les pavés, les paquets de mitraille bondissaient en ricochant le long des murs. On répéta encore : « Au nom de la loi ! mais ouvrez donc, N. de D. ! » — On n'ouvrit pas davantage et la voiture s'éloigna pour chercher l'abri des maisons de la rue Marengo.

La fusillade se rapprochait, les volées d'artillerie faisaient trembler les vitres; les fédérés venaient d'abandonner la barricade de la rue du Louvre, mais avant de partir ils avaient mis le feu à quelques maisons de la rue de Rivoli; l'une d'elles, qui contenait un dépôt d'eau dentifrice, c'est-à-dire d'alcool, ne tarda pas à brûler avec une violence extraordinaire. Il était huit heures et demie du matin environ, peut-être neuf heures, lorsque deux capitaines du génie, MM. Delambre et Riondel, entrèrent en courant dans la galerie d'Apollon; M. Barbet de Jouy et quelques employés étaient là. Il y eut un cri de surprise. L'un des officiers expliqua qu'envoyé en mission avec son camarade par le général Douay pour reconnaître si l'on pouvait sauver les Tuileries, si l'on pouvait protéger le Louvre, il tournait depuis plus d'une heure autour du palais, frappant, appelant à toutes les grilles sans parvenir à se faire entendre. Fatigué de crier en vain, il avait cherché et trouvé une échelle qui lui avait enfin permis de pénétrer dans le grand escalier.

Les deux capitaines demandèrent à être conduits sur les toits afin de constater s'il y avait possibilité d'isoler le Louvre des Tuileries en pratiquant une coupure dans un endroit propice. M. Barbet de Jouy ordonna à l'un des gardiens d'accompagner les officiers vers les combles. Le gardien hésita et répondit : « J'ai des enfants ! — M. Barbet de Jouy reprit : C'est juste, mon ami ; — puis se tournant vers les officiers, il dit : Messieurs, veuillez avoir la complaisance de me suivre. » — Il guida les capitaines du génie, parcourut avec eux la longue toiture où l'on était assourdi par le bruit des balles. Pendant ces jours de péril, M. Barbet de Jouy s'est dévoué sans réserve ; dans un journal tenu par un témoin oculaire, je lis : « Il était partout, encourageant les uns, ranimant les autres, déployant de tous côtés la plus grande énergie et s'occupant avec un calme admirable des mesures préservatrices qu'il était urgent de prendre. » — Il a été extraordinaire de fermeté dans l'accomplissement de son devoir, d'indulgence pour son personnel, de dignité avec les délégués de la Commune, d'impassibilité devant le péril ; prêt au sacrifice, ne demandant à personne un dévouement dont il ne donnât lui-même l'exemple, décidé à périr ou à sauver le dépôt qui lui avait été confié, mêlant naturellement quelque chose de chevaleresque à tous ses actes, il a été la plus haute expression des vertus dont la Commune était au moins la négation.

Là sur les toits, en compagnie des capitaines Delambre et Riondel, il put contempler l'étendue de l'incendie et comprendre que le Louvre pouvait être attaqué par deux côtés à la fois. Les murailles des bâtiments nouveaux élevés par Hector Lefuel étaient bonnes et résisteraient; mais, malgré les combles de fer, le feu dévorant les solives et les chevrons en bois pouvait envahir la grande galerie des tableaux, et alors tout serait à craindre. — Non, rien n'était plus à craindre, car le marquis de Sigoyer était à l'œuvre depuis une heure, à la tête du 26e bataillon de chasseurs à pied dont il était le commandant.

II. — LE MARQUIS BERNARDY DE SIGOYER.

Le 26e bataillon de chasseurs à pied. — Son commandant. — Un engagé volontaire. — A Thionville. — Évasion. — A Saint-Omer. — L'armistice. — Haine contre la Commune. — L'avant-garde. — Les instructions précises. — Le capitaine Lacombe. — Il faut sauver le Louvre. — Décision énergique. — On attaque le feu. — On recule. — On fait la coupure en avant du pavillon Lesdiguières. — Ordre de départ. — Refus du commandant de Sigoyer. — Il veut achever son œuvre. — Les capitaines Delambre et Riondel au pavillon Richelieu. — La clef des conduites d'eau. — Arrivée du colonel des pompiers. — Sauvetage méthodique. — Dangers auxquels les musées sont exposés. — Le drapeau tricolore amené. — La Commune a-t-elle voulu brûler le Louvre? — Fils télégraphiques. — Note de Bergeret. — La chalcographie. — Est-ce un foyer préparé? — Le 26e bataillon reprend sa marche en avant. — Un billet du commandant de Sigoyer. — Prise de la place Royale. — Disparition du marquis de Sigoyer. — Prise de la place de la Bastille. — Le cadavre. — Légende. — Les probabilités. — Dépouillé et volé. — Récompense nationale.

Le 26e bataillon de chasseurs à pied appartenait à la brigade Daguerre de la division Vergé, division momentanément détachée du corps de Vinoy et placée sous les ordres du général Félix Douay, commandant la quatrième armée devant Paris. Dans la journée du 21 mai, aussitôt que nos soldats eurent franchi la porte de

Saint-Cloud, le 26ᵉ bataillon entra en ligne. Il était commandé par le marquis Bernardy de Sigoyer, homme de guerre d'une haute valeur dont il convient de faire connaître les états de service, ne serait-ce que pour prouver aux détracteurs systématiques de notre organisation sociale que nous savons faire bonne place à ceux qui le méritent. Il était de famille militaire, mais on le destina à la robe et on l'envoya faire son droit à Toulouse. Il n'y tint pas, le sang des ancêtres lui battait au cœur, et dès que sa vingtième année eut sonné, il jeta le code aux orties et s'engagea, le 25 juillet 1845, dans un régiment de zouaves. Dès lors il est toujours où l'on combat; sous-lieutenant en 1851, lieutenant en 1854, il ne quitte l'Afrique que pour aller en Crimée; il est capitaine en Italie; le 15 juillet 1870, il est nommé chef de bataillon au 44ᵉ régiment d'infanterie, et comme l'on sait que l'on peut compter sur lui, il est envoyé à Thionville en qualité de commandant en second. Il y fut admirable d'intrépidité. Ses sorties sont restées légendaires. Un coup de feu, reçu le 27 septembre, dans la hanche droite, ne l'arrêta guère, et il continuait à harceler l'ennemi, lorsque, le 22 novembre, un éclat d'obus lui brisa le péroné de la jambe droite. Thionville, malgré sa vaillance, n'était point en état de résister aux forces qui l'accablaient, elle capitula. Le commandant de Sigoyer, la jambe maintenue dans un appareil, fut laissé à l'ambulance installée dans un ancien pensionnat dont le mur de clôture plongeait dans la Moselle. M. de Sigoyer avait près de lui un soldat légèrement blessé qui lui servait d'ordonnance. Celui-ci, d'après les ordres de son commandant, vérifia le mur de clôture et y découvrit une brèche assez large pour donner passage à un homme. On se procura des cordes et, profitant d'une nuit sombre, on se laissa glisser jusqu'aux bords de la rivière; on s'empara d'une barque prussienne, on y monta, on coupa les amarres, et, par un froid glacial, on s'en alla au fil de l'eau. M. de Sigoyer souffrait considérablement, car il n'est pas facile de traîner une jambe brisée à travers de pareilles expéditions. Les fugitifs se laissèrent dériver sur la Moselle pendant huit kilomètres, et eurent la bonne fortune d'être recueillis par un ancien officier français, qui leur facilita les moyens de gagner le Luxembourg.

Sigoyer traversa la Belgique et vint se mettre à la disposition de la délégation de Tours, qui l'envoya former à Saint-Omer un nouveau bataillon de chasseurs à pied. Dès que l'état de sa blessure lui permit de monter à cheval, il rejoignit l'armée de Faidherbe et s'y comporta selon son habitude, héroïquement. L'armistice le désespéra; il écrivait à un de ses parents : « Vous êtes heureux, vous autres, de pouvoir rire encore; moi, je ne rirai plus jamais, jamais! » Le 26e bataillon, qu'il commandait depuis le 23 décembre 1870, fut appelé à Versailles et prit part à tous les combats sous Paris. Bernardy de Sigoyer était un admirable type de soldat : sa forte tête, ses cheveux ras, son ferme regard, ses maxillaires inférieurs légèrement saillants comme ceux des hommes d'énergie, ses larges épaules, sa taille moyenne mais solide, rappelaient, un peu plus en grand, la figure du maréchal Ney. Il devait avoir la décision prompte et l'action redoutable; très bon en outre et paternel pour ses soldats, il leur rappelait souvent que, lui aussi, il avait porté le sac au temps de sa jeunesse. On peut croire qu'un tel homme, blessé en Afrique, blessé en Crimée, blessé en Italie, deux fois blessé à Thionville, toujours sacrifié au devoir et amoureux de la France, avait vu avec horreur la Commune étaler ses hontes devant les Allemands. Lorsque, le 21 mai, vers six heures du soir, le général Douay passa devant le 26ᵉ bataillon, il remarqua l'animation du commandant de Sigoyer.

Le 22 mai, le 26ᵉ bataillon, lancé en avant-garde, enleva le Palais de l'Industrie après avoir nettoyé le pont des Invalides et le cours la Reine de façon à permettre à la division Vergé de se déployer jusqu'au faubourg Saint-Honoré. Les meilleurs tireurs, juchés sur la toiture du palais, gênèrent singulièrement le feu d'artillerie que les insurgés, maîtres des terrasses des Tuileries, dirigeaient sur les Champs-Élysées. Dans un rapport adressé, le soir même, au général Daguerre, le commandant de Sigoyer cite, d'une façon spéciale, le capitaine Lacombe, qui, « dans les journées du 21 et du 22 mai, a donné les plus grandes preuves de bravoure et d'intelligence de la guerre. » La journée du 23 fut occupée à ébaucher la construction de batteries dans les Champs-Élysées et à tirailler contre les insurgés des Tuileries, de la rue de Rivoli et de la rue Royale. Le 24 mai, à quatre heures du matin, « le bataillon reçoit l'ordre de se porter dans le jardin des Tuileries en suivant la terrasse du bord de l'eau et *de se maintenir dans cette position jusqu'à ce qu'un ordre nouveau lui trace l'itinéraire à suivre.* » Un quart d'heure après, le bataillon était en marche. Le mouvement fut mené avec un tel entrain, que de petits postes communards restés en observation près des Tuileries furent enlevés. Le bataillon prit position derrière la barricade qui fermait le quai près du pont de la Concorde, sur la terrasse du pont tournant et sur la terrasse du bord de l'eau. Là il attendit les ordres qu'il devait recevoir.

On était immobilisé en présence des incendies dont on était enveloppé de toutes parts ; on était impatient et l'on piétinait sur place. Le capitaine Lacombe n'y tint pas, et au risque de sa vie il s'en alla, tout seul, faire une reconnaissance sur les quais. Il constate que le feu des Tuileries s'étend de proche en proche par les combles de l'aile où la nouvelle salle des États est appuyée, que le musée du Louvre est menacé et que, si on veut le sauver, il faut agir résolument, sans perdre une minute. Le capitaine Lacombe revint faire son rapport verbal au commandant de Sigoyer. Celui-ci était perplexe. L'ordre qu'il avait reçu ne pouvait être interprété que d'une seule façon : rester sur les terrasses jusqu'à ce que d'autres instructions indiquent sur quel point il faut se porter. Soit ; mais pendant que l'on attendrait les ordres, les musées pouvaient brûler. Le marquis de Sigoyer n'hésita pas ; il se décida à n'obéir qu'à son initiative et prit ses dispositions pour s'emparer du Louvre.

La place n'était pas bonne ; du haut d'une barricade placée près du Pont-Neuf, les fédérés balayaient les quais ; on passa néanmoins, en rasant les murailles, homme à homme, au pas de course, lestement, derrière Bernardy de Sigoyer qui ne se ménageait pas. Par le guichet des Lions on se jeta dans le Carrousel ; si çà et là il restait encore quelques insurgés, on les fit décamper à coups de fusil ; car il est à remarquer que pas une fois une troupe de fédérés, si nombreuse qu'elle fût, n'a pu tenir qu'à l'abri des barricades, et que toujours elle a pris la fuite dès qu'elle s'est rencontrée réellement face à face avec nos soldats. Le commandant de Sigoyer était dans le Louvre clos et encore intact ; il ne s'agissait plus maintenant de combattre des révoltés ; il fallait combattre l'incendie, sans armes appropriées, et le vaincre ; ce n'était point tâche facile.

On fouilla les caves, l'agence des travaux, les chantiers où des ouvriers avaient abandonné leurs outils ; tout ce qui put servir, haches, pioches, marteaux, fut saisi avec empressement, et la première compagnie, ayant en tête son capitaine M. Lacombe, s'élança dans les escaliers, grimpa jusque sur les toits et, entre la salle des États et le pavillon la Trémoille, essaya de pratiquer une coupure. Le cœur ne manquait à personne, mais l'endroit n'était pas tenable; l'intensité de la chaleur, sinon les flammes, repoussait les travailleurs. On peut se rendre compte de la fournaise contre laquelle on avait à lutter, par ce fait que les combles en fer de la nouvelle salle des États ont été tordus et qu'il n'est point resté vestige du chevronnage et du solivage qui était en chêne. Le sergent Alazet dirigeait la première escouade, il fut forcé de reculer jusqu'en avant du pavillon Lesdiguières; si celui-ci avait pris feu, le musée des tableaux, envahi par la grande galerie, eût flambé comme paille. Pendant que la première compagnie s'efforçait d'isoler le Louvre, les cinq autres compagnies du bataillon, gardées par leurs vedettes, avaient déposé leurs fusils, et sous la direction des officiers faisaient la chaîne depuis les prises d'eau jusque sur les toits, à l'aide de seaux, de cruches, de tout récipient que l'on avait pu découvrir.

Le feu semblait reculer; encore une heure peut-être, et l'on en serait maître. Le commandant de Sigoyer encourageait ses hommes, mettait la main à la besogne et disait : « Allons, mes enfants, nous sauvons le plus riche trésor d'art qui existe au monde! » Il commençait à être satisfait de son œuvre et croyait bien avoir victoire gagnée, lorsqu'un officier d'état-major vint lui apporter l'ordre de rejoindre immédiatement la division. Il fut atterré. Obéir? le Louvre pouvait être perdu. Pour la seconde fois depuis le matin, lui, le soldat soumis qui avait toujours donné l'exemple de l'obéissance passive, il se résolut à demander un sursis et le droit d'achever le sauvetage qu'il avait entrepris. Les travaux ne furent donc point interrompus et ils marchèrent si rapidement, si au gré de tous les souhaits, que le marquis de Sigoyer put détacher trente hommes de son bataillon pour les envoyer au pavillon Richelieu où la bibliothèque embrasée était, de ce côté-là aussi, une menace pour le Louvre. Fort heureusement, les capitaines du génie MM. Delambre et Riondel y étaient.

Ils avaient rassemblé dans la rue de Rivoli une compagnie du 91e de ligne et avaient pénétré dans la caserne de l'ancienne gendarmerie de la garde. En passant par les lucarnes, on avait pu arriver au mur qui sépare ce bâtiment de la bibliothèque; il était temps, les portes braisaient déjà, la caserne allait prendre feu, et elle est, par le pavillon Colbert, contiguë au Louvre même. On trouvait bien des conduites d'eau, mais les robinets à écrou étaient fermés et nul n'en avait la clef, qui, selon un déplorable usage, était déposée chez le fontainier. Le capitaine Delambre courait partout en demandant les clefs. Un serrurier, brigadier de la chambre de veille des Tuileries, M. Julien Grandubois, se dévoua; il traversa les rues que sillonnaient les balles, arriva sain et sauf rue de Lévêque où demeurait le fontainier, qui accourut. On avait de l'eau dès lors en abondance et l'on organisa un service de secours. On requérait du monde pour faire la chaîne. A cet appel on ne répondit pas avec un bien vif empressement, si j'en crois M. Gerspach qui y était et qui a dit : « Presque personne n'est venu ; il est vrai que des obus tombaient toujours, mais enfin on pouvait passer ; nous aurions dû être plus d'un millier, nous n'avons été qu'un nombre insignifiant[1]. » Ce nombre insignifiant s'est sans doute multiplié par sa propre énergie, car il a réussi à rompre l'action du feu et a protégé les musées du Louvre.

[1] *Vide supra, loc. cit.*

A midi, le colonel des sapeurs-pompiers de Paris, M. Villerme, arrivait au pas de course. Installé dans la caserne de Passy depuis la veille, il avait, à dix heures du matin, reçu du maréchal Mac-Mahon ordre de se transporter aux Tuileries avec son personnel et son matériel pour combattre l'incendie. Le sauvetage prit alors une direction méthodique; le feu fut vaincu dans les règles. Des pompes, dressées contre la galerie Rivoli, empêchèrent les flammes d'envahir le pavillon de Rohan; d'autres furent mises en batterie à la hauteur de la salle des États, où travaillaient toujours les chasseurs du commandant de Sigoyer; pendant ce temps, le lieutenant-colonel de Dionne renforçait les secours portés au pavillon Richelieu et envoyait une escouade au Palais-Royal. A deux heures, le feu qui s'avançait vers le Louvre était maîtrisé; à cinq heures il était sans péril.

Est-ce à dire pour cela que nos musées aient été à l'abri de tout danger aussitôt que le commandant de Sigoyer au pavillon Lesdiguières et le capitaine Delambre au pavillon Richelieu eurent arrêté l'incendie? Loin de là; les libérateurs mêmes ont failli en entraîner la perte. Dès que les soldats de l'armée française eurent pénétré dans le Louvre, ils en firent une forteresse d'où ils combattaient la révolte. Une compagnie de chasseurs à pied s'était précipitée dans la galerie d'Apollon. Malgré les supplications des conservateurs, les soldats avaient ouvert les fenêtres et tiraillaient contre la barricade élevée près du Pont-Neuf. Les insurgés ne se faisaient faute de riposter. Les balles cassaient les vitrines, trouaient les tapisseries, écaillaient les moulures. Cela pouvait avoir de graves conséquences, car les insurgés du Pont-Neuf semblaient décidés à ne point quitter la partie. S'ils avaient eu du canon, plus d'une collection eût été détruite. Les conservateurs se désolaient et se demandaient avec angoisse si ce jour de salut allait causer la ruine du Louvre, lorsqu'ils virent les insurgés de la barricade détaler comme des loups tirés. Des bérets bleus s'étaient montrés en haut de l'hôtel de la Monnaie : c'étaient les fusiliers marins de la division Bruat qui, tournant la position et la dominant, chassaient du même coup les fédérés du Pont-Neuf et délivraient les musées du Louvre.

Tout péril était donc conjuré? Non, pas encore; car on avait fait hisser le drapeau français au-dessus du pavillon Lemercier, dans la cour de François Ier. Le commandant de la batterie du Père-Lachaise ne tarda pas à s'en apercevoir, et les obus communards s'empressèrent de démontrer que le Louvre s'était pavoisé trop tôt. Heureusement le général Vergé arriva avec son état-major prendre position dans le palais que sa division occupait en partie. Il se rendit aux observations qu'on lui adressa; le drapeau tricolore fut amené et les projectiles devinrent rares. Cette fois, c'était la dernière alerte; mais toute la façade de la galerie d'Apollon dut subir un ravalement complet.

La Commune a-t-elle eu l'intention de détruire le Louvre? On l'a dit, on l'a répété avec insistance; pour ma part, je ne le crois pas. Une seule raison suffit à ma conviction: si la Commune avait voulu brûler le Louvre, elle l'eût brûlé. Les conservateurs, les employés, les surveillants s'y seraient opposés et eussent lutté avec désespoir, on peut l'affirmer sans hésitation; mais une cinquantaine d'hommes si dévoués, si agiles qu'ils soient, ne réussiront jamais à préserver de l'incendie un palais aussi vaste, rempli de matières combustibles, ouvert par quatre façades sur des espaces facilement abordables, et que rien ne défendait. Il suffisait d'un bidon de pétrole et d'une allumette pour qu'il n'y eût plus là que des ruines. Une découverte faite par les sauveteurs du pavillon Lesdiguières a donné lieu de croire que la Commune avait préparé l'incendie du Louvre. L'interprétation a été erronée. Dans le pavillon de Flore, dans la salle des États, dans les appartements réservés, sous l'Empire, aux logements du grand-écuyer et du grand-veneur, on arracha des fils de laiton couverts de gutta-percha symétriquement disposés le long des murs. Quelques-uns de ces fils sont conservés, encore à l'heure qu'il est (1878), à titre de curiosité, par les personnes qui les ont enlevés. On s'est imaginé qu'ils avaient pour but d'agir de loin sur des fourneaux de mine préparés d'avance et destinés à faire sauter le Louvre. L'explication est plus simple et surtout moins dramatique. En 1869, Napoléon III fit établir une communication électrique entre son cabinet et l'appartement du général Fleury. Les fils de laiton qui mettaient en relation le souverain et le grand-écuyer ont été pris pour des conducteurs d'incendie, et ont motivé une légende qui n'a aucune raison d'être.

Deux faits cependant, que je dois rapporter, semblent contradictoires à l'opinion que j'ai émise. Bergeret n'a point été arrêté après la chute de la Commune; il put gagner la Belgique, en accompagnant un député qui le fit passer pour son secrétaire. Il a publié, dans le *New York Herald*, une note justificative de sa conduite, note dans laquelle il affirme que son goût pour les beaux-arts l'a empêché d'incendier le Louvre, quoiqu'il en eût reçu l'ordre du Comité de salut public. L'autre fait est plus sérieux. Lorsque, le 24 mai, les conservateurs des musées entrèrent dans la chalcographie située au rez-de-chaussée de la cour de François 1ᵉʳ, près du guichet Marengo, ils trouvèrent les salles dans un état de désordre méthodiquement produit. Quelques fédérés avaient pénétré, on ne sait comme, dans l'appartement du général Lepic; ils en avaient brisé la porte condamnée qui pouvait donner accès au musée des gravures et s'étaient emparés de celui-ci. Une planche d'argent, portant le numéro d'ordre 1914, gravée par Simon de Rasse et représentant le portrait de Jacques d'Angleterre, a été enlevée; les tiroirs du bureau du conservateur ont été forcés; ceci n'est qu'un vol; mais voici qui est plus grave : dans les salles garnies de casiers et de larges tables, toutes les gravures avaient été répandues sur le parquet, par-dessus les tiroirs renversés. Çà et là on avait jeté des pains de cire vierge qui servent à l'impression en taille-douce et dont un atelier voisin était amplement fourni; en outre, sur l'une des tables on avait disposé deux torches en papier formées avec la proclamation par laquelle Delescluze apprenait, le 11 mai, aux citoyens de Paris qu'il venait d'être nommé délégué civil à la guerre. Du reste, pas un flacon d'essence, pas un bidon de pétrole, pas une cartouche; mais dans un endroit voisin une tourie de vitriol. Cela ressemble bien à des préparatifs d'incendie : les incendiaires s'y sont-ils pris trop tard, et ont-ils été dérangés par l'arrivée des troupes? ont-ils quitté le Louvre et n'ont-ils pu y entrer après que les grilles ont été enchaînées? ont-ils renoncé spontanément à leur projet? Nous ne savons que répondre, sinon que le Louvre n'a pas été brûlé; mais il aurait pu l'être si le feu longeant les galeries du bord de l'eau et atteignant déjà le pavillon la Trémoille n'avait été coupé, grâce à la reconnaissance faite par le capitaine Lacombe et à l'initiative du commandant de Sigoyer, qui ne devait point survivre à sa grande action; la mort ne sut pas l'épargner, et il tomba avant d'avoir vu l'anéantissement de la révolte qu'il combattait.

Le 24 mai, vers deux heures de l'après-midi, lorsque l'arrivée des pompiers et des soldats de ligne eut rendu à peu près inutile la coopération de ses hommes, il rassembla son bataillon et, par ordre supérieur, alla occuper la place du Châtelet, où il força, avec son entrain habituel, plusieurs barricades placées aux environs de l'Hôtel de Ville. A la lueur des incendies, il écrivit, au crayon, le billet suivant, qu'il ne put faire parvenir à sa femme et qui fut retrouvé sur son cadavre : « J'ai enlevé ce matin avec mon bataillon le quai du Pont-Royal et pris possession du Louvre. J'ai eu le bonneur de sauver les richesses artistiques de la France. » Le 25 mai, après une nuit de repos, le 26e bataillon reprit sa marche en avant vers le grenier d'abondance. Tout à coup il reçut ordre, à six heures du soir, de changer d'itinéraire. A ce moment, sans doute, la division Vergé venait de quitter le corps du général Douay et de rentrer sous le commandement du général Vinoy. Après avoir escaladé, sous le feu des insurgés, quelques barricades dans la rue des Francs-Bourgeois, le 26e bataillon attaque la place Royale, occupée par les fédérés. La première et la seconde compagnie, sous le commandement du capitaine Lacombe, enlèvent dans un très brillant combat, la place Royale et toutes les rues qui y débouchent. Un poste avancé est établi dans une maison du boulevard Beaumarchais qui a vue sur la rue Amelot et le boulevard Richard-Lenoir. Le général Daguerre, qui assistait à l'action, félicite les officiers et les chasseurs de leur conduite; la brigade campe sous les arcades et sous les arbres de la place.

Le vendredi 26 mai, vers deux heures du matin, le général Daguerre fit appeler le commandant de Sigoyer, que l'on chercha vainement et que l'on ne put découvrir. On s'inquiéta, on fouilla les maisons voisines, on interrogea les soldats et les sentinelles. A minuit, on l'avait vu se diriger seul vers la place de la Bastille; depuis lors il n'avait point reparu. A cinq heures, la brigade attaqua la place de la Bastille; à huit heures elle en était maîtresse et se reforma près de la colonne de Juillet, pendant que le 26ᵉ bataillon, dont le capitaine Lacombe avait pris le commandement, et le 37ᵉ régiment d'infanterie de marche arrachaient aux insurgés les barricades qui fermaient l'entrée du boulevard Richard-Lenoir, de la rue de la Roquette et du faubourg Saint-Antoine. A neuf heures, le corps du commandant de Sigoyer fut retrouvé, près d'une maison incendiée, entre le boulevard Beaumarchais et la rue Jean-Beausire. Ce fut un cri de douleur dans le bataillon, et du désespoir même des soldats qui adoraient leur commandant naquit une légende qu'il faut détruire, car elle est contraire à la vérité.

On a dit que le marquis de Sigoyer, saisi vivant par les insurgés, avait dû subir un jugement dérisoire; qu'on lui avait coupé les mains « qui avaient tiré sur le peuple »; puis qu'on l'avait attaché à la grille de la colonne de Juillet, que l'on avait versé sur lui un seau de pétrole et qu'on l'avait brûlé. Ces cruautés ne furent point commises, et les soldats de la Commune n'ont point à se les reprocher [1]. Le commandant de Sigoyer a été assommé d'un coup de crosse de fusil; son cadavre est resté là même où il a été frappé; les débris enflammés d'une maison l'ont couvert, lui ont carbonisé les mains, la partie droite du corps et l'ont mutilé de telle sorte que l'on a pu, jusqu'à un certain point, croire qu'il avait été supplicié. Il m'a été possible de reconstituer les faits en réunissant des indices qui sont presque des preuves. Voici, je crois, ce qui s'est passé.

[1] Après chaque insurrection, des fables pareilles se répandent et s'accréditent dans le public. En juin 1848, on disait que les mobiles prisonniers étaient sciés entre deux planches. Ces exagérations sont regrettables, mais il faut reconnaître qu'elles prennent naissance dans les cruautés réellement commises : en 1848, l'assassinat du général Bréa et de son aide de camp, le capitaine Mangin; en 1871, le massacre des otages et les incendies.

Vers le milieu de la nuit du 25 au 26 mai, le marquis de Sigoyer, présumant qu'il aurait à conduire la tête d'attaque contre les forces insurrectionnelles retranchées sur la place de la Bastille, partit seul en reconnaissance, sans prévenir personne, afin d'aller examiner l'importance des obstacles contre lesquels il aurait à lutter. Il a dû suivre la rue des Tournelles, le passage Jean-Beausire, la rue Jean-Beausire, et aller ainsi, presque à tâtons, au milieu de l'obscurité, jusqu'à l'angle de la rue et du boulevard. Au moment où, accoté contre la dernière maison à gauche, il avançait la tête pour découvrir la place de la Bastille, un fédéré, placé en vedette, dans l'ombre de quelque porte cochère, l'aperçut et, évitant de tirer pour ne point donner l'éveil aux troupes campées sur la place Royale, le frappa à la nuque d'un coup de crosse lancé à toute volée. Le choc a brisé la base du crâne, le chien du fusil a perforé les os, le contre-coup a déchiré l'artère basilaire. La mort a été foudroyante ; le bon soldat n'a point souffert. Après avoir été tué, il fut dévalisé. On lui enleva ses bottes, son sabre, son ceinturon, un revolver à garniture d'argent qui était un premier prix de tir obtenu dans un concours, son porte-monnaie et une sacoche en cuir contenant 3800 francs. C'est ainsi, du reste, que la Commune a fait la guerre : tout soldat tué et tombé entre ses mains a été dépouillé.

Un acte législatif a rendu justice à la mémoire du marquis Bernardy de Sigoyer ; l'Assemblée a voté, sans contestation ni réserve, une rente perpétuelle pour sa veuve, à titre de récompense nationale ; l'exposé des motifs dit[1] : « Si, parmi les trésors de l'art ancien et de l'art moderne amoncelés dans le Louvre, quelques-uns avaient été déplacés, le plus grand nombre restait

[1] Voir *Journal officiel*, 22 août 1871, p. 2870.

encore et allait disparaître dans un épouvantable sinistre, lorsque est intervenu avec autant de courage que d'à-propos le 26ᵉ bataillon des chasseurs à pied. Eh bien! le brave commandant qui l'a conduit, celui que ses compagnons d'armes sont unanimes à proclamer le plus méritant de tous, il est mort, et c'est vis-à-vis de sa famille désolée que la France peut et doit s'acquitter du service immense rendu à la civilisation par la conservation du musée du Louvre. » L'histoire, en ceci, sera d'accord avec la puissance législative; car si sa mission est de flétrir les envieux qui ont tout fait pour détruire l'ordre social, son devoir est d'honorer les héros qui n'ont rien épargné et qui ont donné leur vie pour le sauver.

CHAPITRE V

LA COLONNE DE LA GRANDE ARMÉE

I. — GUSTAVE COURBET.

La Commune calomniée. — Prétendus fourneaux de mine. — Déclaration de M. Belgrand. — Matérialisme. — Libres penseurs. — Réalisme. — Les théories de Courbet. — Ses amis se moquent de lui — Sa vanité. — Ses portraits peints par lui-même. — Diagnostic. — Les fous d'orgueil. Héroïsme facile. — Pétition pour le renversement de la colonne. — L'Arc de Triomphe et le fumier. — Courbet à la séance de la Commune, le 27 avril. — La probité professionnelle. — Obscénité.

L'incendie de Paris suffit à rendre exécrable le souvenir des membres de la Commune. Les actes commis par ces hommes les marquent à jamais d'un signe de réprobation. Ceux qui ont brûlé notre ville, massacré les otages, achevé, sans remords, l'œuvre de destruction que la guerre elle-même avait hésité à entreprendre, semblent avoir imaginé tous les crimes; cependant on les a calomniés et on les a accusés de forfaits dont il importe de les exonérer. Ils sont assez chargés; n'ajoutons pas le poids des mensonges à celui dont ils sont accablés, et sachons détruire les légendes auxquelles leur cruauté a donné naissance. Nous avons vu, en parlant des Tuileries, que des fils télégraphiques avaient été pris pour des fils électriques intentionnellement disposés dans le but de produire des explosions à distance. J'ai grand'peur que les fils télégraphiques tendus contre les parois et sous la voûte des égouts n'aient été regardés, par quelque sauveur trop plein de zèle, comme des conducteurs d'incendie aboutissant à des torpilles et à des fourneaux de mine. On a prétendu que ces fils, reliés à deux claviers dont l'un était placé dans l'Hôtel de Ville même, et l'autre au bureau central de la rue de Grenelle, étaient destinés à faire sauter Paris ; on s'est même vanté de les avoir coupés en temps opportun. Il est possible que quelques hommes de la Commune aient rêvé cette grande destruction, mais nous ne pouvons les en accuser ; car ce projet, s'il a existé, est resté à l'état embryonnaire et n'a jamais reçu un commencement d'exécution. La Commune n'a placé sous le pied de nos soldats ni torpilles, ni fougasses ; l'anecdote est controuvée. On doit regretter qu'elle ait été accueillie par des historiens ayant souci de la vérité, entre autres par l'abbé Vidieu[1].

M. Belgrand, auquel Paris doit ses admirables travaux de salubrité, a été consulté à cet égard ; il a répondu : « Personne n'a pu pénétrer dans les égouts pour y pratiquer des mines, par la raison bien simple que le service du nettoiement n'a pas cessé de fonctionner un seul instant pendant le siège et la Commune... En résumé, je puis affirmer que, depuis le 18 mars jusqu'à la rentrée des troupes dans Paris, il n'a été fait aucune entreprise sur les égouts, qu'on n'y a pas établi de fourneaux de mine, qu'aucune matière incendiaire ou explosible n'y a été introduite, qu'on n'y a établi aucun fil destiné à mettre le feu à des

---

[1] *Histoire de la Commune en* 1871, p. 478.

mines ou à des matières incendiaires. » La cause est entendue ; après une telle rectification, il n'y a plus à y revenir. Sur ce fait-là du moins, les membres de la Commune doivent être acquittés par l'histoire. Les charges qui pèsent sur eux sont encore assez lourdes pour mériter une condamnation sans appel.

On avait préparé les incendies, car on voulait brûler Paris plutôt que de le rendre, ou pour mieux dire, plutôt que de le restituer. Incendier le « palais des rois » pour empêcher la monarchie d'être rappelée en France peut paraître une niaiserie ; mais renverser la colonne élevée sur la place Vendôme à la gloire de la grande armée, afin d'effacer ou d'amoindrir dans la mémoire des hommes tout vestige du premier Empire, c'est vraiment de l'imbécillité. Le matérialisme qui obscurcissait l'âme de ces gens-là leur faisait n'attacher d'importance qu'à l'extérieur, à la matérialité seule des choses. Ils ont cru qu'en brûlant les Tuileries ils détruisaient la royauté, qu'en pillant les églises ils anéantissaient la religion, et qu'en renversant la colonne dressée avec les canons pris à Austerlitz ils mettaient à néant la légende impériale : semblables en cela, comme en tant de choses, aux fanatiques dont ils se sont tant moqués, qui adorent la statue et croient voir en elle le Dieu dont elle n'est que la représentation ou l'emblème. Par ce fait, et par bien d'autres encore, les hommes de la Commune ont été des hommes du moyen âge. Dresser une idole, renverser une idole, être iconolâtre, être iconoclaste, c'est tout un ; c'est croire à l'idole.

La Commune, il est vrai, a jeté bas la colonne de la place Vendôme, mais elle n'a fait que mettre à exécution un projet formé par le gouvernement de la Défense nationale : Napoléon III étant vaincu, on trouva logique de renverser Napoléon Ier vainqueur. Le poids de cette

sottise est retombé sur Gustave Courbet, qui prétend
que l'on a été excessif et qu'il n'a mérité

Ni cet excès d'honneur, ni cette indignité.

Tout mauvais cas est niable, et ce pauvre homme
a fait ce qu'il a pu, devant les tribunaux militaires,
pour repousser, ou du moins pour atténuer l'accusation qui pesait sur lui. C'était un vaniteux que son
amour-propre avait entraîné dans une voie qui n'était
pas la sienne. Ses œuvres, trop louées et trop dénigrées,
l'avaient fait connaître et lui avaient permis d'acquérir
quelque aisance. Son absence d'imagination, la difficulté
qu'il éprouvait à *composer* un tableau, l'avaient forcé à
se restreindre à ce que l'on a nommé le réalisme, c'est-
à-dire à la représentation exacte des choses de la nature,
sans discernement, sans sélection, telles qu'elles s'offrent aux regards : Thersite et Vénus sont également
beaux par cela seul qu'ils sont ; le dos de l'un est égal
à la poitrine de l'autre. C'est la théorie des impuissants,
qui érigent leurs défauts en système ; on connaît la
fable du renard qui a la queue coupée.

On s'éleva contre les prétentions de Courbet ; on le
combattit, on refusa ses tableaux aux expositions ; il
cria au martyre, se crut persécuté et passa grand
homme. On eut tort : il fallait lui laisser le champ
ouvert et ne point chercher à neutraliser les manifestations d'un talent plein de lacunes, mais intéressant à
bien des égards, et qui s'affirmait par une habileté de
main remarquable. Courbet devint une sorte de chef
d'école, ou plutôt de chef de secte ; bien des non-
valeurs se réunirent autour de lui et l'acceptèrent pour
un maître. A côté de ces naïfs, dont le rêve était de
faire de la peinture sans avoir appris à peindre, vinrent
se grouper des farceurs qui aimaient à rire, et pour

lesquels Courbet fut un objet d'amusement. Flattant la vanité de ce paysan qui remplaçait l'esprit par la malice, ils lui persuadèrent qu'il était économiste, moraliste, philosophe, homme politique, l'excitaient à parler, buvaient « les chopes » qu'il leur offrait pour être mieux écouté, et faisaient gorges chaudes de ses balourdises lorsqu'il avait le dos tourné. Courbet fut victime de cette « charge », qui se poursuivit pendant des années, que Jules Vallès, aidé de quelques autres menait avec un entrain perfide et qui finit par lui troubler la cervelle[1]. Proudhon était son compatriote, son pays, comme il disait; Courbet l'écoutait, bouche béante, le lisait consciencieusement, sans trop le comprendre; répétait les phrases qu'il avait retenues, et, aux côtés de cet acrobate de la contradiction, ressemblait à un ours qui veut gambader comme un singe. Ses amis criaient: Bravo ! Il acceptait l'éloge et se disait : Il est temps de régénérer l'humanité, comme j'ai régénéré la peinture.

De ces fréquentations, de la petite persécution qu'il avait eu à supporter et qu'il attribua toujours à la jalousie que son génie inspirait, d'une nature probablement mal équilibrée, naquit en Gustave Courbet une

---

[1] La sœur de Courbet, Mme Zoé Reverdy, semble avoir fait allusion au groupe dont je viens de parler, lorsqu'elle écrivait, le 4 juillet 1878, dans une lettre que le *Figaro* publia le 8 du même mois, le passage suivant : « Hélas! ses honnêtes amis sont tous morts ou se sont enfuis quand mon pauvre frère fut entraîné par cet immense torrent d'exploiteurs qui se sont emparés de lui pour s'en faire un piédestal et lui *faire représenter une politique* qui lui était étrangère. Il nous disait que *cela lui cassait la tête*, mais qu'il n'avait pas la force de résister ; il ne savait ni ne pouvait manier ces armes et cette lutte lui a brisé l'intelligence. Les misérables qui, sous prétexte de l'illustrer, lui ont brisé le pinceau dans les mains et l'ont rendu fou... à sa mort, tout était si bien combiné que la curée a été complète, et tout cela avec des circonstances sinistres. »

vanité si prodigieuse, qu'elle ne peut être que maladive. Ce fait a pu être constaté il y a longtemps. En 1855, lors de l'Exposition universelle, Courbet, auquel, je crois, on avait refusé quelques tableaux, ouvrit une salle particulière dans laquelle il accrocha toutes les toiles qui encombraient son atelier. Jamais confession psychologique ne fut plus complète ; l'homme se révéla sans restriction. Sauf trois ou quatre tableaux représentant : *les Demoiselles du village, le Retour du marché, l'Enterrement à Ornans*, etc., les autres œuvres étaient la reproduction de Courbet lui-même : Courbet saluant, Courbet marchant, Courbet fumant, Courbet arrêté, Courbet couché, Courbet assis, Courbert mort, Courbet partout, Courbet toujours ; on ne voyait que des Courbet. Je visitais un jour cette exposition avec le docteur N..., qui me dit : « Cet homme-là est bien malade. » — Je me récriai et lui fis remarquer deux ou trois morceaux très bien peints. — « Je ne parle pas de cela, » reprit le docteur, et se touchant le front du doigt, il ajouta : « Il est très malade, je le répète : il est atteint de personnalisme aigu ; vous verrez plus tard où ça le mènera. » Ça l'a mené à la Commune ; le docteur avait raison, et plus d'une fois je me suis rappelé son diagnostic.

Des gens sérieux, qui avaient connu Courbet, ont dit qu'entre lui et Napoléon c'était une affaire personnelle. Le peintre estimait que la gloire de l'empereur nuisait à la sienne, car ses tableaux lui paraissaient supérieurs aux victoires, au Concordat et au Code civil. Plus d'un de ces fous d'orgueil crut avoir trouvé son jour pendant la Commune ; Vallès était ainsi : tout autre nom que le sien l'offusquait ; pour lui, Homère était un « patachon », qu'il serait séant de renvoyer aux Quinze-Vingts et Jésus-Christ avait une réputation surfaite. Ces hommes-là datent l'histoire de l'ère qui les a vus naître ; Courbet était de bonne foi lorsqu'il niait les artistes passés ; il croyait n'avoir eu d'autre maître que la nature, estimait qu'avec lui seul la peinture avait commencé, s'imaginait qu'il résumait l'art et disait avec conviction : « Je pense *plus fort* que qui que ce soit. »

Vers la fin du second Empire, un ministre animé de bonnes intentions, mais plus empressé qu'il n'aurait fallu et ne connaissant pas le personnage, crut devoir faire nommer Courbet chevalier de la Légion d'honneur. Si on l'eût proclamé grand-croix d'emblée, le maître peintre d'Ornans aurait trouvé cela juste et eût accepté sans hésiter. Mais il pensa plus avantageux pour sa vanité de refuser avec éclat ; il fit « rédiger » une lettre par un écrivain de ses amis, la signa et la publia dans les journaux. Il reçut les félicitations des « irréconciliables » et de tous ceux qui avaient sollicité vainement la croix pour leur propre compte. Cet acte de désintéressement déguisé désignait Courbet à l'attention des hommes du 4 septembre. M. Jules Simon en fit le président de la commission des beaux-arts. Ce fut alors qu'il intervint, dès le 14 septembre, pour demander que la colonne de la grande armée fût transportée loin de Paris.

Dans la lettre qu'il écrivit à ce sujet, il se sert d'une expression qui prouve son ignorance; il demande que la colonne soit « déboulonnée », car il était persuadé qu'elle était tout en bronze et composée d'assises reliées les unes aux autres par des vis et des écrous. La pétition eut du succès et l'on en parla; un maire de Paris proposa de fondre la colonne pour en faire des canons, d'autres voulaient en frapper des gros sous. Deux ministres s'intéressèrent à cette question et convoquèrent un homme compétent pour lui demander son avis. L'avis fut peu favorable ; et puis l'on avait d'autres préoccupations ; l'ennemi s'avançait à marches forcées; était-ce le moment de jeter à ses pieds le monument qui consacrait nos gloires? On eut honte d'avoir eu cette pensée et l'on fit semblant d'oublier la colonne.

Par une de ces contradictions si fréquentes parmi nous, les mêmes hommes qui avaient rêvé de faire disparaître la colonne de la grande armée, s'ingénièrent en toute sorte de moyens pour protéger l'Arc de Triomphe contre les projectiles allemands. Il y eut à cet égard une délibération où le directeur des beaux-arts, c'est-à-dire Gustave Courbet, fut appelé en consultation. L'avis qu'il émit alors démontre que, malgré ses prétentions à toutes les sciences positives, il possédait un esprit peu pratique. Il avait entendu dire que le fumier amortit et neutralise même le choc des obus. Pour lui, ce fut un trait de lumière. Il proposa de ramasser tout le fumier que l'on pourrait trouver dans Paris et d'en envelopper l'Arc de l'Étoile. On crut à une plaisanterie; il insista et s'estima incompris parce que l'on n'acceptait pas sa motion. C'est à cela que se borna son rôle, car pendant la guerre et pendant la Commune il fut partout où l'on ne combattit pas. L'heure n'était point aux beaux-arts; les artistes que l'âge ne contraignait point au repos avaient quitté la brosse ou l'ébauchoir et avaient pris le fusil; on ne le vit que trop au combat de Buzenval, où tomba Henri Regnault.

L'idée émise par Courbet dans le courant de septembre 1870 fut reprise plus tard sous la Commune, appuyée par lui et enfin exécutée. Dans une lettre écrite le 29 août 1876 et rendue publique, Gustave Courbet a protesté que, loin d'avoir voulu renverser la colonne, il avait fait tous ses efforts pour la sauver. Cinq années écoulées avaient affaibli ses souvenirs et ne lui permettaient plus de se rappeler la séance tenue le 27 avril 1871 à l'Hôtel de Ville. Le *Journal officiel de la Com-*

mune a meilleure mémoire. Sans y être sollicité, sans qu'aucune discussion ait fait une allusion même lointaine à la colonne, Courbet prend la parole et « demande que l'on exécute le décret de la Commune sur la démolition de la colonne Vendôme. On pourrait peut-être laisser subsister le soubassement de ce monument, dont les bas-reliefs ont trait à l'histoire de la république; on remplacerait la colonne par un génie représentant le 18 mars. Le citoyen J.-B. Clément insiste pour que la colonne soit entièrement brisée et détruite. » Ceci ne laisse place à aucun doute, mais inspire le regret que Courbet n'ait point expliqué comment il se figurait le génie « représentant le 18 mars ». Andrieu, délégué aux travaux publics, cherchait à gagner du temps et eût peut-être réussi à ne pas laisser abattre la colonne, si la question n'eût été posée de nouveau par Courbet. La destruction fut décidée. Ce ne fut pas un crime : ce ne fut qu'une énorme bêtise rendue odieuse par la présence de l'ennemi à nos portes.

Dans une circonstance particulière, Courbet avait montré de quoi il était capable et commis une action qui, d'après mon humble avis, le rend méprisable. Je m'explique. Tout ce que l'on peut exiger d'un homme en dehors des grands principes de morale auxquels nul ne doit faillir, c'est de respecter l'art qu'il professe. Il peut n'avoir ni intelligence, ni instruction, ni esprit, ni politesse, ni urbanité, et rester honorable, s'il garde haut et intact l'exercice de son métier. Or ce devoir élémentaire, qui constitue la probité professionnelle, le peintre Courbet y a manqué. Pour plaire à un musulman qui payait ses fantaisies au poids de l'or et qui, pendant quelque temps, eut à Paris une certaine notoriété due à ses prodigalités, Courbet, ce même homme dont l'intention avouée était de renouveler la peinture française, fit un portrait de femme difficile à décrire. Dans le cabinet de toilette du personnage étranger, on voyait un petit tableau caché sous un voile vert. Lorsque l'on écartait le voile, on demeurait stupéfait d'apercevoir une femme de grandeur naturelle, vue de face, émue et convulsée, remarquablement peinte, reproduite *con amore*, ainsi que disent les Italiens, et donnant le dernier mot du réalisme. Mais, par un inconcevable oubli, l'artisan qui avait copié son modèle d'après nature, avait négligé de représenter les pieds, les jambes, les cuisses, le ventre, les hanches, la poitrine, les mains, les bras, les épaules, le cou et la tête.

L'homme qui, pour quelques écus, peut dégrader son métier jusqu'à l'abjection, est capable de tout. Si, malgré sa vanité, il a une nature timide, il ne s'associera à aucun crime, il répudiera les actions violentes, il déplorera les massacres, il détestera les incendies; mais que, sans péril immédiat, il trouve à mettre en jeu ses besoins de popularité en surexcitant les passions de la foule et en les satisfaisant, il n'y manquera pas et obtiendra ainsi un renom ridicule dont il ne pourra plus se débarrasser. C'est ce qui est advenu à Gustave Courbet pour avoir aidé au renversement de la colonne.

II. — LES PRÉPARATIFS.

Proclamation de Courbet. — Décret du 12 avril. — Les prophéties. — Indifférence de la population. — Le dôme des Invalides. — Les vieux soldats. — Mauvais vouloir des ouvriers. — Le Comité de salut public se fâche. — Premiers projets. — Opération facile. — Craintes exagérées — Les papiers sur les vitres. — Le 16 mai 1871. — La place Vendôme. — M. Glais-Bizoin. — La population est très émue. — Dépêche de Ferré. — Rochefort. — Digression. — Son rôle pendant la Commune. — La bourgeoisie a été sa complice. — Triumvir. — Cuisine trop épicée. — Son départ de Paris lui sauve la vie. — Les Invalides.

Courbet ne fit officiellement partie de la Commune qu'après les élections supplémentaires du 16 avril; jusque-là il s'était contenté de son titre de président de la Fédération des artistes qui avait remplacé la commission des beaux-arts : *Sunt verba et voces.* Le 6 avril, il avait convoqué les peintres et les sculpteurs dans l'amphithéâtre de l'École de Médecine, et pour mieux les attirer, il leur avait adressé un appel qui ne manque pas d'originalité. « Ah ! Paris ! Paris la grande ville, vient de secouer la poussière de toute féodalité. Les Prussiens les plus cruels, les exploiteurs du pauvre étaient à Versailles... Sa résolution est d'autant plus équitable qu'elle part du peuple. Ses apôtres sont ouvriers, son Christ a été Proudhon... Le peuple héroïque de Paris vaincra les mystagogues et les tourmenteurs de Versailles. Notre ère va commencer ; coïncidence curieuse ! C'est dimanche prochain le jour de Pâques ; est-ce ce jour-là que notre résurrection aura lieu ? Adieu le vieux monde et sa diplomatie ! » Tout cela n'était pas bien méchant ; mais invoquer le jour de Pâques pour dater « la résurrection du peuple dont Proudhon a été le Christ », et reprocher aux membres du gouvernement français d'être des « mystagogues », c'est ne pas reculer devant les contradictions.

Pendant que Courbet s'occupait à ces inutilités, la Commune ne perdait point son temps et, le 12 avril, lâchait un décret ainsi conçu : « La Commune de Paris, considérant que la colonne impériale de la place Vendôme est un monument de barbarie, un symbole de force brute et de fausse gloire, une affirmation du militarisme, une négation du droit international, une insulte permanente des vainqueurs aux vaincus, un attentat perpétuel à l'un des trois grands principes de la République française, la fraternité, décrète : Article unique. La colonne de la place Vendôme sera démolie. »

Les prophéties s'accomplissaient, et la parole des

poètes allait recevoir la consécration du fait. En 1848, Victor Hugo, fatigué d'être le plus grand poète du siècle et aspirant à descendre au rôle d'homme politique, avait adressé à la population parisienne une profession de foi qui est devenue célèbre vingt-trois ans après, lorsque la Commune eut réalisé le programme que le candidat flétrissait alors : « Deux républiques, disait-il, sont possibles : — l'une abattra le drapeau tricolore sous le drapeau rouge, fera des gros sous avec la colonne, jettera bas la statue de Napoléon et dressera la statue de Marat... ruinera les riches sans enrichir les pauvres ; anéantira le crédit qui est la fortune de tous, et le travail qui est le pain de chacun... remplira les prisons par le soupçon et les videra par le massacre... fera de la France la patrie des ténèbres ; égorgera la liberté, étouffera les arts, décapitera la pensée, niera Dieu... en un mot, fera froidement ce que les hommes de 93 ont fait ardemment, et après l'horrible dans le grand que nos pères ont vu, nous montrera le monstrueux dans le petit. » Le jour où Victor Hugo a écrit cette page, il a eu une vision de l'avenir ; la Commune lui était apparue, et il avait reculé.

Le décret rendu contre la colonne produisit peu d'effet à Paris ; on n'y crut pas ; on s'imagina que c'était une des fanfaronnades familières aux gens de la Commune, et l'on ne s'en occupa plus. Du reste, à cette date du 12 avril, chacun était persuadé que l'armée française ne tarderait pas à rentrer dans Paris, et l'on s'imaginait encore qu'elle arriverait à temps pour empêcher les hommes de l'Hôtel de Ville de faire trop de mal. Ce décret serait peut-être demeuré à l'état de lettre morte, si, le 27 avril, Gustave Courbet, membre de la Commune pour le sixième arrondissement, nommé par 2418 voix sur 24 807 électeurs inscrits, n'eût rappelé, comme je l'ai dit, que la colonne était condamnée, et qu'il était temps de procéder à l'exécution. C'était un directeur des beaux-arts qui parlait, on lui obéit, et l'on se mit en mesure de faire tomber le monument que ces niais appelaient un *monobronze*, sans se soucier des milliers de morceaux qui le composaient.

Le décret du 12 avril avait suscité de l'émulation dans la population communarde. Le jour même où Courbet faisait décider la destruction de la colonne, les Solons de l'Hôtel de Ville avaient reçu une lettre que je vois citée dans un livre très intéressant, et que je crois bon de reproduire :

« Paris, 27 avril 1871. Citoyens, en présence de la pénurie où se trouve la république sociale, et vu les besoins que comporte la nécessité de combattre la réaction, je viens proposer à la Commune, comme mesure révolutionnaire en rapport avec les circonstances, de dédorer le dôme des Invalides. L'or tyrannique répandu sur une coupole qui domine les monuments et les habitations de la capitale, est une insulte permanente aux misères du peuple. D'ailleurs, citoyens, ce n'est pas au moment où le pays se prépare à assister à cette œuvre de justice populaire, la démolition de la colonne Vendôme, que les restes du monstre qui a conduit la France à sa perte doivent continuer à s'abriter sous des lambris dorés. La Commune de Paris trouvera, dans les ressources dont je lui apporte le tribut, un moyen de parer aux besoins pressants du moment. Et ce plan, d'une exécution facile, fera tourner à la confusion de la réaction vaincue les manifestations insolentes d'un orgueil tyrannique. *Signé :* M. Gesray[1]. »

[1] Voir *Histoire des conspirations sous la Commune*, par A.-J. Dalsème. Paris, Dentu, 1872, un vol. in-12, p. 166. Ce volume, très nourri de faits et de textes, est des plus importants pour l'histoire secrète de la Commune. Je crois cependant que l'auteur n'a pas été

Le dôme des Invalides ne fut point dédoré, mais l'arrêt de mort prononcé contre la colonne fut exécuté. On avait l'intention de la renverser à jour fixe ; la date du 5 mai fut choisie, car elle marquait l'anniversaire de la mort de Napoléon Ier. Depuis la révolution de Juillet, jamais les anciens soldats du premier Empire n'avaient oublié d'aller, ce jour-là, défiler autour du trophée élevé à leur vaillance. Courbés par l'âge, revêtus d'uniformes surannés, « par la victoire usés », portant des couronnes d'immortelles qu'ils suspendaient aux fers de lance de la grille, semblables à des revenants d'un autre siècle, ils marchaient redressant leur taille voûtée et murmurant quelque refrain écrit jadis à leur gloire. Chaque année, les rangs s'éclaircissaient, car la mort envoyait ces vieux braves rejoindre leurs compagnons tombés en combattant sur des champs de bataille plus illustres que la rue des Rosiers et la rue Haxo ; mais, si peu nombreux qu'ils fussent restés, ils accomplissaient le pèlerinage et venaient dire au dieu de la guerre qui fut leur chef : Nous nous souvenons de toi !

Si la colonne ne fut pas détruite le 5 mai, il faut n'en savoir aucun gré à la Commune. L'ingénieur chargé du travail ne put être prêt à la date indiquée. Ses ouvriers trouvaient plus d'un motif afin de ralentir une besogne qui leur répugnait. On inventait mille prétextes pour quitter le chantier ; les échafaudages tombaient tout seuls ; les outils disparaissaient subitement ; le service militaire avait des exigences auxquelles il fallait obéir ; tout allait à la diable, et les impatients accusaient, comme toujours, « l'or corrupteur de la

---

complètement initié aux négociations ouvertes entre Georges Veysset, Dombrowski et Hutzinger, qu'il appelle Enger, reproduisant ainsi une erreur commise dans la déposition de M. l'amiral Saisset devant la commission d'enquête sur le 18 mars.

réaction ». Lorsque, le 4 mai, le Comité de salut public, qui fonctionnait depuis le 1er, demanda si tous les préparatifs nécessaires au renversement de la colonne étaient terminés, on lui répondit que l'opération ne pourrait être exécutée que le 8. La négligence intentionnelle des ouvriers avait déjà obtenu pour résultat que l'anniversaire de la mort du vainqueur d'Iéna serait franchi sans que sa colonne triomphale fût offerte en holocauste aux armées prussiennes, qui du reste s'en souciaient médiocrement. On fut de mauvaise humeur à l'Hôtel de Ville, mais on se résigna. Le 8 mai arriva ; rien n'était prêt encore ; la colonne était debout et ne paraissait pas disposée à tomber ; au faîte, le Napoléon-César, portant la victoire aux ailes éployées, planait toujours au-dessus de la ville pleine des rumeurs de la révolte et de l'ivresse. Cette fois, le Comité de salut public se fâcha ; il accorda huit jours comme dernier délai et se déclara résolu à user de rigueur s'il n'était pas obéi. Il n'y avait plus à reculer ; les ouvriers travaillèrent avec quelque régularité, car on ne leur avait pas laissé ignorer que les fédérés établis sur la place Vendôme avaient reçu ordre de les surveiller.

On avait d'abord imaginé de décortiquer la colonne, c'est-à-dire d'en arracher le revêtement de bronze et de ne laisser subsister que la carcasse en pierres de taille. C'était une opération coûteuse, qui eût exigé d'immenses échafaudages et l'emploi d'hommes habiles ; en outre, c'était une opération difficile, que la science de la Commune, même aidée par les conseils de Courbet, aurait peut-être été fort embarrassée de mener jusqu'au bout ; enfin c'était une opération fort lente, et l'on avait hâte d'en finir, car chaque jour les lignes de l'armée française se rapprochaient de Paris. On prit donc un parti plus économique et plus rapide. Au-dessus du soubassement, on scia le fût de la colonne en bec de sifflet sur la face qui regarde vers la rue de la Paix; sur la façade dirigée vers la rue Castiglione, on se contenta de faire une entaille. On obtint, de chaque côté, un trou d'un mètre environ qui « entamait » l'escalier de bronze. Des câbles attachés au couronnement, au-dessous même de la statue, reliés à des cabestans placés à l'entrée de la rue de la Paix, permettraient d'incliner très légèrement ce fût énorme qui se briserait forcément à la base et s'abattrait d'un seul jet. C'était fort simple, comme l'on voit; le dernier des maçons aurait trouvé cela sans peine. Ce n'en fut pas moins déclaré une invention de génie, destinée à remplir d'étonnement la science réactionnaire.

Des échafaudages avaient été établis autour du soubassement; des grelins montés à l'aide de poulies avaient été frappés au sommet de la colonne. On comprit, cette fois, que l'œuvre allait s'accomplir, et la population parisienne fut indignée. Les hommes de la Commune n'étaient pas sans inquiétude; ils craignaient que le poids du monument, multiplié par la chute, ne crevât les égouts et n'ébranlât les maisons voisines. Sur la place Vendôme et à l'entrée de la rue de la Paix, on étendit un lit de fascines et de fumier, afin d'amortir le choc et de désagréger les vibrations. Ces préparatifs, qui ne laissaient plus aucun doute sur ce que la Commune allait faire, avaient répandu dans le quartier voisin un émoi extraordinaire. On prédisait toute sorte de malheurs; des gens déménageaient. d'autres se préparaient à être témoins d'un cataclysme terrible; tout le monde avait peur et chacun cherchait à garantir ses vitres contre une pulvérisation que l'on croyait inévitable. Pour obvier à cet inconvénient, on avait imaginé de coller des bandes de papier sur les carreaux des fenêtres, sur les glaces des devantures de boutique. C'était le plus singulier spectacle que l'on pût voir. De la rue de la Paix, de la rue Castiglione, de la place Vendôme, la panique avait gagné les rues adjacentes, et l'on voyait des papiers de toute couleur dessiner des losanges et des croix de Saint-André sur les croisées des maisons du boulevard des Italiens, du boulevard des Capucines, de la rue Neuve-des-Petits-Champs, de la rue Saint-Honoré; j'en ai vu jusque dans la rue Royale et sur la place des Victoires. Au coin de la rue de Sèze et de la place de la Madeleine, une femme pleurait assise devant une boutique; je l'interrogeai sur le motif de son chagrin; elle me répondit : « Quand la colonne tombera, ce sera comme un tremblement de terre, et le quartier va s'effondrer. »

Le 16 mai, tout était préparé; la « cérémonie » était annoncée pour deux heures. Place Vendôme, où l'on avait détruit une partie de la barricade commandant la rue de la Paix, afin de laisser passer la chute du colosse, on avait réuni des musiques militaires pour distraire l'attente et élever les cœurs par des accords patriotiques. Les bataillons fédérés, l'arme au pied, étaient rangés le long des maisons. Des membres de la Commune honoraient de leur présence cette fête populaire, la fête de l'expiation, ainsi qu'ils disaient avec emphase. Bergeret daignait se montrer lui-même au milieu de ses troupes; Félix Pyat, portant un costume noir rappelant celui des hussards de la mort, armé de deux revolvers, justifiait cette remarque faite depuis longtemps que, dans les bals masqués, les poltrons se travestissent toujours en guerriers; Ferré, regardant autour de lui, semblait chercher quelque réactionnaire à dévorer. Ferré depuis deux jours était délégué à la sûreté générale, autrement dit préfet de police, et il venait s'assurer que tout se passerait avec ordre et décence. Il fut salué par M. Glais-Bizoin[1], qui lui confia, avec bonhomie, que, depuis quarante ans, son rêve était de voir démolir le monument expiatoire construit sur l'emplacement de l'ancien cimetière de la Madeleine, où Louis XVI et Marie-Antoinette furent enterrés. M. Glais-Bizoin, dont la spécialité, dans les Assemblées parlementaires, était d'être un objet de douce hilarité pour ses collègues, M. Glais-Bizoin, qui, sous le titre de *Trois mois de dictature*, a légué à l'histoire le livre le plus grotesque que l'on ait jamais écrit, venait applaudir au renversement de la statue de Napoléon Ier. Au camp de Conlie cependant, où il fut reçu par une salve de vingt et un coups de canon, lorsque, les mains derrière le dos, il eut passé devant le front de bandière et qu'il chercha une allocution à adresser aux troupes, il ne put que leur dire : « Soldats ! je suis content de vous ! » Ce qui me paraît ressembler à une réminiscence du premier Empire ; c'est du reste tout ce qu'il lui a emprunté.

Pendant que le monde officiel de la Commune se promenait sur la place Vendôme et se préparait à se montrer au balcon de la chancellerie, la population se groupait dans les rues voisines et sur le boulevard. Les gens de l'Hôtel de Ville n'étaient pas rassurés ; les rapports qu'ils avaient reçus leur avaient appris que le peuple de Paris, fort amoureux de « sa colonne », était mécontent, et exprimait l'espérance que l'opération ne réussirait pas. Théophile Ferré, qui n'aimait point les demi-mesures, avait pris ses précautions et donné ordre à Dombrowski, « chef de la première armée, » de réprimer avec énergie toute manifestation contraire « au vœu du peuple », c'est-à-dire au décret rendu par la Commune. Dans ce but, quelques cavaliers avaient été

---

[1] Lissagaray, *Histoire de la Commune de* 1871, p. 320.

rassemblés sur la place Vendôme, et les bataillons fédérés étaient prêts à livrer bataille à une population désarmée qui leur offrait plus de chance de victoire que les troupes de Versailles[1].

La foule fut calme, indifférente en apparence, et plutôt gouailleuse qu'indignée. Trois fois M. Rochefort, en voiture de place découverte, passa sur le boulevard devant la rue de la Paix. Voulait-il se rendre compte des impressions « du peuple »; cherchait-il une ovation? Je l'ignore, mais j'étais là, et je sais qu'il fut reconnu; on le nomma, on se le montra, et l'on se contenta de sourire. A mes côtés quelqu'un, le regardant avec commisération, dit : « Pauvre garçon! » Ce mot me frappa par sa justesse et peut-être aussi parce que je l'avais sur les lèvres. Rochefort, en effet, était alors dans une situation des plus singulières. La Commune le tenait en suspicion, et le traitait volontiers d'aristocrate. Comme il n'ignorait pas qu'il avait tout à craindre de Raoul Rigault, il se préparait secrètement à quitter Paris, où les choses commençaient à prendre une tournure qui lui déplaisait, car, en réalité, il ne fut jamais violent qu'en paroles. Il n'était pas plus aimé à Versailles, dont il avait excité les colères. Il est vrai qu'il avait, dans son journal le *Mot d'Ordre*, conseillé la destruction de la maison de M. Thiers, mais il s'était entremis à la Préfecture de police pour obtenir la mise en liberté de plusieurs détenus, entre autres celle de Mme Gustave Fould et celle de l'abbé Crozes, aumônier de la Grande-Roquette. On ignorait sans doute cela à Versailles, car on y était fort irrité contre lui. Il me semble que l'on a été trop sévère pour Rochefort et qu'il méritait quelque indulgence, car si, plus que tout autre, il a tiré du feu

---

[1] Voici la dépêche de Ferré en date du 15 mai : « Des mouvements hostiles doivent se produire dans des groupes au moment de la chute de la colonne; prendre des mesures énergiques. »

les marrons de l'Empire, il les a bien peu mangés. Qui oserait nier que, lors de l'apparition de sa *Lanterne*, il ait eu toute la bourgeoisie pour complice? Si celle-ci ne s'était ruée sur ce pamphlet, si elle n'en avait acheté, chaque semaine, des milliers d'exemplaires, Rochefort eut promptement cessé de vider devant le public son panier aux ordures. La *Lanterne* lui valut quelques condamnations; ses condamnations lui valurent d'être député; son emprisonnement lui valut d'être membre du gouvernement de la Défense nationale. Là devait s'arrêter sa fortune; tant qu'il fut dans l'ombre, on crut à ses lumières; dès qu'il fut en lumière, on s'aperçut qu'il était éteint. A la journée du 4 septembre, cet homme que son élévation au pouvoir allait faire rentrer dans le néant, jouissait d'une popularité extraordinaire. Je me rappelle m'être approché, vers cinq heures, d'un groupe qui discutait dans la cour des Tuileries; un garde national fort animé disait : « Il nous faut Rochefort; il n'y a que lui qui puisse nous sauver; il faut le nommer triumvir. » — Un interlocuteur demanda ingénûment : « Quels sont les deux autres que vous lui associerez? » L'inconnu reprit avec une expression surprise : « Comment, les deux autres? Mais personne; je ne veux que lui, lui tout seul; il faut le nommer triumvir, c'est cependant bien simple. » Triumvir à lui tout seul, c'était peut-être excessif; mais si la population eût été consultée, je ne doute pas qu'il n'eût été proclamé dictateur; et cependant, dès qu'il fut annexé au gouvernement de la Défense nationale, il put s'apercevoir qu'il ne suffisait pas d'avoir raillé et calomnié tout le monde pour être un homme d'État.

Eut-il jamais des convictions politiques bien sérieuses? Je n'en crois rien. Il m'apparaît comme une sorte d'épicurien avide d'argent, parce qu'il est avide de plaisirs et qui joue consciencieusement son rôle d'insulteur public pour mieux se remplir les poches. — « Toute loi sera inutile contre la calomnie, a dit Chamfort, parce qu'elle se vend bien. » — Plus les insultes étaient vives et multipliées, plus les pièces de cent sous tombaient dru dans son escarcelle ; il se perdit à ce métier. Si on le compare à Paul-Louis Courier et à Cormenin, il n'a aucun talent de pamphlétaire. Sa *Lanterne* et ses articles de journaux sont le fait d'un vaudevilliste inférieur qui ne sait même pas vilipender son monde avec quelque propreté. Du bon mot il passe au sarcasme, du sarcasme à l'injure, de l'injure à l'insulte, de l'insulte à la grossièreté sans même s'en apercevoir, semblable à une cuisinière qui, voulant épicer sa cuisine, remplacerait le poivre de Cayenne par la poudre de guano. Toute notion des plus simples convenances lui échappe, et, manquant de mesure, il manque d'autorité. La bourgeoisie, qui fut sa complice et lui fit sa notoriété, s'éloigna de lui, lorsqu'elle s'aperçut qu'elle-même était menacée par les suites de l'écroulement auquel elle avait applaudi. Il ne resta à Rochefort que la populace révolutionnaire qui l'admire de confiance, mais qui, ne comprenant guère les finesses et les sous-entendus, le réduit à l'emploi des gros mots ; son journal devint alors une sorte de catéchisme poissard, violent, par conséquent sans force, systématiquement injurieux, par conséquent sans valeur.

Le lendemain même du jour où je le voyais se promener sur le boulevard, le 17 mai, il devait couper ses moustaches, quitter Paris, être arrêté à Meaux et conduit à Versailles, où il fut retenu prisonnier en attendant qu'on le livrât au conseil de guerre. Je crois qu'il fut alors bien inspiré d'abandonner Paris ; s'il y fût resté, il courait le risque d'être incarcéré par ordre de Raoul Rigault, qui l'eût peut-être traité comme fut traité

Gustave Chaudey; si, échappant au mauvais vouloir du procureur général de la Commune, il était tombé entre les mains des troupes françaises, celles-ci l'eussent fort probablement traité comme fut traité Raoul Rigault. Il me semble vrai de dire que son départ de Paris lui assura la vie sauve. Parmi ceux qui provoquèrent son arrestation, son jugement, sa déportation au delà des mers, il en est plus d'un sans doute qui jadis l'avait encouragé sous le manteau et avait ri de bon cœur à ses injurieuses facéties. Ceux-là n'ont point été reconnaissants, car il avait contribué à déblayer la route où ils ont si prestement marché. Avec plus de rigueur qu'il ne convenait, on l'envoya à la presqu'île Ducos réfléchir sur l'ingratitude des amis politiques. De son œuvre, il ne restera rien que le souvenir de son évasion de la Nouvelle-Calédonie, évasion infiniment spirituelle, courageuse et menée avec un entrain qu'il est impossible de ne pas admirer.

Rencontrant cette figure sur le sentier de mon récit, je n'ai pu m'empêcher de m'arrêter pour tâcher d'en dessiner la silhouette telle qu'elle m'est apparue dépouillée de l'auréole dont on a essayé de l'entourer, nettoyée des sanies dont on a eu tort de vouloir la couvrir et réduite à ses proportions naturelles, qui sont minimes. Rochefort ne produira pas plus d'impression dans l'histoire, qu'il n'en produisait, le 16 mai, sur la foule qui s'ouvrait devant sa voiture. Cette foule avait, du reste, d'autres préoccupations, car au milieu des groupes dont elle était composée un bruit s'était répandu, qui, je l'avoue, me fit battre le cœur; on disait : « Les invalides vont venir ; ils se rangeront autour de de la colonne et ne permettront pas qu'on la renverse. » Dès qu'un mouvement se produisait vers la place Vendôme, on répétait : « Ce sont les invalides qui viennent, ils ont des piques à la main. » Chacun alors se haussait sur la pointe des pieds pour mieux voir. Cela se renouvela souvent, et chaque fois la foule, en reconnaissant son erreur, eut un sentiment de déception et comme l'amertume d'une espérance trompée. Les invalides ne vinrent pas ; mais s'ils étaient venus ? — Je ne sais, en vérité, ce qui se serait passé, et il est possible que, d'une irrésistible poussée, la foule eût brisé le cordon des sentinelles, envahi la place, renversé les cabestans et empêché toute manœuvre de destruction. Il fallait peut-être bien peu de chose pour faire éclater l'indignation qui couvait dans les cœurs et engager une lutte dont le renversement de la colonne n'eût été que le prétexte et dont l'exaspération causée par les actions de la Commune eût été le motif. J'en trouve la preuve dans un fait dont j'ai été le témoin et qui eut pour auteur un homme, un vieillard, bien connu dans le monde de Paris.

III. — LA CHUTE.

Le comte de Cambis. — Dispute. — Le moignon. — La foule intervient. — On vire au cabestan. — Accident sans gravité. — La foule gouailleuse. — Le drapeau tricolore. — Simon Mayer. — La colonne est brisée et renversée. — Joie des communards. — Promesses de Gabriel Ranvier. — « L'autel du genre humain ! » — Le *Nunc dimittis* de Félix Pyat. — Le *Cri du peuple* de Jules Vallès. — Arrestation de Courbet. — Son procès. — Frais à payer. — L'Allemagne n'a point favorisé la Commune. — Elle a respecté nos trophées militaires placés sur son territoire.

Qui ne se rappelle le comte de Cambis, une des figures les plus originales du boulevard? Qui ne se souvient de sa grande taille, de ses cheveux blancs, des hautes cravates de taffetas noir qu'il portait toujours, de sa mémoire inépuisable, de sa familiarité et de la verdeur juvénile qu'il avait conservée malgré son âge? Il ne quitta point Paris pendant la Commune; plus d'une fois je l'avais rencontré et j'avais cheminé avec lui, car je le connaissais de longue date. Il avait appartenu aux armées du premier Empire, avait fait la campagne de Russie en qualité d'officier de cavalerie, et, pendant la retraite, avait eu la main droite gelée; seul le pouce était resté intact; les phalangines et les phalangettes des autres doigts étaient tombées; malgré cela la main incomplète avait de la force, et il s'en servait avec adresse. Il avait été fort attaché à la dynastie de Juillet; c'était sous son nom que le duc d'Orléans faisait courir. Après la révolution de Février, il se retira de toute fonction, et bouda le second Empire, malgré les avances qui lui furent faites. Bien souvent, pendant la Commune, lorsque nous nous promenions ensemble sur les boulevards, j'ai craint que sa franchise ne lui attirât quelque aventure. Son plaisir était alors de regarder caracoler les officiers qui passaient sur la chaussée, les étrivières trop courtes, les genoux trop serrés, la main prenant point d'appui sur la bride, et démontrant, par toute leur attitude, qu'ils n'avaient jamais monté à cheval. Le comte de Cambis ne se gênait guère pour leur crier quelque plaisanterie salée, à laquelle l'apprenti cavalier, occupé à garder un peu d'équilibre, ne se hâtait pas de répondre.

Le 16 mai, M. de Cambis était aux environs de la rue de la Paix, non loin de moi; il parlait haut et les opinions qu'il exprimait n'étaient point en l'honneur de la Commune. Les assistants souriaient, mais nul ne lui donnait la réplique. Cependant un homme d'une quarantaine d'années, revêtu de la capote des fédérés, se tourna vers lui en disant : « Ils font bien de jeter sa statue par terre; il buvait le sang du peuple, c'est connu. » Le comte de Cambis lui répondit : « Toi, mon garçon, tu n'es qu'un imbécile! » La dispute s'échauffa;

trois ou quatre personnes s'approchèrent pour porter secours à M. de Cambis, s'il en était besoin. La foule était compacte autour des deux interlocuteurs. Le fédéré était devenu grossier et mêlait à ses invectives toute sorte de niaiseries sur la réaction, la tyrannie, le militarisme et autres lieux communs déclamatoires qu'il répétait sans les comprendre ; à bout d'arguments, il finit par dire : « Du reste, Napoléon, c'était un lâche ! » A ce mot le comte de Cambis devint très pâle ; il dit : « J'ai soixante-dix-huit ans ; regarde bien ma main ; je l'ai perdue au service du grand homme que tu insultes ; tu ricanes, tu crois que c'est un moignon, tu te trompes : c'est un battoir, et je vais t'en écraser la face. » Et agitant sa main mutilée au-dessus de sa tête, il en frappa le fédéré au visage. L'homme plia sous la violence du coup ; il fit un geste pour se précipiter vers M. de Cambis ; tout le monde se jeta sur lui : « Allez-vous-en, lui disait-on, allez-vous-en. Pourquoi insultez-vous ce monsieur ? Il défend son ancien général, il a raison. La besogne que l'on va faire n'est déjà pas si belle, et c'est une honte d'avoir à supporter ce que nous endurons. » On repoussa l'homme, on l'éloigna, et il disparut dans les groupes qui encombraient les abords de la rue de la Paix. Le sentiment de protestation que l'acte du comte de Cambis avait suscité dans la foule était général parmi les gens accourus pour voir renverser la colonne.

Elle allait tomber. Le bruit se répandit qu'un accident était survenu ; on se mit à rire, et l'on fut content à la pensée que l'opération ne réussirait pas ; ce n'était rien. Un cabestan s'était brisé, les barres d'anspect avaient bousculé quelques hommes, mais sans les blesser. On fut lent à réparer le dégât ; il fallut envoyer chercher un autre treuil, remonter des câbles, installer des poulies ; cela dura près de trois heures.

Les assistants ne bougeaient de place, malgré un soleil ardent qui frappait d'aplomb sur les têtes. L'esprit du badaud de Paris ne perdit point une si belle occasion de s'amuser un peu; on se mit à crier : « Elle tombera ! elle ne tombera pas ! » Les quolibets allaient leur train et l'on riait d'autant plus que les journaux du soir, déjà mis en vente, racontaient la chute de la colonne que nous apercevions encore debout au milieu de la place Vendôme.

Tout à coup un homme parut sur le couronnement, agita un drapeau tricolore et le lança dans l'espace, afin de bien indiquer que tout ce qui avait été la Révolution française, le premier Empire, la royauté de Louis-Philippe, la seconde République, le second Empire, disparaissait de l'histoire et allait faire place à l'ère nouvelle symbolisée par le drapeau rouge. L'homme qui jeta au vent les couleurs de la France s'appelait Simon Mayer. Le 18 mars il était à Montmartre. Capitaine au 169e bataillon que commandait Garcin, en remplacement du chef élu qui était Blanqui, alors incarcéré ou en fuite, Simon Mayer avait été compromis dans l'assassinat du général Lecomte et de Clément Thomas[1]. On entendit un son de clairon. Un silence énorme, comme eût dit Gustave Flaubert, emplissait les rues. Chacun se taisait et tenait les yeux attachés sur la colonne en avant de laquelle les câbles se raidissaient. Il était un peu plus de cinq heures du soir ; de

---

[1] « MAYER (Charles-Simon), homme de lettres, né le 17 mai 1820, à Nancy, demeurant à Paris; condamné le 18 novembre 1871 à la peine de mort pour complicité d'assassinat, commis le 18 mars 1871, rue des Rosiers sur les personnes des généraux Lecomte et Clément Thomas ; peine successivement commuée en celle des travaux forcés à perpétuité et de la déportation dans une enceinte fortifiée. » *Rapport sur les travaux de la Commission des grâces présenté par MM. Martel et Félix Voisin.* Paris, Imprimerie nationale, 1875, p. 26.

temps en temps, quelques coups de canon lointains semblaient une salve funèbre tirée du fond des horizons invisibles.

La foule était émue ; mais ce qui dominait toujours en elle, c'était l'espoir que le grand trophée résisterait aux efforts de ceux qui travaillaient à sa chute. Il y eut une sorte d'oscillation très rapide, comme si la statue, brusquement secouée, avait repris sa place. Puis la colonne parut se pencher en avant, elle s'inclina, se brisa en trois morceaux, laissa échapper ses entrailles de pierre et s'abattit sur le lit de fascines qui lui avait été préparé dans l'axe de la rue de la Paix. Un nuage de poussière s'éleva ; on entendit un bruissement sourd et nous sentîmes à peine une légère trépidation agiter le sol sous nos pieds. Les boutiquiers et les propriétaires en furent pour leurs frais de papier, nulle vitre ne fut brisée. La foule qui était à l'entrée de la rue de la Paix et sur le boulevard s'écoula sans mot dire, humiliée du spectacle que la Commune venait de lui infliger [1].

Sur la place Vendôme il n'en était point ainsi : là

---

[1] « Pendant que j'écris (5 h. 30 du soir), la nouvelle arrive à la légation que la colonne Vendôme vient de tomber. On avait averti de jour en jour qu'elle devait être renversée à une heure déterminée, et une foule immense attendait le moment de la chute. Le *Journal officiel* de la Commune annonçait qu'elle serait jetée bas précisément à deux heures de l'après-midi, et lorsque je suis passé en voiture sur le boulevard au bout de la rue de la Paix, à deux heures et demie, la foule rassemblée en cet endroit et dans la rue de Castiglione était immense. La plupart des personnes dans cette foule espéraient que cette splendide œuvre d'art continuerait à résister à tous les moyens employés pour la détruire, jusqu'à l'arrivée des troupes de Versailles. Mais un grand nombre de spectateurs attendaient avec la plus vive anxiété le moment où elle tomberait devant un esprit de vengeance et de haine qui pouvait regarder comme un triomphe la destruction d'un monument qui avait excité l'étonnement et l'admiration du monde entier. » — M. Washburne à M. Fish, n° 125. *Vid. sup., loc. cit.*

on était joyeux et l'on triomphait ; on venait de vaincre le perpétuel vainqueur, on avait enfin réussi à renverser

> Ce pilier souverain,
> Ce bronze devant qui tout n'est que poudre et sable ;
> Sublime monument, deux fois impérissable,
> Fait de gloire et d'airain,

ainsi que l'a dit Victor Hugo. La statue brisée gisait sur les fascines ; la colonne éventrée avait dispersé ses fragments sur la place. Le nuage de poussière soulevé par son écroulement ne s'était pas encore envolé que déjà un homme, je ne sais qui, avait escaladé le piédestal et y plantait le drapeau rouge. Il essaya de parler, on ne l'écouta pas, on le fit taire, car on voulait entendre un autre orateur, monté sur un des morceaux du fût brisé et faisant un discours qui fut d'autant plus applaudi que l'on n'en perçut pas un mot. Les fédérés qui avaient concouru à cette œuvre, sous les yeux de quelques membres de la Commune, de Courbet [1]

---

[1] Les anciens amis de Courbet ont fait peser sur lui la responsabilité qu'il a essayé de répudier. Après sa mort, un ex-membre de la Commune publia ce qui suit (janvier 1878), sous le pseudonyme de Jean La Rue, dans le journal *le Réveil* :
« Pauvre fou ! On ne s'attaque pas impunément aux fétiches de bronze. Il n'était point si fou. Il savait bien ce qui l'attendait. Le jour où la colonne fut renversée, il était là sur la place, avec sa canne de vingt sous, son chapeau de paille de quatre francs, son paletot coupé à la confection, acheté à la *Redingote grise* peut-être.
« Elle m'écrasera en tombant, vous verrez, » fit-il en se tournant vers ses amis, et il ajouta, en montrant du bout de sa canne un groupe où étaient des figures de traîtres (je pourrais les nommer) :
« Ils m'assassineraient comme un monarque, tenez, s'ils osaient. »
Il appuyait sur l'*a* de tout le poids de son accent franc-comtois, et il haussa les épaules d'un geste d'Hercule bon enfant. Le soir, il dit à table : « Nous avons fait une bonne action. Il n'y aura peut-être plus tant de soldats ; les bonnes amies des conscrits ne mouilleront plus tant de mouchoirs. Buvons un coup et chantons une chanson. »

et de M. Glais-Bizoin, respectueusement découvert, désignèrent sans plus tarder une députation chargée d'aller porter la bonne nouvelle à l'Hôtel de Ville. Gabriel Ranvier reçut les envoyés et les harangua : « La colonne Vendôme, la maison de M. Thiers, la chapelle expiatoire, ne sont que des exécutions matérielles, dit-il ; mais le tour des traîtres et des royalistes viendra inévitablement si la Commune y est forcée. » C'est-à-dire si la Commune est vaincue. Ceci n'était point une bravade dans la bouche de Gabriel Ranvier ; il le prouva aux prêtres et aux gendarmes qui périrent dans la rue Haxo. Il faut croire que les gens qui ont fait cette sottise ne jouissaient pas alors de leur bon sens et qu'ils ne l'ont point recouvré depuis, car voici, à cet égard, ce que M. Lissagaray a publié en 1876 (*Histoire de la Commune*, p. 320) : « La tête de Bonaparte roulé sur le sol et son bras parricide gît détaché du tronc. Une immense acclamation, comme d'un peuple délivré, jaillit de milliers de poitrines. On se rue sur les ruines et, salué de clameurs enthousiastes, le drapeau rouge flotte sur ce piédestal purifié, qui devient ce jour-là... » O lecteur ! que devient-il ce piédestal ? Il devient « l'autel du genre humain ! »

Cette rage de s'en prendre aux choses matérielles, ce fétichisme à l'envers qui est le comble du fétichisme, qui fut la maladie de la Commune, apparut dans toute son intensité lors du renversement de la colonne. Ce fut une frénésie de joie et chacun entonna son *hosannah*, comme si l'humanité était à jamais délivrée de tout despotisme parce que la statue et le trophée d'un conquérant avaient été détruits. Félix Pyat exultait ; il perdit si bien la tête, qu'il commit l'inconvenance de parler latin à ses collègues de la Commune ; son journal le *Vengeur* raconte la chute de la colonne : « Elle est tombée le nez sur le fumier, sans autre accident que le cou cassé du bonhomme providentiellement décapité. Je l'ai vu choir; je puis fermer les yeux, notre œuvre est faite; *nunc dimittis !* » L'homme se montre dans une erreur volontaire, à laquelle ne peut résister son patriotisme; il dit : « Cette colonne d'Austerlitz et d'Iéna, elle est tombée. » Les Prussiens venaient de nous vaincre; Félix Pyat leur parlait d'Iéna, et il savait cependant que le bronze de la colonne avait été prélevé sur les canons russes et autrichiens pris pendant la campagne de 1805, et il n'ignorait pas que la campagne de Prusse est de 1806. Jules Vallès sut renchérir encore, car on peut lire dans le *Cri du peuple* du 19 : « La statue d'empereur romain qui était censée le premier des Bonaparte est à la voirie, c'est fort bien ; mais ça ne suffit pas : la carcasse emmaillottée de ce maître coquin est encore aux Invalides. Il faut qu'elle soit brûlée *coram populo*, et que ses cendres soient jetées au vent. Il faut que toutes les loques qui ont été portées par ce misérable, et qui sont dans le musée dit des Souverains, aient le même sort. Plus de ces ignobles reliques. Nous venons d'entrer dans une bonne voie, ne la quittons pas sans avoir fait toutes les purges nécessaires. La plus simple prudence l'ordonne. » C'est toujours l'esprit du moyen âge qui tourmente ces inquisiteurs de l'athéisme; comme au quatorzième siècle, ils veulent déterrer les morts, les brûler et en disperser les cendres au vent.

Le lendemain 17 mai, l'explosion de la cartoucherie Rapp, fort probablement produite par une imprudence, parut au peuple de Paris un châtiment du renversement de la colonne. La Commune en accusa naturellement « la réaction », qui cependant n'avait pas besoin de tels moyens pour la vaincre. Les grands combats sous Paris et dans Paris commencèrent bientôt et l'on ne pensa plus guère à la colonne de la grande armée. On reprochait à Courbet d'en avoir exigé la destruction. Le pauvre peintre se cachait après la défaite de ses complices ; vers les premiers jours de juin, il fut arrêté. En voyant entrer les agents dans le refuge qu'il avait choisi, il leur dit avec ingénuité : « Je ne suis pas Courbet, vous vous trompez, ce n'est pas moi. » N'est-ce pas la scène de M. de Pourceaugnac :

L'exempt. — Ouais! Voilà un visage qui ressemble bien à celui que l'on m'a dépeint.

M. de Pourceaugnac. — Ce n'est pas moi, je vous assure.

Il ne se sentait pas tranquille et disait : « A cause de ma célébrité, ils ne me fusilleront pas. » On n'y pensait guère. Réuni aux accusés qui avaient été membres de la Commune, il comparut devant le troisième conseil de guerre. Il y fut misérable. « Cette colonne, dit-il, était une faible représentation de la colonne Trajane dans des proportions mal combinées. Il n'y a pas de perspective, ce sont des bonshommes qui ont sept têtes et demie, toujours la même, à quelque hauteur que ce soit. Ce sont des bonshommes de pain d'épice ; et j'étais honteux que l'on montrât cela comme une œuvre d'art. » Le président lui dit : « Alors c'est un zèle artistique qui vous poussait? » Et Courbet répondit : « Tout simplement! » Ce « tout simplement » est le pendant du portrait de femme dont j'ai parlé ; on doit répondre l'un lorsque l'on a peint l'autre. Cette absence de dignité fit impression sur le tribunal, qui comprit qu'un tel homme était peu dangereux. Courbet fut condamné à six mois de prison ; c'était tout ce qu'il méritait ; mais il eut à rembourser les frais de reconstruction de la colonne, telle qu'elle était la veille de sa chute, et « la note » s'est élevée à plus de 350 000 fr. C'est avoir payé cher le plaisir de faire une niche à l'histoire de France [1].

---

[1] Frais de reconstruction de la colonne : 330 944 fr. 75 c. ; restauration de la statue : 23 420 fr. — Total : 354 364 fr. 75 c.

Bien des personnes de raison droite n'ont pu comprendre qu'il se soit rencontré en France des hommes pour accomplir un tel acte de vandalisme, après les défaites dont nous avions souffert et sous la main même du vainqueur. Leur patriotisme s'est révolté; ils ont supposé une ingérence étrangère à cette vilenie qui fut exclusivement communarde, et ils ont cru que la main de la Prusse avait donné l'impulsion. L'Allemagne est de taille à se défendre et je n'ai point mission de plaider pour elle; mais le souci de la vérité doit primer toute considération. Dans les faits de la Commune, j'ai cherché et cherché avec passion l'ingérence de l'Allemagne; je ne l'ai jamais aperçue. L'Allemagne avait un trop sérieux intérêt à maintenir le gouvernement régulier de la France qui lui assurait le payement de cinq milliards, pour avoir jamais pensé à fomenter une insurrection dont le prétexte avait été la volonté de rompre les préliminaires de la paix et de poursuivre la guerre. Oubliant les motifs invoqués pour créer la fédération de la garde nationale, les gens de la Commune, eux, ont essayé plus d'une fois d'entrer en rapport avec les autorités allemandes; ils ont toujours été repoussés avec dédain. Aux dernières heures, lorsque, traqués sur les sommets de Belleville, ils voulurent fuir à travers les lignes de l'armée allemande, ils se heurtèrent contre des barricades, furent arrêtés et remis aux autorités françaises. Les Allemands ne participèrent en rien à la chute de la colonne; cette mauvaise action ne fut point payée par eux : ce fut l'œuvre gratuite de la Commune. Si la vue de nos trophées militaires avait excité la jalousie des Allemands, l'Allemagne n'aurait pas respecté, pendant la guerre, le monument de Desaix, qui est à Strasbourg, le monument de Marceau, qui est à Coblentz, et le monument de Turenne, qui est à Salzbach.

CHAPITRE VI

LES BARRICADES

I. — LES CHAMPS-ÉLYSÉES.

Sparte, Rome, Athènes et Charenton. — La vie tumultueuse. — Les boulevards. — Un mot de Montaigne. — Départ. — « Faute-de-Mieux premier. » — La solde. — Les journaux. — « Les harnois de gueule. » — La grande allée des Champs-Élysées. — Les obus. — Guignol. — La fuite. — Le bureau des passeports. — Agents dévoués. — La corde à nœuds. — Passeport suisse. — Port d'armes badois. — Paris se dépeuple. — Les denrées. — Place de la Bourse.

Un communard exalté au souvenir des hauts faits dont il avait été le témoin, a écrit : « Dans ces jours sanglants, Paris, plus sobre que Sparte et plus grand que Rome, était aussi plus charmant qu'Athènes; la vaillance des citoyens était superbe, la vaillance des femmes était souriante. » Cette phrase serait datée de Charenton, je n'en serais pas surpris; elle est le résultat d'une hallucination. En réalité, Paris fut lamentable. Au début, il était inquiet et curieux; ensuite il s'attrista lui-même et devint morne; enfin, dans les derniers jours, lorsque la grande bataille fut commencée, il eut un accès de folie furieuse. Tant que durèrent les négociations essayées entre les maires et les membres du Comité central, l'aspect ordinaire de Paris, du Paris de cette époque, d'un Paris atteint de la danse Saint-Guy politique, ne fut pas sensiblement modifié. On courait aux nouvelles, place de la Bourse, sur les boulevards; on s'empressait autour des marchands de journaux; le soir on se rencontrait, on s'interrogeait, on formait des groupes où l'on discutait toutes sortes de choses invraisemblables et même parfois scandaleuses, comme la candidature possible du prince Frédéric-Charles de Prusse au trône de France.

Les politiqueurs, les prophètes s'en donnaient à cœur-joie. Dans les cafés, devant les cafés, sur les trottoirs, on se disputait; on annonçait, à jour fixe, une intervention des armées allemandes; on demandait la mise en accusation des ministres qui avaient laissé faire le 18 mars; on riait des niaiseries du Comité central; on commentait un mot du général Cremer qui, dit-on, avait offert d'enlever, sans difficulté, les intrus de l'Hôtel de Ville. Les républicains disaient : « Ces gens-là déshonorent la République! » Les réactionnaires murmuraient : « Ce sera plus grave qu'en juin 1848. » Un sceptique disait : « Toutes les fois que vous voudrez raisonner avec des ignorants, c'est-à-dire avec le peuple, vous produirez une révolte; l'homme est un loup dont les coups de bâton font un agneau. » Sur ces questions, on argumentait, on se prenait aux cheveux; mais nul ne doutait de la chute prochaine du gouvernement insurrectionnel et de la victoire de l'Assemblée nationale; car il était impossible que Paris résistât à toute la France. La Bruyère a dit : « Quand le peuple est en mouvement, on ne comprend pas comment le calme peut y rentrer, et quand il est paisible, on ne voit pas par où le calme peut en sortir. » C'est là une vérité générale qui ne trouva point son application pendant la Commune, car nous savions tous comment le calme rentrerait dans ce peuple en mouvement. Pas un des Parisiens restés à Paris qui ne fût certain du triomphe de l'armée française; la victoire s'imposerait avec plus ou moins de rapidité, mais elle était inéluctable. Dès que le premier choc se fut produit entre les fédérés et les troupes de Versailles, nous attendîmes avec impatience, mais avec une confiance invincible, le résultat de la lutte.

Je me rappelle, un des soirs où le boulevard était le plus animé, avoir rencontré Frédéric Morin, avec lequel j'avais autrefois été en relation; il était à la fois philosophe et catholique, très lettré et très jacobin; cela mettait un peu d'incohérence dans ses pensées, mais ne touchait en rien à ses grandes qualités. « Qu'augurez-vous de ce qui se passe? lui demandai-je. — Rien de bon, répondit-il; je suis troublé, je ne sais où prendre point d'appui, car je ne suis ni avec Paris, ni avec Versailles; chacun s'enferme dans ses exigences sans tenir compte de celles d'autrui; c'est le meilleur moyen de ne jamais s'entendre. A Versailles, on est sourd; à Paris on est aveugle. Les gens qui se sont emparés de l'Hôtel de Ville sont des niais malades; quand bien même ils s'installeraient et se maintiendraient, le dénouement sera contre eux; ils ont fait la mauvaise semaille et ne récolteront pas la moisson. Souvenez-vous de ce que dit Montaigne, qui était d'autant plus sage qu'il ne croyait pas à grand'chose : « Ceux qui donnent le bransle à un estat sont volontiers les premiers absorbés dans sa ruine; le fruict du trouble ne demeure guères à celui qui l'a remué; il bat et brouille l'eau pour d'autres pescheurs. »

Dès le 28 mars, aussitôt que le résultat des élections fut connu, Paris ne fut plus le même; l'angoisse étreignit la ville. La plupart des élus portaient des noms que la population ignorait; mais quelques-uns avaient une notoriété acquise, par la violence dans les réunions publiques, par des condamnations politiques devant les tribunaux, par des actes de rébellion, par leur participation au 31 octobre et au 22 janvier. C'était l'élément révolutionnaire qui venait de s'introduire à l'Hôtel de Ville; c'était le rebut des émeutes et des clubs qui s'emparait de la capitale de la France. On eut peur, et l'émigration commença. Ni Ferré, ni Rigault, ni Félix Pyat, ni Flourens, ces aliénés de l'hébertisme, qui s'enivraient de Babeuf et de Marat, n'étaient faits pour rassurer les timides; on s'en alla. Dans certains quartiers, on n'apercevait que des persiennes fermées; les ambassadeurs et les ministres plénipotentiaires, retirés à Versailles auprès du gouvernement légal, avaient fait savoir qu'ils ne répondaient point de la sécurité de leurs nationaux restés à Paris.

Sans être déserte, la ville était déjà visiblement dépeuplée. C'était encore sur le boulevard que se rencontraient ceux qui n'avaient point été chercher un refuge en province. La conversation n'y chômait pas; on n'y était pas indulgent pour M. Thiers, que l'on appelait : « Faute-de-Mieux premier. » On causait avec les fédérés, qui répondaient : « Que voulez-vous! les gens de Versailles ont supprimé la paye; pas de travail; la Commune nous donne une solde; pourquoi nous blâmer de la servir? Nous n'avons pas de rentes pour aller nous promener hors de Paris, et nous ne voulons pas mourir de faim. » On achetait les journaux communards, pour tâcher de se rendre compte de ce que voulaient ces inconnus qui étaient subitement devenus nos maîtres. On lisait le *Vengeur*, le *Cri du Peuple*, le *Père Duchêne*, l'*Affranchi*, le *Mot d'Ordre* et l'on n'y comprenait rien.

L'arrestation de M. Bonjean, de l'archevêque et d'autres personnages inoffensifs surexcita le désir de s'éloigner chez ceux qui hésitaient encore et, dans la première semaine d'avril, bien des gens firent effort pour abandonner la ville, d'où toute sécurité avait fui. Dans les rues, on n'apercevait plus de voitures bourgeoises ; à peine çà et là quelques fiacres s'en allaient trimbalant des officiers galonnés ; les omnibus réquisitionnés portaient aux fortifications ce que Jacques du Fouilloux appelle crûment « des harnois de gueule » ; des charrettes chargées d'équipements militaires ferraillaient sur les boulevards, où, de temps en temps, pour donner à réfléchir à la population, on faisait passer quelques pièces d'artillerie bien escortées. Dès que les premiers combats eurent commencé sur Neuilly, le but de promenade fut changé ; on abandonna les boulevards et l'on se réunit aux Champs-Élysées, dont l'aspect était sinistre. La chaussée, habituellement parcourue par les cavaliers et les équipages, était vide ; à peine çà et là une voiture d'ambulance sortie du Palais de l'Industrie y apparaissait-elle, se dirigeant vers la porte Maillot pour recueillir les blessés. En revanche, sur les bas côtés de droite, depuis la place de la Concorde jusqu'à l'avenue Marigny, c'était un flot noir de piétons où nulle femme n'apportait la gaieté d'un costume de couleur. Les hommes marchaient lentement, parlaient à voix basse, montant et descendant automatiquement le large trottoir d'asphalte. Au loin, vers l'Arc de Triomphe, des sentinelles interdisaient la circulation ; la place n'était pas saine, car parfois les projectiles venaient y éclater. Dans ce cas, toute la masse des promeneurs se portait vers la chaussée et regardait, attendant le fracas d'un nouvel obus. On restait ainsi quelque temps, les yeux fixés au delà du rond-point, et, fatigué de ne rien voir, on reprenait le mouvement de va-et-vient qui tenait lieu de promenade.

Il n'y avait pas que les obus à regarder aux Champs-Élysées, il y avait le théâtre de Guignol agitant ses marionnettes au bruit des artilleries qui tonnaient. Polichinelle et le commissaire s'y administraient ces « raclées » qui nous ont tant fait rire quand nous étions petits ; c'était de circonstance, car le diable de rigueur finissait toujours par emporter le communard Polichinelle. On se groupait devant la baraque des fantoches ; on y prenait goût ; on s'intéressait presque à la petite pièce, pendant que le grand drame se jouait à quelques centaines de mètres de là ; l'impresario y trouvait son profit, et bien des piécettes blanches tombaient dans sa sébile. Guignol tint bon jusqu'au bout, et ne vint s'établir dans le jardin du Palais-Royal qu'au milieu du mois de mai, lorsque les projectiles avaient failli emporter, du même coup, le théâtre, le maître du logis, les spectateurs et les pantins.

Chaque jour, aux Champs-Élysées, le nombre des promeneurs diminuait ; on cherchait vainement des gens connus que l'on avait rencontrés la veille, on ne les apercevait pas. Où étaient-ils ? Cachés, disparus, partis, pour fuir une arrestation ; pour fuir le service militaire que la Commune voulait leur imposer de force ; ou simplement pour échapper au spectacle dont Paris était énervé. Bien des gens s'étaient dit : « J'attendrai quinze jours, j'attendrai un mois ; il n'est pas possible qu'en ce laps de temps l'on n'ait réuni une force suffisante pour nettoyer l'Hôtel de Ville ; la plus simple prudence commande de se hâter, car il ne faut pas laisser à ces gens-là le loisir de se fortifier, de s'exercer, de s'aguerrir, de rassembler les moyens de destruction dont ils nous menacent ; j'attendrai donc, mais je trouve que l'on est bien lent à rendre Paris à la France. » Ils avaient attendu et, comme sœur Anne, ne voyant rien venir, que l'accroissement du mal dont ils souffraient, ils étaient partis.

Il n'était pas facile alors de quitter Paris; les ponts-levis étaient dressés, les poternes étaient gardées, les gares des chemins de fer étaient surveillées, les wagons fouillés, et les voyageurs aussi; on n'en était pas encore à la carte d'identité, c'est-à-dire à l'inquisition, mais cela n'allait pas tarder. Pour franchir les portes, il fallait un laissez-passer ou des papiers d'identité prouvant une nationalité étrangère. Il n'était pas prudent d'aller à la Préfecture de police demander un laissez-passer; malgré le bon vouloir de quelques employés du bureau des passeports, c'était un endroit où parfois l'on faisait du zèle, afin de plaire à Raoul Rigault, qui ne se gênait pas pour faire incarcérer les gens. Le banquier Jecker, le jeune séminariste Seigneret, qui tous deux périrent assassinés, furent sans motifs arrêtés par son ordre. Les plus avisés allaient chez les petits boutiquiers des environs de la place Dauphine, et, quand ils savaient bien s'y prendre, il était rare qu'ils n'en rapportassent pas le sauf-conduit désiré. Cela tient à un fait peu connu et qu'il est possible de divulguer aujourd'hui sans péril, à la condition de ne soulever aucun masque. Trois ou quatre agents intelligents avaient été laissés à Paris par certains chefs de service de la Préfecture de police, au moment où ceux-ci avaient dû rallier le gouvernement réfugié à Versailles. Comme l'on se doutait que toute violence serait exercée sur les gens de bien, ces inspecteurs avaient pour mission de les aider à quitter Paris. Deux de ces agents s'étaient fait admettre en qualité d'employés ou d'expéditionnaires dans le bureau des passeports; la quantité de laissez-passer qu'ils distribuèrent et d'innocents dont ils assurèrent le salut est considérable.

Ceux qui n'avaient pas de « papiers » et qui voulaient fuir imaginaient mille ruses dont le succès était parfois douteux. Le plus simple était encore de s'adresser à quelque fédéré, qui moyennant cent sous ou dix francs vous faisait filer par une poterne subrepticement entr'ouverte; on ne courait plus risque que de recevoir quelques coups de fusil tirés par les sentinelles postées sur le rempart. Parfois, à un pieu fiché sur le talus des fortifications, on attachait une corde à nœuds; le fugitif se laissait glisser jusque dans le fossé; il en sortait comme il pouvait. Les voitures de maraîchers et de blanchisseurs ont transporté bien du monde sous les bottes de navets et les paquets de linge. Quelques étrangers prêtaient volontiers, moyennant bonne rémunération, leurs pièces d'identité. Un domestique suisse, laissé à Paris par ses maîtres, dans le quartier de la place Vendôme, s'est amassé un petit magot en faisant profiter de son passeport les gens qui voulaient s'en aller. Il avait deux prix : vingt francs pour les domestiques; quarante francs pour les « bourgeois. » Je m'en étais servi dans les premiers jours du mois de mai pour aider à la fuite d'un jeune homme auquel je m'intéressais et dont la Commune voulait faire un fédéré malgré lui. Je l'interrogeai : « Êtes-vous content? » Il me répondit : « Ça ne va pas mal; si ça dure encore deux mois, j'aurai fait ma pelote et je me retirerai dans mon pays. » Quinze jours après, son commerce avait pris fin, et il dut trouver que M. Thiers agissait avec trop de précipitation. Les gens qui avaient eu le bonheur de mettre la main sur des « papiers » allemands étaient traités avec égard. On tenait à ne point mécontenter les soldats de la Prusse, et à leur première injonction on se hâtait d'obéir. Certain port d'armes badois que je connais bien, et pour cause, quoique portant un nom français écrit en gros caractères, a fait la navette plus de vingt fois entre Paris et Versailles. Les officiers fédérés saluaient l'homme qui en était muni et ne se doutaient pas que c'était un des fonctionnaires de l'État remplissant son devoir au péril de sa vie, ou tout au moins de sa liberté.

Paris se dépeupla; les Champs-Élysées devinrent déserts; le boulevard appartint aux fédérés qui passaient en chantant la *Marseillaise;* les grands magasins se fermèrent; les petites boutiques restaient à peine entr'ouvertes; seuls les cafés n'avaient pas mis la clef sous la porte, et plus encore que de coutume débitaient des bocks, des chopes, des mêlés, des gommes, des absinthes. Les cabarets étaient moins fréquentés, car la Commune leur faisait concurrence par ses distributions de vin et d'eau-de-vie. En mai, Paris était si consterné, que l'on hésitait à sortir de chez soi; c'était comme une ville visitée par la peste. Les rares passants marchaient vite le long des maisons closes; sur les trottoirs quelques marchands de denrées étaient accroupis, cherchant à vendre des légumes de primeur et des volailles. Le monde des acheteurs était parti; la valeur des objets s'en ressentait : — quatre francs un beau dindon; — on était loin des prix du mois de janvier. Je me rappelle être sorti le 18 mai pour aller voir la parade que l'on faisait sur le perron de Notre-Dame-des-Victoires en y exposant des squelettes trouvés dans les tombes de l'ancien couvent des Petits-Pères. Je passai devant la Bourse, et, en bon Parisien, je réglai ma montre; il était quatre heures moins un quart. Je regardai sur la place; il y avait trois personnes : un monsieur qui filait vers la rue Vivienne, un fédéré endormi sur un banc et moi.

II. — LA SUSPENSION D'ARMES.

Les quartiers populeux. — Près de l'Hôtel de Ville. — Les prêtres déguisés. — Le 25 avril. — Le canon se tait. — Neuilly. — Ville à sac. — Promenade à Neuilly. — L'Arc de Triomphe. — Déménagement. — La maison des jeunes infirmes. — Une fille publique. — « Pour les petites. » — Les lilas au pillage. — Espoir déçu. — La brèche au Mont-Valérien. — Défense intérieure. — Après le 4 septembre. — Les cordonniers. — Napoléon Gaillard. — Directeur général des barricades, commandant en chef le bataillon des barricadiers. — Manifestation Baudin. — Gaillard, orateur des réunions publiques. — Duel proposé. — Rossel apprécie le père Gaillard. — État-major du bataillon des barricadiers. — Gaillard destitué par Delescluze. — Ses quinze barricades. — Gaillard réfugié à Genève. — Opinion de Rossel sur les ouvriers révolutionnaires.

Ce n'étaient pas seulement les quartiers riches de Paris qui semblaient atteints de solitude : les quartiers populeux, ceux où ordinairement la vie multiple s'agite et bruit, avaient perdu toute animation et, comme des hommes surmenés par de longues fatigues, paraissaient frappés d'anémie. Autour des mairies cependant le mouvement était plus accentué, car un monde ivrogne et quémandeur assiégeait incessamment les délégués. Malgré les chants patriotiques, malgré les estafettes trébuchant sur le pavé, malgré les bataillons en marche, on sentait planer partout cette inquiétude qui sort des situations anormales. Les habitudes modifiées faisaient du peuple parisien une multitude qui s'étourdissait, à force de cris, de chants et d'eau-de-vie, sur sa destinée, mais qui comprenait confusément que cette bouffonnerie n'aurait qu'une durée limitée. La vie de Paris semblait concentrée autour de l'Hôtel de Ville. Sur la place, où brillaient les trains d'artillerie, où les fusils étaient disposés en faisceaux, les bataillons fédérés se succédaient les uns aux autres; des sentinelles veillaient aux portes et des vedettes en manteau rouge, une plume de paon à la toque, prenaient des attitudes théâtrales en faisant piaffer leurs chevaux. La Commune ne fut qu'une parade jouée par des acteurs dont l'ivresse augmentait l'exagération naturelle.

Dans les rues on ne rencontrait plus aucun prêtre. Depuis que l'on avait incarcéré l'archevêque et d'autres ecclésiastiques que l'ignorance communarde appelait indistinctement des curés, ces pauvres gens se voyant traqués, comme un chien tombé au milieu des loups, avaient quitté la soutane et le rabat pour revêtir un costume moins compromettant. Ils avaient laissé pousser leur barbe ; mais, malgré ces précautions, il était facile de les reconnaître à la démarche, car le prêtre, comme le militaire, a en lui quelque chose d'indéfinissable dont il ne parvient jamais à se débarrasser complètement.

Pendant ces jours de désolation, il en est un qui fut presque un jour de fête : ce fut le 25 avril. De neuf heures du matin à cinq heures du soir, le canon et la fusillade ne se firent pas entendre vers l'ouest. Il y avait suspension d'armes convenue entre Versailles et Paris, entre la légalité et l'insurrection. Des deux côtés, on avait eu enfin pitié des habitants de Neuilly ; on leur avait accordé quelques heures pour déménager et fuir le bombardement dont ils étaient victimes, car depuis une vingtaine de jours les batteries de l'armée française tiraient à toute volée sur leurs demeures. Versailles ne fut point doux pour Neuilly. Les nécessités de la guerre ont sans doute contraint nos généraux à détruire les maisons qui servaient de réduits aux fédérés ; mais l'œuvre n'en fut pas moins désastreuse, car elle atteignit bien des innocents. Les petits bourgeois, les modestes rentiers, les employés qui, en si grand nombre, vivent à Neuilly pour avoir une existence plus facile et trouver des denrées alimentaires moins chargées de droits d'octroi qu'à Paris, eurent un sort peu enviable, car leur territoire était le champ des batailles les plus vives. Cachés dans leurs caves, écoutant s'écrouler au-dessus de leur tête la maison renversée par les obus, osant à peine sortir de leur refuge pour aller chercher une nourriture qu'ils ne parvenaient pas toujours à se procurer, menacés par les projectiles de Versailles, menacés par les fusillades fédérées, ils vécurent dans des angoisses qui leur paraissaient d'autant plus douloureuses qu'ils détestaient la Commune et sentaient instinctivement que l'attaque sur Neuilly était une diversion destinée à masquer l'opération dont le fort d'Issy et la porte du Point-du-Jour étaient l'objectif.

Il y eut un grand soulagement à Paris lorsque l'on apprit la suspension d'armes. On respira plus à l'aise en pensant que tant de pauvres gens allaient pouvoir quitter ce lieu de dévastation ; et puis, faut-il l'avouer ? on était ravi d'avoir un nouveau but de promenade, d'aller regarder les effets du bombardement et de circuler en sécurité; car on était convaincu que, pendant un jour de suspension d'armes, on n'arrêterait personne. La journée était charmante, égayée par un beau soleil de printemps, faite à souhait pour le plaisir des yeux, ainsi que disait le dix-huitième siècle. Tout Paris voulut voir Neuilly; jamais les Champs-Élysées, aux plus beaux jours de Longchamp, ne virent passer une telle foule. En revanche, les voitures n'étaient point nombreuses : quelques fiacres, quelques victorias, des omnibus requis pour aller chercher les élèves des pensionnats, trois ou quatre chariots d'ambulance destinés à rapporter les blessés. Comme les autres, en bon badaud de Paris,

---

De Paris, dis-je, auprès Pontoise,

je pris route vers Neuilly. En haut des Champs-Élysées, vers la rue d'Albe, quelques maisons écornées indiquaient que le tir avait été parfois plus long qu'il n'aurait convenu. Je n'étais pas inquiet pour l'Arc de Triomphe ; le seul bas-relief vraiment héroïque, celui que Rude a sculpté, fait face à la ville; il était donc à l'abri des obus. L'arc, du reste, a peu souffert, et les blessures qu'il a reçues ont été facilement pansées. Dès que l'on pénétrait dans l'avenue de la Grande-Armée, les ravages causés par l'artillerie apparaissaient : nulle maison qui n'eût sa plaie béante.

Rien ne m'a jamais donné l'idée d'une ville mise à sac comme ce malheureux Neuilly, placé sous le feu du Mont-Valérien et des batteries élevées à Courbevoie. L'impression produite était des plus violentes, et devant ce spectacle il était impossible de ne point détester la guerre, plus impossible encore de ne pas maudire cette insurrection du 18 mars, ce Comité central, cette Commune qui nous valaient de tels désastres, sans compter ceux que l'on devait redouter encore. Les habitants se hâtaient : sur des crochets, sur des charrettes à bras, sur des camions, ils entassaient leurs matelas, leurs meubles; les femmes portaient les enfants; les hommes ployaient sous les fardeaux. Ils partaient vers Paris, précipitamment, sans retourner la tête, comme si, malgré la suspension d'armes, ils eussent craint d'entendre encore le sifflement des obus et le rejaillissement des pierres brisées.

Il existe à Neuilly une *Maison de jeunes infirmes*, tenue par les Filles de la Charité, religieuses de la congrégation des Lazaristes instituée par saint Vincent de Paul, que vulgairement et par excellence on appelle les « Sœurs ». C'est un de ces innombrables établissements de bienfaisance ouverts aux misères et aux souffrances du peuple par les ordres monastiques, que la Commune a traités, comme l'on sait, par la calomnie dans ses journaux, par la fusillade sur les hauteurs de Belleville et dans l'avenue d'Italie. Cette maison, qui est à la fois école et infirmerie, et où tout soin est gratuit, je l'ai vu déménager. Dans trois ou quatre omnibus blanchâtres venus je ne sais d'où, on faisait monter les petites filles étiolées, rachitiques, scrofuleuses; on portait les boiteuses, on soutenait les bossues; tous ces jeunes yeux agrandis par la maigreur regardaient avec effroi. Cependant, pour ces pauvrettes, il n'y avait que de la compassion; mais pendant de si longs jours elles avaient vécu sous le bruit des projectiles, réfugiées dans une cave, qu'elles avaient peur et ne pouvaient être rassurées. Les sœurs en vêtements gris, en forts souliers, en larges cornettes dont les grandes ailes blanches flottaient sur leur front comme des ailes d'oiseau, s'empressaient autour des malades et les réconfortaient de bonnes paroles. Une fille, — une vraie fille publique, — s'était arrêtée comme moi, et comme moi regardait ces avortons effarés. Elle était assez proprement vêtue d'un costume criard, et comme il faisait chaud, elle portait replié sur le bras une sorte de mantelet en étoffe de laine bleue. Lorsque les omnibus s'ébranlèrent pour emmener ce pensionnat d'infirmes, elle frappa brusquement sur ses poches, comme si elle y eût cherché quelque chose; puis tout à coup elle roula son mantelet et le lança dans un des omnibus, en criant: Pour les petites! Elle se tourna vers moi; ses yeux étaient pleins de larmes et elle dit: Pourquoi tourmenter ces pauvres femmes?

Elle n'était pas seule de sa catégorie à Neuilly, ce jour-là, car toutes les filles de Paris semblaient s'y être donné rendez-vous. Les traîneuses du boulevard et les habituées des cafés interlopes, accompagnées de leurs « petites bonnes », passaient, ne s'inquiétant de rien, marchant vite et semblant se diriger vers un but déterminé. C'était la saison des lilas. Toutes, elles se glissaient dans les maisons, pénétraient dans les jardins et en ressortaient tenant sur les bras de véritables bottillons de branches fleuries. Lorsque les jardiniers regimbaient et voulaient les mettre à la porte, elles insistaient : « Puisque ce sera perdu, laissez-moi les prendre ; qu'est-ce que ça vous fait que je les emporte ? Vous n'en ferez rien, vous. Paris est si triste, donnez-moi des lilas, hein ? Ça sent si bon ! j'en aurai bien soin. » On ne résistait pas ; la fille prenait sa brassée. J'ai vu ravager ainsi plus de vingt jardins et j'ai constaté là, une fois de plus, le goût de ces pauvres créatures pour les fleurs.

La suspension d'armes n'avait été effective que pour Neuilly ; les batteries françaises de Breteuil, de Meudon et de Brimborion avaient tiré toute la journée sur les bastions 66, 67 et 68 ; vers Montrouge, les Hautes-Bruyères, Bicêtre et le Moulin-Saquet, les canons fédérés ne s'étaient point reposés. Malgré cela, la journée fut bonne pour les Parisiens. Il y eut de la détente dans les esprits et plus d'espérance dans les cœurs. Aux environs de la Porte-Maillot, on avait pu apercevoir la ligne des grand'gardes de Versailles ; nos soldats étaient si près de nous, qu'il nous semblait impossible de ne pas les voir arriver promptement, demain peut-être, dans cette ville affligée, qui les attendait avec tant d'impatience. Cet espoir en une délivrance prochaine était partagée par les étrangers. Le 20 avril, M. Washburne écrivait : « Personne n'aurait pu supposer, lorsque cette insurrection éclata, le 18 du mois dernier, qu'il se passerait près de cinq semaines sans qu'on trouvât aucun moyen de l'étouffer[1]. » Nous étions loin de

---

[1] *Vid. sup. loc. cit.*, n° 226.

compte; la stratégie marcha moins vite que nos désirs. La Commune eut beau faire sottise sur sottise, ne plus savoir où chercher ses hommes, remplacer Cluseret par Rossel, Rossel par Delescluze, on ne se hâta pas; on lui laissa le temps de préparer son dernier acte, et pendant un long mois encore nous dûmes vivre sous la honte et l'oppression.

Une semaine environ après la suspension d'armes, on commença à s'occuper sérieusement de la construction des barricades[1], comme si l'on eût redouté une entrée subite des troupes de Versailles. Cluseret avait installé une batterie au Trocadéro et affirmé que l'on avait fait une brèche « appréciable » au Mont-Valérien[2], mais la Commune éprouvait le besoin de se rassurer elle-même et de donner à ses bataillons l'appui de défenses établies dans la ville.

C'était un aveu; la Commune, se sentant incapable de soutenir une guerre régulière, se préparait à la guerre révolutionnaire, à la bataille des rues, chère au peuple de Paris. Elle allait mettre à exécution le programme qu'un ministre du gouvernement de la Dé-

---

[1] Dès que la construction des grandes barricades fut décidée en principe, la Commune fit frapper une médaille pour perpétuer le souvenir de cette résolution; la médaille est de fort module (six centimètres de diamètre). *Face* : le bonnet phrygien; Commune de Paris, 1871. *Revers* : le bonnet phrygien; le 19 avril 1871. La Commission des barricades par mesure de précaution pour la Commune de Paris en fait élever à l'issue de toutes les grandes rues à l'entrée de Paris dans la crainte d'un assaut par les Versaillais. — L'exemplaire que je possède est en plomb doré.

[2] La brèche ne fut jamais appréciable que pour Cluseret; mais les projectiles communards parvenaient jusqu'au Mont-Valérien, ainsi que le prouve la dépêche suivante adressée par le colonel de Lochner au chef du pouvoir exécutif, le 25 avril, à 3 heures 40 du soir : « Le bastion 66, flanc droit, nous envoie des obus qui arrivent très bien sur le plateau du fort. Nous contrebattons, en ayant soin de ne pas entrer dans la zone des opérations extérieures de ce côté. »

fense nationale avait annoncé le lundi 5 septembre 1870. Ce jour-là, devant son personnel assemblé, ce ministre dit: « Faites partir vos femmes, vos enfants, vos parents âgés, car la lutte sera inexorable : nous nous défendrons aux forts, aux remparts, dans les rues, dans chaque maison; plutôt que de rendre Paris aux Prussiens, nous le ferons sauter: c'est décidé! » Ce que Paris n'avait pas fait contre l'Allemagne, Paris allait le faire contre la France.

Pour construire des barricades et fortifier Paris intérieurement, on fit choix d'un cordonnier; car il est à remarquer que l'industrie du cuir a donné beaucoup d'auxiliaires à la Commune. Le directeur général des barricades, commandant du bataillon des barricadiers, était Gaillard père, méridional à coup sûr, Italien peut-être, dont l'outrecuidance égalait l'exaltation et dont la sottise surpassait l'emphase. C'était un monomane de barricades; il en faisait partout, chez lui avec ses formes de souliers, au café avec des dominos, pendant son repas avec des croûtes de pain. Vulgaire et grossier, il avait un vaste front d'hydrocéphale; cette large cavité était pleine d'inepties qui s'échappaient dès que Gaillard père ouvrait la bouche. Il était pétillant de bêtise. Tout le monde se moquait de lui, et il eut la bonne foi de ne jamais s'en apercevoir; il enfilait des mots les uns au bout des autres, sans trop s'inquiéter de ce qu'ils signifiaient; il disait: « La formidable opportunité des grandioses barricades de l'héroïque peuple de Paris dont tous les hommes sont frères! ».

Napoléon Gaillard avait alors cinquante-cinq ans; sa petite taille, son accent criard, ses yeux d'un bleu très pâle et son nez difforme en faisaient une grosse marionnette déplaisante à voir. Tout en tirant le fil poissé, il avait réfléchi à la question sociale et s'était cru indispensable au bonheur de l'humanité. Comme

Ferré, comme Émile Duval, comme tant d'autres, il devait sa réputation à la manifestation faite le 2 novembre 1868 sur la tombe de Baudin, mort pour la défense de l'intégrité parlementaire, qu'il n'avait point hésité à violer le 15 mai 1848. Ce jour-là, Gaillard avait dit quelque chose dans le cimetière Montmartre, et avait ainsi acquis un peu de célébrité. Dès que le droit de réunion fut rétabli, Napoléon Gaillard prit la parole et ne s'arrêta pas : du 7 novembre 1868 au 15 novembre 1869, il fait quarante-sept discours dont le sens échappe à lui et aux auditeurs. On en riait. Les journaux de nuance conservatrice s'en amusaient ; mais le père Gaillard, malgré un fond de timidité qu'il ne parvint jamais à vaincre complètement, aurait voulu avoir l'honneur chatouilleux. Désirant faire respecter, en sa personne, la cordonnerie révoltée, il proposa à un journaliste conservateur un duel dont il avait lui-même réglé les conditions : — au pistolet — à bout portant — un seul pistolet chargé — un cercueil ouvert entre les deux adversaires. — On lui fit comprendre que les gens qui veulent se battre ainsi ne se battent jamais. Il se le tint pour dit, rengaîna son pistolet, son cercueil, et retourna à son tire-pied. Pendant la guerre il ne se battit pas, car, s'il aimait à construire des barricades, il n'avait pas grand goût à les défendre. Malgré les plans qu'il expédiait à l'Hôtel de Ville et à la délégation de la guerre, la Commune eût sans doute dédaigné ses aptitudes, dont elle se méfiait, si Rossel, remplaçant Cluseret, n'avait possédé une dose de naïveté qu'il ne se soupçonnait guère. Il crut au talent — au génie — de Napoléon Gaillard, et le jour même où il entre au ministère de la guerre, le 30 avril, il prend un arrêté en vertu duquel : « Le citoyen Gaillard père est chargé de la construction des barricades formant une seconde enceinte en arrière des fortifications. »

Enfin, le père Gaillard avait été compris ; comme Ruy-Blas il pouvait s'écrier :

> Donc je marche vivant dans mon rêve étoilé !

Il ne perdit pas de temps à se galonner, se fit faire une tunique à revers rouges, se sangla d'une ceinture bleue et installa son quartier général à l'hôtel du Louvre. Pour lui on imprima du papier à tête : *Commune de Paris; défense intérieure; barricades. Administration rue de Rivoli, n° 166, grand hôtel du Louvre; directeur général : Gaillard père.* — Sur cette formule on modula cinq variantes, qui chacune correspondait à un format différent de papier à lettres. En outre, il avait un libellé de réquisition tout imprimé : *En vertu des pouvoirs qui m'ont été conférés par le délégué à la guerre comme commandant spécial des barricadiers et comme directeur général de la construction des barricades, m'autorisant à requérir tout ce qui est nécessaire à leur construction...* Le bataillon des barricadiers ne fut point une fantaisie : il exista; il compta jusqu'à huit cents hommes, choisis parmi les ouvriers terrassiers, et il eut des chefs qui furent, sous le commandement de Gaillard père, le capitaine adjudant-major, secrétaire général Gustave Cortès, dit Auguste Gaillard, le capitaine d'état-major Édouard-Achille Baillière, l'inspecteur des travaux de Cagny, et l'ingénieur civil chargé des matériaux Jean-Joseph Hertement. A cet état-major trente-cinq bas officiers obéissaient.

Gaillard se mit à l'œuvre. Il commandait la construction d'une barricade comme on commande un assaut, une main sous le revers de la capote, l'autre sur la poignée du sabre, le képi incliné, la voix vibrante ; il se croyait un homme de guerre, ne se comparait ni à Vauban, ni à Totleben dont il ne savait pas les noms, mais s'imaginait volontiers que l'âme de César ou celle de Frédéric II s'était incarnée en lui. Le père Gaillard n'eut pas longtemps à jouir de son importance, car il était du monde où les plus belles choses ont le pire destin ; dès que son protecteur Rossel eut quitté le ministère de la guerre pour aller se cacher dans un hôtel garni, le commandant directeur général des barricades fut remercié par Delescluze. Sa « démission » est du 15 mai[1]. Il n'était donc resté que quinze jours au sommet des honneurs, mais cela lui avait suffi pour établir dans Paris quinze barricades qui ressemblaient à de bons ouvrages de fortification[2]. La barricade élevée rue de Rivoli, à l'angle de la rue Saint-Florentin, excita la curiosité des Parisiens, qui ne la regardaient pas sans inquiétude. Elle promettait de se défendre et ne se défendit pas. Pendant la bataille des sept jours, les tas de pavés, entassés à la hâte, soutenus d'une voiture culbutée et appuyée de quelques tonneaux, tinrent bien plus longtemps que les architectures du citoyen Gaillard ; elles étaient trop savantes pour « les combattants aux bras nus », ainsi que Delescluze nommait les insurgés de la dernière heure. Dans la pensée des stratèges de la Commune, les barricades du père Gaillard n'avaient d'autre but et ne pouvaient avoir d'autre utilité que de fortifier la résistance des hommes envoyés aux remparts, en ayant l'air de leur réserver un refuge dans le cas où ils seraient forcés de se retirer.

Gaillard, qui a ouvert à Genève une boutique de cor-

---

[1] Voir *Pièces justificatives*, n° 6.
[2] Avenue Uhrich. — Porte Maillot. — Trocadéro. — Arc de Triomphe. — Avenue Friedland. — Avenue du Phare. — Rue Rivoli. — Rue Royale. — Place Vendôme. — Rue de la Paix. — Rue Castiglione. — Place de l'Hôtel-de-Ville. — Chaussée Clignancourt. — Boulevard Ornano. — Porte Vaugirard. — Rue Lecourbe. — Boulevard Beaumarchais. — La Bastille.

donnerie où l'on voit les portraits de Gaillard père, de Gaillarde mère et de Gaillard fils — le roi, la reine, l'héritier présomptif, — Gaillard qui, au mois de février 1873, disait : Pour chacun des nôtres fusillé à Satory, nous ferons tomber mille têtes de bourgeois. Gaillard est un type très commun parmi les révolutionnaires, qui s'imaginent que la violence des opinions peut tenir lieu d'intelligence et de science acquise. Dès qu'emportés par leur chimère ils veulent toucher à la pratique des choses, ils sont incapables, s'irritent et deviennent criminels. Rossel, qui paya de sa vie et de son honneur l'ambition qu'il mit au service de la Commune, a fait, à cet égard, un aveu que les vainqueurs par émeute devraient méditer : « J'ai fait tout ce que j'ai pu, dit-il, pendant que je servais l'insurrection, pour trouver, dans les classes ouvrières ou les petits commerçants partisans de la révolution, des hommes capables de commander ou d'administrer ; j'ai fait, je le répète, tout ce que j'ai pu. Eh bien ! je déclare formellement que je n'ai trouvé d'auxiliaires capables que dans les classes instruites. » Un capitaine du génie, ancien élève de l'École polytechnique, aurait dû savoir cela *à priori* [1].

[1] Rossel est très sévère pour tous les gens qu'il côtoie pendant son aventure. Il paraît stupéfait de ne pas rencontrer à chaque pas des hommes supérieurs. Il traverse l'armée de Metz, la délégation de Tours, la Commune de Paris, semblable à Diogène : il cherche un homme et ne le rencontre pas. Je me trompe, il en découvre un à Metz : « Un seul avait peut-être l'énergie voulue : un cordonnier de la rue de la Tête-d'Or, Péchoutre, vieux proscrit de 1851. » (Lettre de Rossel à son père, 18 février 1871.)

III. — LE RECRUTEMENT.

<small>Accessoires à portraits. — Photographie. — Dénonciation par vanité. — Rossel et Cluseret ne revêtent point l'uniforme. — Rossel assiste à la rentrée de l'armée française. — Ce qu'il pense des fédérés. — Le mot de la situation. — La souricière. — La chasse aux réfractaires. — Arrestations. — Le cas de M. R. de..... — Vermorel. — Arrête lui-même M. Rabut, commissaire de police. — Le sergent de ville Hippolyte Rothe. — Refuse de se mêler aux fédérés. — Est conduit à la mairie de Belleville. — Le cordonnier Trinquet. — Se transforme en cour martiale. — Assassine Hippolyte Rothe. — Crime démontré. — La Commune et le gouvernement de Dahomey.</small>

En attendant que les barricades fussent utilisées contre « la réaction », on s'en servait pour un objet auquel ceux qui les avaient construites n'avaient pas songé. On en faisait ce que les peintres appellent des accessoires à portraits. Sur les sacs de terre accumulés, sur les talus nivelés par les ordres de Gaillard père, les fédérés montaient, prenaient des poses menaçantes, fronçaient le sourcil, portaient la main au revolver, pendant que les officiers, brandissant le sabre, ouvraient la bouche pour un cri de commandement. On s'immobilisait dans ces attitudes peu naturelles; puis on allait chercher le photographe du coin : Ne bougeons plus! et l'image était fixée sur le collodion. Cette manie d'avoir son portrait sous travestissement militaire, qui avait pris naissance pendant le siège, arriva au paroxysme lorsque vint la Commune. Dès le 24 mars, on réédifia exprès une barricade dans la rue de Belleville; on s'y groupa autour d'un drapeau rouge et l'on se fit photographier. L'opération terminée, on enleva les pavés, les échelles, les tombereaux, et l'on rendit la rue à la circulation.

Les grandes barricades de la rue de Rivoli, de la place Vendôme, de l'Hôtel de Ville, furent ainsi reproduites avec les fédérés qui les gardaient. Il n'est alors lieutenant ou général qui ne se soit placé théâtralement devant un objectif, afin de garder un témoignage du temps où il était quelque chose. Les vitrines des marchands de gravures et des papeteries disparaissaient sous les cartes photographiques représentant les membres de la Commune, les délégués, les commandants, tout l'état-major de la rébellion, en un mot, revêtus d'uniformes d'une fantaisie parfois divertissante. Ils ne surent résister à la vanité qui les entraînait; comme d'infimes acteurs, ils aimaient à se revoir dans les oripeaux de leur rôle à succès; ce fut une imprudence. Ces photographies ne restaient pas toutes à Paris; beaucoup prenaient le chemin de Versailles, et servirent plus tard à faire reconnaître bien des malheureux qui se cachaient et qui peut-être seraient parvenus à se dérober s'ils ne s'étaient ainsi dénoncés eux-mêmes. L'expérience faite à cet égard n'a pas été inutile, et c'est de ce moment que l'on a installé à la Préfecture de police un atelier photographique, qui permet de prendre le signalement irrécusable des malfaiteurs.

Cette rage de galons qui est inhérente à toute révolution et que, de son temps, Camille Desmoulins signalait déjà, fut excessive pendant la Commune. Deux hommes seuls y échappèrent qui avaient légalement porté l'épaulette d'officier. Rossel et Cluseret ne revêtirent jamais l'uniforme de général fédéré. Cluseret, qui était très brave au feu, s'en allait en redingote, une badine à la main, coiffé d'un chapeau de haute forme, suivi d'un état-major reluisant de clinquant; Rossel, en courte veste, en chapeau rond, faisait de même. Avaient-ils pris cette habitude pour être prêts à décamper à toute heure? On l'a dit, mais je n'en crois rien. Malgré qu'ils en eussent, ils se sentaient amoindris sous le déguisement dont la Commune les avait affublés, et en souvenir du bon temps où ils portaient un uniforme respecté, faisant retour sur eux-mêmes, ils dédaignaient la livrée de révolte qu'on leur avait jetée aux épaules. Ce sentiment apparaît dans une des notes que Rossel écrivit après la bataille des sept jours. Caché dans son refuge, il avait suivi les péripéties de la lutte; malgré lui, son cœur bat d'émotion lorsqu'il voit arriver les troupes françaises : « Le soldat a un air confiant, bonhomme, dit-il; il fait contraste avec les gardes nationaux de la veille, et le contraste est en sa faveur; il n'a pas cette apparence déguenillée et sale du garde national sous l'uniforme... Le drapeau est planté sur l'une des barricades : les trois couleurs sont joyeuses à voir après le triste drapeau rouge... Le régiment passe; voici des officiers français ; leurs guêtres sont couvertes de poussière ou de boue, mais malgré la fatigue ils portent l'uniforme avec une aisance coquette : cela fait plaisir à voir après ces gueux d'officiers de la Commune. » Puis livrant sa pensée, et la formulant pour lui-même, il termine en disant : « Les chefs de la révolution ont été indignes de l'armée de la révolution; ils ont eu peur d'elle, ils l'ont menée aux cabarets et aux mauvais lieux, et ont achevé la dissolution morale qu'ils auraient pu vaincre. » Erreur profonde : le relèvement moral était le moindre souci des cadets de l'Hôtel de Ville; ils n'y songèrent même pas, et ne s'occupèrent qu'à « prendre un peu de bon temps ». Le mot de la situation m'a été dit, vers le milieu du mois de mai, par un menuisier. Il faisait une réparation chez moi et s'était mis à la fenêtre pour voir défiler les zigzags d'un bataillon fédéré; il me dit, avec un mouvement des lèvres et des épaules que l'on ne peut rendre : « Tout ça, voyez-vous, c'est de la bamboche; gare la fin! Elle sera rude, et ils ne l'auront pas volée. »

Les uniformes, les barricades, les portraits, les uns aidant aux autres, ne favorisaient guère la circulation dans les rues de Paris, qui parfois était complètement interrompue par des compagnies de fédérés installées aux carrefours, gardant les issues et établissant ce que l'on nomme une souricière. Tout un quartier se trouvait ainsi paralysé ; la vie s'y arrêtait ; les voitures n'y pénétraient plus ; les piétons recevaient ordre de rentrer chez eux, et si un passant restait immobile et cherchait à comprendre, on lui criait : Au large ! Pourquoi ce déploiement de forces ? pourquoi ces rues mises en état de siège ? C'est que la Commune, ou le Comité de salut public, ou le Comité d'arrondissement, ou le commandant de place, ou le délégué à l'intérieur, ou le délégué à la guerre, ou le général, ou le colonel, ou n'importe qui, avait prescrit une perquisition pour découvrir les réfractaires ; car, en ce temps, il fallait servir l'insurrection, ou s'exposer aux brutalités de l'arbitraire. La guerre civile ne peut être faite que par des volontaires ; la soutenir à l'aide du service obligatoire, c'est commander le brigandage à main forcée.

On arrêtait ainsi les hommes que l'on rencontrait dans les maisons, dont les greniers et surtout les caves étaient minutieusement fouillées ; on les emmenait à la mairie, parfois dans une église voisine transformée en salle d'interrogatoire. On renvoyait les vieillards, à moins qu'ils ne fussent soupçonnés de connivence avec Versailles, ce qui arrivait souvent ; les jeunes gens, les hommes âgés de moins de quarante ans, étaient gardés « à la disposition de la sûreté générale », c'est-à-dire de Raoul Rigault ou de Ferré. Il fallait s'enrôler alors pour éviter la prison, et, une fois enrôlé, trouver moyen de se cacher ou de fuir pour échapper à la nécessité de servir dans des bandes de pillards et de meurtriers. Le procédé était simple et le registre d'écrou du Dépôt près la Préfecture de police a conservé trace de ce système d'intimidation. Le 9 mai, sur mandat d'arrêt, M. R... de... est incarcéré. Le lecteur me pardonnera de ne point citer le nom, qui est un des plus illustres de l'histoire militaire, parlementaire et académique de la France. Le détenu est qualifié : « Sergent d'infanterie, cherche à se soustraire au service militaire. » Le 13, il est extrait sur un ordre signé Coupey, contresigné Raoul Rigault, et portant : « Le directeur du Dépôt remettra au citoyen Bourget, inspecteur aux délégations judiciaires, le citoyen R... de... qui va s'enrôler immédiatement dans un bataillon du huitième arrondissement. » L'enrôlement eut lieu, en effet, le jour même ; mais le lendemain, M. R... de .... avait réussi à quitter Paris ; et je crois qu'en cette circonstance le domestique suisse dont j'ai parlé précédemment ne lui fut pas inutile.

Toute autorité de ce temps-là délivrait des ordres d'arrestation ; il est si doux, pour certaines natures, de faire le tyran au nom de la liberté et de persécuter les gens en invoquant la fraternité ! Mais cela ne suffisait pas et parfois les membres de la Commune n'ont point dédaigné de saisir au collet, *propriâ manu*, les personnes qui leur déplaisaient. Vermorel lui-même, une des très rares intelligences égarées dans la Commune, ne sut résister au besoin de faire acte d'oppression. M. Rabut, commissaire de police à la Bourse, était resté à son poste. Il avait toujours accompli son devoir et n'avait jamais hésité à faire arrêter les malfaiteurs. Il s'imaginait que ce n'était pas là un cas pendable et restait paisiblement à Paris, comme un homme qui, n'ayant rien à se reprocher, n'avait rien à redouter. Mal lui en prit. Le 8 avril, vers onze heures du matin, il passait sur le boulevard Sébastopol, lorsque au coin de la rue Turbigo il fut accosté par un grand garçon maigre, ayant un faux air de séminariste, âgé de trente-cinq ans environ, qui lui dit : « N'êtes-vous pas M. Rabut? — Et vous-même, qui êtes-vous? — Je suis le citoyen Vermorel, membre de la Commune, et je vous arrête. » Un poste de fédérés était proche ; Vermorel appela quelques hommes qui entourèrent M. Rabut et le conduisirent au « violon » de l'Hôtel de Ville, puis à la Permanence, dont le chef le fit écrouer au Dépôt. Il y resta jusqu'au 14 avril, fut transféré d'abord à Mazas, ensuite à la Grande-Roquette, le 23 mai, et put échapper à la mort, ainsi que je l'ai raconté ailleurs[1].

Tous ne furent point aussi heureux que M. Rabut, et un pauvre homme, dont on n'a point parlé, périt victime de son insouciance pour le danger, assassiné par un membre de la Commune. Un ancien soldat, devenu sergent de ville, nommé Hippolyte Rothe, n'avait point abandonné Paris pendant la Commune. C'était un bon sujet, portant volontiers le képi sur l'oreille et la moustache en croc. Âgé de trente-huit ans, empressé autour des femmes, qui ne le dédaignaient pas, il avait dans le XIe arrondissement, qu'il habitait, une certaine réputation de crânerie dont il était assez fier ; brave garçon du reste, et très aimé des habitants de son quartier. La seule précaution qu'il prit lorsque l'insurrection eut triomphé, fut de changer de costume ; il revêtit une vareuse bleue et laissa croître sa barbe ; mais il ne quitta pas son domicile de la rue Sainte-Marie-du-Temple, n° 5, où il vivait avec sa maîtresse. Il se promenait dans les rues, regardait passer les fédérés et leur riait au nez en levant les épaules. Les gens qui le connaissaient lui disaient : « Prenez garde ; ne vous montrez

---

[1] Voir *Convulsions de Paris*, t. I, chap. VIII, *la Grande-Roquette*.

pas trop ; ces gens-là ne sont pas bons, ils vous feront un mauvais parti. » Il répondait : « Bah ! j'en ai vu bien d'autres à l'assaut de Malakoff ; ça m'amuse de les voir faire leurs mômeries. »

Les choses durèrent ainsi pendant longtemps ; il eut quelques alertes à supporter, mais il sut se tirer d'affaire, plaisantant les uns, se moquant des autres, et trouvant toujours moyen de rester libre. Très peu de temps avant la fin de la Commune, il tomba malade et fut obligé de garder le lit. La bataille commença ; il l'entendait sonner autour de lui et disait : « Enfin, voilà les camarades qui arrivent. » Hélas non ! pour lui, ce furent les fédérés qui arrivèrent. Ils fouillaient les maisons du faubourg du Temple, arrêtant tout individu qui ne voulait pas se joindre à eux. Entrés chez Rothe, ils lui dirent : « Tu fais la frime d'être malade ; tu vas te lever et venir avec nous ; voilà les chouans qui sont entrés dans Paris et qui nous tirent dessus ; il faut se défendre, dépêche-toi ! » Rothe refusa de les suivre et, militairement, les envoya à tous les diables. C'était le jeudi 25 mai ; l'heure était mauvaise, la maladie communarde était entrée dans son dernier période. Rothe fut arrêté « au nom de la loi ». Il fut forcé de s'habiller. Sa maîtresse jetait les hauts cris ; on la fit taire avec quelques bourrades. On emmena le malheureux et on le conduisit à Belleville, à la mairie du vingtième arrondissement, où siégeait le délégué membre de la Commune.

Ce délégué était Alexis-Louis Trinquet, né à Valenciennes le 6 août 1835 ; ancien courtier d'élections du comte Henri de Rochefort-Luçay, cordonnier de son état, homme politique par vocation, ayant tout appris en poussant le carrelet et ne sachant absolument rien. Nommé membre de la Commune aux élections complémentaires du 16 avril, il trônait à l'ancienne Ile-d'Amour, devenue chef-lieu municipal de Belleville. Hippolythe Rothe comparut devant lui, et Trinquet, par une opération rapide, se transforma en cour martiale. Il fut président, assesseurs et ministère public. Il interrogea Rothe, qui, selon son habitude, essaya de plaisanter. Trinquet n'en devint que plus important. Rothe perdit patience et ne se gêna guère pour dire ce qu'il pensait. Séance tenante, il fut condamné à mort; Trinquet le conduisit dans la cour et le livra aux fédérés. Le vieux soldat resta ferme sous les insultes. On l'accula dans l'angle d'une muraille; il fit face à ses bourreaux et tomba sans avoir baissé les yeux. Étendu dans une mare de sang, il s'agitait encore. Un fédéré glissa une cartouche dans son fusil. Trinquet s'élança, son revolver à la main. « En qualité de membre de la Commune, dit-il, je réclame l'honneur de donner le coup de grâce à ce mouchard; » et se penchant vers Rothe, il lui brisa la tête. Devant le troisième conseil de guerre, Trinquet a nié ce fait; les témoignages qui l'ont accusé ont été unanimes et concordants; quoi qu'il ait pu faire pour s'en dégager, il lui reste acquis. Le même jour, dans la même mairie, deux gardes nationaux fédérés accusés de ne pas faire leur devoir furent passés par les armes; leurs cadavres furent réunis à celui de l'ancien sergent de ville. Trinquet assista à ce meurtre, mais il n'y prit aucune part. Les corps, retrouvés cinq jours après, furent transportés au cimetière de Charonne et placés à côté de celui du banquier Jecker.

Ces meurtriers et ces brûleurs d'édifices, lorsqu'ils furent interrogés par les juges d'instruction et les juges militaires, ont tous fait la même réponse : « Nous avons cru devoir agir ainsi pour sauver la République. » Cette parole paraît être un mot d'ordre, car ils l'ont dite devant les tribunaux, imprimée dans leurs livres, criée dans leurs réunions; ils la répètent encore dans leurs journaux. Le sort de la République n'était point en jeu ; ils le savaient, et du reste ne s'en souciaient guère ; car leur Commune ne ressemblait pas plus à la République que le gouvernement de Dahomey ne ressemble à la monarchie.

CHAPITRE VII

LE COMBAT DANS LES RUES

I. — LE HUITIÈME ARRONDISSEMENT.

Dénonciations intéressées. — Police. — Les transes de la Commune. — Les suspects. — Aliéné gâteux. — Jules Allix. — Escargotomanie. — Les découvertes scientifiques de Jules Allix. — Gymnases de femmes. — Le commissaire de police Mekarski. — Pillage des maisons particulières. — Les Carmélites. — Ordre à la huitième légion. — Alerte dans le quartier de l'Europe. — Les fédérés au chemin de fer. — Les wagons de première classe. — Boudoirs. — Les wagons blindés. — Un chanteur. — La *Prolétarienne* de Savinien Lapointe. — L'œuvre de haine.

Les perquisitions dont j'ai parlé dans le précédent chapitre, étaient le plus souvent provoquées par des révélations intéressées. Comme au temps de la Terreur, les boutiquiers d'un même quartier ne se gênaient guère pour se dénoncer les uns les autres. La sûreté générale était, du reste, servie par une police peu scrupuleuse, qui excellait aux perquisitions. Les femmes, je l'ai déjà dit, se distinguaient à la chasse aux réfractaires, et, comme elles recevaient une prime par indication, on peut supposer qu'elles ne se faisaient faute d'inventer lorsqu'elles ne savaient pas. On avait des agents à Versailles ; on surveillait les étrangers. Il y avait toute une organisation occulte dont les traces apparaissaient çà et là, mais qu'il serait difficile de reconstituer avec certitude, car la plupart des documents qui la concernaient ont été incendiés au Palais de Justice et à la Préfecture de police. Je retrouve cependant deux reçus, en date du 29 avril, signés par A. Dupont, qui fut un des chefs de la police municipale pendant la Commune : *Reçu trois cents francs, — reçu sept cents francs, — police de Versailles, — police polonaise.*

Si c'est cette police polonaise qui a été chargée d'épier les actions de Dombrowski, on peut reconnaître qu'elle ignorait son métier ou qu'elle a volé son argent. Une note non signée, mais évidemment écrite par le même A. Dupont, recommande la formation immédiate d'une brigade d'investigation destinée à suivre de près un complot contre la Commune ourdi par les négociants du faubourg Saint-Denis, auxquels se sont ralliés d'anciens gardes mobiles. La Commune vivait dans des transes perpétuelles ; à chaque jour, à chaque heure, elle s'attendait à voir arriver les troupes françaises, et c'est pour cela que, redoublant de vexations envers les habitants de Paris, elle multipliait les perquisitions à domicile et les arrestations. Ailleurs j'ai donné le chiffre exact : 5632 suspects furent incarcérés par la Commune, et ce chiffre ne se rapporte qu'aux hommes. Ces mesures d'oppression avaient surtout pour objectif les quartiers populeux ; un des arrondissements de Paris, le huitième, quoique l'on y ait dévalisé plusieurs maisons, put échapper aux perquisitions à main armée. C'est l'arrondissement que j'habite, et j'ai vu de près ce qui s'y est passé. La tranquillité relative dont il a joui est due à deux causes : d'abord à l'absence de la majeure partie des habitants, qui s'étaient empressés de quitter Paris ; ensuite à la mansuétude du délégué siégeant à la mairie de la rue d'Anjou et qui n'était autre que Jules Allix. Au milieu des aliénés agités de la Commune, c'était un aliéné paisible; dans une maison de santé, on l'eût classé parmi les gâteux, qu'il n'eût point déparés. Jadis il avait réellement « gâté » sur les chaises spéciales de Charenton, ce qui lui avait valu d'emblée un siège à l'Hôtel de Ville.

C'était un maniaque prophétique, incohérent, mais bon homme, et absolument inoffensif. Il n'était point atteint de monomanie homicide, comme Rigault, Ferré, G. Ranvier et Urbain; de pyromanie, comme Pindy; de cleptomanie, comme Eudes; de monomanie du pouvoir, comme Delescluze; de monomanie des grandeurs, comme J. Vallès; de monomanie raisonnante, comme Léo Meillet; de monomanie dénonciatrice, comme Millière; d'alcoolisme, comme tous les fédérés; de lycanthropie compliquée de lâcheté, comme Félix Pyat; de scatologie chronique, comme Vermersch; il n'était pas Dieu, comme Babick; non, il était atteint d'escargotomanie et ne croyait qu'aux colimaçons, croyance innocente qui lui mérita quelque célébrité. Il avait inventé la correspondance à l'aide des escargots sympathiques.
— Deux escargots ayant de la sympathie l'un pour l'autre étant donnés, il s'établit une sorte de synchronisme dans leurs mouvements; à quelque distance que ce soit, le geste de l'un est imité, est reproduit par l'autre au même instant. Découverte d'incalculable conséquence; plus de poste aux lettres, plus de télégraphie électrique; la sympathie des escargots supplée à tout. — Recette : prenez quarante-huit escargots dont le degré de sympathie a été scientifiquement déterminé; séparez-les en deux compagnies de nombre égal : vingt-quatre d'un côté, vingt-quatre de l'autre; sur chacune des coquilles tracez une des vingt-quatre lettres de l'alphabet; gardez un alphabet à Paris, envoyez l'autre à Constantinople.

Lorsque vous remuerez l'escargot A de Paris, l'escargot A de Constantinople s'agitera immédiatement, parce qu'il est sympathique. De là un mode facile de correspondance qui déjoue toutes les curiosités. M. Émile de Girardin fut autrefois partisan de cette télégraphie colimaçonnière et lui donna l'appui de la publicité dont il disposait.

Beaucoup d'escargots, deux accès de folie constatés, un déplacement de villégiature à Charenton, avaient naturellement porté Jules Allix à la Commune, où il représentait l'élément scientifique. Lorsqu'il fut délégué à la mairie du VIIIe arrondissement, il avait changé de manie, il voulait établir des gymnases de femmes et engageait les sœurs de charité à modifier leur costume, qui n'est pas favorable aux exercices du tremplin. Ce fut là sa plus sérieuse occupation. En outre, il était atteint de loquacité irrésistible et parlait sous lui. Avec un tel délégué, l'arrondissement fut en paix; on n'y abusa ni des perquisitions, ni des arrestations de réfractaires. Cela ne satisfaisait que médiocrement Raoul Rigault, qui incarcéra Jules Allix au Dépôt sous l'inculpation de « trahison, imbécillité et folie ». Allix avait péché par ignorance et n'avait point tenu compte des bons exemples qui lui avaient été donnés par le commissaire de police du quartier de l'Europe, métreur vérificateur pour la serrurerie, jeune homme de vingt-six ans, mâtiné de Française et de Polonais, qui s'appelait Jules-Charles Mekarski. Ce Mekarski devait sa fortune administrative à sa sœur, qui, sous le pseudonyme de Paule Minck, avait, pendant la Commune, été « oratrice » dans les clubs féminins. D'abord attaché en qualité d'officier à l'état-major de la place Vendôme, puis délégué aux perquisitions, il avait été expédié en Bourgogne, vers le milieu d'avril, pour y convertir la ville d'Auxerre aux théories communardes. Afin de donner quelque éclat à sa propagande, il déclarait à ses auditeurs qu'il n'était autre que le prince Poniatowski. Cela ne convainquit pas les Bourguignons, et Mekarski revint à Paris, où il fut nommé commissaire de police dans le quartier de l'Europe. Là il se distingua par une expédition bien combinée. Mekarski, aidé du citoyen Martial, son collègue du quartier des Champs-Élysées, se présenta rue Jean-Goujon, à l'hôtel du duc de Rivoli et de la pricesse d'Essling, sous prétexte d'y rechercher deux caisses d'argenterie marquée aux armes impériales. Pour cette conquête les commissaires de police s'étaient fait escorter par deux officiers, dix fédérés du 69ᵉ bataillon et par un serrurier muni de tout ce qu'il faut pour crocheter les serrures et rompre les verrous. On ne découvrit point de vaisselle plate provenant des Tuileries, mais on trouva des couverts d'argent, des candélabres, des décorations, des armes de luxe appartenant au duc de Rivoli, et un coffret de bijoux déposé au fond d'une armoire dans l'appartement de la princesse d'Essling. En bon officier judiciaire qu'il était, Mekarski fit inventorier et placer sous scellés tous ces objets, à l'exception cependant du coffret de bijoux, qui fut emporté, comme souvenir, par quelqu'un de la bande, et qui ne reparut jamais. On n'oublia pas de visiter les caves; on but sur place et l'on expédia en lieu sûr bon nombre de bouteilles en guise de provisions obsidionales. Le pillage de l'hôtel dura jusqu'au 21 mai; Mekarski ayant procédé méthodiquement aux premières effractions s'abstint de reparaître rue Jean-Goujon et laissa des fédérés divers achever l'œuvre qu'il avait commencée. Le 17 mai, à la tête de deux cents hommes, il envahit le couvent des Carmélites situé avenue de Messine, pour y arrêter un prêtre qui ne s'y trouvait pas. Les provisions mises en réserve pour les mauvais jours que l'on pouvait prévoir, furent dévorées par les fédérés, qui jamais ne cessaient d'avoir faim et soif. Les chapelles furent saccagées, nul objet de prix n'y resta, et comme on voulait prouver que l'on était esprit fort, on mangea les hosties consacrées, « pour rire[1] ». Jules Allix était demeuré étranger à ces méfaits; ses aspirations révolutionnaires n'allaient pas jusqu'au vol, ni jusqu'au sacrilège; il n'était qu'aliéné, ce qui explique la mollesse de son attitude; mais on voulut remédier à ses négligences administratives et prouver au huitième arrondissement que l'ère des privilèges était décidément abolie. Les murailles reçurent une affiche blanche ainsi conçue : « Ordre formel; huitième légion. Tous les citoyens de dix-neuf à quarante ans, faisant partie des 3e et 4e bataillons, qui n'auront pas rejoint *immédiatement* leur casernement à la caserne de la Pépinière, seront arrêtés et déférés à la cour martiale. (*La peine encourue est celle de la mort.*) Trois bataillons étrangers à l'arrondissement seront mis à la disposition de la légion pour faire exécuter cet ordre. Paris, 17 mai 1871. *Le lieutenant-colonel, sous-chef de légion, chef d'état-major,* Auguste Petit. Vu et approuvé : *Les membres du bureau militaire,* Bauche, Bressler, Denneville, Légalité. » Ce ne fut point une vaine menace; le vendredi 19 mai, une pièce de canon fut braquée dans la rue de Rome, à côté du collège Chaptal, et deux bataillons pris à Belleville et à Ménilmontant vinrent tenir garnison à la gare Saint-Lazare. Le même jour, le commissaire de police Mekarski, sentant que les choses se gâtaient, se donna à lui-même une mission en province, quitta Paris et alla se réfugier à Genève. La journée du lendemain fut employée

---

[1] Procès Mekarski; jugement contradictoire; 3e conseil de guerre, 11 mai 1874.

à s'installer sous le pont de la place de l'Europe. Le dimanche, on chôma le jour férié, et l'on remit au lundi 22 les perquisitions qui devaient avoir pour objet les quartiers compris entre le chemin de fer, les anciens boulevards extérieurs et la rue Abbatucci (aujourd'hui de la Boétie, autrefois de la Pépinière). Heureusement, le lundi matin, vers sept heures, les troupes françaises vinrent regarder de ce côté, et les deux bataillons filèrent sans tambour ni trompette.

L'alerte avait été vive, et dès le 18 toute précaution avait été prise pour soustraire au service de la Commune les hommes en âge de porter les armes. On avait fait partir les portiers, les domestiques; cela ne coûtait pas fort cher, et chacun s'empressait à aider les malheureux menacés par les gens de l'Hôtel de Ville; de sorte que les perquisitions, si on avait eu le temps de les faire, n'eussent été que vexatoires et n'auraient probablement donné aucun soldat à l'insurrection, à laquelle notre quartier était resté réfractaire. La maison où est situé mon appartement prend jour, à la fois, sur le chemin de fer de l'Ouest et sur la rue de Rome, en face de la rue de Naples qu'elle découvre. C'est une vue assez étendue, puisqu'il est facile d'apercevoir la place de l'Europe, une partie du boulevard des Batignolles, toute la rue de Rome, la place Saint-Lazare et la rue de Naples jusqu'au boulevard Malesherbes.

J'avais suivi avec curiosité l'installation des bataillons fédérés, et de ma fenêtre j'avais pu faire quelques observations intéressantes. Sur la partie de la voie qui est abritée par les embranchements du pont de l'Europe, ils avaient établi leur campement. Fusils disposés en faisceaux gardés par des sentinelles; cuisines appuyées contre les murailles; cantines en plein vent; tonneaux de vin gerbés et mis en perce; fanions fichés en terre, sonneries de clairon à toute heure; rondes d'officiers; en un mot, on jouait au soldat, et l'on n'y jouait pas trop mal. On ne couchait point sur la terre nue; on avait promptement découvert des alcôves bien matelassées, et l'on en avait profité. Tous les wagons disponibles de la gare avaient été rangés le long de la haute muraille qui soutient les maisons de la rue Mosnier. Il y en avait, sur deux rangs, depuis le pont jusqu'au premier tunnel; on en fit des dortoirs pour la nuit et des boudoirs pour le jour. C'est là que les fédérés recevaient leurs visites. On choisissait de préférence les voitures de première classe, plus amples et mieux capitonnées que les autres; on y faisait monter quelque demoiselle portant au bras un cabas d'où émergeait le goulot des bouteilles; on refermait la portière, on abaissait les stores et rien n'empêchait de se croire en cabinet particulier. Une fois, on cherchait une cantinière, on l'appelait de tous les côtés; on l'appela enfin si fort qu'elle s'élança brusquement d'un wagon. De son costume militaire, il me sembla qu'elle n'avait conservé que bien peu de chose. La Commune, prenant souci de la moralité publique, avait aboli la prostitution; c'était peut-être le parti le plus sage. En présence d'un dévergondage qui ne se dissimulait pas, il était naturel de détruire une exception dont les circonstances faisaient la règle générale.

C'est à la gare de l'Ouest qu'étaient remisés les wagons blindés, armés de canons, forteresses roulantes inventées contre l'Allemagne et retournées contre la France. Ces engins firent bien du mal à nos troupes aux environs d'Asnières; je me sentais oppressé lorsque je ne les apercevais pas à leur place ordinaire, je prêtais plus attentivement l'oreille au bruit de la canonnade, et il me semblait reconnaître leur grosse voix au milieu de la bataille. Parfois ils revinrent portant au flanc de larges blessures que des forgerons pansaient à grands coups de marteau. Ils n'étaient plus là lorsque les fédérés vinrent camper sous mes fenêtres, et, au dernier jour, ils furent sans action pour empêcher l'armée française de pénétrer dans Paris.

Le dimanche 21 mai, dans la soirée, un groupe de fédérés se réunit au coin de la rue de Rome et de la rue de Vienne. La nuit descendait, l'air était d'une fraîcheur élastique et charmante ; nulle voiture ne passait ; on n'entendait au loin aucune rumeur d'artillerie ; tout était calme et comme apaisé. Du milieu des gardes nationaux j'entendis sortir une voix vibrante qui chantait. Je descendis et je m'approchai pour écouter. Un jeune homme de vingt-cinq ans environ, beau gars, maniant assez habilement une bonne voix de baryton, chantait, avec conviction et un grand abus de gestes, une chanson que je ne connaissais pas. Il y avait un refrain qu'il scandait vigoureusement, battant la mesure du pied, de la tête et des mains, et que ses compagnons reprenaient en chœur, sans ensemble et à l'unisson. Des gens du quartier, des portières, des servantes avaient fait comme moi et s'étaient groupés autour du chanteur, qui paraissait fier de son succès. Mais que chantait-il ? C'était une sorte d'appel à la haine : les mots *Dieu*, *ouvriers*, *peuple* revenaient sans cesse. Cela me semblait passablement bête ; mais l'auditoire était impressionné, et quelques fédérés hochaient la tête pour approuver. Lorsque le chanteur eut fini, on lui fit une ovation ; on l'applaudit et l'on cria : *Bis !* Je criai plus fort que les autres, car je voulais retenir quelque chose de sa chanson, afin de pouvoir la reconstituer à loisir. Il se fit un peu prier, ainsi qu'il convient, et il recommença. Cette fois, je saisis au vol le troisième couplet; je le transcrivis en rentrant chez moi, et ce couplet, le voici :

> L'été, l'hiver, dans les champs, sur les ondes,
> Grillés, gelés, laboureurs, débardeurs,
> Le corps meurtri comme bêtes immondes,
> Nous succombons sous le joug des vendeurs!
> Dieu voulut-il, dans les murs d'une usine,
> Que couperose, ou gaz, ou noir, ou suif,
> Poussent au cœur leur fumée assassine,
> Sous l'œil cruel d'un patron agressif?

J'eus quelque peine à découvrir d'où sortait ce paquet de rimes étranges; j'y suis parvenu cependant. C'est l'œuvre d'un cordonnier nommé Savinien Lapointe, et ça s'appelle *la Prolétarienne*.

Ces vers font sourire les lettrés; mais les fédérés les prenaient au sérieux. Pendant qu'ils écoutaient leur camarade, ils sentaient battre leur cœur et ils avaient de réels mouvements de colère. Ils se croyaient en état de légitime défense, ils comparaient leur révolte à la guerre servile et ne s'apercevaient pas que la violence de leurs convictions n'est autre que la brutalité de leurs convoitises. Ils répondaient par des gestes farouches aux excitations que leur jetait la chanson :

> Gorgés de tout, ils vivent bien, eux autres!
> Douleurs d'enfer! Pourtant si nous voulions!
> Ils ont des bras, mais nous avons les nôtres :
> Qu'importe un trou de plus dans nos haillons!

De telles paroles, un air un peu entraînant, une belle voix, quelques petits verres d'eau-de-vie, en voilà plus qu'il n'en faut, aux jours d'émeute, pour changer de bons ouvriers en rebelles prêts à brûler les maisons, à fusiller les prêtres et à égorger les gendarmes. Cette chanson m'a beaucoup frappé, et j'y ai insisté parce qu'elle eût pu servir de « chant national » à la Commune, qui fut, quoi qu'on en ait pu dire, un acte de guerre sociale. La politique n'y a été pour rien, pas plus qu'elle n'a été pour quelque chose dans l'insurrection de juin 1848. Ça été une œuvre de haine : celui qui ne possède pas, et qui peut-être n'a rien fait pour posséder, a voulu posséder tout de suite et sans plus attendre. A force de s'entendre dire qu'il est opprimé, l'ouvrier a fini par le croire. Il n'a plus qu'un ennemi, le riche, et il en souhaite l'extermination, sans se douter que s'il parvenait à réaliser son rêve, il n'en serait que plus malheureux. Henri Chabanne, dit Nivernais Noble-Cœur, dans le récit de son *Évasion de l'Ile-au-Diable*, a formulé l'erreur dont ces pauvres têtes sont travaillées, lorsqu'il a dit : « Le choléra respecte-t-il quelqu'un autre que l'homme aisé ; la misère seule succombe ! » De telles idées, lorsqu'elles ont pénétré la population, produisent une maladie latente qui parfois éclate d'un accès aigu, comme nous l'avons vu pendant la Commune.

II. — L'INCIDENT DUCATEL.

Le 4ᵉ corps d'armée. — Négociations. — Abondance de vendeurs et d'acheteurs. — Puérilité de certains projets. — Négociation sérieuse. — Intervention de M. Thiers. — Le colonel La..... — Instructions de M. Thiers. — Rien ne réussit. — Pourquoi ? — Les informations communardes. — Précautions bien prises. — La Cecilia. — Lisbonne. — Sécurité de M. Thiers. — La porte de Saint-Cloud abandonnée le 17 mai. — Opinion de l'amiral Saisset. — Position des troupes commandées par le général Douai.

A l'heure où l'ouvrier chantait *la Prolétarienne* de Savinien Lapointe, les troupes françaises avaient franchi les remparts et venaient mettre fin à ce que M. Corbon a appelé le pouvoir terroriste de Paris[1]. L'initiative de

[1] *Enquête parlementaire sur le 18 mars* ; déposition de M. Corbon.

M. Ducatel, initiative moins fortuite que l'on ne croit, est connue, mais l'incident lui-même comporte certains détails qu'il ne sera point inutile de raconter. L'honneur de la libération de Paris revient à l'armée, car, malgré le bon résultat des négociations menées par Georges Veysset avec Dombrowski, malgré l'intervention de M. Ducatel, rien n'était possible, si les cheminements du quatrième corps n'avaient affleuré le fossé des fortifications. Là, et non ailleurs, fut la cause du salut. Dans ce long drame, l'élément militaire avait fini par s'emparer du premier rôle et l'avait conservé. Ce n'est pas que le gouvernement n'eût songé à ressaisir Paris brusquement, par un coup de main préparé; mais les tentatives essayées dans ce but, pendant le mois d'avril et la première quinzaine de mai, paraissent n'avoir eu que des conséquences négatives, sauf toutefois celle de Georges Veysset, qui ne se produisit que peu de jours avant le dénoûment qu'elle hâta.

Qu'il y eût un groupe de conservateurs déterminés à risquer leur vie pour rendre Paris à la France, qu'il y eût parmi les officiers fédérés supérieurs, même parmi les membres de la Commune, des gens qui faisaient les yeux doux aux écus de Versailles et buvaient volontiers à deux abreuvoirs, on n'en peut douter. Les preuves abondent qui démontrent le double personnage joué par plus d'un de ces figurants de la révolte et de la délation. Les hommes de bon vouloir qui offrirent au gouvernement de Versailles de faire une diversion à main armée dont on pourrait profiter, furent nombreux; la plupart étaient d'anciens officiers de la garde nationale ou de la garde mobile qui avaient fait acte de courage pendant la guerre franco-allemande. On ne repoussa personne, on encouragea tous les efforts, on ne marchanda pas trop l'argent demandé; mais il semble que l'on ne donna aucune cohésion, aucun ensemble à ces conspirations « pour le bon motif » ; chacun fut laissé libre d'agir à sa guise, et de là naquit une incohérence qui devait paralyser les volontés les meilleures. Cette incohérence était encore augmentée par ce fait que non seulement les groupes « tricolores » agissaient à l'insu les uns des autres, et qu'ainsi ils divisaient leurs forces au lieu de les concentrer, mais encore qu'ils se rattachaient, près du gouvernement, à des autorités différentes. Un groupe recevait l'impulsion du ministre de l'intérieur, un autre du préfet de police, un troisième du chef d'état-major de la garde nationale, un quatrième du ministre de la guerre ; initiative indépendante à Versailles, initiative indépendante à Paris : cacophonie partout. Cela produisit parfois d'étranges confusions : le même jour, la même porte fut vendue par trois chefs communards différents, à trois différents négociateurs qui se disaient individuellement chargés de pleins pouvoirs. Le nombre des vendeurs et des acheteurs fit avorter l'opération.

Le mot d'ordre de l'armée insurrectionnelle était régulièrement livré tous les jours par des colonels communards que l'on pourrait nommer, mais cela ne suffisait pas : il eût fallu savoir et l'on ne sut jamais en profiter. On proposa des extravagances : mêler des gardes nationaux de l'ordre aux gardes nationaux du désordre, faire poignarder ceux-ci par ceux-là, — je ne plaisante point, — et ouvrir une porte aux avant-postes de l'armée française. Ce plan eut l'honneur d'être délibéré en conseil de guerre. La moustache de nos généraux leur permit de dissimuler un sourire. M. Thiers eut connaissance de tous les projets ; son devoir, comme chef de l'État, était de n'en rejeter aucun et de profiter des circonstances. Un seul me paraît l'avoir préoccupé sérieusement, et l'avoir engagé à donner des ordres en vue d'une éventualité déterminée. Il est possible qu'il ait été directement mêlé à d'autres tentatives, mais les documents que j'ai sous les yeux ne se rapportent qu'à celle que je vais indiquer.

M. A. Ch..., qui depuis vingt et un ans était capitaine dans la garde nationale, qui pendant le siège avait fait son devoir en qualité de capitaine d'une des compagnies du 12ᵉ bataillon, avait vu avec désespoir la Commune se former et s'établir dans Paris. Son âge (51 ans), son expérience lui avaient appris à connaître les hommes; il savait que, parmi les révolutionnaires comme parmi les animaux, ce ne sont pas ceux qui crient le plus fort qui sont les plus redoutables, et il se douta bien que plusieurs des chefs militaires de la Commune ne se refuseraient point à livrer passage aux troupes françaises en échange de quelques billets de Banque ayant cours sur tous les marchés d'Europe. Il conçut l'idée d'acheter un commandant de secteur communard et jeta son dévolu sur un certain colonel La..., qui avait la haute main sur une partie de l'enceinte sud-ouest. Les négociations furent lestement menées; le colonel avait l'oreille fine, il entendit les propositions qui lui étaient chuchotées à voix basse. Il fit ses conditions : il livrerait une porte si, dans une entrevue personnelle, M. Thiers lui assurait le payement d'une somme de 500 000 francs. Grâce à l'entremise de M. A. Ch., appuyé par le chef d'état-major de la garde nationale résidant à Versailles, l'entrevue fut accordée. M. Thiers accepta les conditions du colonel La..., et l'engagea à persister dans ses intentions. L'armée se réorganisait et ne paraissait pas encore en état d'agir; M. A. Ch., le colonel La..., M. Thiers profitaient de ces loisirs forcés pour combiner les détails du plan qui devait remettre la France en possession de Paris. Quatre autres entrevues eurent lieu, pendant la nuit, à cet effet.

Le 22 avril, M. Thiers chargea M. Ch. de prévenir le colonel La... que l'heure de l'action était venue, et qu'il eût à déterminer le jour où l'on pourrait se présenter devant une porte désignée. La date, d'abord fixée au 27 avril, fut reculée jusqu'au 28. Ce jour-là, à neuf heures du matin, M. Thiers écrivit au général Félix Douay, commandant en chef le quatrième corps d'armée : « Je vous prie de vous tenir prêt à marcher, sans toutefois prendre les armes. Il se pourrait que ce fût au milieu de la nuit prochaine qu'on eût besoin de votre concours. Tenez ces ordres pour absolument secrets. » Le soir, à neuf heures et demie, le général recevait cette dépêche de M. Thiers : « Il n'y aura rien cette nuit, reposez-vous. » En effet, le colonel La..., malgré son désir de toucher 500 000 francs, avait été empêché de tenir ses engagements. M. A. Ch... ne se découragea pas ; les mesures furent mieux prises, et il fut décidé que l'opération qui avait échoué pendant la nuit du 28 avril, serait tentée de nouveau dans la nuit du 2 mai.

Cette fois, M. Thiers se croyait certain de réussir, et au lieu d'écrire une lettre vague comme celle du 28 avril, il libella le plan complet du mouvement militaire; il indiqua les passages de pont, il spécifia l'emplacement des divisions, il détermina le poste où le général lui-même devait se tenir ; puis il ajouta : « Vous seriez ainsi parfaitement en mesure de franchir la Seine et de vous porter où besoin serait. Un officier viendrait vous dire sur quel point il faudrait vous diriger. Je n'ai pas besoin de vous recommander le secret *avant* et *après* l'opération, car si elle ne s'exécutait pas, il importerait de ne pas divulguer la pensée que l'on aurait eue. » M. A. Ch... avait donné rendez-vous au colonel La... entre les deux lacs du bois de Boulogne, à onze heures du soir. Il n'était venu que bien accompagné et suivi d'une petite troupe d'hommes résolus, capables de saisir une des portes de Paris et de s'y maintenir en attendant les deux corps d'armée qui devaient débucher, l'un par le pont de Sèvres, l'autre par le rond-point des Bergères. A une heure du matin, le colonel La... n'avait pas encore paru et il ne devait point paraître. Des difficultés matérielles, dit-il, l'avaient empêché de mettre son projet à exécution. Il ne mentait pas. Il avait la ferme volonté de livrer la porte qu'il avait promise; mais, le 2 mai comme le 28 avril, il se trouva en présence d'obstacles qu'il aurait dû prévoir et contre lesquels toute tentative d'entrée par surprise s'est brisée.

La police communarde, nulle au point de vue des crimes, des délits, des outrages aux mœurs, était fort bien organisée pour ce qui concernait les opérations militaires, pour ce que l'on nommait à l'Hôtel de Ville les manœuvres de la réaction. Tous les cabarets des environs de Paris placés sur la zone qui s'étendait entre les combattants étaient fréquentés par les hommes de Rigault, de Cournet et de Ferré; en outre, un certain nombre d'agents secrets, presque tous munis de passeports étrangers, faisaient, pour le compte de la Commune, la navette entre Paris et Versailles; de plus, la délégation à la guerre avait un système d'espionnage complet, dont les renseignements centralisés donnaient lieu à des rapports signés par Édouard Moreau, qui s'intitule tantôt *chef du service des reporters* et tantôt *chef du contrôle général*. Ce n'est pas tout encore : les commissaires de police nommés par la délégation à la sûreté générale dans les différents quartiers de Paris ne négligeaient aucune source d'informations et adressaient des notes aux bureaux de la place Dauphine toutes les fois qu'un fait relatif aux complots versaillais parvenait à leur connaissance. C'est ainsi que le 8 mai, à un moment où quelques négociateurs croyaient pouvoir compter sur l'ouverture d'une porte, Jean-Michel Robin, commissaire de police pour le quartier Saint-Vincent de Paul, avise, par dépêche, le citoyen Cournet que : « L'armée de Versailles se dispose à exécuter une tentative d'entrée dans Paris à l'aide d'une manœuvre consistant à faire attaquer la porte Maillot par 30 000 gendarmes et mouchards en tenue de gardes nationaux[1]. » D'après ce qui précède, on comprend que tout mouvement de l'armée française était signalé à la Commune, qui prenait sans retard ses dispositions pour neutraliser les surprises qu'elle redoutait.

Aussitôt que l'on apprenait à l'Hôtel de Ville, à la sûreté générale ou à la délégation de la guerre, que les troupes de Versailles se massaient sur un terrain qui semblait indiquer un objectif déterminé, la partie des fortifications correspondante à ce terrain était immétement occupée par des bataillons nouveaux, les chefs des secteurs étaient changés, le mot d'ordre était modifié. Ce sont ces précautions qui deux fois ont paralysé le bon vouloir du colonel La... Le 22 avril et le 2 mai, les rapports des agents secrets avaient éveillé les soupçons du délégué à la guerre, et le colonel La... avait été mis dans l'impossibilité de remplir ses engagements. Il en était désolé, car il comptait bien se retirer de la Commune avec 25 000 livres de rente. Il voulait quand même les acquérir, commit quelque imprudence et fut arrêté. Il réussit à se faire relaxer, et alla chercher quelque sécurité dans les lignes prussiennes, à Enghien, où il se réfugia sous le nom de Durand. Le projet dont M. A. Ch... avait pris l'initiative fut, je crois, celui qui inspira le plus de confiance à M. Thiers. Le chef de l'État ne s'en était pas tenu là cependant; il avait cru,

---

[1] Procès J.-M. Robin ; jugement contradictoire ; **13e** conseil de guerre, 20 octobre 1872.

un moment, pouvoir détourner La Cecilia de la Commune. Il lui avait envoyé en guise de négociateur le colonel Luigi Frapolli, qui fut autrefois, pendant huit ou dix jours, dictateur à Modène et qui était grand maître de la franc-maçonnerie italienne. Les efforts du colonel Frapolli se brisèrent contre la résistance de La Cecilia, qui fut inaccessible et incorruptible.

M. Thiers n'agissait ainsi que pour ménager le sang des soldats et celui des fédérés, car, malgré le nombre et la qualité des avis qu'il avait reçus, il se refusait à croire aux projets d'incendier Paris que les communards avouaient sans mystère. M. Dalsème cite un exemple curieux de la sécurité du Président de la République. M. Roy, officier qui pendant la guerre avait été commandant de l'artillerie de la garde nationale à Montmartre, avait, lors de la Commune, tenté tous les moyens de rendre Paris à lui-même. Il avait été mêlé à presque tous les petits complots qui poursuivaient ce résultat que l'on ne put atteindre. Peu de jours avant l'acte décisif de l'armée, entendant dire de tous côtés que les fédérés feraient sauter Paris et voulant s'assurer que ces menaces n'étaient point vaines, il trouva moyen d'avoir une conversation avec le chef de légion Maxime Lisbonne, que ses attitudes prétentieuses avaient fait surnommer l'Achille de la Commune. Aux questions de M. Roy, Lisbonne répondit. « Il entra, écrit M. Dalsème, complaisamment dans les détails. Nous avons, dit-il, de la poudre sous tous nos monuments ; ils sont prêts à sauter. Nos dépôts sont remplis de matières incendiaires. Nous mettrons le feu partout. Vienne l'armée : entre elle et nous s'étendra bientôt un amoncellement de ruines et un rideau de flammes. Nous nous retirerons à Montmartre, à Belleville, au Père-Lachaise : là nous sommes invincibles. » — M. Roy écrivit immédiatement à M. Thiers afin de le prévenir des intentions exprimées par un des officiers influents de la Commune et adressa sa lettre à M. de Païva, qui déjà une fois avait bien voulu lui servir d'intermédiaire. — « Le 19 mai, à onze heures du soir, ajoute M. Dalsème, M. de Païva se présentait à la préfecture de Versailles. Le chef du pouvoir exécutif reçut de ses mains la lettre de M. Roy et, après l'avoir lue attentivement à deux reprises : « Bah ! s'écria-t-il, ne craignez rien ; ils le disent, mais ils ne le feront pas [1]. » Ils l'ont fait cependant, et ils auraient fait bien plus si l'intervention de M. Ducatel n'avait permis de brusquer le dénoûment, que le commandant en chef de l'armée était résolu à ne tenter que deux ou trois jours plus tard.

Dombrowski avait tenu parole : fidèle aux engagements conclus avec Georges Veysset [2], il avait dégarni le front sud-ouest de l'enceinte ; les troupes françaises pouvaient se présenter ; un effort les rendrait maîtresses de la ville « mal obéissante », comme disait Louis XIV en parlant de l'Angleterre. Dès le 20 mai, le chef d'état-major du maréchal duc de Magenta, le général Borel, avait été prévenu par M. Prunier que la garde des remparts était abandonnée [3]. M. Prunier avait constaté le fait par lui-même et en donnait avis à l'autorité militaire ; mais le fait existait déjà depuis trois jours, ainsi qu'il est facile de le démontrer. Lorsque les fusiliers marins, entrant en ligne à leur rang de bataille, franchirent l'enceinte derrière le corps du général Douay, ils trouvèrent dans le poste du bastion n° 66 un écrit placé en évidence sur le registre d'octroi ; or cet écrit était ainsi conçu : « *Porte de Saint-Cloud : 17 mai, quatre heures du soir.* — Ne recevant de secours de per-

---

[1] Dalsème, *loc. cit.*, p. 30, p. 286 et seq.
[2] Voir dans les *Convulsions de Paris*, t. I, *le Dépôt près la préfecture de police*, l'histoire de cette négociation.
[3] Dalsème, *loc. cit.*, p. 290.

sonne, malgré toutes les promesses qui m'ont été faites, la position n'étant plus tenable, je pars. Les quelques hommes qui restent, après en avoir délibéré en commun, m'en ont donné le conseil et me suivent. Timbre bleu : artillerie fédérée; première compagnie; capitaine commandant. » Cinq signatures sont apposées au-dessous de celle du capitaine. Ces noms, je ne puis les citer, car j'ignore ce que sont devenus ceux qui les portent ou qui les ont portés.

L'amiral Saisset, qui fut mêlé à la négociation Dombrowski, est très affirmatif dans sa déposition devant la *Commission d'enquête sur le 18 mars*. « Dombrowski, dit-il, était de très bonne foi et je suis convaincu qu'il croyait tout à fait à l'exécution de ce projet, car il a fait successivement retirer la majeure partie de ses troupes, et vous avez pu voir que, quand on s'est présenté, comme par hasard, à une des portes, celle où est venu l'ingénieur Ducatel, il n'y avait plus personne depuis quarante-huit heures. » Cette négociation, que Georges Veysset paya de sa vie, était ignorée de M. Ducatel, auquel, par conséquent, elle laisse le mérite de l'initiative, ou, pour mieux dire, du dévouement et de l'intelligence qu'il déploya dans l'accomplissement d'une mission très périlleuse, qu'il avait, non pas acceptée, mais sollicitée.

Le dimanche 21 mai, au moment où les troupes françaises allaient enfin pouvoir rentrer dans Paris évacué depuis le 18 mars, voici quelle était la situation du quatrième corps, commandé par le général Félix Douay, qui avait pour objectif la partie des remparts correspondante au Point-du-Jour, à Auteuil et à Boulogne. Les travaux d'attaque avaient été poussés jusqu'au couronnement du chemin couvert des bastions 63 et 65; les portes d'Auteuil et de Saint-Cloud avaient été renversées sous l'action des batteries de Montretout, commandées par le capitaine de vaisseau Ribourt. Le matin même, le général Douay, dans la prévision d'une occurrence favorable, avait fait descendre du camp de Villeneuve-l'Étang la brigade Gandil, de la division Berthaut, et l'avait installée sur les bords de la Seine, au pont de Saint-Cloud, afin qu'elle pût, au besoin, se porter à l'appui des gardes de tranchée. Le général Douay avait donc pris toutes ses dispositions pour tenter une surprise, si l'occasion lui paraissait propice. Il était, du reste, renseigné sur l'état des défenses de l'insurrection dans le XVIe arrondissement, car depuis treize jours déjà il était en relations avec M. Ducatel.

III. — LA PORTE DE SAINT-CLOUD.

M. Ducatel. — Le tir trop long. — M. Ducatel entre en relations avec le général Douay. — Ses rapports. — Instructions données par le général. — M. Ducatel fait sa tournée d'inspection. — La matinée du 20 mai. — Abandon et débandade. — Départ pour Versailles. — Il faut tout risquer. — Le drapeau blanc. — Le commandant Trève. — Le sergent Coutant. — Le capitaine Garnier. — Ordres du général Douay. — Tout le 4e corps en avant. — On pénètre dans Paris. — Arrestation de M. Ducatel. — Une erreur de nom. — La barricade du quai de Passy. — Nous nous rendons! — M. Ducatel prisonnier. — Condamné à mort. — Débâcle à l'École militaire. — M. Ducatel est sauvé. — Les mouvements de l'armée française.

M. Ducatel, alors âgé de quarante et un ans, ancien soldat, était piqueur des ponts et chaussées dans le service municipal pour le XVIe arrondissement. Énergique, fort brave, ne détestant pas les aventures, il habitait, près de la porte d'Auteuil, une maison que les projectiles des batteries françaises avaient souvent visitée. Pendant le siège il avait appartenu au génie auxiliaire. Il haïssait la Commune et faisait des vœux en faveur de ses anciens compagnons d'armes qui manœuvraient pour se rapprocher de Paris. Il avait remarqué que le tir des artilleurs français, fort juste pendant le jour, s'allongeait dès que venait la nuit, et semblait, respectant les remparts, frapper de préférence les habitations particulières. Dans ce fait absolument volontaire, il avait cru reconnaître le résultat d'une erreur de pointage; il se trompait et ne se rendait pas compte du but que l'on cherchait à atteindre. Si pendant la journée il était naturel de faire converger les feux sur les bastions et les banquettes occupés par les fédérés, il était élémentaire de fouiller à coups d'obus les maisons, où les révoltés se réfugiaient pour passer la nuit. M. Ducatel, mû par un sentiment patriotique, voulut aller donner lui-même au général commandant le corps d'attaque les renseignements qu'il croyait utiles. Muni d'un laissez-passer qui lui permit de prendre le chemin de fer de Saint-Denis, il s'en alla à Versailles, put s'aboucher avec le général Félix Douay et lui communiqua des indications que l'on sut apprécier.

En présence d'un homme de bonne volonté, que sa fonction mettait à même de rendre des services d'un ordre spécial, qui s'offrait sans conditions, dont le désintéressement ne spécifiait aucune récompense, le général Douay n'hésita pas et il pria M. Ducatel de lui faire parvenir toutes les observations qu'il pourrait recueillir. De ce moment, M. Ducatel se consacra à l'œuvre de délivrance, et comme pour affirmer qu'il s'était spontanément offert à servir l'armée française, il s'intitula : éclaireur volontaire du général Douay. Le 13 mai, grâce à son laissez-passer, il présenta un rapport détaillé sur l'état des forces insurrectionnelles dans le XVIe arrondissement, dont il apportait un plan sur lequel il avait indiqué l'emplacement des postes, des poudrières et des barricades. Le 17 mai, un second rapport compléta le premier; il y joignit la coupe et le profil des barricades du Trocadéro, du quai de Grenelle, de la rue Raynouard et de la rue Boulainvilliers. Il passa à Versailles ou à Villeneuve-l'Étang, quartier général du quatrième corps, la journée du 18, et lorsqu'il revint à Paris dans la soirée du vendredi 19 mai, il avait reçu pour instruction du général Douay « d'observer l'état des remparts, celui du viaduc du chemin de fer de Ceinture, l'emplacement et la force des insurgés qui les gardaient, l'emplacement et la force des réserves postées en arrière ». Dans la journée du 20, M. Ducatel assista, dans la Grande Rue de Passy, à la retraite de l'artillerie fédérée que conduisaient une centaine de chevaux réquisitionnés dans les écuries de la Compagnie des Omnibus. Autour de la Muette, près du Ranelagh, aux portes de Passy et d'Auteuil, il constata la débandade de l'insurrection, qui semblait se retirer loin des fortifications, devenues trop périlleuses à défendre.

Le dimanche 21 mai, jour dont il sera longtemps parlé dans l'histoire de la Commune, M. Ducatel se met en marche dès l'aube pour récolter les observations qu'il a promis de rapporter au général Douay. Presque tout le rempart est abandonné : la ligne d'attaque de Montretout démolit les créneaux, écrête les parapets, bouleverse les sacs à terre, comble le fossé, ruine les portes et démonte les pièces dont les servants ne sont plus là. M. Ducatel visite le viaduc d'Auteuil; il n'y découvre rien, ni fédérés, ni canons. Près du boulevard Montmorency il rencontre une troupe en débâcle qui paraît avoir oublié ses armes pour mieux suivre des voitures chargées de futailles et de provisions; les officiers sont en tête et détalent sans s'inquiéter de ce que deviennent leurs soldats. « Je crus voir, dit M. Ducatel dans son troisième et dernier rapport que j'ai sous les yeux, je crus voir qu'il y avait de la part des chefs suprêmes de la Commune comme un mot d'ordre de laisser tout faire et tout passer. » Il ne se trompait pas : on exécutait les derniers ordres de Dombrowski. Non content d'avoir examiné l'état des fortifications, M. Ducatel voulut observer celui de la seconde ligne de défense ; il fit donc « le grand tour par l'avenue de l'Impératrice, l'Arc de Triomphe, par toute la place de l'Étoile, l'avenue d'Eylau, l'avenue de l'Empereur, le Trocadéro et les quais ». Les barricades sont désertes ; on n'y voit ni terrassiers, ni soldats. En revanche, cent cinquante ouvriers construisent une batterie au rond-point d'Eylau, comme pour protéger à bonne distance l'entrée des portes Dauphine et de la Muette. M. Ducatel en conclut que la défense devient incohérente et se ressent des divergences d'opinion qui divisent les membres de la Commune. Il revient à son premier poste d'observation. D'Auteuil au Point-du-Jour c'est la même solitude. Dans la route militaire, sur les bastions, dans les postes, dans les cabarets, personne : les fédérés ont disparu. Cet abandon est trop général pour n'être pas systématique. Dans sa minutieuse inspection, il ne rencontre que trois ou quatre insurgés réfugiés dans une cave ; à travers le soupirail il échange avec eux quelques gros mots et même des coups de revolver. De toutes les portes qu'il a reconnues, la porte de Saint-Cloud lui paraît la plus praticable à une escalade ; elle est ruinée, des poutres du pont-levis sont tombées du côté du fossé.

M. Ducatel, comprenant l'importance des constatations qu'il venait de faire, résolut d'aller immédiatement à Villeneuve-l'Étang avertir le général Douay et lui dire que Paris semblait s'offrir à lui. Il fila sur Auteuil, descendit vers le quai, y découvrit une voiture de blanchisseur, dont le conducteur, moyennant cinq francs, consentit à le mener jusqu'à la gare du chemin de fer du Nord. On se mit en route ; à coups de fouet on accélérait les allures du cheval, car çà et là les obus éclataient, ne se doutant guère qu'ils risquaient de tuer le libérateur de Paris. Tout en cheminant, M. Ducatel réfléchissait : « Que de temps perdu ! Aller à Saint-Denis, de Saint-Denis à Versailles, de Versailles à Villeneuve-l'Étang; être peut-être arrêté comme suspect par les communards, comme espion par les Versaillais. Bah ! Dieu ne laissera pas périr un brave homme qui veut sauver son pays; il faut revenir sur ses pas; coûte que coûte, se faire entendre des avant-postes, et prendre d'abord possession. » La voiture passait devant le pont d'Iéna, M. Ducatel la fit arrêter, sauta à terre et, toujours courant, il revint près de la porte de Saint-Cloud. Cette porte l'attirait invinciblement, car elle était si délabrée qu'elle paraissait ouverte et prête à recevoir ce que la guerre avait laissé de défenseurs à notre pays mutilé par l'étranger, assassiné par ses enfants.

Du haut d'une maison, il reconnut que les avant-postes français, abrités derrière la gabionnade d'une tranchée, n'étaient pas à plus de soixante mètres. Peut-être réussirait-il à faire apercevoir des signaux et attirer nos soldats vers lui. Parmi les débris d'une masure effondrée, il prit un manche de râteau, y attacha un foulard blanc qui lui servait de cravate, grimpa sur le bastion et agita son drapeau. Le feu de Montretout était terrible à ce moment. M. Ducatel disparut plus d'une fois au milieu des nuages de poussière que les projectiles soulevaient autour de lui. Il criait : « Venez, la route est libre ! » Sa voix, perdue dans la rumeur des obus et trop éloignée, ne parvenait pas jusqu'aux soldats. M. Ducatel risquait fort d'être tué par ceux-là mêmes au-devant desquels il courait, lorsque le capitaine de frégate Trève l'aperçut.

M. Trève est un petit homme très actif, de vive conception, et naturellement intrépide. Que faisait-il près de la porte de Saint-Cloud? Il y était en « amateur », poussé par une idée qui le tourmentait depuis plusieurs jours. Lui aussi, placé au delà du rempart, il avait remarqué que l'insurrection restait bien silencieuse ; plus de ces salves d'artillerie, plus de ces fusillades chères aux fédérés. Depuis le 19 mai, le commandant Trève examinait l'enceinte aux environs du Point-du-Jour, et se demandait si une surprise ne serait pas possible. A cet égard, son opinion était faite et il s'en était ouvert au colonel Piquemal, chef d'état-major du général Vergé. Il était donc là, rôdant le long des fortifications, cherchant peut-être de l'œil l'endroit où l'escalade serait moins difficile, lorsqu'il vit Ducatel qui faisait pavoler son foulard blanc. Il fit un mouvement pour courir vers lui, les soldats le retinrent : — N'y allez pas, mon commandant; c'est une ruse, on va tirer sur vous! — M. Trève n'hésita pas; il crut que le signal était loyal, sans doute parce qu'il le désirait passionnément.

Plusieurs hommes voulurent l'accompagner, il le leur défendit et se lança au pas de course vers le pont-levis. Il y eut de l'émotion parmi les soldats, qui se préparaient à faire feu si l'appel du drapeau parlementaire cachait une embuscade. Le commandant Trève et M. Ducatel purent se parler à travers le fossé qui borde les fortifications. — Paris est à vous, criait M. Ducatel; tout est abandonné, faites entrer les troupes. — Le commandant Trève, qui a le pied marin, et pour cause, s'aventura sur une poutre du pont-levis abattue en travers du fossé. Comme il avançait avec précaution, il sentit que la poutre oscillait derrière lui; il se retourna et vit le sergent Jules Coutant, du 3e bataillon du 91e de ligne, qui, le doigt sur la détente de son fusil, le suivait pas à pas pour le défendre ou le venger. M. Trève ne se sentit pas le droit de le renvoyer, et il continua sa route. Dès qu'il eut franchi le fossé, il alla, en compagnie de M. Ducatel, visiter les bastions 65 et 66, la route militaire, les postes voisins, les maisons riveraines ; tout était désert. Lorsque le commandant Trève et le sergent Coutant revinrent dans la tranchée, le capitaine du génie Garnier, chef d'attaque, s'empressait de faire jeter sur le fossé un pont par lequel nos troupes pussent faire un mouvement d'ensemble [1].

Tel est le fait. Il eut, pour la délivrance de Paris une importance exceptionnelle ; mais il n'aurait jamais pu se produire si le général Douay, précipitant ses attaques, poussant ses approches, n'avait déjà creusé ses tranchées jusqu'au mur de la place, c'est-à-dire jusqu'à portée de la vue et même de la voix. M. Ducatel a donné le signal, M. Trève l'aperçut et l'armée française profita de l'occurence, grâce aux troupes du quatrième corps, que le général Douay avait concentrées sur ce point. A 1800 mètres environ de la porte de Saint-Cloud, au dépôt de la tranchée se tenait le commandant Berson, ayant à sa disposition un télégraphe correspondant avec le quartier général du quatrième corps situé à Villeneuve-l'Étang. On expédia des dépêches au général Douay ; celui-ci ne fut pas long à agir. A l'aide des fils télégraphiques qu'il tient sous sa main, il transmet en moins de dix minutes toutes les instructions nécessaires : aux batteries de Montretout et de Breteuil, ordre de cesser le feu ; à la brigade Gandil, qui bivouaque au pont de Saint-Cloud, ordre de franchir la Seine, et de se porter à marche forcée sur la porte du Point-du-Jour ; au lieutenant-colonel Mallat du 37ᵉ, commandant les gardes de tranchée, ordre d'entrer dans la place et de s'y maintenir ; au quatrième corps, ordre de marcher sur le Point-du-Jour et la porte de Saint-Cloud.

---

[1] Voir *Pièces justificatives*, nᵒˢ 7 et 8.

Ceci fait, il prévient le maréchal Mac-Mahon qu'il a forcé l'enceinte et qu'il va manœuvrer dans Paris même, où l'on ne devait tenter de pénétrer que le mardi 23 mai.

Le général Douay partit alors de sa personne et l'on peut croire que son cheval avait chaud lorsqu'il arriva devant la porte de Saint-Cloud. Ses ordres avaient été exécutés. Le capitaine du génie Garnier avait le premier franchi la porte avec deux compagnies du 37e, une escouade de sapeurs et quelques artilleurs portant ou traînant des mortiers de campagne; le commandant Louis, de l'artillerie, avait amené du canon; le lieutenant-colonel Mallat, avec les soldats du 37e et du 91e, se massait de façon à pouvoir repousser un retour offensif des fédérés. Pendant quelques instants on fut un peu « en l'air »; mais la brigade Gandil débuchait par l'avenue de Saint-Cloud, le général Douay était là; tout allait bien et l'on put crier : Ville prise !

M. Ducatel ne fut pas témoin de l'entrée à Paris des troupes qu'il avait provoquée. Au moment même où l'armée faisait le mouvement en avant, que sa courageuse intervention avait hâté de quarante-huit heures, il était arrêté, enfermé et gardé à vue dans le poste même du bastion qui avait servi de piédestal à son drapeau. Ce fait étrange était le résultat d'une erreur et d'une prudence justifiée. La première dépêche que reçut le général Douay lui apprenait qu'un parlementaire, nommé Clément, annonçait que la zone sud-ouest des fortifications était abandonnée. Ce nom de Clément qui a été substitué, on ne sait par quel hasard, au nom de Ducatel, était inconnu du général Douay. En homme de guerre qui doit prendre toute précaution, il répondit : « Emparez-vous du parlementaire et pénétrez dans la place. » L'ordre fut exécuté et M. Ducatel, qui s'attendait à quelques félicitations, fut emprisonné, non point comme un malfaiteur, mais comme un suspect. De sa prison il entendait le pas de nos soldats qui franchissaient la route qu'il avait ouverte, il pestait et trouvait que la destinée a parfois bien des rigueurs. Son mécontentement fut de courte durée, car le général Douay, aussitôt qu'il fut arrivé au milieu de ses troupes, et qu'il les eut disposées pour le combat, demanda à voir le parlementaire. On amena M. Ducatel; le général se mit à rire en le reconnaissant. L'explication ne fut pas longue; M. Ducatel avait servi dans l'armée; il savait qu'on ne peut être trop prudent lorsque l'on force par surprise une enceinte ennemie, et il dut se consoler de sa mésaventure en murmurant le couplet de M. Scribe :

> Un bon soldat sait souffrir et se taire,
> Sans murmurer, sans murmurer.

En tout cas, M. Ducatel n'eut point de rancune, car il se mit à la disposition du général Douay, avec un dévouement que sa connaissance des défenses du XVIe arrondissement rendait précieux.

« L'éclaireur volontaire » se retrouva tout entier et servit de guide à une colonne de la division Vergé, à laquelle le général Douay ordonna d'enlever la barricade construite sur le quai de Passy, au-dessous de l'usine à gaz, au coin de la rue Guillou, barricade stratégiquement importante, et qui était, en quelque sorte, la clef du Trocadéro. La nuit était venue, car la mise en œuvre de tous ces mouvements de troupes avait exigé du temps. Lorsque l'on se présenta devant la barricade, on échangea quelques coups de fusil; puis les insurgés crièrent : Nous nous rendons! M. Ducatel s'élança sur la petite redoute en disant : Vive la France! Rendez-vous et livrez-nous passage! Des fédérés se jetèrent sur lui, le saisirent et, au pas de course, s'enfuirent en l'entraînant jusqu'à l'École militaire. Prisonnier de la Commune après avoir été prisonnier de Versailles, c'était beaucoup d'accidents dans la même journée. La situation menaçait d'avoir un dénoûment lugubre. Une cour martiale fut réunie. Interrogé, jugé, condamné, M. Ducatel s'attendait à mourir.

L'École militaire, par bonheur pour lui, était en désarroi, chacun déjà cherchait à gagner au pied. Un des chefs qui y commandait avait été en relations avec les agents de Versailles et leur avait plus d'une fois livré le mot d'ordre. Il ne se sentait à l'aise ni vis-à-vis de la Commune, ni vis-à-vis de notre armée; il voulait d'abord sauver ce qu'il appelait « ses papiers ». Il faisait déménager et emporter les cartons, les dossiers, les registres. Tous les fédérés étaient occupés à cette besogne. C'était du répit pour M. Ducatel. La nuit finissait, le crépuscule affaiblissait la clarté des lampes et M. Ducatel se demandait si l'aube de son dernier jour ne venait pas de se lever, lorsque des paquets de mitraille frappant les murs de l'École militaire, des balles brisant les vitres de la salle où la cour martiale avait siégé, lui apprirent que l'armée française, maîtresse du Trocadéro, franchissait le pont d'Iéna et pénétrait dans le Champ de Mars. C'était un mauvais voisinage pour les fédérés du colonel Vinot et du lieutenant-colonel Razoua. Ils prirent leur parti et coururent d'un seul trait demander des instructions au Comité de salut public, installé à l'Hôtel de Ville. M. Ducatel les laissa partir, prit un paquet de papiers sur la table de l'état-major, afin de pouvoir établir, au besoin, qu'il avait été fait prisonnier et emmené à l'École militaire, puis il sauta par une fenêtre et s'en alla.

Pendant que le général Douay pousse devant lui sur la barricade du quai de Passy et sur le Trocadéro, le général Clinchant pénètre dans la place par la porte de

Saint-Cloud ; il suit la route militaire, dégage successivement les portes d'Auteuil et de Passy, tourne la position de la Muette et s'en empare. Le premier corps, commandé par le général Ladmirault, franchit l'enceinte à Passy, tandis que la division Bruat, du corps d'armée de Vinoy, traverse la Seine, rejette les insurgés hors de Grenelle et se dirige au-devant du général de Cissey, qui vient de forcer la porte de Sèvres. A deux heures et demie du matin, de la porte d'Issy à la porte Dauphine, l'enceinte était au pouvoir de la France. Si, à ce moment, une division, ou seulement une brigade, précédée d'un régiment de cavalerie, s'était jetée en avant, l'armée française allait, sans coup férir, camper à l'Hôtel de Ville et envoyait ses grand' gardes jusque sur la place de la Bastille. Il n'est pas un chef de la Commune qui ne le sache, il n'en est pas un qui ne l'ait avoué ; mais les Dieux ne le voulurent pas et Paris fut brûlé.

IV. — L'ARMÉE FRANÇAISE.

La matinée du 22 mai. — La retraite des fédérés. — Déguisement. — « Ma botte d'asperges ! » — Les pantalons rouges. — Enfin ! — Une allocution. — Coups de fusil. — Exécution sommaire. — L'attitude dans la mort. — La fuite. — La tranquillité du soldat. — Le plan de la Commune. — Une lettre de Cluseret. — La rage du meurtre. — L'enfant tué. — Le coup de revolver. — La barricade de la place Clichy.

Le lundi 22 mai, vers six heures et demie du matin, je fus prévenu que les troupes françaises avaient pénétré dans Paris et qu'elles venaient d'être aperçues au parc Monceau. Je ne fus pas long à m'habiller et à me tenir prêt à tout évènement. Placée entre la gare de l'Ouest occupée par les fédérés et le collège Chaptal, qui pouvait facilement devenir une forteresse, la maison que j'habite offrait une position stratégique importante. Je me mis à la fenêtre, et voici ce que je vis. Sur le boulevard des Batignolles, les rebelles battaient en retraite, avec aplomb. Ils marchaient séparés les uns des autres, égaillés, comme on disait au temps des guerres de Vendée, reculant vers la barricade construite, place Clichy, autour du monument consacré au général Moncey, s'arrêtant pour tirer un coup de fusil et reprenant lentement leur mouvement rétrograde. Ils passèrent ainsi devant le collège Chaptal, sans penser à s'y arrêter, sans réfléchir que de là ils auraient pu dominer le boulevard de Courcelles, la rue de Rome jusqu'à la place Saint-Lazare, et neutraliser longtemps les progrès de nos soldats.

La rue de Naples, qui s'ouvre en face du balcon où j'avais pris place, était déserte. Dans la rue de Rome, des groupes de fédérés, causant entre eux, se hâtaient vers les Batignolles. Plusieurs s'arrêtèrent près d'une bouche d'égout et y firent glisser leur fusil; ils enlevaient leur tunique d'uniforme, leur pantalon à bande rouge, et apparaissaient en cotte, en blouse de toile bleue, comme des ouvriers qui se rendent au travail. Quelques portières aidaient ces malheureux à se travestir, et leur disaient : « Ah ! vous avez bien raison ; il y a longtemps que vous auriez dû jeter ces guenilles à la borne. »

Un marchand des quatre-saisons, poussant devant lui sa charrette chargée de légumes, parmi lesquels brillait la blancheur de quelques bottes d'asperges, montait la rue de Rome ; il retournait souvent la tête, car on entendait la crépitation des coups de fusil vers la rue Abbatucci. Trois ou quatre fédérés marchaient à ses côtés ; l'un d'eux, tout en cheminant, avait substitué un costume bourgeois à son costume militaire et s'était débarrassé de ses armes. En passant devant la rue de Naples, il aperçut une femme qui fermait brusquement les persiennes de ses fenêtres. Ce fut un trait de de lumière pour lui ; il se jeta sur la charrette du marchand ambulant, y saisit deux bottes d'asperges, et s'élançant vers la rue de Naples, il y entra en criant sur la modulation qui a servi de thème à la romance de *Guido et Ginevra :* « Ma botte d'asperges ! ma botte d'asperges ! » Le marchand eut un mouvement d'hésitation ; mais il n'avait plus de temps à perdre, les coups de fusil se rapprochaient ; il continua sa route. L'homme avait été bien inspiré : comprenant que les soldats arrivaient par la rue de Naples, il avait été au-devant d'eux, comme un marchand qui se soucie peu de la guerre civile, pourvu qu'il puisse vendre ses asperges. De mon balcon j'apercevais les képis rouges et les baïonnettes ; des tirailleurs, le doigt sur la détente, surveillant les fenêtres, précédaient un bataillon du 2e régiment provisoire[1] qui s'avançait en bon ordre ; les officiers, une canne à la main, marchaient au milieu de la rue. Cinq minutes après, notre maison et les maisons voisines étaient occupées par nos soldats et nous éprouvions la sensation de soulagement des naufragés qui touchent la terre ferme.

Les soldats étaient dispersés dans les maisons ; un peloton se massait dans la rue de Naples ; la rue de Rome restait libre. Quatorze fédérés la remontaient, ne se doutant guère qu'ils marchaient entre deux haies d'adversaires invisibles. Dans un appartement, un capitaine qui les suivait de l'œil fit signe à ses soldats de se préparer. Un naïf qui se trouvait là eut un haut-le-cœur en pensant qu'on allait canarder ces hommes du haut des fenêtres. Il s'adressa au capitaine et lui dit : « Ils ignorent l'entrée de l'armée à Paris, laissez-moi la leur

---

[1] Actuellement le 102e de ligne.

apprendre, et je suis persuadé qu'ils déposeront les armes. » Le capitaine répondit en souriant : « Eh bien, monsieur, faites-leur un discours ! » Le naïf en question s'avança sur le balcon, un mouchoir à la main, comme il sied à un parlementaire, et, interpellant les fédérés qui n'étaient plus qu'à dix pas de la rue de Naples, il leur dit : « La comédie est terminée ; n'allez pas plus loin ; les troupes de Versailles sont ici, elles vous entourent de tous côtés ; jetez vos fusils, et vous en serez quittes pour une gourmade ! » Six fédérés laissèrent tomber leurs fusils ; les huit autres se tournèrent vers l'orateur et tirèrent sur lui. Les balles sifflèrent autour de sa tête sans le toucher. Le peloton de soldats, dissimulé dans la rue de Naples, se précipita vers ces huit malheureux, qui furent poussés dans les caves d'une maison en construction et fusillés. J'allai les regarder ; sept d'entre eux s'étaient caché le visage derrière leurs bras croisés, comme pour protéger les yeux, ou ne pas voir les projectiles qui allaient les atteindre. Dans la mort, ils avaient conservé ce geste qui semble instinctif chez les hommes que l'on fusille, et que Clément Thomas lui-même ne put réprimer dans l'enclos de la rue des Rosiers.

On se mit à faire des feux de position contre le collège Chaptal où il n'y avait personne, pas même un portier ; on s'en aperçut bientôt et deux compagnies s'y installèrent. La gare de l'Ouest avait été promptement évacuée ; il avait suffi de quelques coups de fusil pour disperser le campement des bataillons de Belleville, qui, au sifflement des balles, avaient gravi les talus du chemin de fer et avaient pris leur course par la rue de Saint-Pétersbourg avec une agilité de gazelle. Les soldats, dont la seule apparition les avait mis en fuite, étaient cependant ces fameux capitulards dont ils s'étaient tant moqués. J'ai été très frappé, pendant cette journée, de l'attitude du soldat français. Les officiers le conduisaient avec une extrême prudence ; il était manifeste que l'on suivait pas à pas, scientifiquement pour ainsi dire, l'exécution d'un plan dont on ne voulait abandonner aucune partie au hasard. Le soldat semblait comprendre cela ; il était calme, remarquablement ferme au feu, très docile, évidemment attristé du souvenir de ses défaites et assez humilié de prendre sa revanche morale contre des compatriotes. Un d'eux, blessé au pied, un demi-paysan dégrossi au contact de ses camarades dans la vie du régiment, me disait avec un sentiment de tristesse et de naïveté infinies : « Qu'est-ce donc que ces gens-là qui profitent de nos malheurs pour faire une pareille révolte ? » Ce sentiment de tristesse, je l'ai trouvé, dans les premiers jours de combat, chez tous les soldats avec lesquels j'ai causé ; mais dès que les incendies lancèrent leurs flammes au-dessus de Paris, ce sentiment fit place à l'exaspération, et les représailles commencèrent.

Si l'armée française, opérant avec une retenue qui n'est point dans ses habitudes, obéissait à un plan mûrement réfléchi, les insurgés se disposaient à en mettre à exécution un autre, dont la réalisation était un rêve caressé depuis déjà bien longtemps : — avoir Paris ou le détruire. — Cluseret, qui fut loin d'être malfaisant pendant la Commune, qui était simplement, comme l'a dit Rossel, un Français superficiel frotté de Yankee, Cluseret écrivait de New-York, le 17 février 1870, à son ami Varlin, en prévoyant dès lors la chute de l'Empire : « Ce jour-là, nous devons être prêts physiquement et moralement ; ce jour-là, nous ou le néant ! Jusque-là je resterai tranquille, probablement ; mais ce jour-là, je vous l'affirme, et je ne dis jamais oui pour non, Paris sera à nous ou Paris n'existera plus. » Cette volonté de réduire Paris en cendres apparaît chez tous ces hommes, dans leurs paroles, dans leurs écrits, sous l'Empire, pendant la période d'investissement, après l'armistice, au lendemain du 18 mars, à la veille du 21 mai. C'est le fait du sauvage qui brise ce qu'il ne peut conserver. M. Washburne a écrit[1] : « Les incroyables énormités de la Commune, le massacre de l'archevêque de Paris et des otages, les meurtres innombrables des autres personnes qui refusaient de prendre part à son œuvre de démon, l'horrible organisation de l'incendie pour anéantir presque toute la ville et qui eut pour résultat la destruction de tant de grands monuments de Paris, sont des crimes que rien jamais ne pourra faire oublier. » M. Washburne a raison, et l'on ne pourra jamais trop répéter que dans les incendies de Paris, dans le massacre des otages, dans l'égorgement des gendarmes et des prêtres, il n'y eut rien de spontané ; on agissait en vertu d'un programme déterminé, et si le cataclysme ne fut pas plus général, il ne faut point l'attribuer aux metteurs en œuvre : là où l'on n'a pas tout tué et tout brûlé, c'est qu'ils ont été mal obéis ou empêchés.

Chez certains fédérés la rage du meurtre était devenue telle, qu'elle s'exerçait d'une manière inconsciente, comme une fonction naturelle. Pendant la journée du 22 mai, j'en eus la preuve sans sortir de chez moi. Le matin, avant l'arrivée des « Versaillais », j'avais vu un fédéré entrer dans une maison voisine de celle que j'habite. J'avais été inquiet ; j'avais peur qu'il ne fût découvert, arrêté, emmené pour devenir je ne sais quoi. Toutes les maisons avaient été visitées ; on avait fouillé les appartements, les greniers, les caves, afin d'y saisir les armes et de faire main basse sur tout individu qui paraîtrait chercher à se dissimuler. La maison où le fédéré

---

[1] *Vid. sup., loc. cit.*, n° 226.

s'était réfugié avait été examinée ; j'avais vu les soldats y pénétrer et en sortir, n'emmenant personne avec eux ; l'homme était sauvé. Dans la maison située en face de celle où il avait trouvé asile, une famille de Neuilly avait été recueillie après la suspension d'armes. Elle se composait de deux femmes et d'un enfant âgé d'une dizaine d'années. Leur logement, placé au cinquième étage, était muni d'un balcon. Vers trois heures de l'après-midi, l'enfant jouait au cerceau sur le balcon ; tout à coup il s'affaissa sur lui-même et resta sans mouvement ; une balle lui avait traversé les deux tempes. Les deux femmes, dont l'une tenait l'enfant mort dans ses bras, descendirent et remplirent la rue de leurs clameurs. Le pauvre petit était tout pâle, avec un filet de sang sur chaque joue. Une des femmes montrait une lucarne et disait : « C'est de là ! » Des soldats se précipitèrent et revinrent bientôt escortant un homme jeune, à forte chevelure, en manches de chemise et chaussé de savates. C'était le fédéré. On le conduisit au collège Chaptal, et je me mêlai au groupe qui l'accompagnait, suivi des deux femmes portant le frêle cadavre. Un officier de ligne — capitaine ou chef de bataillon — assis dans une salle du rez-de-chaussée, devant une table sur laquelle il y avait des papiers et un revolver, écouta le récit qu'une de ces malheureuses lui fit en sanglotant ; puis, se tournant vers l'homme qui restait impassible, mais dont les lèvres tremblaient, il lui dit : « Pourquoi avez-vous tué cet enfant ? » L'assassin répondit : « Il jouait au cerceau, ça m'a agacé. » L'officier reprit : « Vous êtes fou ! » Pour toute réponse l'homme donna un soufflet à l'officier, qui saisit son revolver et lui fit sauter la cervelle. J'étais resté à causer avec l'officier, qui était très ému d'avoir été frappé au visage et d'avoir fait justice de son agresseur ; il répétait : « Pourquoi tuer cet enfant ? C'était si facile de tirer sur mes soldats! il n'en manque pas dans la rue! »

Si les soldats étaient calmes comme je l'ai dit, ils n'en étaient pas moins crédules et se racontaient toute sorte de nouvelles qui leur parvenaient je ne sais d'où. Ils se disaient avec une invariable formule : « Il paraît que l'on a pris les Tuileries. — Il paraît que l'on a pris l'Hôtel de Ville. — Il paraît que l'on a pris le Luxembourg. » Enfin, il paraissait que l'on avait tout pris. En tout cas, il paraissait que l'on ne prenait pas la barricade de la place Clichy : elle tenait bon ; comme elle était solidement construite et que l'on n'avait point d'artillerie pour battre en brèche, elle ne se souciait guère de la fusillade que l'on dirigeait contre elle. Son feu de mousqueterie balayait la rue de Saint-Pétersbourg, la place de l'Europe et la rue de Vienne. On lui répondait sans résultat. J'ai pu apprécier pendant cette journée la quantité de projectiles qu'il faut pour mettre un homme à mort. Entre les fédérés de la barricade et nos soldats s'abritant vaille que vaille derrière les piédestaux du pont de l'Europe ou dans l'angle de la rue Mosnier, le feu ne discontinua pas depuis huit heures du matin jusqu'à la nuit close ; le nombre des coups de fusil échangés dépassa des centaines de mille ; cinq soldats furent atteints, dont deux mortellement.

La nuit fut assez paisible, malgré une ou deux alertes ; les soldats dormaient dans les cours, dans les vestibules, dans les boutiques, dans les écuries, dans les remises ; quelques philosophes s'étaient étendus sur le trottoir ; les officiers restèrent avec leurs hommes et refusèrent d'accepter les lits qu'on s'était empressé de leur offrir dans les appartements. Au point du jour, la bataille recommença contre la barricade, qui riposta de son mieux ; les trottoirs du pont de l'Europe paraissaient métallisés sous l'écrasement des balles. Un sergent qui me le faisait remarquer, me disait: « Faut-il qu'ils aient volé des cartouches pour tirer tant que cela! » La situation menaçait de s'éterniser, il était cependant nécessaire de se hâter, car l'heure allait sonner de marcher contre Montmartre, c'est-à-dire, croyait-on naïvement alors, de mettre fin à la lutte. Une pièce d'artillerie fut amenée le mardi vers dix heures du matin; c'est par là que l'on aurait dû commencer la veille. On envoya à la gare de l'Ouest une compagnie de soldats sans armes; ils revinrent bientôt portant chacun un coussin de wagon. A l'aide de ces coussins amoncelés, on fit un épaulement avec embrasure au milieu; on y plaça la pièce d'artillerie. Au premier coup de canon, les défenseurs de la barricade grimpèrent sur la banquette, enjambèrent le talus et disparurent du côté du boulevard Rochechouart. Notre quartier était délivré.

V. — LE PÉTROLE.

La marche sur Montmartre. — La fusillade. — Le drapeau tricolore. — La Commune exaspérée en apprenant la prise de Montmartre. — Le feu partout! — Derrière les barricades. — Un seul homme à la barricade de la rue Neuve-des-Capucines. — La batterie du Père-Lachaise. — Les obus. — Aurore boréale. — On dit que le Louvre brûle. — Le jardin des Tuileries. — Le Louvre est intact. — Fureur de la population. — Paris devient fou. — La légende des pétroleuses. — On maçonne les soupiraux. — Un chiffonnier intelligent. — Les *godillots*. — Désespoir.

Notre quartier était délivré, mais il n'était pas sauvé. Placé sous le feu des batteries de Montmartre, il courait risque d'être anéanti si les fédérés étaient décidés « à vaincre ou à mourir ». Nous ignorions toute opération militaire autre que celle qui s'était accomplie sous nos yeux; nous ne savions pas que le général de Ladmirault, enlevant la partie septentrionale des Batignolles et suivant le chemin de ronde, allait attaquer le fameux mont Aventin de l'émeute par un mouvement tournant. Pour nous tous, habitants du quartier de l'Europe, le corps du général Clinchant, auquel nous devions notre salut, était seul chargé de débusquer la rébellion fortifiée sur les hauteurs qui dominent Paris.

Il était environ onze heures et demie du matin, lorsque les troupes qui depuis la veille vivaient parmi nous, se mirent en marche, après avoir détruit la barricade de la place Clichy. A Montmartre, elles prirent l'obstacle de front et s'avancèrent par la rue Lepic. Jamais je n'ai entendu pareille fusillade, jamais les crépitations d'un bouquet de feu d'artifice ne furent plus nombreuses et plus précipitées. A peine deci ou delà quelque détonation d'artillerie sonnait à travers la rumeur des coups de fusil. J'étais monté sur le toit de ma maison, muni d'une lorgnette; non point pour suivre, comme l'on dit, les péripéties du combat qui m'échappaient forcément, mais pour regarder le moulin de la Galette, au sommet duquel flottait un drapeau rouge, que l'on devait remplacer par le drapeau français aussitôt que Montmartre appartiendrait à l'armée. A une heure moins dix minutes, je vis apparaître le drapeau tricolore qui se déployait dans la brise et affirmait que la résistance de la « grande forteresse populaire » avait été rapidement vaincue par nos soldats. Le Comité de salut public, la Commune, le Comité central, toutes les autorités de l'insurrection, en un mot, furent stupéfaites de cette victoire où la valeur de nos troupes trouva, dit-on, un auxiliaire dans quelques sacs d'écus habilement distribués, et leur colère en redoubla.

C'est alors que dans les quartiers où la rébellion se défendait encore, on placarda les appels aux armes et les proclamations les plus violentes; c'est alors que l'on prit toute disposition pour brûler Paris, pour massacrer les otages, pour faire à la Commune des funérailles destinées à épouvanter l'histoire. Il y eut à l'Hôtel de Ville un moment d'exaltation furieuse. — Quoi ! Montmartre est pris ! — On cria à la trahison. — Puisque Paris nous trahit, que Paris périsse ! — Un homme que je connais fut appelé par un devoir impérieux à l'Hôtel de Ville, le 23 mai, vers deux heures de l'après-midi ; c'était un chenil de chiens enragés. Delescluze, ordinairement si maître de lui, marchait à grands pas et répétait : « Le feu ! le feu ! le feu partout ! »

On sait si ce mot d'ordre fut entendu. La résistance dans les rues, derrière les barricades, fut énergique ; mais bien souvent nos soldats, mal renseignés, luttèrent longtemps contre des obstacles qu'une simple démonstration un peu vive aurait fait tomber. Une barricade de la rue de Châteaudun qui n'avait que cinq défenseurs arrêta la troupe de ligne pendant une journée. Il fallut bien des heures et du canon pour réduire au silence la barricade élevée à l'angle de la rue et du boulevard des Capucines, à côté du magasin Giroux ; un seul homme cependant y combattait ; il avait six fusils chassepot à sa disposition ; il ne se hâtait pas, visait bien ; il « faisait balle » à tout coup et, par son adresse, suppléait au nombre. Les soldats restèrent à tirailler contre ce tas de pavés que l'élan de deux hommes eût emporté. Lorsque cet insurgé eut épuisé ses munitions, il était environ dix heures du soir ; il vint demander des cartouches au Crédit foncier, où on lui en refusa ; il partit en maugréant. Un garçon de caisse du Crédit foncier, vers onze heures, traversa le boulevard en agitant un mouchoir blanc et donna avis aux soldats embusqués dans la rue de Caumartin que la route était libre. On ne le crut pas, on l'arrêta, on le retint, et le général Berthaut ne commença qu'à deux heures du matin, le 24 mai, le mouvement qui devait le rendre maître de la place Vendôme, déjà évacuée par les fédérés. Ce sont là des incidents qui se produisent fréquemment dans la guerre des rues, où le soldat, combattant à l'aveuglette contre des adversaires abrités, ne sait jamais ce qui peut se trouver derrière les barricades qu'il attaque. Malheureusement ces erreurs, qui se renouvelèrent dans plus d'un quartier, entraînèrent une perte de temps que les insurgés surent mettre à profit.

Montmartre se taisait en attendant que l'on en utilisât les canons pour déloger l'insurrection de ses repaires ; mais, en revanche, les batteries installées au Père-Lachaise, à la place du marché de la rue Puébla, aux Buttes-Chaumont, ne se ménageaient guère et tiraient à toute volée sur la ville. Une de ces batteries — je ne sais laquelle — avait pris pour objectif le dôme de l'église Saint-Augustin, située presque au point d'intersection du boulevard Haussmann et du boulevard Malesherbes ; des maisons de la place de l'Europe, de la rue Mosnier, de la rue du Rocher, furent atteintes. Dans le vaste espace libre formé par la gare du chemin de fer de l'Ouest, on voyait les obus parvenus au terme de leur trajectoire passer en sifflant, comme des hirondelles de fer. C'était la bataille ; ce n'était encore que la bataille ; le soir, entre cinq et six heures, on vit tout à coup monter dans le ciel les colonnes de fumée s'élançant de la rue Royale et de la rue de Lille ; l'œuvre de destruction était commencée !

A l'heure du crépuscule, j'allai sur le boulevard des Batignolles, à l'endroit où la trouée de la gare de l'Ouest permet d'apercevoir tout Paris. Je n'y étais pas seul et bien des habitants du quartier s'étaient groupés pour regarder où brûlaient les incendies. A mesure que la nuit descendait, la fumée se teignait de lueurs rouges où tourbillonnaient les étincelles ; lorsque l'obscurité fut venue, la fumée sembla disparaître ; on ne vit plus que des flammes et le ciel fut tout rouge. Un cri s'échappa du milieu de la foule : « Le feu ! ils ont mis le feu ! » Un cocher de fiacre, sans voiture, qui fumait sa pipe en contemplant ce spectacle, se mit à rire et dit : « Sont-ils drôles, ces Parisiens ! ils n'ont jamais rien vu ; ça, le feu ! Allons donc ! c'est une aurore boréale. » Le pauvre homme était de bonne foi ; on crut à une mauvaise plaisanterie de sa part ; il n'eut que le temps de se sauver, car la foule voulait se jeter sur lui.

Le lendemain un bruit courut qui écrasa les cœurs ; on disait : « Le Louvre brûle, les « galeries » sont en feu ! » On avait pris, jusqu'à un certain point, son parti des évènements inhérents aux batailles ; on se rappelait les émeutes, les insurrections, les révolutions auxquelles déjà on avait assisté, et l'on reprenait courage, en se disant : Cela sera bientôt fini. Mais la pensée que des insurgés, sous prétexte de défendre leurs billevesées, incendiaient nos trésors d'art, cette pensée exaspéra les plus indifférents. Ce fut un cauchemar qui m'obséda.

Le 25, je n'y tins plus et je sortis pour aller aussi loin que la bataille me permettrait d'avancer. Paris avait eu beau se pavoiser de drapeaux tricolores, il était sinistre. Le jardin des Tuileries n'entrebâillait ses grilles que pour laisser passer les officiers. Grâce à un major d'ambulance, auquel je m'attachai, j'y pus pénétrer. Le palais, dont la toiture était effondrée, flambait, lançant par les fenêtres des torrents de fumée rouge ; sur la terrasse du bord de l'eau où je montai, on ne pouvait séjourner, tant la chaleur dégagée par la Cour des Comptes, le palais de la Légion d'honneur et les autres édifices incendiés était intense. Sur la place du Carrousel, les pompiers étaient aidés par des soldats. Le Louvre était préservé ; j'eus presque une sensation de joie au milieu de tant de ruines.

Sous le guichet de la rue de l'Échelle, un fédéré était étendu, la face contre terre, dans une flaque de sang, la lèvre tuméfiée, l'œil vitreux déjà visité par les mouches. On le regardait et l'on disait : « C'est lui qui a brûlé les Tuileries. » Non, ce n'était pas lui ; j'ai dit plus haut quels furent les incendiaires. Devant le Théâtre-Français, à côté du Palais-Royal encore fumant, un fossé de barricade à demi comblé cachait mal dix-sept cadavres jetés au hasard. On était dans un état de surexcitation extraordinaire, et l'on disait : « Il faut fusiller tous ces gens-là ! » On a accusé nos soldats de cruauté ; si l'on avait livré les insurgés à la population, pas un d'eux, pas un seul n'eût été épargné. L'esprit de vengeance l'avait envahie ; elle voyait des coupables partout et voulait que l'on ne fit grâce à personne. Jamais pareil élan de haine ne fut vu ; jamais pareil accès de colère n'éclata ; la Commune s'est effondrée au milieu de l'exécration universelle.

Dès la matinée du 24, Paris fut pris de folie. On racontait que des femmes se glissaient dans les quartiers déjà délivrés par nos troupes, qu'elles jetaient des mèches soufrées dans les soupiraux, versaient du pétrole sur le contrevent des boutiques, et allumaient partout des incendies. Cette légende, excusée sinon justifiée par le spectacle que l'on avait sous les yeux, était fausse ; nulle maison ne brûla dans le périmètre occupé par l'armée française[1]. Les apologistes de la Commune

---

[1] Le colonel Hoffmann, de la légation des États-Unis, ne s'y est pas trompé ; il écrit en date du 26 mai : « Le pétrole est la folie du moment. De paisibles ménagères bouchent les ouvertures des caves donnant sur le trottoir, sous le prétexte ridicule que des bandes de femmes rôdent par les rues, jettent du pétrole dans les caves, puis y mettent le feu. » (Corresp. Washburne ; *loc. cit.*, n° 223.) J'ai ra-

ont repoussé l'accusation que l'on faisait peser sur eux ; ils ont eu raison, car elle était imméritée ; mais elle naquit spontanément dans l'esprit d'une population affolée par les horreurs dont elle était témoin. Toute femme que l'on voyait portant une boîte à lait, un vase, une bouteille, un cabas, était arrêtée ; on criait : A la pétroleuse ! On la conduisait aux prévôtés, aux postes occupés par les soldats ; on réclamait sa mort. Plus d'une erreur a été commise, et plus d'un malheur fut à déplorer. A qui la faute ? A la crédulité du peuple, sans aucun doute, mais surtout à ceux qui avaient surexcité cette crédulité par une série de forfaits incompréhensibles. Si la Commune n'avait brûlé une moitié de Paris, on ne l'eût jamais crue capable d'en brûler l'autre moitié.

Les propriétaires, s'imaginant que leurs maisons allaient être incendiées, ne savaient qu'inventer pour les mettre à l'abri du feu. On obstruait les soupiraux avec du plâtre ou des briques ; on faisait des barrières qui empêchaient de passer sur les trottoirs ; on organisait des rondes ; on forçait les gens à marcher sur la chaussée ; enfin on fut ridicule, aussi ridicule que pendant l'insurrection de juin 1848, lorsque toute lampe allumée paraissait un signal, lorsque toute chandelle était élevée au rang d'information mystérieuse. On ne voyait que maçons courant par les rues, l'auge sur la tête, la truelle à la main ; ils ont fait quelques bonnes affaires pendant ces heures d'effarement où Paris se regardait brûler. C'était là une sorte d'industrie spontanée, encouragée par la terreur de l'incendie ; mais il en est une autre qui fut plus réfléchie.

conté dans *Paris, ses organes, ses fonctions*, etc., t. VI, chap. xxxv, le *Bon vieux temps*, qu'au mois de mai 1524 Paris a déjà subi un affolement analogue et a « estouppé les souppiraux ».

Tous les cadavres des gens tués ou fusillés étaient enlevés de la voie publique. On les portait soit dans quelque coin désert, soit dans les fondations préparées pour recevoir des constructions interrompues par la guerre et que la prospérité répandue par la Commune n'avait point permis de reprendre. Les corps étaient rangés l'un près de l'autre, la face tournée vers le ciel; parfois on jetait quelques pelletées de terre sur ces débris sanguinolents; parfois on les laissait à découvert; tous avaient leurs vêtements; je n'ai pas vu un seul mort dépouillé. La police n'était pas encore reconstituée à Paris; le service de l'inspection des cimetières ne pouvait fonctionner à travers la bataille; les soldats, surmenés de fatigue, étaient au feu et ne se souciaient guère du respect que l'on doit aux morts. Un chiffonnier des environs de Saint-Ouen se dit qu'il y avait une opération à tenter; il loua une voiture à bras et se mit à parcourir les quartiers que l'insurrection ne possédait plus. A tout endroit où il apercevait des cadavres, il s'arrêtait; il se découvrait pieusement; puis d'un geste rapide, il enlevait les souliers, les brodequins, les bottes, jetait ces détritus de chaussures dans sa voiture, se remettait dans les brancards et reprenait sa route. J'eus la curiosité de le suivre; la récolte fut bonne.

Dans le square qui est près de la caserne de la Pépinière, il venait de déchausser quatre fédérés, lorsqu'un monsieur, arrêté à le regarder, lui dit : « Pourquoi enlevez-vous ces souliers ? » L'industriel ne se déconcerta pas, et répondit : « C'est pour les constatations d'identité. » Le monsieur parut satisfait et loua sans doute *in petto* l'autorité qui prenait de si minutieuses précautions dans un moment pareil. Je restai seul près du chiffonnier et je lui dis : « Il y aura de quoi faire de fameux *dix-huit* dans tout cela. » (Les souliers ressemelés s'appellent des dix-huit en langage populaire, car ils sont deux fois neufs.) Il eut un soubresaut et me regarda avec quelque inquiétude. « Mais vous n'avez cependant pas l'air d'être de la partie. » Je me mis à rire. Il reprit : « Dam ! il faut bien que tout le monde vive ; les *cognes* (sergents de ville) ne sont pas encore revenus, j'en profite ; on ne doit pas gâcher le bien du bon Dieu ; sans moi, pensez donc, tous ces *godillots*-là (souliers) seraient perdus. » — Il donna un coup de reins, mit sa charrette en branle et s'éloigna.

Nos amis qui avaient quitté Paris pendant la Commune rentraient et restaient atterrés à la vue de tant de ruines. Involontairement et comme si l'on eût été poussé par le besoin d'augmenter sa douleur, on errait au milieu des quartiers incendiés, on regardait et l'on était désespéré. Où n'ai-je pas fait la chaîne? où n'ai-je pas vu des gens assis devant les brasiers, la tête dans leurs mains et sanglotant? J'avais couru à l'Hôtel de Ville, au Palais de Justice, à la Préfecture de police, car je connaissais, pour les avoir étudiés, les documents contenus dans les greffes, dans les archives de la Seine, dans celles de l'Assistance publique, dans celles de la police; tout était anéanti, sans nul vestige pour reconstituer l'histoire dont ces richesses gardaient le secret. Un tel acte ne paraissait pas à redouter, car il a fallu pour l'accomplir une haine que l'on devait croire en dehors des facultés de l'homme. La Commune aura cette gloire d'avoir été supérieure en quelque chose et d'avoir démontré que la source des plus grands crimes est l'envie extravasée dans le cœur des méchants.

VI. — SAUVE QUI PEUT.

A l'Hôtel de Ville. — Imitation jacobine. — Ineptie des chefs de la Commune. — Cluseret. — Recueilli par un prêtre. — L'évêque des Thermopyles. — Fausses nouvelles. — Le récit de la mort de Jules Vallès. — Le dernier jour de la lutte. — La dernière barricade. — La place de la Bastille. — Semailles en septembre, moisson en mai. — Sainte-Pélagie. — Au Jardin des Plantes. — Le conducteur d'une voiture d'ambulance. — Jules Vallès. — Émotion. — Félix Pyat. — Razoua déguisé en valet de pied et Napoléon Gaillard en vidangeur.

Aussitôt que l'entrée de l'armée française dans Paris eut mis la Commune en désarroi, plusieurs des hommes les plus compromis prirent quelques précautions pour assurer leur fuite ; entre autres, un brave garçon, fourvoyé au milieu de cette aventure, Arthur Arnould, qui, dès la matinée du 23 mai, s'affala dans une cave des Batignolles et n'en sortit que pour aller voyager à l'étranger. M. Lissagaray a constaté[1] cet excès de prudence. Dans la soirée du 23 mai, il se rend à l'Hôtel de Ville, et, après avoir salué « le cadavre de Dombrowski », il aperçoit le dernier délégué à la guerre : « Delescluze signe des ordres, muet, blafard comme un spectre. Les angoisses de ces derniers jours ont bu tout ce qui lui restait de vie. Sa voix n'est plus qu'un râle. Le regard et le cœur vivent seuls encore dans ce moribond. » L'idéal de leur gouvernement, la terreur, survit à leur défaite : « Quels sont ces officiers qui ont quitté leur uniforme, ces membres de la Commune, ces fonctionnaires qui ont rasé leur barbe ? Que viennent-ils faire ici parmi les braves ? Ranvier, qui rencontre ainsi déguisés deux de ses collègues des plus empanachés pendant le siège, les apostrophe et menace de les

---

[1] *Histoire de la Commune*, p. 374.

fusiller s'ils ne vont aussitôt dans leur arrondissement. »
Et M. Lissagaray ajoute : « Un grand exemple ne serait
pas inutile ; d'heure en heure, toute discipline sombre. »

Oui, tout sombrait, tout devait sombrer ; car ceux qui
étaient là, à cette heure sans merci, n'avaient pas, n'avaient jamais eu quelque chose à défendre : pas une
idée, pas un principe, pas une doctrine, rien que le
pouvoir usurpé qu'ils n'avaient même pas été capables
d'exercer. La population fédérée s'est battue pour un
rêve, pour la substitution violente du prolétariat à toute
autre classe de la société ; mais ses chefs, ceux dont la
parole et l'exemple l'avaient entraînée, les déclassés de
la petite bourgeoisie, les avortons de la presse purulente, « les ouvriers stupides, » comme disait Rossel,
les dictateurs, pour les appeler du nom qui flattait leur
vanité, n'ont su ni donner un ordre, ni parer à une éventualité, ni faire acte de commandement. Ceux qui ont
combattu jusqu'au bout, sans esprit de retour, avec
l'abnégation des espérances à jamais brisées, sont rares.
Quant aux généraux de la Commune, on les cherche
parmi les morts, et on les retrouve parmi les évadés.

Il en est un qui eut de l'esprit : ce fut Cluseret[1]. Lors-

---

[1] Si l'on en croit G. Lefrançais, ce serait dans la soirée du lundi,
22 mai, que Cluseret se serait dérobé. Voici ce qu'il raconte :
« C'est en revenant de cette reconnaissance (vers Montmartre, le lundi,
10 heures du soir) que le citoyen A. Humbert et moi, qui composions l'arrière-garde, nous vîmes pour la dernière fois le citoyen
Cluseret. Ce dernier venait à notre rencontre, attiré, dit-il, par le
bruit des coups de feu qui lui paraissaient venir du côté de la Chaussée-d'Antin, lorsqu'il nous rencontra à l'entrée de la rue Lepic
(ancienne barrière Blanche). Nous nous étions offerts tous deux, Humbert et moi, à l'accompagner, lorsqu'un incident futile nous arrêta
quelques instants à peine. Quand nous voulûmes rejoindre Cluseret,
celui-ci avait disparu, et nous eûmes beau le héler, nous ne reçûmes aucune réponse de nature à nous indiquer, au milieu d'une
nuit assez noire, la route qu'il avait prise. Cette étrange disparition
nous fit croire, à Vermorel et à moi, lorsque je la lui racontai, que,
désespérant du succès et peu soucieux en somme de risquer sa vie

qu'il vit que la bataille tournait mal, il se dit qu'il était temps de se tirer du guêpier où il s'était fourré ; il se rendit chez un prêtre et lui demanda l'hospitalité. Le prêtre hésita. « Si vous me chassez, lui dit Cluseret, on me fusillera devant votre porte. » — « Entrez, lui dit alors l'abbé L... Autrefois les églises servaient de refuge aux criminels ; entrez, et soyez sans crainte[1]. » Cluseret resta un mois dans cet asile, où nul ne s'avisa de venir le chercher. Lorsque pour lui l'heure fut venue de gagner un refuge au delà des frontières, il revêtit une soutane et partit sans être inquiété, sous un costume qui, pendant la Commune, équivalait à une condamnation à mort. Un autre, fort mince personnage, compromis, en qualité d'entrepreneur, dans l'affaire du renversement de la colonne de la Grande Armée, s'était déguisé en prélat ; il avait pris la ganse d'or au chapeau et les bas violets. Ayant entendu dire qu'un évêque d'Hermopolis avait existé, il s'était fait inscrire, dans la maison garnie où il s'était caché, sous le nom d'évêque des Thermopyles. Cet évêché *in partibus* inspira quelque curiosité à la police, qui en arrêta le titulaire, et le livra à la justice.

Les journaux du moment sont instructifs à consulter, car les membres de la Commune qui voulaient éviter les poursuites s'en servirent avec habileté. Chaque jour, à partir du 23 mai, sous la rubrique des faits divers

---

pour des gens qui venaient de le tenir presque un mois en prison sans motifs sérieux, Cluseret s'était ménagé quelque retraite dans le voisinage et qu'il s'y était rendu, abandonnant les fédérés à leur sort. Nous ne saurions, quant à nous, blâmer bien sérieusement une retraite que les procédés désagréables de la Commune et du Comité central à l'égard de Cluseret ne justifiaient que trop. » (*Étude sur le mouvement communaliste à Paris en* 1871, par G. Lefrançais, membre de la Commune de Paris ; Neuchâtel, 1871, p. 321).

[1] *Histoire de la Commune de Paris en* 1871, par l'abbé Vidieu, p. 564.

et des informations, on raconte la mort de quelques notoriétés de la Commune. Généraux et délégués, membres du Comité de salut public et membres du Comité central, semblent prendre à tâche de mourir pour leur cause ; tantôt ils sont tués sur une barricade, tantôt ils sont fusillés. Il y eut beaucoup d'erreurs involontaires dans ces récits de la première heure, où l'on acceptait sans contrôle toutes les nouvelles qui circulaient ; mais il y eut aussi plus d'un récit intéressé, rédigé par l'individu même qui, pour mieux assurer sa fuite, affirmait qu'il était mort.

Le récit de la mort de Jules Vallès ne fut point le résultat d'une erreur ; on a dit, mais l'on n'a pas la preuve, que *le réfractaire* a écrit lui-même la relation détaillée de son exécution et qu'il l'a fait déposer dans la boîte du journal, qui l'a insérée. Le jeudi 25 mai, vers six heures du soir, Vallès, escorté par des soldats de la ligne, aurait été extrait du théâtre du Châtelet et conduit rue des Prêtres-Saint-Germain-l'Auxerrois ; là, après quelques alternatives assez naturelles en face de la mort, il aurait été fusillé et ensuite « lardé de coups de baïonnette ». Le récit était minutieux ; on décrivait le costume, l'attitude ; on citait les paroles ; bref, c'était tellement précis que cela devenait invraisemblable, d'autant plus invraisemblable qu'il n'y avait nulle raison pour faire sortir un prisonnier du théâtre du Châtelet, afin d'aller le fusiller dans une rue éloignée. J'avais lu cette histoire et n'y avais pas ajouté foi ; le 27, j'avais été au *Journal des Débats*, précisément rue des Prêtres-Saint-Germain-l'Auxerrois ; j'avais interrogé quelques boutiquiers ; nul d'entre eux n'avait vu l'exécution racontée : bien plus, des fédérés avaient été tués près de l'église, mais nul n'y avait été fusillé [1].

---

[1] Une lettre qui m'a été adressée et que je reproduis (voir *Pièces*

Le lendemain, 28 mai, j'eus la preuve que Jules Vallès vivait encore ; j'en parle aujourd'hui pour la première fois ; la divulgation du secret que j'ai gardé ne peut porter préjudice à personne : Vallès est hors des atteintes de la justice française. Le 28 était un dimanche ; la lutte n'était pas encore terminée, mais l'insurrection était réduite et tout allait finir. Sauf un point très restreint du onzième arrondissement, Paris appartenait à l'armée de la France. J'étais sorti de fort bonne heure ; j'avais été du côté de la place du Château-d'Eau, dans l'espoir de pouvoir parvenir jusqu'à la Grande-Roquette et jusqu'au Père-Lachaise ; la circulation était encore interdite dans ces quartiers à peine domptés, et il me fut impossible de passer. On entendait des coups de fusil du côté de la rue Saint-Maur ; des soldats racontaient la prise de Belleville et des Buttes-Chaumont ; des fusiliers marins, très émus, parlaient de l'assassinat de l'archevêque. Vers une heure, si ma mémoire me sert bien, on annonça que la dernière barricade, élevée rue Fontaine-au-Roi, venait de tomber aux mains de la troupe de ligne. Je continuai ma route.

Je retrouvai la place de la Bastille telle qu'elle était en 1848, au lendemain de l'insurrection de Juin, entourée de maisons mises à jour par les obus ; les greniers de réserve du quai Bourdon, convertis en entrepôt, brûlaient. Partout la désolation, l'incendie, la mort ; tous les fléaux s'étaient abattus sur cette pauvre ville qui payait cher la folie qu'elle avait laissé accomplir le 18 mars. D'un seul coup, elle recueillait les fruits de ses égarements ; les semailles de Septembre avaient produit la moisson de Mai, comme vingt ans auparavant

---

justificatives, n° 9) dément la version que j'ai adoptée sur témoignages qui m'ont semblé sérieux et prouve qu'un faux Jules Vallès a été, en effet, sommairement passé par les armes le 25 mai 1871.

Février avait engendré Juin. A côté de la colonne en haut de laquelle le génie de l'insurrection semblait secouer sa torche au-dessus de Paris, des soldats avaient établi leur campement. Avec l'insouciance de ceux qui ont accompli leur fonction, ils avaient enlevé le filet d'un cheval mort et le faisaient griller à un feu alimenté par les débris d'une maison incendiée. Je causai avec un officier; il était triste : « Cette guerre des rues est affreuse; qu'est-ce que ces gens-là voulaient donc? On dit que dans les prisons ils ont tué tous les détenus. — A Mazas aussi? lui demandai-je en pensant à Chaudey que je croyais incarcéré. — Non, répliqua-t-il. Mazas était vide; nous y avons enfermé les insurgés que nous avons pris. »

Je traversai la Seine et je m'en allai à Sainte-Pélagie, où je pus voir, sanglante encore, la place où Chaudey était tombé. Ce quartier était comme une fourmilière en rumeur; sur des brancards, des blessés passaient que l'on portait à la Pitié; devant les portes, des femmes parlaient à voix basse et se taisaient lorsqu'on approchait d'elles; des soldats placés en faction à l'angle des rues s'appuyaient sur leur fusil et laissaient retomber leur tête fatiguée; les hommes étaient rares; partout on sentait l'inquiétude, car trois ou quatre inspecteurs de police faisaient des perquisitions dans les maisons; chacun semblait se dire : « Est-ce moi que l'on vient arrêter? » J'avais poursuivi mon chemin un peu au hasard et j'étais arrivé devant le Jardin des Plantes. J'étais très las, il faisait chaud, je marchais depuis le matin; je m'assis près de la fontaine Cuvier. Dans les cours du Muséum il y avait des soldats, il y en avait dans l'Entrepôt des vins; l'armée gardait la ville, prête à se porter où l'on aurait à l'appeler pour briser un dernier effort de la révolte, pour faire des arrestations et au besoin pour fusiller les coupables; on était en état de guerre, sous l'empire de la loi martiale : tout insurgé pris les armes à la main, ou ayant porté les armes, ou ayant appartenu au gouvernement insurrectionnel, était passible de la peine de mort. Ceci m'avait été expliqué le matin même par un capitaine qui avait fait procéder à des exécutions.

Pendant que j'étais là, me reposant et regardant autour de moi, je vis venir une petite voiture d'ambulance, traînée par un mulet et conduite par deux hommes. L'un des charretiers, de taille moyenne et de charpente assez solide, attira mon attention par son excessive brutalité. Il marchait en se dandinant avec un mouvement des hanches et des épaules très accentué; il faisait claquer son fouet; il criait : Hue donc! et jurait contre le mulet, qui secouait ses grandes oreilles. Il avait une démarche peu naturelle, semblable à celle d'un acteur qui exagère son rôle parce qu'il ne le sait pas. Je le regardai au visage; la face était blême, sans apparence de barbe, le dessous des yeux très frippé, le nez gros et la bouche extrêmement mobile, comme agitée d'un mouvement involontaire; le front en partie était caché par la coiffure. Ce charretier se tourna vers moi; nos yeux se rencontrèrent; je le reconnus : c'était Jules Vallès.

J'éprouvai une intolérable émotion; je m'imaginai que, puisque je l'avais reconnu, tout le monde allait le reconnaître; que les soldats le regardaient, que les officiers le désignaient, que les inspecteurs de police qui parcouraient le quartier allaient venir l'arrêter; qu'on le pousserait contre un mur et qu'on le fusillerait. J'eus là une minute très pénible. Pendant ce temps-là, il continuait à claquer son fouet et ne ressemblait pas du tout à un charretier. Il prit sa mule par la bride et fit entrer la voiture d'ambulance à l'hôpital de la Pitié. Il n'y resta pas longtemps; je l'en vis sortir comme un homme qui a bonne envie de se sauver et qui n'ose pas ; il retourna plusieurs fois la tête, s'éloigna et disparut. J'eus un soupir de soulagement. Il trouva, je l'ai su depuis, un asile sûr à Paris, non pas chez un ami, mais dans un grand établissement public, où il n'était pas connu et qu'il est superflu de désigner. Il y resta longtemps et s'en échappa, dit-on, sous un déguisement analogue à celui qui avait favorisé la fuite de Cluseret.

Le fait de Vallès, tué par un journal et profitant de son décès pour gagner au pied et dépister les recherches, n'a point été un fait isolé. Félix Pyat faisait chaque soir insérer de fausses nouvelles sur son compte ; celui-ci, du reste, était passé maître en l'art de s'esquiver. L'estime qu'il inspirait à ses complices paraît avoir été d'une trempe médiocre. Tous les écrivains adhérents de la Commune ont craché sur lui avec un ensemble qui les honore. Tous paraissent avoir adopté le mot que Rossel a laissé tomber dans ses notes : « C'est le réceptacle de toutes les idées impures et malsaines qui peuvent fermenter dans une révolution. Je ne mépriserai jamais assez Félix Pyat [1]. »

La plupart des chefs de la Commune ont réussi à se dérober ; quelques-uns, Théophile Ferré entre autres, n'ont été arrêtés qu'à la suite d'une délation qu'il était impossible de prévoir, et que l'on ne peut raconter, car le récit ferait lever le cœur. Des libres penseurs, tels que Vallès et Cluseret, se sont sans doute sentis humiliés en revêtant un costume de prêtre ; mais combien plus encore dut souffrir Razoua, cet implacable et un peu ridicule ennemi des tyrans, lorsque, pour assurer sa fuite, il endossa une livrée de valet de pied

---

[1] Devant la *Commission d'enquête sur le 18 mars*, M. Vacherot a dit, en parlant de Félix Pyat : « C'est la plume la plus redoutable et la plus dangereuse de la presse démagogique ; c'est l'écrivain le plus dangereux et qui a fait le plus de mal. » Voir *Dépos. de M. Leblond.*

et accompagna, en qualité de domestique, une femme de la famille Bonaparte qui le déposa au delà des frontières. Napoléon Gaillard fut plus simple et prit un déguisement à sa portée : il s'habilla en vidangeur et réussit à gagner les dépotoirs de Bondy en conduisant une tinette qui n'eût point déshonoré ses barricades.

VII. — LES PERTES DE L'INSURRECTION.

Le défilé des prisonniers. — Cruauté de la foule. — La basse lâcheté des femmes. — Brutalité de la répression. — Exécutions au Père-Lachaise. — A la Petite-Roquette. — Les prétendues mitrailleuses de la caserne Lobau. — Les exagérations des apologistes de la Commune. — Fables et mensonges. — Le nombre exact des morts. — Inhumations sans mandat. — Exhumations sur la voie publique. — Les arrestations. — Les condamnations. — Les ordonnances de non-lieu. — Étrangers. — Parisiens. — Provinciaux. — L'élément provincial révolutionnaire à Paris. — Paris sera « à nous », ou Paris ne sera plus.

Dans les jours qui suivirent la chute de la Commune, il y eut à Paris une animation extraordinaire; la ville délivrée semblait se répandre sur elle-même pour constater ses blessures. On accourait de la province et de l'étranger pour regarder les ruines, les palais détruits, les théâtres effondrés, les maisons écornées par les boulets et mouchetées par les balles. C'était un spectacle comme un autre, et chacun s'y empressa. Les casernes regorgeaient de soldats; les administrations publiques réorganisaient leurs services démontés par l'insurrection, privés de leurs documents de recherche que l'incendie clairvoyant avait dévorés; la police sur pied nuit et jour traquait les coupables et les arrêtait; la cité dolente se reprenait à la vie, mais à une vie nerveuse et irritée; elle semblait, à force de bruit, vouloir s'étourdir sur ses propres malheurs et elle oubliait que le premier devoir d'un peuple civilisé est d'être pitoyable aux vaincus.

Les Parisiens qui ont vu les files d'insurgés prisonniers, attachés l'un à l'autre par les coudes, traverser les boulevards et les quais sous les insultes de la foule, n'oublieront jamais ce spectacle. En les regardant passer le front bas, encore farouches et frémissants de la bataille, on ne se souvint pas qu'ils étaient sans défense et que, par le seul fait de leur arrestation, ils appartenaient à la justice. On ne comprit pas que toute manifestation à leur égard était coupable. La population manqua de charité. Exaspérée par deux mois de Commune forcée, elle n'essaya même pas de contenir son indignation; loin de là, elle l'exagéra et fut odieuse.

Lorsqu'une bande de prisonniers apparaissait, on se ruait vers elle, on essayait de rompre le cordon de soldats qui les escortaient et les protégeaient; les femmes étaient, comme toujours, les plus agitées; elles brisaient les rangs militaires et frappaient les prisonniers à coups d'ombrelle; on criait : A mort les assassins! Au feu les incendiaires! Lorsqu'un de ces malheureux, épuisé de fatigue, s'arrêtait et tombait, lorsque les gendarmes le ramassaient et le plaçaient dans une des voitures de secours qui suivaient le convoi, ce n'était qu'une clameur : Non! non! tuez-le, fusillez-le! C'était fait pour inspirer le mépris des foules. Paris n'était pas seul en proie à cet éréthisme de colère. Sur le parcours de ces « chaînes », les villages dégorgeaient leurs habitants, et le supplice recommençait jusqu'à ce que les détenus fussent arrivés au campement de Satory, où ils avaient la terre nue pour matelas et le ciel pour abri. Parmi ceux qui marchèrent ainsi entre les insultes et les horions, s'il y avait quelques fédérés d'Émile Gois et de Dalivoust, ils ont pu se rappeler la voie douloureuse que les prêtres et les gendarmes avaient gravie, le 27 mai, pour arriver jusqu'à la rue Haxo. De tels souvenirs, ceux du massacre des otages, ceux des incendies, doivent-ils excuser la conduite de la population de Paris au moment de la victoire? Non. La civilisation punit, mais ne se venge pas, et par respect pour elle-même elle doit éviter toute représaille que la justice n'a pas ordonnée. La loi martiale et les exécutions des coupables saisis les armes à la main étaient plus que suffisantes à satisfaire les rancunes ; à la sévérité du châtiment il ne fallait pas ajouter la honte des injures et la cruauté des sévices sans péril.

La République, gouvernement pour ainsi dire anonyme, et même jusqu'à un certain point irresponsable, par le fait seul de son principe, qui est la collectivité, déploya dans la répression une énergie dont toute monarchie eût été incapable. Les insurgés purent s'en convaincre. Aussitôt que les incendies eurent montré le genre de guerre auquel la Commune avait recours, ordre fut expédié aux chefs de corps de passer par les armes les soldats de l'insurrection. C'était là une consigne générale, qui ne fut obéie qu'avec réserve; le nombre énorme des prisonniers le prouve. Il y eut néanmoins des exécutions en masse qui furent très considérables. J'en puis citer deux avec certitude, et donner des chiffres exacts. Le dimanche 28 mai, dans la matinée, cent quarante-huit insurgés furent extraits de Mazas; on les conduisit au cimetière du Père-Lachaise, non loin de la fosse commune qui avait reçu les corps de Mgr Darboy, du président Bonjean, de MM. Deguerry, Clerc, Allard et Ducoudray; on les divisa par escouades de dix, et on les fusilla. Ils se prirent par la main et crièrent : Vive la Commune! avant de mourir. Trois d'entre eux se sauvèrent et cherchèrent à se cacher dans un terrain raviné qui s'ouvrait non loin de là; ils furent repris et tués. Le même jour, et presque à la même heure, le chemin de ronde de la Petite-Roquette vit tomber deux cent vingt-sept insurgés ; la plupart de ceux-là, me dit un témoin oculaire, furent « pleurnichards » et demandèrent grâce. A la caserne Lobau on fit aussi de nombreuses exécutions, mais j'en ignore le chiffre. A ce sujet, une légende existe. On a dit que les fédérés, appuyés au mur, étaient mis à mort à l'aide d'une mitrailleuse, système expéditif, mais absurde : à cinquante mètres les projectiles d'une mitrailleuse font balle et ne peuvent tuer plus d'un homme ; il lui faut au moins mille mètres pour que sa « rose » écarte de façon à frapper plusieurs individus rangés en ligne. A la caserne Lobau, comme ailleurs, on fusilla et l'on ne mitrailla pas [1].

Si l'on en croyait les apologistes de la Commune, l'armée ivre folle, tuant à tort et à travers, aurait « assassiné » plus de victimes qu'il n'y avait eu de combattants. Les chiffres qu'ils ont cités à cet égard sont des chiffres de fantaisie. En pareille matière on est toujours tenté d'exagérer, mais cette fois l'exagération a dépassé toute mesure de l'hyperbole. Lissagaray, qui, malgré son âpreté et sa rancune, est souvent exact, dit : « Les soldats fusillèrent 20 000 personnes. » Georges Jeanneret, dans *Paris pendant la Commune révolutionnaire de* 1871 (p. 277), n'y va pas de main morte : « 25 000 fédérés avaient été tués pendant la lutte ; 30 000 fusillés sommairement ou mitraillés. » Malon, dans *La troisième Défaite du prolétariat français* (p. 523), accuse 37 000 morts. Vésinier voit l'histoire à travers sa gibbosité et la défigure à son image ; dans son *Histoire de la Commune de Paris*, il y a quelques phrases (p. 419) qu'il convient de citer : « Une armée de

---

[1] Un renseignement qui m'offre des garanties me fait croire que le nombre des exécutions faites à la caserne Lobau a été très exagéré et qu'il ne dépasse pas 150.

chenapans et de brigands racolés dans tout ce que la France comptait d'éléments corrompus, vils, lâches et cruels, parmi les sbires, les argousins, les gendarmes, les mouchards, les sergents de ville, les traîtres de Sedan, de Metz et de la Défense nationale...., a massacré 40 000 hommes dans six jours...; 10 000 femmes et enfants ont été tués. »

Tous les écrivains communards ont eu et ont encore ce souci de la vérité ; la haine les a entraînés trop loin, et ils sont tombés dans l'absurde. La vérité, qui est déjà bien assez lamentable, nous pouvons la faire connaître avec une certitude absolue. Toute recherche a été faite pour la découvrir, et comme elle n'offrait rien d'impénétrable, il a été facile de la mettre au jour. Les morts trouvés sur la voie publique ont été portés dans les différents cimetières de Paris; les hôpitaux ont envoyé au cimetière d'Ivry les morts par suite de blessures; les morts déposés à la Morgue ont été transférés au *Champ des Navets*. Ces inhumations, que l'on appelle inhumations sans mandat, ont été opérées par les soins de l'inspection générale des cimetières, sauf en ce qui concerne la Morgue. Or, du 20 au 30 mai, les cimetières ci-dessous désignés ont reçu le nombre de corps suivant : *Est*, 878 ; — *Nord*, 783 ; — *Sud*, 1654 ; — *Auteuil*, 68 ; — *Batignolles*, 14 ; — *Belleville*, 11 ; — *Bercy*, 425 ; — *Charonne*, 134 ; — *Ivry*, 650 ; — *Grenelle*, 30 ; — *Marcadet*, 185 ; — *Saint-Vincent*, 6 ; — *La Villette*, 13 ; — *Passy*, 350 ; — *Vaugirard*, 141. — *Montmartre-Saint-Ouen* et *La Chapelle* n'ont rien reçu ; en outre, la Morgue a envoyé au *Champ des Navets* 17 corps d'individus tués. Le total est de 5339.

Ce n'est pas tout, dira-t-on ; on a fusillé partout et partout on a enterré, dans les squares, sur les berges de la Seine, dans les terrains vagues, sur le talus des fortifications, et le nombre des gens inhumés de la sorte doit être considérable. Les corps qui avaient été enterrés hors des champs de sépulture ont été recherchés, retrouvés, exhumés, et, sauf une certaine quantité que nous ferons connaître, transférés dans les cimetières. Le procédé a été fort simple. Les quatre-vingts commissaires de police correspondant aux quatre-vingts quartiers de Paris, les vingt officiers de paix ayant charge des vingt arrondissements, ont reçu ordre de faire enquête pour déterminer les emplacements où des cadavres avaient été enfouis pendant la lutte. Cette enquête avait été prescrite sur les plaintes adressées quotidiennement à la préfecture de police par les propriétaires et les locataires des maisons voisines de ces cimetières improvisés. La préfecture de police a avisé la préfecture de la Seine à laquelle appartient le service de l'inspection des cimetières. C'est ce service qui a fait enlever les corps; chaque exhumation, chaque réinhumation a donné lieu à un procès-verbal; l'ensemble de ces procès-verbaux, que j'ai eus tous entre les mains, me fournit un chiffre dont l'exactitude ne peut être contestée : du 24 mai au 6 septembre, 1328 corps exhumés de leur fosse provisoire creusée sur la voie publique furent découverts, sur quarante-huit emplacements; 754 cadavres furent placés dans une excavation des carrières d'Amérique; les 574 autres furent inhumés dans le cimetière le plus proche de l'endroit où ils avaient été trouvés. Donc 5339 directement reçus par les cimetières; 1328 repris à la voie publique : c'est un total de 6667 [1].

C'est beaucoup trop; mais si douloureux qu'il soient,

---

[1] Voir *Pièces justificatives*, n° 10. — Les pertes de l'armée française, pour la durée des opérations dans Paris, sont représentées par : officiers tués, 83; blessés, 430; soldats tués. 794; blessés, 6024. C'est donc un total de 7331 hommes mis hors de combat, auquel il convient d'ajouter 183 disparus.

ces chiffres sont loin d'atteindre ceux qui, pour les besoins d'une mauvaise cause, sont sortis de l'imagination des apologistes de la Commune. Je leur fais la part belle cependant, car, pour être rigoureusement exact, le total que j'ai donné devrait être réduit ; en effet, l'hôpital militaire de Courcelles fournit 56 cadavres, dont 44 soldats ; on porte à Charonne 134 corps, dont ceux de Rothe et de Jecker ; Belleville reçoit 57 morts, dont les 52 otages de la rue Haxo et un fédéré tué par maladresse pendant le massacre ; on a tout englobé dans ce nécrologe, même huit enfants âgés de moins de deux ans et morts de maladie [1].

Pour être dans la vérité et parler en chiffres ronds, il convient de dire que la perte des fédérés, tués ou fusillés du 20 au 30 mai, s'élève à 6500. Tout le monde, du reste, a été coupable d'exagération. Que n'a-t-on pas dit du square de la Tour-Saint-Jacques, du square des Batignolles, du square du Temple ? A en croire les colporteurs de nouvelles, ils contenaient plusieurs milliers de morts ; ceux-ci avaient été empilés les uns par-dessus les autres ; ils soulevaient la terre et débordaient. — On a fouillé ces trois terrains, on les a retournés et on en a retiré les soixante-deux cadavres que l'on y avait déposés ; pas un de plus.

Il en a été de même pour les arrestations, pour les condamnations et les déportations. L'histoire communarde ne tarit point à ce sujet, et, sans se troubler, elle parle des 50 000, des 100 000, des 120 000 individus incarcérés ou transportés. Ah ! comme il convient d'en rabattre ! Du 3 avril 1871 au 1er janvier 1872, 38 578

---

[1] *Cimetière de la Villette :* Thérèse Hippert, 6 semaines ; Georges Gervais, 14 mois. *Cimetière de Charonne :* Félix Dupourquié, 2 jours ; Léonie Raverat, 6 semaines ; Catherine Pinck, 19 mois ; Auguste Labouvoye, 2 ans ; Paul Nicault, 2 mois ; Jeanne Rottinbourg, 13 mois.

individus ont été arrêtés pour participation à l'insurrection fomentée par le Comité central et la Commune. Sur ce nombre, 967 sont décédés, 1090 ont été renvoyés après interrogatoire, 212 ont été remis à la justice civile. La justice militaire en a donc retenu 36 309, sur lesquels 2445 ont été acquittés, 10 151 ont été condamnés et 23 727 rendus à la liberté par suite d'une ordonnance de non-lieu. Or les documents officiels de la délégation de la guerre pour la Commune démontrent que l'armée de l'insurrection était de 150 000 hommes. La justice de la France a-t-elle été sévère, a-t-elle été indulgente? Le lecteur en décidera.

Les mêmes écrivains qui ne craignent pas de mentir en produisant ces chiffres fabuleux, n'ont point assez d'éloges lorsqu'ils parlent de Paris et des Parisiens. Pour eux, Paris est la ville sacrée, la ville sainte, la Ninive où les prophètes se révèlent, la terre promise où mûrissent les grappes de Chanaan, la Rome de la papauté révolutionnaire, la Mecque d'où ils dateront l'ère nouvelle. Le Parisien, à les entendre, porte dans ses flancs l'avenir du monde; il est la colonne du temple de l'insurrection, le chérubin qui veille aux côtés de l'arche de la révolte sociale, le propagateur de l'idée, le soldat de la revendication. J'en suis fâché, mais ça n'est pas vrai. Si les provinciaux laissaient Paris tranquille, Paris ne ferait jamais de révolution. Paris a subi le Comité central, subi la Commune, subi l'insurrection, mais les Parisiens n'y étaient représentés que par une minorité insignifiante. Parmi les quatre-vingts membres de la Commune, je compte quatorze Parisiens, dont deux, je le reconnais, Théophile Ferré et Raoul Rigault, se sont, du premier pas, élevés jusqu'au plus haut degré de l'échelle patibulaire.

On connaît exactement l'origine des 36 309 individus qui furent arrêtés et remis à la justice militaire. Les interrogatoires et les pièces d'identité font foi ; on peut, en les compulsant, désigner le lieu de naissance de chaque inculpé et, par ce moyen, détruire encore une légende qui a cours et que l'on a trop facilement acceptée. On a dit que les étrangers étaient en nombre considérable parmi les rebelles qui ont poussé le fait du 18 mars jusqu'à ses dernières conséquences. Les journaux français, abusés par leur patriotisme ou par l'opinion qu'ils représentaient, ont été les premiers à vouloir exonérer la France de la responsabilité qui lui incombait. Dès le 30 mai, au moment où la lutte est à peine terminée, le *Siècle* écrit : « Ainsi finit ce lamentable drame, où une bande de scélérats cosmopolites a conçu et tenté le monstrueux projet de détruire Paris, ne pouvant l'entraîner dans son orgie démagogique.... Oui, pour l'honneur national, il faut que l'Europe sache que les barbares qui ont poussé la rage de la défaite jusqu'à la destruction de nos monuments historiques ne sont pas des Français : il faut que le monde entier apprenne que cet attentat inouï a été accompli par des échappés du bagne, par des scélérats cosmopolites. » On pouvait s'y tromper, et en voyant dans le même état-major les noms de Dombrowski, Rogalowski, Danizewski, Potapenko, Heinzse, Borniewski, Galligano, Okolowicz, Plonskowski, Stawinski, on était en droit d'imaginer que la Commune n'avait été qu'une expérimentation étrangère. Pour revenir de cette appréciation il suffisait de vérifier la nationalité des membres de la Commune qui formaient « la bande des scélérats » dont les ordres ont entraîné « la destruction de nos monuments historiques ». Or, sauf Franckel, originaire de Buda-Pesth, et Billioray, né fortuitement à Naples de parents français, ils sont tous venus au monde en France. Il faut donc renoncer à croire que l'élément étranger a dominé à Paris pendant l'insurrection et avoir le courage d'affirmer, preuves en main, que la sottise française a suffi pour mener la danse macabre des communards. 1725 étrangers, dont la nationalité a été constatée, ne forment qu'un faible appoint dans le total de 36 309 arrestations ; en revanche, la province s'est fait représenter par 25 648 individus, et Paris reste avec le chiffre modeste de 8939 misérables qui se sont battus pour avoir le droit de brûler leur ville.

Arthur Arnould, membre de la Commune, né à Dieuze (Meurthe), a fait un aveu qu'il est bon de retenir : « En France, dit-il, est-ce qu'il faut compter avec Lyon, Marseille, Bordeaux, Nantes, Toulouse, etc. ? Non. Ces villes sont des cadavres d'où rien ne peut plus sortir pour l'initiative et même pour la résistance. Elles ont des hommes pourtant. On les voit agir aux heures de révolution ; mais où ? à Paris ; parce que là seulement on peut mettre la main sur le gouvernement, et que, le gouvernement étant tout, le gouvernement étant pris, le reste n'est même pas à prendre [1]. »

C'est là le vice des pays trop centralisés, où la vie provinciale ne trouve qu'un développement imparfait. Les grandes capitales sont dangereuses ; elles produisent l'effet d'une pompe aspirante, elles attirent et retiennent. La France a la tête trop grosse et, comme les hydrocéphales, elle est sujette à des accès de fureur maniaque. La Commune a été un de ces accès. Le Parisien pur sang, le né-natif de Paris, comme eût dit Beaumarchais, ne s'est mêlé à ces violences que dans une proportion restreinte. L'écume de la province fermentait dans Paris. Les cordonniers, comme Trinquet, Dereure, Clément, Durand ; les journalistes, comme Vermersch, Vésinier, Vermorel, Pyat, Grousset, Cour-

---

[1] *Histoire populaire et parlementaire de la Commune de Paris;* Arthur Arnould. Bruxelles, 1878, t. III, p. 136.

net, Arnould, Brunel ; les pions, comme Vallès, Urbain, Longuet ; les médecins, comme Rastoul, Parisel et Pillot ; les apprentis apothicaires, comme Eudes ; les chaudronniers, comme Chardon ; les impuissants, les vaniteux, les envieux, comme tous ceux-ci, comme tous ceux-là, comme tous les autres, nous arrivent écrasés sous le poids de l'opinion qu'ils ont d'eux-mêmes et se croient aptes à régir le monde parce qu'on les a flagornés dans le cabaret de leur village. Il faut que Paris réalise leur rêve ou périsse ; Paris ne sait même pas leur nom, et, en expiation de ce crime, Paris sera brûlé. C'est là, en deux mots, l'histoire de la Commune. Paris sera notre piédestal, ou nous détruirons Paris ! Ils l'ont tous dit, et ce n'est point leur faute s'ils ne se sont tenu parole. Le fait n'est point douteux et l'expérience l'affirme. Paris est la baraque foraine où les paillasses des vanités provinciales viennent débiter leur boniment socialiste et escamoter la muscade révolutionnaire. Lorsqu'on ne les applaudit point à leur gré, ils condamnent le spectateur à mort et mettent le feu à la maison. Nous l'avons déjà vu ; plaise à Dieu que nous ne le revoyions jamais !

FIN DU TOME DEUXIÈME.

PIÈCES JUSTIFICATIVES

NUMÉRO 1.

Arrêtés contre la prostitution et l'ivrognerie.

Le Comité de vigilance des citoyennes républicaines du XVIIIe arrondissement, dans la séance du 6 mai, a voté à l'unanimité une motion tendant à faire disparaître de la voie publique la prostitution qui, depuis quelque temps, semble vouloir augmenter.

Dans la même séance, l'assemblée a voté à l'unanimité la disparition immédiate des sœurs dans les hospices et dans les prisons.

POIRIER,
Président.

JACLARD,
Secrétaire.

BAROIS, TESSON,
Assesseurs.

(Suivent 400 signatures.)

(*Le Cri du peuple* du 10 mai 1871.)

Les membres de la Commune représentant le XIV° arrondissement, considérant :

1° Que la prostitution sur la voie publique prend des proportions considérables, et qu'elle est une cause permanente de démoralisation en même temps qu'une atteinte aux mœurs et un appel incessant aux plus viles passions ;

2° Considérant, en outre, que l'ivrognerie est un vice dégradant en tout temps, mais plus ignoble encore dans la situation où nous sommes en ce moment, et qu'il est douloureux de voir certains gardes nationaux, indignes de ce nom, se mettre en état d'ivresse, ce qui est compromettant pour la noble cause que nous avons tous le devoir de défendre ;

Qu'il est temps, par conséquent, de prendre des mesures énergiques pour réprimer un tel état de choses ;

Arrêtent :

Article 1er. — Les commissaires de police et la garde nationale sont chargés de veiller à ce que la morale publique ne soit plus offensée par la vue de ces femmes qui font un métier de la prostitution ; celles qui seront arrêtées dans la rue seront conduites devant le commissaire de police qui, après interrogatoire, statuera sur les mesures à prendre à leur égard.

Article 2. — D'arrêter et de conduire au poste le plus proche tout citoyen reconnu en état d'ivresse, le chef de poste devra le garder au moins deux heures ; et à partir de minuit il le gardera jusqu'au jour.

Article 3. — Tout limonadier ou marchand de vins qui recevra un citoyen en état d'ivresse sera passible d'une amende qui sera versée dans la caisse de l'assistance communale ; en cas de récidive l'amende sera doublée, et la troisième fois, la maison sera fermée.

Les membres de la Commune,
BILLIORAY, MARTELET, DESCAMPS.

Le délégué,
POUGET.

Paris, le 20 mai 1871.

(*Journal officiel* du 19 mai 1871.)

RÉPUBLIQUE FRANÇAISE

LIBERTÉ — ÉGALITÉ — FRATERNITÉ

COMMUNE DE PARIS

Xe ARRONDISSEMENT

Les membres de la Commune, délégués au Xe arrondissement, considérant :

Que les principes de la Commune sont établis sur la moralité et le respect de chacun ;

Que les femmes de mauvaise vie et les ivrognes sont chaque jour un spectacle scandaleux pour les mœurs publiques ;

Qu'il y a urgence à ce que de pareils désordres soient promptement réprimés ;

Arrêtent :

Article unique. — Les commissaires de police et les gardes nationaux du Xe arrondissement devront arrêter et mettre en détention toutes les femmes de mœurs suspectes exerçant leur honteux métier sur la voie publique, ainsi que les ivrognes qui, dans leur passion funeste, oublient et le respect d'eux-mêmes et leur devoir de citoyens.

Les membres de la Commune délégués
au Xe arrondissement,
BABICK, CHAMPY, GAMBON, FORTUNÉ HENRY,
FÉLIX PYAT, RASTOUL.

Paris, le 20 mai 1871.

(Imprimerie nat.; mai 1871.)

NUMÉRO 2.

Les hommes de la Commune jugés par eux-mêmes.

J'ai longtemps hésité à mettre sous les yeux du lecteur cette pièce justificative ; mais il m'a paru intéressant de lui faire connaître ce que les communards pensent les uns des autres, ne serait-ce que pour lui prouver que j'en ai toujours parlé avec une extrême modération. Les deux documents que je publie ont été imprimés à Londres ; je me suis contenté de les transcrire, en ayant soin cependant de retrancher, dans le second factum, quelques passages dont la grossièreté était pour effaroucher les moins délicats. Le père Caria, dont il va être question incidemment, avait le titre de *chef du peloton des exécutions* dans la maison du général Eudes.

M. D.

SOCIÉTÉ DES RÉFUGIÉS DE LA COMMUNE.

Séance du 18 août 1872, tenue à Londres.

M. Constant Martin est élu président.

Après la lecture du procès-verbal et la réception de quelques nouveaux membres, le président donne à l'assemblée lecture d'une lettre signée Theuré, portant une accusation de dénonciation faite par le citoyen Mortier, — laquelle lecture soulève un tumulte et une violente réplique de ce dernier qui ne nous parvient pas. — Mallet déclare que Theuré est un mouchard ; mais Viard, plus explicite et obtenant plus facilement le silence, dit qu'étant au ministère du commerce, il avait eu occasion de voir ce dernier, et qu'il affirme aujourd'hui même que Theuré n'était, sous la Commune, qu'un agent salarié de Versailles.

La parole est ensuite donnée au citoyen Octave Caria, ex-lieutenant d'état-major d'Eudes, lequel fait la communication suivante :

« Le 10 mars dernier, une demande d'enquête sur les faits qui se sont passés à la Légion d'honneur pendant le dernier mois de la Commune fut adressée à un certain groupe de réfugiés à Londres.

« Il n'y fut pas fait droit.

« Des citoyens se trouvaient encore à cette époque sous le coup des conseils de guerre, et l'enquête eût peut-être fourni des arguments, ou du moins des éclaircissements aux réquisitoires versaillais. Nous n'insistâmes point.

« La situation n'est plus la même aujourd'hui.

« Les jugements ont été rendus, les intéressés condamnés, et nous nous trouvons, notre père et nous, sous le coup d'un arrêt qui, en ne nous touchant point pour les faits insurrectionnels, nous frappe uniquement comme pillards, ou, pour mieux dire, comme voleurs.

« Les termes de cette condamnation motivaient à eux seuls ma demande d'enquête sur ce qu'il faut appeler par son vrai nom : le pillage de la Légion d'honneur.

« Mais d'autres motifs me déterminent encore.

« Il s'est trouvé parmi les réfugiés de la Commune des hommes qui ont exprimé la pensée que la lumière ne devait point se faire sur des tripotages de cette sorte : on ne s'en est pas caché dans la séance du 21 juillet dernier.

« Je ne suis point de cet avis, et je désire au contraire que tout s'éclaircisse.

« On verra alors ce qu'il faut croire des insinuations qu'ont fait courir sur nous des hommes à qui, en vérité, on n'eût point supposé autant d'audace.

« Il est bon, en effet, de rappeler que le sieur Ledrux, répondant à une accusation portée contre lui, dit que, n'ayant pas pillé, il avait eu besoin d'argent à Londres.

« Je ne suis pas disposé à subir plus longtemps les calomnies de ce personnage, ainsi que celles d'autres encore.

« Je veux le jour sur tout cela, et il se fera.

« Dès le 24 mai 1871, quelques heures après l'exécution de Beaufort, nous fûmes arrêtés rue de Charonne comme agents versaillais. Vous connaissez tous l'exaspération des gardes nationaux dans les derniers moments ; si le malheur eût voulu que nous fussions emmenés à la légion du onzième arrondissement avec une semblable accusation, nous étions perdus. Mais, grâce à un ordre de Ferré, nous fûmes mis en liberté, et si, comme je n'en doute pas, vous décidez l'enquête, je suis convaincu que le citoyen Gois se fera un plaisir d'expliquer les motifs qui déterminèrent cette arrestation.

« Or, il faut que ces accusations lancées par des consciences puériles ou scélérates aient une fin.

« Nous sommes ici huit de l'état-major de la Légion d'honneur ; les témoignages peuvent se produire à Londres, puisque les jugements sont rendus à Versailles.

« En conséquence, je demande que vous vouliez bien nommer une Commission d'enquête de cinq ou sept membres, qui recevra les dépositions signées de chacun des témoins qu'elle entendra, afin qu'il en puisse être donné ensuite connaissance à la Société des réfugiés, en assemblée générale.

« La proposition que je fais est pour moi une question de conscience intéressant non-seulement ma famille et surtout mon père injustement condamné, mais encore l'honneur de trente à trente-cinq citoyens. »

De toutes parts : Il faut une accusation formelle.

Caria. — Vous, général Eudes, je vous accuse de vols et pillage à la Légion d'honneur.

Après cette communication, le citoyen Eudes se lève, et dit :

« Je demande au citoyen Caria si l'accusation qu'il porte contre moi est comme responsabilité ou comme pillage personnel. »

Caria. — Comme l'un et l'autre.

Vaillant. — L'honneur des citoyens Caria n'a jamais été mis en doute, et la condamnation déshonorante qui les frappe ne les a nullement déconsidérés à nos yeux. Je ne comprends pas que les citoyens Caria se soient arrêtés aux racontars des journaux versaillais pour le pillage de la Légion d'honneur. En plus, ce n'est pas après un an de silence, après avoir vécu dans l'intimité avec Eudes, que les Caria devraient porter une semblable accusation. Nous sommes ici une société de secours mutuels, mais non pas une société politique. Je considère donc la société comme incompétente sur la demande d'enquête de Caria jeune.

Caria (jeune). — Le citoyen Vaillant n'a jamais mis en doute notre honorabilité, dit-il. Je veux bien le croire. Mais il n'en est pas de même de tous les personnages composant un cercle révolutionnaire qui existe à Londres. En voici la preuve. Le jour où on apprit la condamnation de mon père, on dansait de joie chez Ledrux, en disant : « Tiens ! tiens ! voilà ceux qui nous accusent d'être voleurs. Et ils ont pillé des médailles. » Puis vous avez poussé l'infamie jusqu'à nous appeler : « Le cercle des médailles. »

Viard. — La question qui est agitée devant nous est excessivement grave. De l'aveu de Caria, il paraît qu'il commence par un, et qu'il ne sait pas jusqu'où il ira. Faites bien attention à ces paroles. Le citoyen Caria met une question sur le tapis un an après la chute de la Commune. Pourquoi ne l'a-t-il pas lancée avant ? Il y a une question personnelle qui est cause de tout cela. Car vous savez tous que Caria aîné principalement était très intime avec Eudes, et que toute la famille était de ses amis ; ils ont marché ensemble avant et pendant la Commune. C'est pourquoi je ne comprends pas cette accusation lancée aussi tardivement. Personne n'a jamais connu toutes ces affaires, et Caria jeune eût dû tout au moins soumettre sa communication à la Commission. Nous connaissons tous aussi bien les Caria que Eudes, qui se sont sacrifiés pour la révolution, et j'espère qu'il ne sera pas donné suite à cette demande d'enquête.

Caria. — Je trouve très étonnant que le citoyen Viard vienne dire en assemblée que tout le monde ignorait cette affaire. Le 10 mars dernier, une demande d'enquête sur ces faits fut adressée à un cercle ayant pour titre : « La Commune révolutionnaire. » La demande fut repoussée. Je possède le double des lettres adressées au club, et lorsque le besoin se fera sentir de les produire, je les mettrai à jour. J'ai donc droit d'être très surpris de cet argument de mauvaise foi.

Martin et Viard. — C'est comme cela que vous gardez le secret.

Caria. — Je n'ai pas de secret à garder, par la raison que je n'ai jamais fait partie de ce cercle, puis ensuite voyant la mauvaise foi de mes adversaires, je me sers de tous les arguments et documents qui sont à ma disposition.

Martin prononce des paroles de menace qui ne sont pas entendues.

Caria. — Je demande le rappel à l'ordre du président, et je ne comprends nullement sa partialité dans le débat. Si le président, qui vient de me menacer par gestes, a des questions personnelles à vider après la séance, je suis à sa disposition.

De toutes parts on crie : C'est infâme, c'est ignoble ; il faut être mouchard pour faire de telles choses.

Caria répond à Armand Moreau et Mallet, qui se sont distingués parmi les vociférateurs : Mouchard ? Cette accusation est déjà lancée, mais vous n'avez pas eu le courage de la lancer vous-mêmes, c'est une femme qui a été chargée de la commission. Quant à vous, qui m'accusez d'être mouchard, vous avez parmi vous des personnages qui se sont mis à genoux devant Versailles pour obtenir une grâce et qui l'ont obtenue, je ne sais à quel prix ; l'enquête les désignera.

Goullé. — Prononce quelques paroles pour défendre Eudes, mais il est interrompu par

Caria. — Quant à vous, je vous accuse. — Souvenez-vous du pillage de l'hôtel de Broglie.

Mallet. — La question qui est agitée est amenée par une haine personnelle. Nous connaissons tous les Caria. Cette affaire vient de l'accusation Ledrux. Caria aîné est un entêté, il n'a pas voulu retirer l'accusation lancée contre Ledrux, on a fait les démarches auprès de lui, il a refusé de se rétracter. Il est malheureux que des accusations de cette importance soient lancées pour des questions personnelles.

Caria. — Oui, je l'avoue, pour moi, c'est une haine personnelle. Vous avez déshonoré ma famille. Je serai implacable. C'est une question de vie ou de mort. Ceux qui sont cause de ce déshonneur auront ma vie ou j'aurai la leur. Je serai sans pitié ! (*On demande le vote.*)

Viard. — Les citoyens Caria se sont sacrifiés pour la révolution, et lorsqu'on a eu besoin d'hommes pour se battre, on les a trouvés présents. Ils ont sacrifié leur vie, nous le savons, et certainement si des hommes ont fait leur devoir, c'est eux. Mais Eudes n'a-t-il pas fait son devoir ? Citoyens, ne donnons pas à nos adversaires un spectacle aussi navrant, car ils ne manquent pas de se réjouir de ces scissions qui sont la mort de la révolution. Aujourd'hui c'est celui-ci, demain ce sera un autre.

Caria. — Devant la mauvaise foi apportée dans le débat, je fais appel à la bonne foi d'un citoyen qui a appris cette affaire il y a sept ou huit mois. Que Mortier réponde.

Mortier avoue qu'il connaissait cette affaire, que Caria a raison.

Longuet. — Il suffit que l'enquête fût demandée par MM. Caria pour qu'on n'y fît pas droit.

Caria. — Les messieurs Caria valent certainement le sieur Longuet, car ils sont persuadés qu'on ne pourra les accuser de lâcheté. Que le sieur Longuet en dise autant. Je sais que l'Internationale et principalement Holborn ne nous aiment pas, mais qu'ils soient tranquilles, je leur rends la pareille. Cette haine se terminera par la fusillade des uns ou des autres. Quant à la question personnelle, je suis à la disposition du sieur Longuet quand cela lui fera plaisir.

Moreau (Émile). — Je ne suis pas partisan de l'enquête, mais, lorsque j'entends critiquer des hommes qui ont fait leur devoir par des individus comme les Longuet et autres, je ne puis m'empêcher d'y répondre. Si, lorsque le 25 mai j'ai rencontré les Caria, ils m'avaient conté tout cela, j'aurais fusillé Eudes et les coupables de son état-major.

Eudes.. — Ou moi, je t'aurais fait fusiller.

Moreau. — J'avais le 101° derrière moi. Vous, Longuet, à quelle barricade vous êtes-vous battu ? Et vous, Vaillant, et *tutti quanti* ?

Tanguy. — Tous ceux qui ne sont pas partisans de l'enquête sont des intéressés.

Moreau (Armand), Mallet. — Oui, nous y sommes intéressés.

Eudes. — Après avoir nourri les Caria et leur avoir fourni des fonds pour se sauver...

Caria. — Vous en avez menti ! (*Tumulte prolongé.*)

Le président met aux voix la demande d'enquête, qui est repoussée. 16 voix pour, 28 ou 30 contre.

(Extrait de *la Fédération*, journal révolutionnaire, socialiste, français-anglais, paraissant tous les samedis matin.)

La pièce suivante, qui est ma réponse aux calomnies dirigées contre mon frère et moi, par le général Eudes et les gredins qui l'entourent était depuis longtemps rédigée et devait paraître le 12 octobre dernier. Mais des difficultés insurmontables pour un ouvrier ne m'ont pas permis de réunir une somme de 100 francs pour en faire une brochure. Je confie cette pièce à la *Fédération* avec mission de l'insérer, et l'on comprendra aisément qu'il était de mon devoir d'en faire la publication n'importe à quelle époque.

RÉPONSE A EUDES.

Il y a quelque temps déjà, le journal *l'Émancipateur de Toulouse* lançait un article, dû sans doute à la plume du sieur D..., dans lequel on tançait vertement Léopold Caria, et où l'on commençait à insinuer que les médailles emportées de la Légion d'honneur, pendant la Commune, l'avaient été par lui, qui avait été institué soi-disant gardien de ces médailles par le général Eudes. L'article disait en outre que le citoyen Eudes jouissait d'une fortune personnelle qui le mettait à l'abri de toutes les calomnies, et se terminait par une apologie des citoyens Longuet et Vaillant. Je vous en passe sur le style du sieur D.... touchant ces deux derniers individus.

Je n'ai pas répondu à ce factum, aussi long que stupide, parce que le rédacteur de l'article, ancien orateur des réunions publiques de Paris sous l'Empire, était généralement connu, dans le peuple, pour un agent provocateur; ensuite parce que le sieur Vaillant, dont j'ai reconnu la main dans cet article, ne m'inspire, ainsi que son émule Longuet, qu'un dégoût profond. Aujourd'hui une deuxième élucubration, inspirée par le général Eudes et écrite par le citoyen Gois, vient de paraître dans la *Liberté* de Bruxelles; après avoir inséré leur prose fadasse dans un journal français réactionnaire, ils la font paraître maintenant dans un journal foncièrement bourgeois, bien que masqué en apparence de socialisme tout frais.

Devant les calomnies éditées par deux feuilles, je crois devoir sortir de mon silence pour confondre ces individus sans scrupules, et j'ai l'espoir qu'après cette communication, pas un d'eux n'osera se montrer en public sans y être l'objet de la justice populaire.

Voici les faits pour servir à l'édification du peuple de Paris :

Le 19 mars, le citoyen Eudes, chef de la 20ᵉ légion, vint s'installer avec une délégation du Comité central au ministère de la guerre. Le lendemain, il fit appeler le caissier de Le Flô et lui demanda six mille francs, dont immédiatement il chargea le citoyen Gois d'en porter trois mille chez le citoyen Pitois, lequel, ainsi que sa femme, subissent une condamnation pour recel des objets, ainsi que de l'argent déposés chez eux par le général Eudes et le colonel Gois. Il est vrai que la femme Eudes dit à la citoyenne Pitois que c'était des objets qu'elle venait d'acheter avec un mobilier.

Le 24 mars, la femme Eudes arriva au ministère de la guerre, et en compagnie du citoyen Cœuille, lieutenant d'état-major du général, elle commença les perquisitions dans tous les bâtiments du ministère. Ces perquisitions à deux durèrent quatre jours, au bout desquels la femme Eudes fit ajouter un galon au képi du lieutenant Cœuille. Il était nommé capitaine par la femme de son général.

Aussitôt les perquisitions faites, la femme Eudes loua un appartement rue Saint-Ambroise sous le nom de Mme X.... Là elle fit transporter : Une robe de velours soie noire. — Un manteau velours soie noire avec fourrures. — Un semblable sans fourrures. — Une robe de soie marron. — Des armes de luxe et des bronzes d'art en quantité et naturellement d'une grande valeur. — Tous ces objets dérobés au ministère de la guerre.

Le 28 mars, mon ami Tridon, qui venait d'être élu à la Commune, vint au ministère de la guerre et fut désolé du spectacle qui s'offrit à ses yeux. Il vit la femme Eudes qui commandait partout, et Eudes qui ne commandait nulle part. Il m'en fit part et me dit que dans trois jours un état semblable n'existerait plus. En effet, cinq jours après, Cluseret était nommé à la guerre, et Eudes se retirait sans sa femme qui (n'ayant pas emporté tout ce qu'elle avait rangé) voulut résister à Cluseret et fut jetée à la porte par celui-ci. Elle se retira quelques jours à l'intendance, où étaient les frères May. Elle fut invitée à en sortir par Élie May, qui l'avait trouvée couchée dans son lit dans un état d'ébriété complet.

Le 5 avril, l'état-major du général Eudes prenait possession du séminaire d'Issy, et je fus nommé commandant de place du quartier général. Les femmes des officiers de l'état-major envahirent tout aussitôt l'établissement ; le 8 avril, je fus obligé de faire afficher un ordre du jour disant que les femmes n'auraient plus à rester davantage. Cet ordre du jour fut motivé par la conduite de la femme Eudes, qui procédait exactement de la même façon au séminaire d'Issy qu'au ministère de la guerre. Elle en fut très fâchée et menaça de me souffleter. Du reste, pendant que justice se faisait à cet égard, le général donnait des ordres verbaux pour qu'on laissât entrer les femmes des officiers et qu'on expulsât celles des simples gardes. Malgré ces ordres, je fis maintenir rigoureusement la consigne, qui fut exécutée.

Vers le milieu d'avril, du 12 au 15, l'état-major se transporta au Petit-Montrouge, et pour lui procurer les objets nécessaires à son installation, on donna l'ordre au capitaine Cœuille de réquisitionner, dans un couvent-pensionnat, draps, serviettes, couverts, etc. Lorsque l'état-major quitta Montrouge pour venir s'établir au palais de la Légion d'honneur, le commandant Bouilly fut chargé de faire remettre ces objets à leur propriétaire. Je suis certain que le commandant Bouilly fit transporter tous ces objets chez lui à Paris, ainsi qu'une pendule venant de la maison réquisitionnée pour l'état-major ; rien n'a été rendu. Le colonel Wetzel qui nous remplaça à Montrouge vint à la Légion d'honneur demander ce qu'était devenue la pendule; mais le voleur se tint coi pour de bonnes raisons. C'est à Montrouge que la femme Eudes continua ses exploits en volant les aiguillettes en argent du capitaine Bauër, le seul dans l'état-major de Eudes qui portât cet ornement ridicule. Plus tard, ces aiguillettes trouvées dans le logement de la femme Eudes faillirent faire fusiller le lieutenant Oldrini, qui y était couché pendant un des derniers jours de la Commune. Les patriotes avaient cru que ces aiguillettes appartenaient à un officier de gendarmerie. Nous devons mentionner que, tant à Issy qu'à Montrouge, le colonel Gois ne fit d'autre service que celui, très agréable pour lui, de s'enivrer journellement. Tous les officiers qui pouvaient l'approcher à cette époque peuvent en faire foi.

Le 22 avril, l'état-major venait à la Légion d'honneur, et, le jour même, on découvrait, comme disent les auteurs de la note insérée dans la *Liberté*, 700 ou 800 kilogrammes d'argenterie. Le citoyen Camelinat pourrait encore certifier, s'il est de bonne foi, ce dont je ne doute pas, qu'il n'a reçu que 500 kilogrammes. Déficit, 200 ou 300 kilogrammes d'argent. Quel est le voleur? Le 23, le lendemain, le général Eudes réunit tous les officiers de son état-major et leur donne l'ordre formel, verbal, qu'à l'avenir toutes découvertes nouvelles devaient être tenues secrètes et communiquées à lui seul. Quelles pouvaient être ses intentions? Nous ne le verrons que trop. À ce moment, le commandant Bouilly fut nommé intendant du mobilier du palais, et vers le 1ᵉʳ mai, la femme Eudes prit la direction de la lingerie. Vers la fin d'avril, un officier de l'état-major s'étant rendu coupable du vol de différents objets dans la Légion d'honneur, fut arrêté par un commissaire de police, et le colonel Collet, qui venait de succéder au colonel La Cecilia, comme chef d'état-major, fit mettre à la porte un avis annonçant que tout paquet devait être visité. Le général Eudes déchira cet avis en traitant d'imbécile celui qui l'avait signé.

Nous venons de dire que la femme Eudes avait pris la direction de la lingerie, et que son mari déchirait les ordres autorisant la visite des paquets. Voyons ce qui en est résulté. D'abord un autre logement, sans préjudice du premier, fut loué 41, avenue Parmentier. Il y avait dans ce logement un mobilier complet appartenant à un individu qui partait pour Versailles ; ce mobilier fut acheté par la femme Eudes moyennant la somme de 800 francs, de laquelle on a rabattu 50 francs à la condition que la femme Eudes ferait délivrer un passeport. Ce qui fut fait, car elle alla le chercher elle-même à la Préfecture de police au nom du Versaillais en question. Mme Eudes, vu ses rapports intimes avec les employés supérieurs de cette étrange préfecture, n'eût pas besoin de demander deux fois.

En possession de l'appartement ci-dessus, on fit transporter de la Légion d'honneur les objets suivants : 4 glaces de Venise. — Environ 6 douzaines d'assiettes à filets dorés sans croix d'honneur. — 3 douzaines de verres à pied en mousseline, filets dorés sans croix. — Une grande partie des rideaux. — 2 nappes de 100 couverts. — 6 douzaines de serviettes. — Un édredron soie bleu de ciel. — 4 bouillottes en cuivre bronzé. — Une grande quantité de serviettes, de torchons et tabliers de cuisine. — Divers objets se composant de nécessaires de voyage, papeteries et articles de bureau, un magnifique album d'autographes des illustrations du siècle et une foule d'objets d'art et de pendules en bronze. — Et enfin des croix de commandeur en or et des médailles diverses en argent.

Je remonte un peu pour revenir à la même époque en ce qui concerne le colonel Gois, président de la cour martiale. En arrivant au ministère de la guerre, la femme Eudes donna en legs à la femme Gois son mobilier de la rue des Charbonniers, 10, et de plus donna la clef d'un logement situé dans un passage près de la gare de Lyon. C'était dans ce dernier passage qu'Eudes s'était soustrait aux poursuites de Trochu après le 31 octobre. Les meubles qui étaient dans ce logement appartenaient au sieur C..., médecin-pharmacien à Choisy-le-Roi. Nous dirons plus tard ce que ces meubles devinrent. Au partage du linge et de toutes sortes d'objets qui eut lieu à la Légion d'honneur, la femme Gois transporta sa part rue de Charonne, boulevard de Bercy et rue de la Goutte-d'Or. De là tout revint rue des Couronnes, 7 et 9, dernier logement de Gois.

Lors de l'arrestation de la femme Gois et du citoyen Granger qui fut arrêté en même temps, il y avait dans ce logement les objets suivants que la police a pu constater : 24 paires de draps. (Ces draps sont ceux qui ont été engagés à Londres par Bouilly, qui les a reconnus et qui me l'a déclaré pour être des draps de la Légion d'honneur.) — Une garniture de lit en mousseline brodée. — Une couverture piquée en soie bleu de ciel. — 5 paires de rideaux en mousseline blanche, grande largeur. — 10 paires de rideaux de fenêtre ordinaires. — Un dessus de lit au crochet de 4 mètres carrés. — Une nappe de 100 couverts. — Une nappe de 100 couverts coupée en trois, dont une partie fut donnée à la couturière qui travaillait à démarquer le linge. — 2 nappes de 50 couverts. — 2 douzaines de couteaux à manches en ivoire. — 4 douzaines de serviettes ordinaires. — 4 douzaines de serviettes damassées. — 2 dessus d'édredon en mousseline brodée. — 12 douzaines de serviettes à thé. — Une douzaine de tabliers en toile cretonne. — 2 douzaines de taies d'oreiller. — Des fournitures de bureau et de papeterie. J'affirme que le citoyen Granger s'est prêté à l'enlèvement d'une partie de ce linge, le lendemain de son retour à Paris, en sortant en voiture à huit heures du matin avec la femme Gois par le pont Solférino.

Le 22 mai, le lendemain de l'entrée des troupes de Versailles sur le territoire de la commune de Paris, le général Eudes, qui prétend si bien m'avoir confié la garde de 16 ou 1700 médailles et croix d'honneur, me disait, dans un conciliabule tenu entre nous et le colonel Gois, qu'il avait donné l'ordre de transporter ces médailles chez moi, parce qu'il était temps de les mettre en sûreté. Ces médailles furent trouvées plus tard par la police et motivèrent la condamnation de mon père, qui ignorait le fait, à vingt ans de travaux forcés, par le 20e conseil de guerre de Versailles, dans sa séance de juillet dernier. C'est dans ce conciliabule que le général Eudes dit lui-même avoir envoyé une partie des médailles dans le XXe arrondissement, avec un plat en argent. Ces médailles et ce plat se trouvaient, en novembre 1871, déposés par les soins du sieur Gois rue de Paradis-Poissonnière.

Le même jour, dans la matinée, on fit transporter, par ordre du général Eudes et de sa femme, avenue Daumesnil, chez un citoyen résidant à Londres actuellement, et qui résidait encore dernièrement à Middlesborough : 50 paires de draps. — 400 serviettes damassées, — 4 grands matelats. — 6 couvertures, oreillers, traversins. Ceci formait le chargement d'un fourgon. Trois autres fourgons furent chargés ensuite ; et de la lingerie ainsi que de l'argenterie du palais et des croix, il ne resta plus rien que les meubles vides.

Ne pouvant emporter le palais, on y mit le feu !!!

Je vais tracer rapidement quelques lignes pour compléter le dossier de chacun des citoyens dont le nom est cité dans la correspondance de la *Liberté*.

Ensuite on jugera de quel côté se trouvent les misérables et les policiers dont on a parlé. Misérables ! nous dont ces grotesques personnages ne peuvent s'empêcher de reconnaître que nous avons déployé le plus grand courage pour contribuer à la défense de la Commune. Nous, dont la conduite comme soldats du fait et de l'idée est connue depuis si longtemps. Policiers ! nous qui avons fusillé les mouchards les derniers jours de la Commune, nous qui, franchement et loyalement, nous sommes contentés de répondre à des insinuations perfides qui avaient pour but d'étouffer notre voix ! Deux fois vous avez refusé l'enquête que je demandais en réponse à ces insinuations. Une première fois le 10 mars 1872, lorsque, après que j'eus donné ma démission du groupe appelé : Commune révolutionnaire, dont font partie les citoyens : Eudes, Gois, Granger, Goullé, Carnet, Ledrux, Vaillant, Cournet, Vallès, Ranvier, A. Arnaud, Mortier, Brideau et autres comparses ou espions. J'adressai au même groupe une demande tendant à juger entre moi et le citoyen Eudes. Le citoyen Arnaud était alors partisan de l'enquête et me poussait chaudement à porter des accusations. Depuis, ce monsieur a signé, contre moi et mon frère, une déclaration de la *Société des réfugiés* nous traitant de policiers ; nous aurons à revenir sur le compte de ce monsieur. Cette déclaration était signée aussi par les sieurs Lapie, Berton, Mongin, Armand Moreau et autres. Ces noms allaient évidemment avec ceux qui font la base des accusations que je porte en réponse aux calomnies dirigées contre nous. Jolie société politique comme on va voir.

Le sieur Lapie se sauva de l'armée du Rhin pendant la dernière guerre et revint à Paris en passant par le camp de Châlons, où il vola huit paires de draps au campement, et qu'il mit au Mont-de-Piété pour la somme de 40 francs ; après quoi il se cacha jusqu'au jour où les Allemands, ayant complété l'investissement de Paris, il s'incorpora dans la garde nationale sédentaire de Paris. Élu capitaine au 152e bataillon, il volait régulièrement 80 à 90 francs par jour, en signant des états de solde où il portait une quantité de noms inconnus. Il a avoué ce vol au *Cercle des prolétaires*, dans une séance ordinaire, devant les citoyens Joffrin, Barrois, Dardelle, Clavier, Delahaye, Maujean, etc. Dans une lettre, récemment lue audit cercle, adressée par lui à son propriétaire de Paris, il dit qu'il n'a servi la Commune que pour l'enrayer. Voilà donc un traître, et c'est ce qu'on nomme trésorier d'une Commission des réfugiés. On ne pouvait mieux choisir pour le placement des fonds faisant suite au trésorier Ledrux.

Le sieur Berton, intime ami sous l'Empire et après du sieur S..., mouchard de Bonaparte, ainsi qu'il est résulté des rapports signés de lui trouvés à la Préfecture de police. Il ne faut pas confondre avec notre pauvre ami S..., qui mourut héroïquement le 22 janvier à l'assaut de l'Hôtel-de-Ville, assassiné par les Bretons ivres de vin et d'hosties du traître Trochu. Berton, qui dans son quartier fut toujours très honorablement noté par les sergents de ville et qui passait ses journées à boire avec eux chez tous les marchands de vins du voisinage. A la fin de la Commune, Berton était dans son quartier. Il vous dira qu'il a fait des barricades ; eh bien ! vous pouvez lui affirmer qu'il n'en a pas fait d'autres que sur le comptoir d'étain avec les petits verres de marc ; c'était là toute sa besogne.

Le sieur Maujean qui, quelques jours après son arrivée élu secrétaire de la Commission, offrit de livrer les procès-verbaux de la Société des réfugiés sans qu'on lui demande et par pure platitude. Le sieur Armand Moreau, que le général Eudes, son protecteur, fit élire chef du 138e bataillon, et que ses hommes furent obligés de chasser à cause de sa poltronnerie au feu. Dans les premiers jours de la *Commune révolutionnaire* à Londres, Moreau qui avait voué la guerre à outrance à l'Internationale, traitait le sieur Vaillant de jésuite et de coquin et autres aménités. Les temps sont bien changés, et ces messieurs sont aujourd'hui unis par la plus étroite amitié. L'enquête demandée au groupe politique fut repoussée. Cela donne une idée des gens qui le composent. Pour ma part, je n'hésite pas à le dire, je n'y vois que des voleurs et leurs complices. Nous prévenons ces messieurs, qui sans doute vont vouloir répondre à cette objection, que nous tenons sur plusieurs d'entre eux des renseignements qui permettront aux révolutionnaires d'apprécier leur mérite.

Le citoyen Mortier avait également ajouté sa signature, et cependant il m'avait formellement déclaré, quelque temps auparavant, que pour sa part il était édifié sur Eudes, vu qu'il avait envoyé sa belle-sœur s'assurer avenue Parmentier, des vols commis par ce dernier et sa femme.

Revenons à l'enquête. Mon frère l'a demandée une deuxième fois le 18 août à la Société des réfugiés de la Commune, à la suite de l'affaire Ledrux, dans laquelle on m'avait expulsé comme calomniateur; et cependant le fait est prouvé aujourd'hui, car le citoyen Viard a déclaré que Ledrux était un misérable qui avait essayé de le voler. L'enquête fut donc repoussée une deuxième fois; ce n'est pas étonnant quand on saura que ce jour-là la salle des séances était envahie par tous les valets et serviteurs à gages de ces messieurs qui avaient été convoqués exprès pour repousser sa demande. Les citoyens honnêtes qui s'étaient fourvoyés dans cet antre se retirèrent en protestant, et l'on trouva une cinquantaine d'individus, plus ou moins tarés, sur environ huit cents qui composent la proscription, qui votèrent comme les maîtres le désiraient. Après le vote, le citoyen Mortier eut l'imprudence d'ajouter que c'était une victoire pour la proscription. Triste victoire que celle-là, citoyen Mortier, car de ce soir vous avez, vous et vos collègues, sanctionné le brigandage organisé, et l'on peut prévoir, dès maintenant, ce qu'il arriverait de la France et des prolétaires qui la fécondent, si vous pouviez encore avoir un instant la puissance suprême que votre crasse ambition convoite si ardemment.

On va voir quels sont les individus par eux-mêmes. Le général Eudes n'a aucune relation avec sa famille depuis longtemps, qui, du reste, n'a aucune richesse. Il a vécu sous l'Empire en faisant de la politique sur les fonds de mon ami Tridon, qui lui donnait 300 francs par mois, et aussi sur les fonds du citoyen Granger qui, on le sait, avait engagé dans notre conspiration la somme de 33 000 francs [1] Pendant le siège, il fut commandant du 136e bataillon et touchait les 30 sous comme tout le monde. D'autres même, plus fortunés, lui abandonnaient leur solde; et de cette façon il vécut encore un peu mieux que le commun des mortels. Quelques jours avant le 18 mars, nous étions revenus de Belgique ensemble, et nous avions pour toute fortune, à deux, une somme de 6 francs. Pendant la Commune, outre les 3000 francs volés au ministère de la guerre, il se fit délivrer par l'intendant général May une somme de 12 000 francs sur des bons signés de lui. Cette somme était pour lui personnellement. En outre, malgré le décret de la Commune qui interdisait le cumul, il toucha constamment 16 francs par jour comme solde de général d'une part, et de l'autre les 16 francs alloués aux membres de la Commune. Les lois violées par ceux qui les font, tel est le

---

[1] Affaire de la Villette, 17 août 1870. M. D.

tableau de la Commune en général, à l'exception de Ferré, Trinquet et quelques autres. A Londres, le général arrive avec 25 000 francs, après avoir passé par la Suisse, l'Allemagne, la Belgique, et s'être largement récréé. Il donne 5000 francs au peintre belge Léonard, qui fonda une exposition de ses toiles dans Oxford street. Le reste fut dépensé par sa digne femme, d'octobre à janvier. Depuis ce temps, le général Eudes vit d'une manière problématique.

Le colonel Gois était, avant sa fuite en Belgique pour le procès de Blois, employé chez le sieur Joret à Paris. C'est dire qu'il n'avait pas d'autres ressources. Pendant le siège, il gagna pas mal d'argent en faisant la spéculation sur l'ail. Il profitait pour cela de sa position d'employé du XI° arrondissement pour réquisitionner tout l'ail qu'on lui dénonçait et le revendre à la Halle à des prix exagérés. Il spéculait sur la misère publique, comme tant d'autres coquins. Disons, en passant, qu'il est bien associé ; sa femme, la fille Labourcey, a, dès sa plus tendre jeunesse, fait connaissance avec la police correctionnelle de la Côte-d'Or, qui lui infligea six mois de prison pour vol. Le général Eudes ne pouvait se passer d'un si utile auxiliaire. Sous la Commune il le nomma colonel ; à ce titre, il ne fit jamais de service actif. Il faut dire que le citoyen Gois a horreur des coups de fusil ; aussi les Versaillais n'auraient-ils pu l'atteindre. Pendant que nous nous battions, il se grisait, et je dois déclarer à son honneur qu'il ne passa pas un jour sans être ivre. Lorsqu'il fut nommé président de la cour martiale, Delescluze fut indigné ; il disait qu'il lui serait impossible de rendre un jugement de sang-froid. A Londres, le colonel Gois fit partie du ménage Eudes et n'eut pas lieu d'en être satisfait. Il se plaignait surtout de la femme Eudes, qu'il qualifiait de termes qu'il faut chercher dans le dictionnaire de Vadé.

Le citoyen Gois ne fait absolument rien à Londres ; nous nous trompons, il se grise ; c'est là sa seule occupation, à laquelle il apporte beaucoup de régularité, et si vous allez chez lui, vous pouvez y voir des vestiges du palais de la Légion d'honneur, entre autres les draps que le citoyen Bouilly nous a déclaré avoir reconnus, et sur lesquels les Pawnbrokers prêtent jusqu'à 12 shillings par paire. Vous verrez également les meubles et literies du citoyen C.., dont la garde lui avait été confiée par son général, et qu'il a délicatement fait transporter à Londres. On voit que cet estimable individu pratiqua une politique sérieuse : après avoir été mouchard du 4 septembre, je pense que le sieur Gois pourra devenir le mouchard de Gambetta. C'est la seul fin qui lui soit réservée.

Nous passons au commandant Bouilly, trésorier de l'état-major du général Eudes et intendant du palais de la Légion d'honneur. Nous avons indiqué plus haut la façon dont il s'était approprié les objets réquisitionnés à Montrouge. Nous avons connu l'intérieur du citoyen Bouilly sous l'Empire ; comme Gois, il était employé chez le sieur Joret, et ce ne sont pas les bijoux ni l'ameublement qu'il possédait à cette époque qui ont pu faire qu'il ait pour 3000 francs au Mont-de-Piété à Paris, ainsi qu'il l'a dit depuis son arrivée à Londres. Celui-là ne brille pas non plus par la bravoure, vous allez voir. Le 22 mai, le commandant Bouilly quittait l'état-major de la Légion d'honneur avec un autre officier qu'il est inutile de désigner, et ils allaient dans le centre de Paris avec deux prostituées se livrer à des débauches ignobles. Le 25 mai, le commandant Bouilly apparaît à la mairie du XI° arrondissement en costume civil, touche la solde entière de l'état-major, fait la dernière solde aux quelques présents et disparaît jusqu'au samedi 27 mai, où on le voit, de nouveau, venir rue Haxo toucher la nouvelle solde de l'état-major et disparaître cette fois sans payer personne. Après la bataille, on le voit arriver aux Batignolles chez le citoyen O.... Il est toujours accompagné d'une fille publique et veut se faire donner un lit pour deux. Le citoyen O..., indigné, le fait coucher seul et le met à la porte à cinq heures du matin. Voilà l'honnête et brave citoyen que l'on a calomnié, et pendant que le citoyen Bouilly se conduisait si vaillamment, nous nous battions de barricade en barricade. Quel est celui qui osera le démentir?

Nous nous contenterons de demander au citoyen Brideau de quelle façon il s'arrange pour vivre à Londres ayant à sa charge cinq personnes, ne recevant rien de sa famille ni de celle de sa femme et ne travaillant pas. Nous nous rappelons que c'est lui qui fut chargé, sous la Commune, d'opérer la perquisition chez le curé Deguerry. Or, on sait qu'il y avait des valeurs considérables chez ce prêtre. Le commandant Goullé, juge rapporteur à la cour martiale, fait partie de cette bande d'honnêtes gens. Il s'est fâché dernièrement de ce qu'on lui avait dérobé douze timbales en argent qui avaient été déposées dans son appartement pour servir de pièces à conviction dans un procès à la cour martiale (pillage de l'hôtel de Broglie). Je suis certain cependant que ces timbales n'ont pas servi à l'instruction de l'affaire et que l'on n'en a jamais entendu parler depuis, vu que la chute de la Commune est arrivée avant. Depuis sa grande colère où il n'a pu absolument rien prouver, quelques proscrits gouailleurs le désignent sous le nom de : Timbalier de la haute Cour.

Le commandant Carnet, qui a servi d'espion à tous ces vils et sales personnages et qui se promène dans les rues de Londres avec le manteau d'un général qui occupait avant lui l'École d'application d'état-major, aurait pu ne rien dire, et il aurait mieux fait. De tels idiots ne valent pas la peine qu'on s'en occupe. Cependant je dois dire qu'il est aussi courageux que ses maîtres, et, qu'à la rentrée des Versaillais, il prit soin de se sauver avec plus de précipitation qu'il n'était venu. Le capitaine Cœuille, par la grâce de la femme Eudes, n'a pas été toujours discret lorsqu'il s'est agi des forfaits de tous ces gens.

Je me rappelle notre arrestation rue de Charonne, dans le logement du colonel Gois, où j'étais monté pour prendre quelque nourriture. Je fus arrêté comme suspect parce que Gois, sournoisement, avait fait déménager une malle contenant des effets de généraux et une somme de 18 000 francs. L'on voulut savoir qui j'étais, et l'on parlait de me conduire au Comité de légion où j'eusse été certainement fusillé sans l'heureuse rencontre d'un garde qui me connaissait et qui alla chercher chez Ferré l'ordre de mise en liberté. Le capitaine Cœuille fut chargé ensuite de conduire la malle en question, et c'est après s'être assuré du contenu qu'il m'a communiqué ce qu'il avait eu. Qu'a fait le citoyen Gois de ces 18 000 francs qu'on ne lui connaissait pas ?

Quant à Ledrux, ce colonel de la cour martiale, dont la vie est un problème pour ceux qui ne connaissent pas les bas-fonds de la société, je ne puis dire autre chose que ses accointances avec les gens les plus tarés de Londres, servant toutes les polices ; je le signale comme suspect et vendu. Il y a longtemps qu'il était à acheter. Je ferai observer que le sieur Ledrux ayant fait partie de la *Commission des réfugiés*, comme trésorier, n'a jamais rendu de comptes. Après avoir traité de voleurs les membres de la Commission précédente, qui était composée des citoyens Wurtz, Naze, Richard, Cruchon et Deniel, il est assez étonnant qu'il ne se soit pas justifié lui-même ; ce serait difficile, à ce que je crois ; car à partir du jour où la Commission fut installée chez Ledrux, on vit ce personnage faire bombance journellement.

Voilà les honorables clients que défendent Longuet et Vaillant dans l'*Émancipateur*. Tout ce monde forme un étrange groupe politique appelé la *Commune révolutionnaire*.

Ouvriers de Paris, révolutionnaires convaincus, si jamais vous voyez cette engeance revenir dans vos murs pour ressaisir le pouvoir, formez-vous en peloton d'exécution et feu sans pitié sur tous ces gredins.

Signé : L. CARIA.

. Londres, 14 décembre 1872.

(Extrait du journal *la Fédération* du samedi 25 janvier 1873.)

NUMÉRO 3.

Lettre adressée par M. le pasteur Rouville à sa fille, Mme F..., à Puteaux.

Paris, 24 mai 1871, mercredi, midi.

Ah! ma chère Marie! Quelle désolation! Je t'écris du milieu de la ruine, de l'incendie, des obus.... Comment suis-je vivant? Comment suis-je encore dans notre maison? C'est bien sur mon petit pupitre que je t'écris! Ah! je ne m'y attendais pas ce matin....

Les monstres ont exécuté leurs menaces; ils ont mis le feu dans une foule d'endroits. Vous devez avoir aperçu la flamme, hier soir, de Puteaux.

Dans la journée d'hier mardi, les Versaillais n'avaient pas beaucoup avancé. Il y avait des barricades au coin de la rue de Beaune, tout près de nous. La rue de Lille était pleine de gardes nationaux à la figure menaçante. Je me gardais bien de sortir et de regarder de derrière les vitres. A quatre heures, il y avait eu une fusillade vers le Palais législatif, et les fédérés avaient battu en retraite, furieux.

On me dit alors que le palais de la Légion d'honneur brûlait. A huit heures et demie du soir, j'entends une alerte. On crie : « La rue de Lille est en feu! Il faut partir! »

Je descends vite, et je vois, en effet, une série de maisons qui brûlaient, des deux côtés de la rue de Lille, au delà de la rue du Bac. Juge de mon effroi! Je monte dans mon cabinet; et, à l'instant, des gardes nationaux entrent dans la cour et crient : « Que tout le monde descende, parce qu'on met le feu! » Ils poussent à coups de crosse Pierre et sa femme, Mme Aiglehoux, etc. Je suis comme fou. Vite, je prends une poignée de mes sermons, quelque argent, ma canne et mon chapeau. J'arrive à la porte de la maison. On mettait le feu vis-à-vis, vers la rue de Beaune, avec du pétrole. Le n° 21 flambait. Les maisons entre les rues de Beaune et du Bac lançaient des torrents de flammes. Il y avait de quoi mourir d'épouvante. On avait essayé de jeter du pétrole sur nos boutiques, qui étaient fermées. Je me tiens sur la porte, pérorant avec les gardes nationaux. Tout le monde poussait des cris, les femmes surtout.

Pierre et sa femme avaient disparu, emportant leurs effets; Marceline (la cuisinière) aussi. On avait mis dans la cave bien des choses. Françoise a été admirable de dévouement.

Je parviens à toucher plusieurs gardes nationaux, en leur représentant qu'on frappait des innocents, et que j'avais toujours été républicain, dévoué au peuple, étant pasteur protestant. Beaucoup, alors, m'embrassent en pleurant. Un vieux sergent empêche ses subordonnés de mettre le feu à la porte. Heureusement que Mme Aiglehoux (épicière) avait fermé avec les devantures en fer; de même, M. Raclin (tailleur). Je reste là, et des gardes nationaux ont pitié de moi. Une heure se passe. Arrivent alors des officiers, jeunes gens, des gueux! Ils disent qu'il faut tout brûler, pour se venger des Versaillais qui les tuent. Je recommence à plaider avec eux. Le plus acharné me dit que je suis un *réac*, et je suis menacé d'être fusillé. Il me dit que je fais des phrases. Il s'adresse aux incendiaires et leur crie : Tout cela est au peuple (en leur montrant toutes les maisons, de chaque côté de la rue de Lille), que tout cela appartient au peuple et qu'il a le droit de le brûler! Le vieux garde national déclare qu'il a reçu ordre d'arrêter là le feu. Le capitaine lui demande l'ordre écrit, il répond que c'est un ordre verbal. Le capitaine insiste et menace de le faire fusiller.

Dans ce moment arrive un officier à cheval, ordonnant à tous les gardes nationaux de la barricade de vite s'en aller, parce que les Versaillais allaient les cerner. La fusillade, en effet, s'approchait. La plupart des gardes nationaux s'en vont. Plusieurs jeunes officiers, qui s'en allaient, me disent aussi qu'on arrêtera le feu, et de rentrer chez moi.

Je conjure de nouveau le vieux sergent, qui me rassure. Je lui promets de lui être utile plus tard, et de lui donner une forte récompense, s'il sauve ma maison. Il est toujours très ému, et m'appelle *petit père*. Il me conseille de m'en aller pour ne pas être tué. J'étais en nage. Je remonte pour prendre quelques chemises, des mouchoirs et des vêtements dont j'ai perdu une grande partie en route.

L'incendie était effrayant dans toute la rue de Lille, et le n° 27 brûlait en entier.

Arrivent de nouveaux officiers qui disent qu'il faut *tout brûler*. Ils menacent le vieux sergent et le forcent à s'en aller. Juge dans quel enfer je me suis alors trouvé! A tout moment, je voyais le feu commencer à notre pauvre maison! Mais au bout d'une demie-heure je vois revenir mon vieux sergent. Il était en larmes. Il me dit qu'il a ordre de tout incendier. Il me montre l'ordre écrit. Il venait de l'état-major.... Ah! quels moments! Comment peut-on résister à de pareilles émotions?... Je le prie et supplie de nouveau. « Eh bien!

me dit-il, je désobéirai. Voyez (ajoute-t-il, en me montrant le ciel étoilé), moi, *je crois en Dieu!*... On me fusillera, mais je dois mourir. *Petit père*, ne craignez rien! Je veillerai, j'éloignerai les pillards. »

Je lui donne ma carte, et lui dis de venir me voir dans la suite, et que je ne serais pas un ingrat : je lui promets une fortune.

Heureusement que le nombre des gardes nationaux avait bien diminué. Mais quel aspect effrayant présentait en ce moment la rue de Lille!... Il était plus de dix heures. Partout une clarté resplendissante, le ciel en feu, des personnes qui poussaient des cris de terreur, emportant leurs pauvres hardes, ou de petits enfants; des parents cherchant leurs enfants perdus. Je ne sais comment on peut survivre à de telles horreurs!

O pauvre maison! comme je la regardais en pleurant, en pensant à ta mère, à toi, à tous mes enfants, à tout ce que nous allions perdre! Je me tenais vis-à-vis, à la porte du n° 34, et il me semblait impossible qu'alors même qu'on ne mettrait pas le feu à notre maison, elle échappât au foyer intense qui se développait à côté, et peut-être derrière. A tout moment, on entendait de terribles explosions, provenant de maisons de marchands de vins ou de boutiques de pharmaciens, ou bien de dépôts de poudre et de pétrole jetés à dessein.

Enfin, vers onze heures, on me dit que, si je restais là, j'étais perdu, que je ne pourrais plus m'en aller. Je prends alors le parti de fuir avec la pauvre Françoise, qui était montée dix fois dans la maison pour sauver bien des choses. J'entends, en quittant la rue de Lille, bien des gardes nationaux qui disent que tout va être incendié.

Je dis un dernier adieu à ma pauvre demeure dont la ruine me semblait inévitable.

A la rue des Saints-Pères, plus de lueurs, nuit profonde. Françoise me conduit. Grande barricade au coin de la rue Jacob. Là, tout à coup, une terrible fusillade arrive du côté des Versaillais. « Malheureux! nous crient des gardes nationaux qui étaient à la barricade et sous le portique de l'hospice de la Charité, baissez-vous! baissez-vous! filez le long du mur. » Je n'y pensais pas! J'étais affolé.

Près la rue Bonaparte, une nouvelle fusillade de chassepots qui balaye la rue Jacob, et nous ne sommes pas atteints!

Plus loin une nouvelle chassepotade, et souvent je marchais au milieu de la rue, à cause des barricades. Partout des pierres, des fossés. Je suis tombé plusieurs fois, et c'est alors que j'ai laissé tomber des vêtements et aussi un carnet renfermant des billets de banque, que j'avais mis à la hâte dans ma poche de redingote. J'en ramassai une partie. Mais comment n'avons-nous pas eu une seule blessure dans ces trois fusillades?... Les balles allaient s'incruster dans le mur de la rue de Seine. Françoise m'avait parlé d'un hôtel convenable rue de Seine, près la rue de Bucy. Je me laisse mener par elle. On me donne une chambre dans cet hôtel.

Ah! quelle nuit! Je n'ai pas fermé l'œil un moment. Quelles images! Quelles horribles pensées! J'avais des flammes dans la tête.

Que la nuit a été longue! Je pensais toujours à la maison qui brûlait, aux meubles, aux vêtements, à mes livres, à mes papiers, à tant de notes et d'écrits qui sont le travail de trente ans de ma vie. Je pensais à mes sermons, dont je n'avais emporté qu'une poignée. Et je pensais à la douleur qu'éprouverait ta mère, qui avait laissé dans sa chambre très probablement une foule d'objets précieux. Ah! quelle nuit! Elle vaut cent ans de purgatoire ou d'enfer.

Vers quatre heures du matin, j'ai entendu quelqu'un descendre; j'ai pensé que c'était Françoise. Je ne me trompais pas. La brave fille était allée à la rue de Lille, en courant les plus grands dangers. Elle a passé à travers les balles. A six heures, elle revenait et m'apprenait que la maison *n'était pas brûlée*. Quelle joie inattendue! La pauvre fille, dans son émotion, avait passé devant la maison sans la reconnaître et s'était arrêtée devant celle qui était au delà de la rue de Beaune, et qui était à moitié consumée. Elle en était navrée. Mais elle fut bien heureuse en voyant qu'elle s'était trompée.

Dès qu'elle m'eut donné la bonne nouvelle, je me recouchai, et me mis à pleurer involontairement pendant une heure. Cela m'a fait du bien et m'a empêché peut-être une congestion.

Toute la matinée on a entendu les balles et les obus. Il paraissait cependant que les Versaillais approchaient. Il y avait à la rue Bucy, près la rue de Seine, presque à côté de l'hôtel, une énorme barricade, et près de Saint-Germain-des-Prés plusieurs barricades formant forteresse. A onze heures, j'étais avec Françoise, dans ma chambre au troisième, lorsque tout d'un coup un obus est tombé devant la maison. Beaucoup d'autres obus sont tombés tout près. Je commençais à réfléchir que cet hôtel avait été bien mal choisi, car il y avait fusillade de tous les côtés. Et, en effet, bientôt les Versaillais sont arrivés par la rue Jacob, et une bataille s'est alors engagée pendant vingt minutes devant l'hôtel.

Puis, la fusillade au-dessus de notre tête, nous entendions les cris, le commandement.

Il y a eu plusieurs assauts. Les assaillants étaient en grande partie des marins.

Ils avaient un excellent capitaine. « Allons! Vite! A la baïonnette!... » a-t-il crié, et les héroïques soldats se sont élancés sur les gardes nationaux, qui ont pris la fuite en laissant bien des tués.

Deux marins ont été tués là. Pauvres jeunes gens! J'ai vu leurs corps qu'on a mis dans une cour de la maison voisine de l'hôtel.

Tout le monde sortait joyeux; on criait : « Vive la ligne! Vivent les marins! »

Françoise a voulu aller alors à la maison.

Elle y est allée et a vu beaucoup de cadavres. Toute la rue de Lille, au delà de notre maison, était toujours en feu. Françoise est revenue et m'a appris que le chemin était libre. J'ai vite pris mon paquet, et j'ai parcouru la rue Jacob. Des marins et des lignards du 75e arrivaient sur deux rangs, couverts de sueur, mais pleins d'entrain et d'héroïsme.

De tous côtés on venait les acclamer.

J'ai serré la main à plusieurs. J'aurais voulu leur donner bien autre chose.

De la rue des Saints-Pères, j'ai vu, hélas! les Tuileries qui brûlaient. On disait aussi que les monstres avaient mis le feu à la rue Rivoli. On entendait toujours les obus et la mousqueterie.

J'arrive enfin à la maison, et je la vois debout. Je ne puis en croire mes yeux.

Quelle émotion! Voilà mes escaliers! Voilà la salle à manger! Voilà ma chambre à coucher! Voilà mes livres, mon bureau.... Ah! tout est intact. Quelle bénédiction! Dieu soit loué de sa bonté pour nous!

Tout le reste de la rue de Lille, du côté de la rue du Bac, est en ruines.

Mais voilà que Mme Aiglehoux arrive épouvantée, en criant qu'il faut partir, parce que le feu reprend au n° 27. Dans la nuit, quelques pompiers et d'autres personnes étaient venus travailler à éteindre le feu. On avait établi des mares d'eau dans la rue. Mme Aiglehoux et d'autres personnes prétendent que le n° 25 va prendre feu, que c'est une maison qui brûlera comme une allumette, et qu'alors la nôtre sera bientôt prise. Me voilà de nouveau dans les transes. Je sors et je vois qu'on fait la chaîne pour achever d'éteindre le n° 27, dont les étages supérieurs, calcinés, ne sont cependant pas écroulés. Le feu est dans le fond, je me rassure un peu, et, depuis que je t'écris, je n'entends aucune rumeur fâcheuse. Françoise est allée faire la chaîne pour le n° 31 ou 33.

Je suis persuadé, ma chère enfant, qu'après le secours de Dieu, si notre maison a été sauvée, c'est, en grande partie, grâce au vieux sergent qui m'a dit être *Lyonnais*. J'ai donc tiré en sa faveur une lettre de change, et j'espère que ta mère voudra bien avec moi y faire honneur. Ensuite, mes paroles et mon insistance pendant plus de deux heures ont bien eu leur part d'influence.

Ah! que de gens sont ruinés!

Quand je suis sorti tout à l'heure, sur le quai, par la rue de Beaune, j'ai failli être tué par un obus qui est tombé tout près de moi, et qui dans sa chute a produit une pluie de feuilles. Françoise revient de faire la chaîne et m'annonce qu'on ne croit pas au danger pour le n° 25. Elle a vu fusiller trois gardes nationaux qui ont traversé le rue de Verneuil. J'avais vu aussi les cadavres de deux gardes nationaux au coin de la rue Bonaparte. L'un avait eu le visage emporté par quelque balle ou éclat d'obus; c'était hideux! L'autre avait été fusillé sous les yeux de Françoise; c'était un très bel homme, quelque sous-lieutenant. Françoise me dit qu'on cherche une cantinière sur le quai pour la fusiller, vu qu'elle a commis des violences et des vols.

Les obus continuent de tomber dans le voisinage. Je m'attendais à en recevoir dans la maison. Il paraît que les troupes versaillaises s'approchent de l'Hôtel de Ville; c'est là qu'il y aura du sang versé.

Enfin, nous respirons! Dieu soit béni! Ma chère fille, si ton père devient fou, à la suite de tant d'émotions et d'horreurs, tu n'en seras pas étonnée et tu prendras soin de lui.

Remercions Dieu d'une si grande délivrance, et *regardons aux choses invisibles!* La chute des obus redouble du côté de la rue des Saints-Pères. Viennent-ils de Versailles ou des fédérés? (Ils venaient du Père-Lachaise.) Des troupes que j'ai vues passer étaient admirables de courage et de tenue.

Adieu, ma chère enfant; il me tarde bien de te revoir, toi et ton mari. Je vous embrasse de tout cœur.

Ton père émotionné,
Rouville.

NUMÉRO 4.

Le concert des Tuileries.

On lit dans *la Vérité*, 17 mai 1871 :

Nous recevons la lettre suivante :

Palais des Tuileries, le 26 floréal 79 (16 mai 1871).

Citoyen rédacteur,

Deux fois déjà les somptueux appartements des Tuileries ont retenti des hymnes sublimes de la grande Révolution française ; deux fois, ce repaire de la tyrannie, bâti par les despotes avec l'or sué par le peuple, a vu le peuple, calme dans sa puissance, superbe de dignité, rentrant en possession de son bien, applaudir le génie dans sa lutte éternelle contre la force brutale.

Ce palais, souillé par les orgies de la royauté et de l'Empire, a été purifié par la présence du peuple, l'unique souverain, qui, loin d'abuser de sa force, a su faire une bonne action de ce qui pouvait être une scène de destruction et de pillage. Les veuves et les orphelins des citoyens morts pour la République profiteront de ces fêtes nationales.

La faveur marquée qui les a accueillies et l'expérience acquise ont engagé le citoyen docteur Rousselle à donner, jeudi 18 mai, un grand concert de jour, dans des conditions nouvelles et tout à fait dramatiques.

A midi, les portes du palais s'ouvriront à deux battants devant le flot populaire, au prix d'un franc. Des orchestres circuleront avec la foule dans les longues galeries, s'arrêtant par intervalles pour soulever, par leur puissante et mâle harmonie, l'enthousiasme de tout ce qui sent un cœur d'homme et de citoyen battre dans sa poitrine.

Des poètes populaires, nouveaux Tyrtées, diront leurs œuvres énergiques.

Le grand prophète des *Châtiments*, notre Victor Hugo, ne sera pas oublié; il est bon que les vers impitoyables dont il flagelle l'Infâme fassent tressaillir les lambris mêmes sous lesquels l'Infâme a préparé pendant vingt ans tous ses crimes; il est juste que le cynique gredin soit marqué à l'épaule, dans la salle du Trône, par le fer rouge du grand justicier.

Donc, à jeudi. Le peuple convoqué ne manquera pas au rendez-vous, et nos braves soldats, en tombant pour la cause de la Révolution sociale, pourront se dire que leurs femmes et leurs enfants ne seront pas abandonnés.

Vive la Commune!

Merci d'avance.

Salut et fraternité.
N. ROUSSELLE.

(Visite des appartements, le jour, de dix heures du matin à six heures du soir : 50 cent. d'entrée.)

NUMÉRO 5.

Les musées du Louvre. — La délégation aux musées.

La publication de ce chapitre dans la *Revue des Deux Mondes* du 1er septembre 1878 a été suivie d'une protestation du délégué aux musées pendant la Commune. J'insère ici les réclamations de M. Jules Héreau et mes réponses. Le lecteur aura, de la sorte, sous les yeux les éléments nécessaires pour reconnaître la vérité et se former une opinion raisonnée.

PROTESTATION DE M. HÉREAU.

A Monsieur Buloz, Directeur de la Revue des Deux Mondes.

Monsieur,

Le numéro du 1er septembre courant renferme un article de M. Maxime Du Camp, « *le Louvre et les Tuileries pendant la Commune* », qui me fait jouer un rôle odieux et absolument contraire à la vérité.

M. Du Camp paraît ignorer et laisse ignorer à vos lecteurs que, loin d'avoir jamais cherché à me soustraire aux conséquences d'une action judiciaire, je l'avais au contraire provoquée par écrit en offrant de me constituer prisonnier.

M. Du Camp paraît ignorer et laisse encore ignorer à vos lecteurs que trois ans après les évènements de la Commune, je fus arrêté à mon domicile de Paris que je n'avais point quitté, que je fus détenu préventivement pendant un mois à la prison du Cherche-Midi, et qu'enfin le 1er mai 1874, jour de l'ouverture du salon, comme le fit observer ironiquement l'officier faisant fonction d'avocat général, je comparaissais seul de tous les artistes ayant fait partie de la fédération et de ses délégations devant le 3e conseil de guerre; qu'après une éloquente plaidoirie de M. Albert Liouville, avocat à la cour d'appel, vice-président du conseil municipal de la ville de

Paris, qui m'avait prêté le concours de son talent et de sa respectabilité, convaincu qu'il était que mon honneur sortirait sauf de ces débats, je fus condamné, *tous les autres chefs d'accusation écartés*, à six mois de prison pour immixtion dans des fonctions publiques.

Que, transféré à la prison cellulaire de la Santé, j'en suis sorti trois mois après, grâce à la généreuse intervention de trente de mes confrères.

Aujourd'hui que sept années ont passé sur ces douloureux évènements, alors que tous les honnêtes gens s'efforcent d'en effacer les traces, M. Du Camp, semble vouloir me faire un nouveau procès dans la *Revue des Deux Mondes*.

Atteint dans mon honneur, dans ma considération, je proteste énergiquement devant cette nouvelle accusation et je viens vous donner la preuve que tout ce que M. Maxime Du Camp n'a pas craint d'affirmer sans prendre la peine de faire une instruction sérieuse n'est qu'un mélange d'inexactitudes graves et de faits déjà établis.

C'est ce que je vais faire, non avec des phrases ou des documents apocryphes, mais avec des citations que je le mets au défi de réfuter.

Son réquisitoire contre moi peut se résumer ainsi :

« Des trois délégués, l'un n'avait accepté ses fonctions que dans l'intention nettement déterminée de protéger les employés et de sauver les collections. Il n'était pas l'homme qui convenait à la Commune, car reculer devant une bassesse indiquait des sentiments d'un civisme peu exalté.

« L'autre n'a laissé au Louvre aucun souvenir, il est resté neutre, ni bon ni mauvais.

« Il n'en est pas de même de Jules Héreau (bête fauve) qui avait conçu un projet d'une perversité odieuse : livrer le conservatoire du Louvre, composé des plus honnêtes gens du monde, aux suspicions et aux accusations de la Commune ; l'un de ses collègues l'en empêcha en déclarant qu'il ne tolèrerait pas une pareille infamie. »

L'accusation est nette : c'est dire que je n'avais accepté les périlleuses fonctions de délégué que pour livrer, moi artiste, à la fois nos admirables collections et les hommes courageux restés à leur poste pour les défendre. L'accusation est odieuse : jugez-en par ces citations que j'emprunte à un écrivain qui ne peut être suspecté de tendresse ou de complaisance à mon égard.

Voici ce qu'écrivait en 1871, trois mois après les évènements, dans un article de la *Gazette des Beaux-Arts*, M. Darcel, ancien sous-conservateur des musées impériaux du Louvre, présentement directeur de la manufacture nationale des Gobelins : « Les trois
« délégués étaient de caractères différents, *du reste fort polis tous*
« *les trois*.

« M. A. O., méthodique et conciliant, tenait à ce qu'il fût bien
« entendu que ses fonctions n'étaient que provisoires, et *qu'il ne les
« avait acceptées ainsi que ses collègues* qu'à la seule fin d'empê-
« cher les gens de la Commune d'envahir le Louvre; nous n'avons
« pas cru que les artistes délégués qui ont remplacé l'administra-
« tion légale eussent prêté la main à un incendie des musées. Le
« hasard a fait que nous en connaissions deux sur trois (M. O. et
« M. Héreau), de telle sorte que nous avons pu souvent converser
« avec eux. De ces conversations, du soin *qu'ils prenaient pour
« constater, au moyen de scellés posés en notre présence, l'état
« actuel des galeries, du maintien à leur poste de quelques-uns
« de nos collègues*, que la notoriété n'avait pas désignés aux desti-
« tutions de la Commune, nous inférions que : bien que partageant
« à des degrés divers les opinions de la Commune, *ils s'étaient mis
« là afin de sauvegarder les musées* contre les coquins qu'elle ren-
« fermait et qui tourbillonnaient autour d'elle. »

Et plus loin, M. Darcel trace de moi ce portrait : « Petit, ner-
« veux, susceptible, plein de lui-même », et il ajoute : « Néanmoins,
« *comme il était très honnête homme, il ne voulut prendre en
« charge les collections qu'après en avoir fait l'inventaire.*

« Il commença son inventaire par la galerie Lacaze, ce qui était
« facile. Il changea même deux tableaux de place, et ce changement
« exécuté par lui a été respecté; puis il inventoria la salle Henri II
« et enfin le salon des Sept-Cheminées, de façon à pouvoir ouvrir
« ces salles au public. Le même jour, on apposa les scellés sur les
« portes des armoires ou réduits où la plupart des joyaux, des
« gemmes et des émaux avaient été cachés. Ces réduits étaient dans
« le cabinet de M. Barbet de Jouy. »

Dans ce même article, page 22 :

« Les délégués Héreau et D... lui firent demander (à M. Barbet
« de Jouy) de les recevoir et lui présentèrent une déclaration par
« laquelle *ils se constituaient gardiens des scellés en l'absence du
« personnel révoqué.* M. Barbet de Jouy fit ajouter à leur acte :
« qu'ayant pris rendez-vous avec eux pour reprendre l'opération
« commencée et interrompue le 16, il resterait dans son cabinet
« comme gardien des collections, ce à quoi les délégués consenti-
« rent de bonne grâce. »

M. Darcel raconte alors comment j'ai soutenu M. Barbet de Jouy
dans ses revendications, comment, grâce à la résistance des délégués des artistes aux ordres de la Commune, les *cachettes ne furent
pas ouvertes. Je ne crains pas d'affirmer ici que M. Barbet de
Jouy m'a dit depuis et à plusieurs reprises qu'il m'en gardait
une éternelle reconnaissance.*

M. Darcel termine ainsi :

« Si nous reproduisons ces lignes, ce n'est pas pour le vain
« plaisir de nous répéter, mais afin de prouver à ceux qui nous

« trouveraient trop indulgents pour les délégués de la commission
« *que nous rendions justice à leurs intentions*, même à ce moment
« où nous étions encore évincés par eux de notre poste au musée. »

M. Maxime Du Camp, qui écrit sept années après la publication de cet article, devait nécessairement en avoir connaissance. Pourquoi n'y a-t-il pas puisé des renseignements? Il y avait en outre à sa disposition les déclarations du conservateur, dont le logement était situé rue de l'Université, et dont il n'a pas cité le nom, mais que je ne crains pas de nommer, parce que j'ai toujours rendu hommage à sa noble conduite, et d'ailleurs M. Darcel avait lui aussi cité son nom à maintes reprises. Voici comment dans sa déclaration écrite à l'officier faisant fonction de juge d'instruction s'exprime M. Barbet de Jouy :

« Le mois dernier, M. Héreau s'est présenté à moi au Louvre ;
« il m'a appris qu'il était recherché par la justice militaire et m'a
« demandé mon témoignage. Je lui ai fait observer que j'aurais à
« déposer de faits bien graves ; *je lui ai rendu justice à lui-même*
« *pour les égards et le respect qu'il a toujours eus pour moi et*
« *sans lesquels je n'aurais pas pu accomplir le devoir qui m'était*
« *tracé.* »

A l'audience, M. Barbet de Jouy a renouvelé cette déposition verbalement, et à une question du président si j'avais demandé une attestation, une grâce quelconque, il a répondu que j'étais trop fier pour cela.

Ces déclarations faites à la justice sous la foi du serment se passent de commentaires, elles sont la seule réponse que je doive faire aux accusations que mon honneur m'oblige à relever. Les lecteurs de la *Revue des Deux Mondes* peuvent déjà voir que M. Du Camp n'était pas suffisamment renseigné quand il dit que « seul je donnais des ordres, ordres fort incompréhensibles du reste et qui consistaient à mettre les scellés tantôt sur une porte, tantôt sur une autre, quitte à les briser immédiatement après pour les replacer de suite. »

De quel document digne de foi M. Du Camp peut-il appuyer son appréciation, il se garde bien de le dire.

Quand, à propos de l'arrestation des gardiens par le docteur Pillot, il dit « que les délégués interpellés par un conservateur ne savaient que répondre », il ignore que cette conversation n'a eu d'autre témoin que M. B. Barbet de Jouy et moi ; il ne peut donc savoir que non seulement j'ai répondu que nous ne dénoncerions pas sa présence, *mais qu'encore je lui ai reproché d'avoir eu un instant ce soupçon ;* que notre conduite précédente envers lui témoignait assez en notre faveur ; que n'ayant pu *opposer la force à la force*, nous étions cependant prêts à faire tous nos efforts pour que les gardiens fussent rendus à la liberté et pussent reprendre leur service au musée. En effet, sur une réclamation écrite par moi, adressée à la mairie du 1ᵉʳ arrondissement, ces hommes nous furent rendus sains et saufs le lendemain. M. Maxime Du Camp ne dit pas que M. Barbet de Jouy s'excusa d'avoir pu nous soupçonner, et qu'il me donna la main, comme il le fit encore le jour où nous quittâmes le Louvre sous sa protection.

Pourquoi M. Maxime Du Camp ne fait-il pas mention de la pièce suivante signée de moi et transcrite par M. Darcel dans son article :

« Je soussigné déclare ne pas vouloir profiter de la liberté qui m'est offerte par M. Barbet de Jouy, je me constitue prisonnier et demande des juges, ma conscience ne me reprochant rien.

« Abandonné ici par ceux qui m'y avaient délégué, je crois que mon devoir est de rester et non de fuir ; je tiens à la disposition de M. Barbet de Jouy la clef du tiroir où sont déposés les divers papiers concernant notre intervention au Louvre. Je dépose aussi dans ce tiroir un petit revolver dont j'étais porteur.

« Mercredi 24 mai, 2 heures du matin, Jules Héreau, artiste peintre. »

Cette déclaration et la conduite de M. de Jouy envers nous protestent assez contre cette insinuation de M. Du Camp que : les deux délégués restés seuls avec lui pour défendre nos collections nationales auraient été capables de jouer un double jeu et de faire appel « *aux incendiaires et aux pillards* », soit en leur ouvrant les portes du Louvre, soit en jetant « quelque billet ou quelque avis aux fédérés qui passaient ».

L'article de M. Darcel et la déposition de M. Barbet de Jouy suffiraient à me laver des accusations de M. Maxime Du Camp. J'ai le devoir, pour ma famille et mes enfants, d'y ajouter cette lettre écrite par le regretté et éminent sculpteur Paul Cabet à Mme Héreau :

« Madame, à la veille du jugement de M. Héreau, j'aurais voulu pouvoir, afin de vous rassurer, vous faire part de vive voix de l'entretien que j'ai eu avec M. Barbet de Jouy, mais mes occupations m'en ont empêché jusqu'à ce jour.

« La déposition de M. Barbet de Jouy devant le conseil de guerre sera certainement d'un grand poids, et je ne doute pas que sur son témoignage, M. Héreau ne soit rendu à la liberté, *puisqu'il a pendant l'insurrection de la Commune aidé à préserver nos richesses artistiques et que beaucoup de mal aurait pu être fait sans sa présence au Louvre.*

« Soyez assurée, madame, de toute la sympathie des artistes pour votre mari, et quel que soit le verdict du conseil de guerre, *M. Héreau conservera l'estime de tous ceux qui le connaissent.*

« Veuillez agréer, madame, l'hommage de mes sentiments respectueux. — Paul Cabet, 28 avril 1874. »

Vos lecteurs, monsieur, ont maintenant les moyens de discerner le vérité.

Ces tristes débats peuvent se résumer, ainsi que l'avait fait mon honorable défenseur, M⁰ Albert Liouville, devant le conseil de guerre.

« Pour que le Louvre fût sauvé, il a fallu la rencontre de deux éléments, rares en ces temps de révolution, mais qui procédaient du même sentiment — l'amour de l'art. Il a fallu un homme courageux comme M. Barbet de Jouy, bien décidé à mourir à son poste comme un soldat, s'il était nécessaire ; il a fallu en outre un homme ou des hommes assez forts de leur conscience pour faire au péril de leur vie ce que peu d'hommes leur enviaient à ce moment : coopérer à sauver nos collections nationales, et en vue de quelle récompense? Eh bien, cette bonne fortune, le Louvre l'aura eue ; les deux éléments se sont trouvés réunis, la flamme a respecté le musée, aucune salle n'a été souillée par le contact des incendiaires ; pas un seul n'a pénétré dans ce sanctuaire de l'art, et on a pu dire ensuite : « Les différentes collections du Louvre ont reparu « dans leur intégralité antérieure sans que la plus légère atteinte « ait été portée même à la plus minime des choses que l'État y « possède. »

Je n'ajouterai rien à ces paroles de mon éloquent défenseur.

Veuillez agréer, monsieur le directeur, l'assurance de mes sentiments de considération.

Jules Héreau.

(*Revue des Deux Mondes*, 1ᵉʳ décembre 1878.)

RÉPLIQUE.

La réclamation de M. Héreau a un petit historique que je dois faire connaître. Lorsqu'elle fut produite j'étais absent de France ; on m'en donna avis sans me la transmettre ; j'écrivis au directeur de la *Revue des Deux Mondes* qu'il m'était indifférent qu'elle fût insérée, mais qu'il me semblait correct de la communiquer à un témoin oculaire qui, mieux que tout autre, pourrait rectifier les erreurs que j'aurais involontairement commises. Un échange de lettres eut lieu à ce sujet entre la *Revue* et moi vers la fin d'octobre 1878. — Le 15 novembre, M. E. T., un des chefs de la maison Hachette, m'envoya la réclamation que M. Héreau lui avait remise. Après en avoir pris connaissance je répondis : « Je l'ai lue attentivement ; elle ne modifie en rien mon impression ; la *Revue* peut la publier, si elle le juge convenable; pour moi je n'y vois aucun inconvénient, je me contenterai d'y répondre. Mais je persiste à croire qu'il y a quelque chose de beaucoup plus simple à faire : Que M. Héreau porte mon article à M. Barbet de Jouy; j'accepte d'avance et sans contestation tout changement, toute atténuation que l'honorable conservateur lui fera subir. Je n'ai pas besoin de vous dire que je me garde bien de prévenir M. Barbet de Jouy, afin que son jugement soit spontané. » M. Héreau, à qui cette lettre fut montrée, demanda quelques jours pour réfléchir et déclara le 25 novembre à M. E. T. que l'arbitrage que je lui proposais ne pouvait lui convenir. Mais ce témoignage que M. Héreau repoussait, quoique dans sa réclamation il l'invoque à différentes reprises, la *Revue*, soucieuse de sa dignité, de celle de ses collaborateurs et du respect qu'elle doit à la vérité historique, ce témoignage, la *Revue* l'avait recherché et avait communiqué la note de M. Héreau à M. Barbet de Jouy en le priant de dire « ce qu'il en pensait ». M. Barbet de Jouy a répondu la lettre suivante, dont je n'ai eu connaissance que le 6 décembre en rentrant à Paris : « M. Héreau a toujours confondu, ce qui souvent m'a été très pénible, deux choses absolument distinctes, sa conduite dans les musées, sa conduite à mon égard. M. Maxime Du Camp n'a parlé et n'avait à parler que de la conduite dans les musées de M. J. Héreau ayant accepté des fonctions de la Commune, et j'approuve tout ce qu'il en a dit; sauf un mot spirituel : dans le journal d'un de mes collègues, M. Du Camp a trouvé une appréciation de M. Héreau qu'il n'eût pas rencontrée dans le mien s'il en avait eu connaissance : « Bête fauve; » et il dit : « fauve, non. » Je vous prie, messieurs, d'expliquer à M. Héreau, qui s'adresse à vous et me met en cause : que m'étant maintenu au Louvre gardien d'un dépôt que je ne voulais pas quitter, je n'en ai pas été séparé par lui, qu'il m'a traité avec respect et ne m'a pas empêché d'accomplir la tâche que je m'étais imposée. Je lui en ai témoigné ma reconnaissance en le recueillant dans mon cabinet qui était un asile quand il y a eu danger pour lui et son compagnon, — en le faisant sortir des musées qui étaient gardés militairement, — en déposant avec modération devant le conseil de guerre, — en n'interrompant pas son défenseur lorsqu'il lui faisait une part égale à la mienne dans la conservation des collections. — Mais m'en demander davantage, c'est trop. » Cette lettre est claire, et j'en accepte sans restriction tous les termes. J'avais offert à M. Héreau de s'en rapporter à l'arbitrage de M. Barbet de Jouy; M. Héreau a refusé; mais ce n'est pas une raison pour que je ne me considère pas comme moralement tenu de m'y soumettre. Je déclare donc n'avoir aucune objection à retirer l'expression de « bête fauve », quoiqu'elle ne soit pas de moi, ainsi que le commentaire dont je l'ai aggravée ou atténuée. Cette satisfaction une fois donnée au respect que je professe pour le haut caractère de M. Barbet de Jouy, il me reste l'obligation de réfuter la réclamation de M. Héreau et de prouver aux lecteurs de la *Revue* que si quelqu'un a manqué de modération, ce n'est peut-être pas moi.

M. Héreau paraît me croire excité contre lui par quelque animosité personnelle; il se trompe, il m'est absolument inconnu, par conséquent indifférent; si je n'avais rencontré son nom parmi ceux des délégués aux musées pendant la Commune, je l'ignorerais certainement encore, et il est bien probable que je l'aurai oublié demain. Mais M. Héreau ne s'est pas contenté de faire de la peinture de genre, il a voulu être un personnage, il a été fonctionnaire, il a été homme public précisément pendant huit jours; à ce titre il appartient à la discussion; il s'est introduit dans l'histoire un peu malgré elle, l'histoire l'a recueilli et le commente selon son droit. Si ce droit semblait excessif à M. Héreau, il n'a qu'à voir comment ses amis de la presse périodique traitent les fonctionnaires de tout rang et les hommes politiques de toute nuance, pour être bien convaincu qu'il n'est en rien une exception et qu'il subit, parce qu'il s'y est exposé, les usages de la loi commune.

M. Héreau est le seul « de tous les artistes ayant fait partie de la fédération ou de ses délégations » qui ait été appelé à rendre compte de ses actes devant la justice. C'est lui qui le dit et non pas moi, car je me serais bien gardé de le dire. M. Héreau ne se demande pas pourquoi seul il a été l'objet d'une mesure rigoureuse; les motifs n'en sont pas ignorés cependant; ils ont été longuement expliqués et sont contenus dans un acte d'accusation que j'ai sous les yeux, qui figure dans la *Gazette des Tribunaux*, et auquel j'ai eu soin de ne faire aucun emprunt. M. Héreau a été condamné, il a subi sa peine qu'une décision gracieuse a réduite de moitié; j'avais cru superflu de le dire, mais il tient à ce qu'on le sache et il le dit lui-même. M. Héreau me reproche d'avoir porté contre lui une nouvelle accusation; cela me surprend et me fait croire qu'il ne se rend pas bien compte de la valeur des mots : l'accusation n'est pas nouvelle; elle date du mois de mai 1871 et a reçu la publicité d'un débat contradictoire en mai 1874.

M. Héreau voit dans mon récit des inexactitudes graves et des insinuations odieuses. Il n'y a aucune insinuation; c'est un mode de procéder qui est peu dans mes habitudes; j'ai dit de M. Héreau ce que j'en voulais dire, rien de plus. M. Héreau s'imagine que je veux égarer l'opinion publique; à ce sujet je puis le rassurer; l'opinion publique ne s'occupe ni de lui ni de moi, et si M. Héreau n'avait jugé opportun de faire quelque bruit autour de son nom, les lecteurs de la *Revue* auraient déjà oublié que je l'ai prononcé. Il s'étonne que j'aie dit en parlant de M. O. que reculer devant une bassesse était une mauvaise note aux yeux des hommes qui siégeaient à l'Hôtel de Ville : il est possible que j'aie eu tort de dire cela et qu'aujourd'hui ce soit une preuve de sentiments élevés d'avoir servi la Commune ; au mois de mai 1871, il n'en était pas ainsi. J'ignore si M. Héreau n'avait « accepté les périlleuses fonctions de délégué que pour livrer, lui artiste, à la fois nos admirables collections et les hommes courageux restés à leur poste pour les défendre », car je n'ai pas dit un mot de cela ; mais je sais qu'une fois installé au Louvre, son premier soin fut de vouloir faire inscrire le mot *disparu* sur le cadre de deux cent quatre-vingt-treize tableaux qui avaient été transportés à Brest, et cependant il avait dû avoir connaissance de la correspondance échangée à ce sujet entre le Conservatoire et la Fédération des artistes, à la date du 6 et du 8 mai 1871. C'est là le seul acte grave, le seul acte pervers que je lui reproche. Dans sa récrimination, il glisse légèrement sur ce fait, si légèrement en vérité qu'il n'en dit pas un mot.

Lorsque au mois de mars ou d'avril 1874 M. Héreau alla voir M. Barbet de Jouy pour lui demander son témoignage, l'homme éminent qui n'a pas quitté les Musées lui répondit : « J'aurais à déposer de faits bien graves. » Ces faits graves, pourquoi M. Héreau me force-t-il, par ses démentis imprudents, à les raconter aujourd'hui ? Pourquoi me contraindre, par des dénégations au moins intempestives, à démontrer devant les lecteurs de la *Revue* la sincérité modérée de mon travail et la certitude de mes informations ? Je puis dire à M. Héreau qu'il s'est mépris ; il a reconnu des lacunes dans mon récit, et il en a conclu que je m'étais contenté de faire une enquête superficielle. Ces lacunes ont été absolument volontaires : j'ai intentionnellement négligé plus d'un fait ; je n'ai cherché que la vérité moyenne, je n'avais pas voulu dire toute la vérité, et il m'est pénible aujourd'hui, en présence des accusations peu fondées de M. Héreau, d'être obligé de la dire sans restriction.

Pour raconter ce qui s'est passé au Louvre pendant la Commune, j'ai eu à ma disposition les rapports que tous les chefs de service ont adressés à la direction, les rapports que les surveillants ont remis aux chefs de service, et qui sont déposés aux archives des Musées ; en outre, j'ai eu des journaux écrits, pour ainsi dire heure par heure, par de hauts fonctionnaires témoins et souvent victimes des faits qui se sont produits à cette époque. Enfin, dès que la réclamation de M. Héreau a été connue, j'ai reçu en communication un journal absolument intime que l'on m'envoyait « pour rassurer ma conscience, qui cependant doit être bien en repos ». Il est superflu de révéler aux lecteurs le nom des personnes qui ont écrit les rapports ou tenu les journaux ; ce nom, M. Héreau le devinera sans peine, et cela seul est important.

Le 16 mai, tous les fonctionnaires appartenant au Conservatoire des Musées sont révoqués par la Commune, sauf deux qu'une erreur a fait oublier ; la délégation prend possession du Louvre ; un des fonctionnaires non destitué, attaché à la Conservation des Antiques, est mandé le 17 auprès des délégués, et voici ce que je lis dans son journal : « M. O. me demande si je consens à rester et à recevoir mon traitement de la Commune ; je lui affirme que je suis tout disposé à faire mon devoir au musée, sans aucune arrière-pensée, comme je l'ai toujours fait, mais que je n'accepterai pas l'argent de la Commune. M. Héreau insiste pour que je remette entre les mains du délégué une note dans laquelle je déclarerais reconnaître le gouvernement de la Commune. Cette demande est un serment déguisé, et elle me surprend profondément de la part de gens qui viennent d'abolir le serment politique et le serment professionnel. M. Héreau m'ayant annoncé son intention de faire ouvrir la grande galerie et d'y laisser les cadres vides des tableaux envoyés à l'arsenal de Brest, avec cette mention : *disparus*, je lui fis remarquer que ce mot ne devait pas être employé parce qu'il était de notoriété publique que ces tableaux étaient à Brest; et que c'était pour les préserver des périls de la guerre et non pas pour les faire disparaître qu'on les avait envoyés dans ce port. M. O. reconnut la justesse de mon observation. »

Malgré l'observation faite par le fonctionnaire et admise par M. O., M. Héreau tenait à son projet; le rapport d'un conservateur des musées de peinture, aujourd'hui en retraite, en fait foi : « Les délégués me déclarèrent, dit ce conservateur, qu'ils allaient faire remettre dans les bordures les tableaux de la grande galerie et inscrire dans les cadres vides des tableaux envoyés à Brest le mot *disparu*. J'eus beau leur assurer que nous étions certains que ces peintures étaient bien dans l'arsenal de Brest, gardées par un employé de l'administration ; ils me répondirent qu'ils n'étaient point obligés de me croire, que j'aurais dû donner ma démission, si je n'avais pu empêcher ce vol, dont j'étais devenu le complice, et que lui, Héreau! s'il était membre de la Commune, me ferait arrêter et garder comme otage jusqu'à la rentrée de nos chefs-d'œuvre. C'est en vain que je leur dis que cette mesure, prise en vertu d'ordres supérieurs et d'une décision du conseil des ministres, était en effet discutable, mais que l'intention de l'administration ne pouvait être mise en doute; leur colère augmentant toujours, je n'avais plus rien à répondre. »

En lisant la réclamation de M. Héreau, il m'a semblé qu'il répliquait à un réquisitoire imaginaire, à des préoccupations vagues dont il n'avait point rencontré la formule dans mon article. Il trouve que le portrait que j'ai fait de lui est excessif, et il cite celui qu'en a tracé la plume spirituelle de M. Darcel : « Petit, nerveux, susceptible, plein de lui-même, » — je n'y contredis pas, car, dans le journal intime dont j'ai parlé, je trouve un portrait analogue : « M. Héreau est de taille moyenne, maigre, nerveux, impérieux, semble avoir beaucoup de vanité, de la ténacité, une préoccupation constante de sa personnalité. » — Il n'en faut pas plus pour rendre un administrateur insupportable. Les personnalités qui ne savent se contenir manquent naturellement de mesure et tombent involontairement dans des excès d'autorité dont elles n'ont même pas conscience. J'en vois la preuve, relative à M. Héreau, dans le rapport d'un des conservateurs : « 18 mai.... On parle d'apposer les scellés. Malgré quelques difficultés pratiques que j'entrevois pour certaines parties de la collection, j'adhère à cette idée qui me semble offrir une espèce de garantie, mais à la condition que je mettrai ma signature sur chaque bande de scellé ; on s'y oppose, j'insiste, grande animation des délégués. Je ne cède pas. Les invectives des citoyens Héreau et..... se succèdent. A une injure que m'adresse le citoyen Héreau et qu'il m'est impossible de tolérer, je me lève avec l'intention de lui donner un soufflet. M. O... s'interpose et cherche à atténuer le sens des paroles de son collègue. Je me retire ; aux instances de ces messieurs pour me retenir, je réponds que je serai prêt à reprendre la conversation, lorsqu'ils seront plus calmes. — 19 mai (apposition des scellés), pendant cette opération, j'échange quelques paroles avec M O....., il n'a pas l'arrogance de ses collègues, il est convenable et poli. « J'ai souffert, me dit-il, de la scène que l'on vous a faite hier. Ces hommes sont d'une extrême violence et je commence à leur être suspect ; ne me parlez plus, on nous observe. » — Je me lève ; — quelques instants après je le rejoins dans l'embrasure d'une croisée ; il me dit : « Vous êtes d'honnêtes gens, et je me fais un devoir de vous prévenir qu'un mandat d'amener est lancé contre vous tous et qu'il sera exécuté lundi. — Merci, répondis-je, et nous nous séparâmes. » En vérité je comprends que M. Héreau m'accuse d'inexactitudes graves, car, parlant de lui, j'ai dit : « Il voulut se donner de l'importance et ne réussit qu'à faire prendre le change sur son caractère. »

La date du lundi 22 mai, fixée pour l'arrestation de tous les fonctionnaires du Louvre, n'était pas rigoureusement exacte. En réalité ils devaient être emprisonnés aussitôt que l'opération de la mise sous scellés de toutes les collections serait terminée. Les délégués ignoraient ce fait, qui avait été révélé aux conservateurs par un avis officieux. Aussi l'on traînait en longueur le plus que l'on pouvait ; gagner du temps c'était peut-être arriver à la délivrance. Tous les procès-verbaux existent. Dans cette tâche qui ne laissait pas que d'être assez longue, les délégués étaient assistés par un « commissaire de la sûreté générale, plus spécialement chargé du quartier Saint-Germain-l'Auxerrois, officier de police judiciaire, auxiliaire du citoyen général de la Commune », qu'il est inutile de nommer. Sous prétexte de remettre eux-mêmes le dépôt dont ils avaient la garde et d'assister, comme c'était leur devoir et leur droit, à la pose des scellés sur leurs collections, les fonctionnaires ne quittaient pas le Louvre qu'ils surveillaient ; M. Barbet de Jouy s'était, de sa propre autorité et avec l'assentiment des délégués, constitué gardien des scellés apposés sur les objets afférents à son conservatoire. Les délégués visitaient successivement toutes les salles et même les ateliers de moulage, où ils recherchaient — un peu naïvement — les moulages de la colonne de la place Vendôme. Ils couchaient au Louvre et ne paraissaient pas toujours très rassurés, car je lis dans un journal que j'ai déjà cité : 19 mai. « Les citoyens administrateurs font changer la garde de nuit sous prétexte que les hommes désignés pour rester à leur poste n'ont point leur confiance. Ils ont, disent-ils, des notes sur tout le personnel et ils ne veulent pour les garder que ceux dont ils sont sûrs. Le gardien F.... est admonesté par eux pour avoir monté la garde à leur porte sans être agréé par eux. »

Le lundi 22 mai, on est réveillé au Louvre par le tocsin et par la fusillade. Des bandes de fédérés passent en désordre dans la rue de Rivoli. La France, précédée par le général Douay, rentre dans sa capitale, le carnaval rouge va prendre fin, les Allemands attentifs assistent, comme à un spectacle, à ce combat. L'heure est solennelle. Ceux dont le cœur n'est pas à la Commune vont disparaître et abandonner la sinistre aventure dans laquelle ils se sont engagés ; si deux mois de défaites successives ne leur ont pas ouvert les yeux, cette suprême victoire de la légalité qui vient châtier la révolte dans son repaire ne peut leur laisser aucun doute. Que va faire M. Héreau ? « A dix heures, écrit le fonctionnaire attaché aux antiques et dont le nom avait été omis sur la liste de révocation, à dix heures la commission me fait demander. Je me rends au bureau de la direction, où M. Héreau, en présence de MM. D.... O.... père et D..., me dit que si je désire rester au Louvre, je dois donner mon adhésion à la Commune. Je lui réponds très nettement que je ne veux pas donner cette adhésion, mais que je resterai à mon poste jusqu'à ma révocation. M. D.... me fait un long discours dans lequel il m'explique que la question a été mal posée par M. Héreau et qu'il ne s'agit pas de cela pour le moment. Je déclare à ces messieurs que je compte rester au Louvre en permanence ; ma réponse est immédiatement consignée dans un procès-verbal. » C'est le soir même du 22 que quarante-sept gardiens et gagistes sont emmenés à la mairie du Ier arrondissement dans les conditions que j'ai racontées. M. Héreau dit : « Sur une réclamation écrite par moi ces hommes nous furent rendus sains et saufs le lendemain. » M. Héreau affirme que son intervention a été toute-puissante en cette circonstance ; je n'en doute pas et je l'en félicite. Mais le 3e conseil de guerre a jugé un commissaire de police pendant la Commune nommé Henry qui prétend avoir sauvé les surveillants des musées. J'avoue n'avoir aucune opinion à cet égard et ignorer la valeur que l'on peut attacher à la déclaration d'Henry, qui fut condamné à cinq ans de prison.

Il restait, le mardi 23 mai, au Louvre, vingt-trois gardiens qui, par leur absence justifiée ou en se cachant, avaient évité l'arrestation dont leurs camarades avaient été victimes la veille. Le docteur Pillot — *doctor in partibus insanabilium* — exigea une liste de leurs noms qui lui fut livrée ; le soir du même jour, des ordres furent donnés à l'agent comptable des musées pour qu'il eût à préparer les logements destinés aux officiers du 112° bataillon de fédérés, qui devait venir occuper le Louvre. Je pourrais dire le nom de celui qui avait donné ces ordres, qui avait livré au délégué Pillot la liste des surveillants, mais je préfère le passer sous silence.

Comment les délégués, dans la nuit du 23 au 24 mai, se remirent à la discrétion de M. Barbet de Jouy, comment ils furent enfermés et gardés à vue dans les appartements de la direction, je l'ai raconté. Mais voilà que, bien à mon insu, j'ai encore commis quelques insinuations et que j'ai fait comprendre que je croyais « ces délégués capables de jouer un double jeu et de faire appel aux *incendiaires et aux pillards* ». Incendiaires et pillards n'est pas de moi ; ces deux qualificatifs appartiennent à M. Héreau qui, en cette circonstance, n'est pas tendre pour la Commune, à laquelle, trente-six heures auparavant, il voulait faire faire acte d'adhésion par un fonctionnaire non révoqué. M. Héreau était distrait sans doute par ses propres souvenirs, lorsqu'il a lu le passage qu'il réfute, car j'ai dit précisément le contraire de ce qu'il me fait dire. Voici le fait, tel qu'il se trouve relaté dans un journal dont M. Héreau reconnaîtra facilement l'auteur : « Les deux délégués remontent alors dans le bureau du directeur. A peine sont-ils partis que les gardiens font observer qu'il serait bon de les garder à vue afin de les empêcher de communiquer avec le dehors. En conséquence, un poste de six hommes, commandé par le chef L., est établi dans l'antichambre du directeur ; un autre poste est placé au bas de la grille ; un troisième à l'escalier assyrien, un quatrième devant la salle des bronzes, et moi je m'enferme avec eux afin de les empêcher de communiquer avec les fédérés, qui occupent la rue de Rivoli, soit en jetant des papiers par la fenêtre, soit en les appelant. Je fus relevé de ma faction au bout d'un certain temps par le gardien L., qui resta jusqu'à la fin auprès des délégués : c'est un ancien militaire, homme de devoir et d'honneur, en qui on pouvait avoir toute confiance. » J'ai résumé ainsi le récit du témoin oculaire : « Ces deux niais, qui s'étaient fourvoyés dans une aventure dont le plus simple bon sens aurait dû prévoir la fin, furent enfermés dans les appartements de la direction et gardés à vue, dans la crainte qu'ils ne jetassent quelque billet ou quelque avis aux fédérés qui passaient dans la rue de Rivoli », et je me hâte d'ajouter : « Crainte illusoire ; ces deux pauvres diables ne songeaient qu'à sauver leur vie et leur liberté, qui furent sauvées. » Si c'est là insinuer que M. Héreau était capable de se mettre en communication avec « les pillards et les incendiaires », pour assurer la perte du Louvre, j'avoue ne plus rien comprendre à la signification des mots.

M. Héreau me demande pourquoi je n'ai pas fait mention de la pièce écrite par lui le mercredi 24 mai, à deux heures du matin, alors qu'il était gardé à vue, et que M. Darcel a citée dans son travail. Mais tout simplement parce que la pièce — celle du moins que reproduit M. Héreau — est tronquée et que, pour avoir toute sa valeur, elle doit être complétée, ce qu'il m'est facile de faire, car je l'ai entre les mains. Mais il faut dire que cette pièce fut portée, pendant la même nuit, par Mme D., qui n'avait pas voulu quitter son mari et qui inspirait à tout le personnel du Louvre un intérêt justifié par son dévouement : « Déclaration. Je soussigné déclare ne pas vouloir profiter de la liberté qui m'est offerte par M. Barbet de Jouy[1]. Je me constitue prisonnier et demande des juges, ma conscience ne me reprochant rien. Abandonné ici par ceux qui m'y avaient délégué, je crois que mon devoir est de rester et non de fuir. Je tiens à la disposition de M. Barbet de Jouy la clef du bureau où sont déposés les divers papiers concernant notre intervention au Louvre. Je dépose aussi dans ce tiroir un petit revolver dont j'étais porteur. Mercredi 24 mai, deux heures du matin. Jules Héreau, artiste peintre. Médailles 1865, 1868. Marié à Mlle L. D., artiste peintre, le 3 avril 1869 ; un enfant de quatorze mois. Ma femme et mon enfant absents de Paris, dans sa famille, département de l'Oise. » Et sur une feuille de papier annexée à la pièce précédente : « Monsieur, en présence des difficultés sans cesse renaissantes, nous acceptons avec reconnaissance l'asile que vous voulez bien nous offrir dans votre cabinet ; nous remettant sous votre sauvegarde. Signé : D. »

Au début de sa réclamation, M. Héreau dit que, « loin de chercher à se soustraire aux conséquences d'une action judiciaire, il l'avait au contraire provoquée en offrant par écrit de se constituer prisonnier ». — A qui a-t-il écrit? à qui a-t-il demandé des juges? à la chancellerie? à la justice militaire? à la préfecture de police? Je ne le sais, car je n'ai trouvé trace d'aucun document de ce genre. Est-ce que la déclaration que je viens de citer, et qui semble évoquer le souvenir d'une jeune femme et d'un jeune enfant, serait l'acte par lequel M. Héreau a provoqué l'action de la justice? Ce n'est vraiment pas sérieux. Demander des juges à M. Barbet de Jouy, c'était en faire un sauveur ; les délégués s'en sont bien aperçus.

M. Héreau reproduit une lettre de Cabet, qui était un grand artiste et un excellent homme. Elle prouve que Cabet s'est entremis pour obtenir en faveur de M. Héreau un témoignage favorable. Cela ne

---

[1] Les termes par lesquels M. Barbet de Jouy « offrit la liberté » aux délégués sont exactement ceux-ci : « Sortez de cette maison, où jamais vous n'auriez dû entrer. »

me surprend guère; mais j'étonnerai peut-être M. Héreau en lui disant qu'à la place de Cabet j'en aurais fait tout autant, et que si son aventure n'avait été publiquement et contradictoirement débattue devant un conseil de guerre, il est fort probable que j'aurais fait pour lui ce que j'ai fait pour tant d'autres, et que je n'aurais même pas prononcé son nom. M. Héreau est convaincu, et je suis persuadé de sa bonne foi, qu'il a sauvé quelque chose au Louvre; je crois qu'il se trompe et que c'est le Louvre qui l'a sauvé. S'il avait eu, à ce moment redoutable, l'action préservatrice qu'il s'imagine avoir exercée, il eût bénéficié d'une ordonnance de non-lieu comme 23 727 individus compromis dans la Commune, ou eût été acquitté comme 2445 accusés. Il a été puni pour immixtion dans des fonctions publiques, on a écarté la prévention d'arrestations illégales qui n'aurait pas dû être soulevée : la peine a été sévère, je le reconnais, car aucun méfait sérieux n'était à la charge de M. Héreau qui, comme le dit M. Darcel, est un très honnête homme. Il n'en a pas moins été coupable de brutalité dans l'exercice de ses fonctions usurpées. On peut avoir une personnalité excessive et être probe; on peut manquer d'urbanité et n'être pas dénué de délicatesse. C'est là tout ce que j'ai voulu dire, c'est ce que j'ai dit, et j'estime qu'il était facile de n'être pas délégué aux musées.

M. Héreau cite la péroraison de la plaidoirie de M. Liouville; je connais M. Liouville et je sais tout ce que l'on peut attendre de son talent et de son caractère. Mais si je citais la fin du réquisitoire de M. le commissaire du gouvernement, qu'en penserait M. Héreau? Les paroles de M. Liouville constituent un fragment de beau langage, mais ne sont point un document historique. Le premier devoir d'un avocat est de défendre son client; il prend ses arguments dans les faits spéciaux, lorsqu'il en existe, sinon dans les idées générales; c'est le cas actuel. J'accepte néanmoins l'argumentation de M. Liouville. Oui, c'est l'amour de l'art, mais c'est surtout la passion du devoir qui a sauvé le Louvre. Si les fonctionnaires réguliers n'étaient courageusement restés à leur poste, tout était perdu et particulièrement M. Héreau. Si l'armée pénétrant dans le Louvre n'y avait trouvé M. Barbet de Jouy et ses collaborateurs, si ces hommes vaillants n'avaient égaré les recherches des soldats qui s'enquéraient des délégués, à cette heure d'extermination sans merci, ceux-ci étaient victimes d'une exécution sommaire. Grâce au dévouement des gens de bien que rien n'a pu détourner de leur devoir, grâce à Dieu, une telle abomination nous a été épargnée.

Au courant de sa note, M. Héreau me fait la leçon; c'est bien de la bonté de sa part. Il m'apprend que tous les honnêtes gens cherchent à effacer les traces de la Commune. C'est là un lieu commun qu'il aurait dû s'épargner; les honnêtes gens sont naturellement apaisés et désirent l'apaisement général; il n'y a que les coquins qui ne soient pas apaisés et qui, loin de chercher à effacer les traces de la

Commune, n'attendent que l'heure propice pour achever de brûler ce qu'ils n'ont pas eu le temps d'incendier. M. Héreau, qui parle de ces matières, les a, sans aucun doute, étudiées ; il a lu les histoires de la Commune que les communards ont inventées, il connaît leurs programmes, il est initié à leurs projets de « revendication », il lit les journaux qui se publient en Suisse, en Belgique, en Angleterre ; il sait, en un mot, à quoi s'en tenir ; eh bien, il a pu se convaincre que si nous, honnêtes gens, nous sommes très apaisés, les souteneurs de la Commune ne le sont pas du tout. Franchement l'heure est mal choisie pour émettre des aphorismes pareils ; la tache d'huile, la tache d'huile de pétrole laissée par la Commune s'est répandue de Paris sur l'Europe entière, et en attendant que l'on brûle les capitales, on s'occupe sérieusement à assassiner les souverains. M. Héreau croit que je fais une œuvre de parti ; il est dans une erreur complète ; je ne suis d'aucun parti, mais il suffit d'aimer la liberté et la justice pour haïr la Commune ; c'est pour cela que je la hais, et j'admire que des gens semblent la défendre aujourd'hui qui la combattraient à outrance si elle sortait des ruines où elle a failli ensevelir Paris et la France entière.

Les communards et les journaux qu'ils protègent ou qui les protègent se sont emparés du cas de M. Héreau et ne m'ont point épargné les invectives. Il ne m'en chaut. Ils sont bien en colère contre moi tous ces pères Duchênes ; ils m'ont honoré de leurs injures ; ils ont eu raison, car j'en suis digne. Il est cependant une chose que je dois leur dire, au nom même de cette liberté, de cette égalité qu'ils invoquent sans cesse, auxquelles ils ne comprennent rien, et qu'ils n'ont jamais su pratiquer. Ils trouvent naturel et parfaitement légitime de raconter les crimes de Versailles, les crimes de décembre, les crimes de mai, les crimes de l'empire, les crimes de la monarchie, les crimes de l'armée, les crimes de la magistrature, les crimes du clergé, les crimes de l'assemblée ; il n'est pas une fonction qu'ils n'aient salie, pas une administration qu'ils n'aient calomniée, pas un homme qu'ils n'aient vilipendé, que ce soit le général Trochu, Jules Favre, Thiers, — le sinistre vieillard, comme ils l'appelaient, — que ce soit le maréchal de Mac-Mahon ou M. Gambetta ; il n'est nulle chose, il n'est nul individu qui ait trouvé grâce devant ces baveurs de fiel. Mais ils ne peuvent supporter qu'on touche à l'histoire de la Commune ; c'est bouffon, — raconter le massacre des otages, l'incendie de nos monuments, le pillage des maisons particulières, rappeler les crimes ou seulement les inepties de ces fantoches, c'est « poursuivre les proscrits, trépigner sur des cadavres ou sur des ruines ». Oui, parbleu, c'est tout cela ; comme c'est manquer de respect aux morts que de raconter les exploits de Cartouche et de Mandrin. Je reviens à M. Héreau qui, j'espère, dans le paragraphe précédent voudra bien ne voir aucune insinuation perfide ou odieuse ténébreusement dirigée contre lui. Dans une lettre qu'il m'a écrite et qui, m'a-t-on raconté, a été ramassée par quelques journaux, il termine en me disant avec exclamation : « Ah ! monsieur, permettez-moi de vous le dire.... vous faites là un bien vilain métier. » Je le lui permets. Mon métier, lorsque certaines circonstances favorables se présenteront, me conduira au préau de Sainte-Pélagie, au mur de ronde de la Roquette, ou à l'abattoir de la rue Haxo ; je le sais, car on a souvent pris soin de ne me laisser aucun doute à cet égard ; mais je me permets d'affirmer à M. Héreau que ce métier n'a jamais fait de moi un délégué sous la Commune, ni un justiciable des conseils de guerre.

MAXIME DU CAMP.

(Extrait de la *Revue des Deux Mondes*, 15 décembre 1878.)

A cette réfutation M. Jules Héreau a répondu par la lettre suivante :

A Monsieur le Directeur de la Revue des Deux Mondes.

Monsieur,

Vous voudrez bien me permettre de clore les débats soulevés par M. Maxime Du Camp dans les articles : « les Tuileries et le Louvre sous la Commune. »

La réfutation de M. Maxime Du Camp en réponse à ma réclamation insérée dans le numéro du 1er décembre de la *Revue* ne détruit pas les points que j'avais *tenu* à établir.

Deux de ses allégations ne doivent cependant pas demeurer sans réponse.

Le conservateur des musées de peinture aujourd'hui en retraite, qui relate l'intention en effet exprimée par moi en sa présence, convient lui-même que la mesure prise en vertu d'une décision du conseil des ministres était discutable.

Je l'ai discutée ; les circonstances y prêtaient si bien que le ministre de l'instruction publique d'alors avait donné des ordres formels pour qu'aucun objet d'art ne quittât désormais nos musées.

Quant au mot *otage* qui prend sous la plume de M. Maxime Du Camp une signification sinistre, non seulement je le repousse, mais ma conduite au Louvre écarte la possibilité que je l'aie jamais prononcé.

En abandonnant dans sa réfutation l'expression de « *bête fauve* » ainsi que le commentaire dont il l'avait « aggravée ou atténuée », M. Maxime Du Camp n'a-t-il pas reconnu qu'il s'était fait légèrement l'éditeur du mot *otage?*

En résumé, si j'ai usurpé à une époque de troubles des fonctions qui ne pouvaient avoir pour moi rien d'agréable, c'est que, fort de mon passé et n'obéissant qu'à un mobile honnête et élevé, j'ai cru pouvoir rendre service à l'art et à mon pays.

Aujourd'hui encore je crois que je n'ai pas été inutile.

Veuillez agréer, Monsieur le Directeur, l'assurance de ma considération distinguée.

Jules Héreau.

Paris, 24 décembre 1878.

A Monsieur le Directeur de la Revue des Deux Mondes.

Cher monsieur,

J'ai reçu communication de la nouvelle lettre du délégué aux musées du Louvre pendant la Commune. Il serait puéril d'y répondre, et je n'y réponds pas.

Tout à vous,

Maxime Du Camp.

2 janvier 1879.

NUMÉRO 6.

Les barricades.

Tous les ouvriers terrassiers sont invités à se faire inscrire à la mairie de leur arrondissement pour prendre part aux travaux concernant la défense de Paris. Ils recevront 3 fr. 50 par jour.

Le délégué civil à la guerre,
Ch. Delescluze.

Paris, 14 mai 1871.

La démission du citoyen Gaillard père, chargé de la construction des barricades et commandant des barricadiers, est acceptée à ce double titre. Le bataillon des barricadiers placé sous ses ordres est dissous; les hommes qui le composent sont mis à la disposition du directeur du génie militaire, qui avisera à la continuation des travaux commencés, dans la mesure qu'il jugera convenable.

Le délégué civil à la guerre,
Ch. Delescluze.

Paris, 15 mai 1871.

Le Comité de salut public fait appel à tous les travailleurs, terrassiers, charpentiers, maçons, mécaniciens, âgés de plus de quarante ans. Un bureau sera immédiatement ouvert dans les municipalités pour l'enrôlement et l'embrigadement de ces travailleurs, qui seront mis à la disposition de la guerre et du Comité de salut public : une paye de 5 fr. 75 leur sera accordée.

Le Comité de salut public,
Ant. Arnaud, Eudes, Billioray,
F. Gambon, G. Ranvier.

NUMÉRO 7.

Rapport de M. le capitaine de frégate Trève à M. le ministre de la marine.

21 mai 1871.

Monsieur le ministre,

J'ai l'honneur de vous rendre compte des faits qui se sont passés sous mes yeux, cette après-midi, et auxquels le hasard m'a permis de prendre quelque part.

J'étais vers trois heures dans les tranchées en face de la porte de Saint-Cloud, j'y examinais les remparts, et, dans mon étonnement du silence des insurgés, la pensée me vint d'aller reconnaître à quelques mètres de distance l'état du pont-levis qu'un coup de canon avait abattu depuis plusieurs jours. Cet examen se fit sans aucun danger, aucun coup de fusil ne fut dirigé contre moi des remparts.

Un quart d'heure plus tard, une personne en vêtements civils paraît au bastion de gauche et y agite un mouchoir blanc. Cette personne prononce quelques paroles que le bruit des explosions d'obus lancés par les batteries de Montretout et de Breteuil empêche de distinguer parfaitement. Néanmoins, je crois entendre : « Il n'y a personne ; venez, venez. » Ne voyant pas d'officier à ma proximité, je saute de la tranchée, cours vers le réduit, enjambe le pont-levis dont il ne reste plus qu'une poutrelle et rejoins la personne en question.

« Commandant, me dit M. Ducatel, piqueur des ponts et chaussées, ancien sous-officier d'infanterie de marine, ne craignez rien ; il n'y a pas de ruse. Paris est à vous ; voyez, tout est abandonné, faites entrer rapidement vos troupes. »

Je me dirigeai d'abord sur le bastion de gauche, de là sur celui de droite, visitai le groupe des maisons avoisinantes et constatai en effet, une évacuation complète de tout l'horizon que j'avais devant moi.

Je priai, dès lors, M. Ducatel de sortir de Paris avec moi pour venir rendre compte au général en chef de tout ce qu'il avait vu et observé. J'étais accompagné du brave sergent Coutant (Jules), du 3ᵉ bataillon du 91ᵉ régiment de ligne, qui avait voulu partager ma fortune. C'est de la tranchée que, sur le conseil de M. le capitaine du génie Garnier, je m'empressai de télégraphier à MM. les généraux Douay, à Villeneuve-l'Étang, et Vergé, à Sèvres, tout ce qui venait de se passer.

Trois quarts d'heure plus tard, le feu cessait sur toute notre ligne, et offrant mon concours à M. Garnier, vu l'étude que j'ai faite des torpilles, je rentrai dans l'enceinte avec cet officier et une section de génie. J'abordai immédiatement la poudrière de droite et ne tardai pas à y découvrir la mèche et l'amas de poudre préparés pour une explosion en cas d'assaut.

Pendant ce temps, MM. les commandants des bataillons du 91ᵉ et du 37ᵉ de ligne suivaient la même route et prenaient position en cas de retour offensif. Il était quatre heures trente minutes. C'est à ce moment que je pris congé de M. Garnier et revins en toute hâte à Sèvres pour y rendre compte au général Vergé de la situation exacte. A cinq heures, j'avais l'honneur de vous rencontrer, vous dirigeant vers les remparts.

Je suis, avec le plus profond respect, monsieur le ministre, votre très humble et très obéissant serviteur.

A. Trève,
Capitaine de frégate.

P. S. Je crois de mon devoir d'ajouter à ce rapide exposé des faits généraux le récit des circonstances particulières au milieu desquels ils se sont produits. Ma rencontre avec M. Ducatel, notre examen de l'enceinte et notre rentrée dans les tranchées se sont accomplis sous la pluie d'obus que les batteries de Montretout et de Breteuil dirigeaient à cette heure sur la porte même de Saint-Cloud. Je ne saurais donc trop insister sur le remarquable sang-froid et sur le dévouement vraiment admirable dont a fait preuve M. Ducatel en venant à nous, et en consentant à m'accompagner malgré le péril du retour.

NUMÉRO 8.

Note pour M. le chef du Pouvoir exécutif concernant les services rendus par M. Ducatel, piqueur des ponts et chaussées de la ville de Paris.

Paris, 24 mai 1871.

QUARTIER GÉNÉRAL AUX ARTS-ET-MÉTIERS.

Pendant qu'on procédait aux travaux réguliers d'attaque contre le Point du Jour et la porte d'Auteuil, M. Ducatel se présenta au quartier général du 4ᵉ corps, à Villeneuve-l'Étang, offrant de donner des renseignements sur les défenses préparées à Passy et à Auteuil par les insurgés, et d'opérer même des reconnaissances pour tenir au courant de ce qui se produirait. La connaissance toute spéciale que M. Ducatel possédait de ces quartiers, en raison de la nature de ses fonctions, et les motifs désintéressés qu'il mettait en avant pour se rendre utile, firent accepter ses propositions par le général Douay.

M. Ducatel, pénétrant à Paris par Saint-Denis, fit d'abord deux reconnaissances qui fournirent des renseignements précieux, et permirent de rectifier le tir de nos batteries de position sur certains points. Dans la journée du 20 mai, il repartit pour la troisième fois, ayant pour instruction spéciale de voir dans quel état se trouvaient le rempart et le viaduc du chemin de fer de Ceinture, de s'assurer de la force des troupes qui les défendaient encore, et de l'emplacement de leurs réserves en arrière. Le général Douay faisait diriger les investigations sur ces points particuliers, parce qu'il se préoccupait beaucoup de la possibilité de tenter l'enlèvement par surprise des portes d'Auteuil ou de Saint-Cloud, grâce à l'avancement de ses travaux d'approche; et comme, pour réussir, il était indispensable d'être prêt à agir avec une grande célérité et des forces respectables, il fit descendre dès le 21 au matin la brigade Gandil du camp de Villeneuve-l'Étang au pont de Saint-Cloud, pour appuyer, le cas échéant, les gardes de tranchée sur l'une ou l'autre porte.

Ce jour même 21, vers trois heures de l'après-midi, M. Ducatel se présenta à l'intérieur de la porte de Saint-Cloud, agitant un mouchoir blanc en guise de drapeau parlementaire, et il engagea les gardes de tranchée qui se trouvaient au bord du fossé, dans le couronnement du chemin couvert du bastion 65, à pénétrer dans le Point du Jour, où ils ne trouveraient pas de résistance dans le moment. Ce fait fut vérifié aussitôt par le commandant des gardes de tranchée, qui s'empressa de faire prendre possession de la porte et des deux bastions voisins. Le général Douay, informé aussitôt par télégraphe, prit ses dispositions, et on put ainsi en peu de temps s'emparer de l'espace compris entre les fortifications et le viaduc, et faire ouvrir la porte d'Auteuil, mais non sans un combat assez vif.

Ce résultat obtenu, M. Ducatel fit part au général Douay de la possibilité qu'il y aurait d'aller jusqu'au Trocadéro sans rencontrer grande résistance. Dans le dessein de poursuivre une opération qui commençait si heureusement, le général Douay fit porter en avant la division Vergé, et donna comme guide M. Ducatel à M. le colonel Piquemal, chef d'état-major de cette division, dans lequel il avait toute confiance. Arrivé devant la barricade qui barrait le quai de Grenelle, à la hauteur de la rue Guillou, et qu'on supposait faiblement défendue, M. Ducatel se porta seul en avant, malgré quelques coups de fusil qui avaient été échangés, et se mit à parlementer avec les insurgés, qui, jugeant la résistance inutile, se mirent à fuir, ce qui permit à la colonne de franchir aussitôt la barricade, et de se porter sur le Trocadéro, qui fut enlevé après une résistance assez vive de l'ennemi.

Pendant cette importante opération, M. Ducatel avait disparu, on ne savait ce qu'il était devenu. Ce ne fut que le surlendemain que le général Douay apprit qu'ayant été trouvé suspect par quelques insurgés, il avait été entraîné par eux jusqu'à l'École militaire, où on le fit comparaître immédiatement devant un conseil de guerre. Il allait être condamné à mort et fusillé, lorsque notre attaque de l'École militaire dissipa les membres du conseil, et lui permit de s'évader en sautant par une fenêtre.

Il résulte de l'exposé de ces faits, qu'indépendamment de l'énergie qu'il a déployée dans des reconnaissances accomplies sous notre propre feu, M. Ducatel a rendu un service des plus signalés en venant, de son propre mouvement et sous l'influence d'une inspiration qu'on peut dire providentielle, inviter nos gardes de tranchée à prendre possession de la porte de Saint-Cloud, ce qui a permis à l'armée de pénétrer dans Paris sans courir les risques et périls d'un assaut.

Le général Douay se fait un devoir de signaler la conduite de M. Ducatel au chef du pouvoir exécutif, afin qu'il reçoive la récompense qu'il a si bien méritée.

FÉLIX DOUAY,
4ᵉ corps d'armée.

NUMÉRO 9.

Exécution d'un faux Jules Vallès.

Paris, le 17 février 1879.

Monsieur,

Je viens de lire un extrait de votre ouvrage *les Convulsions de Paris*, et j'y remarque, au sujet de M. Jules Vallès, et du récit de sa prétendue exécution, qui, comme vous allez le voir, a pu être fait de bonne foi et était très vraisemblable, diverses erreurs que je prends la liberté de vous signaler.

Un homme que tout le monde a pris pour M. Jules Vallès, a en effet été fusillé derrière le théâtre du Châtelet, le 25 mai 1871, vers six heures du soir; mais vous avez été induit en erreur sur le lieu de l'exécution; c'est rue Saint-Germain-l'Auxerrois, et non pas rue des Prêtres-Saint-Germain-l'Auxerrois qu'elle a eu lieu. L'erreur était facile à commettre, ces deux rues portant le même nom à peu de chose près, et n'étant séparées l'une de l'autre que par les magasins de la Belle-Jardinière.

D'ailleurs, voici les détails que je puis vous donner, non pas, veuillez le croire, pour prendre la défense de M. Jules Vallès, mais parce que j'ai avant tout souci de la vérité dans l'histoire, et je suis persuadé, monsieur, qu'en historien consciencieux vous ne vous froisserez pas si je me permets de vous faire remarquer une erreur.

Le 94e de ligne où j'étais alors sous-officier, occupait le 25 mai, la rue du Pont-Neuf, et comme nous marchions en échelons, c'était notre jour de repos; nous avions pris les Halles la veille. J'avais profité de ce repos pour aller quai des Célestins m'assurer que ma grand'mère, dont je n'avais pas eu de nouvelles depuis le siège de Metz, où j'ai été fait prisonnier, était saine et sauve, et je revenais en toute hâte à la rue du Pont-Neuf, lorsque je ne sais quel hasard me fit passer derrière le théâtre du Châtelet, rue Saint-Germain-l'Auxerrois. Là dans le ruisseau, à côté des numéros pairs, à l'angle de la rue Bertin-Poirée ou des Orfèvres, je ne me rappelle plus, je vis un individu qui venait d'être fusillé à l'instant; le sang fumait encore en sortant de ses blessures, et les quelques hommes et femmes du quartier qui se trouvaient en cet endroit disaient que c'était Jules Vallès. Il n'y avait qu'une opinion à ce sujet.

D'où avait-on amené cet homme ? Sortait-il du Châtelet ? Les trois ou quatre soldats qui l'avaient fusillé en avaient-ils bien reçu l'ordre ? je ne sais, car ces soldats étaient sans chef, pas même un caporal, et sans l'intervention d'un brigadier chef de sergents de ville (que je reconnaîtrais bien, car sa sagesse en des moments si critiques m'a frappé) et qui était survenu fort à propos pour dire qu'il ne fallait pas fusiller un homme sans jugement, ces soldats allaient fusiller, sur l'injonction d'une cinquantaine d'individus, fous furieux et ivres de vengeance, un individu que l'on disait être un avocat de la Commune et qui peut-être ne l'était pas plus que le fusillé n'était Jules Vallès.

Veuillez me pardonner, en faveur de l'intention, la liberté que j'ai prise de vous écrire et agréez, monsieur, mes bien sincères salutations.

Signé : P. B.

NUMÉRO 10.

DIRECTION
DE
ADMINISTRATION GÉNÉRALE

CIMETIÈRES
DE LA VILLE DE PARIS

INSPECTION GÉNÉRALE
DU SERVICE

PRÉFECTURE DU DÉPARTEMENT DE LA SEINE

ÉTAT des exhumations faites après la Commune (1871), des cadavres qui avaient été inhumés sur la voie publique pendant le combat.

DATES DES EXHUMATIONS	LIEUX OÙ AVAIENT ÉTÉ INHUMÉS LES CADAVRES	NOMBRE DE CADAVRES	CIMETIÈRES DANS LESQUELS CES CADAVRES ONT ÉTÉ RÉINHUMÉS	OBSERVATIONS
1871.	**Otages.**			
29 mai.	Rue Haxo, 85............	52	Belleville.	Gendarmes. Prêtres.
	Militaires.			
16 juin.	Avenue de Ségur, à l'angle de l'avenue de Saxe...... 2		Nord.	
1er, 2, 3, 4, 5 et 7 août.	Hôpital militaire de Courcelles. 45	55	Id.	
30 août.	Cour du Séminaire Saint-Esprit, rue Lhomond, 30. ... 8		Ivry.	
	Fédérés.			
29 mai.	Squares des Batignolles, du Temple et de la tour Saint-Jacques.	62	Belleville.	
Id.	Rue Haxo...............	5	Id.	
1er juin.	Parc de la Muette..........	5	Passy.	
3 juin.	Eglise Sainte-Marguerite......	9	Est.	
Id.	Couvent des Bénédictins.....	12	Id.	
Id.	Rues Puebla, Rébeval, de la Villette, Lac des Buttes, Terrains de l'Entrepôt, Marché de la Villette, rue Compan, chez M. Virey, Pont de Flandre et au 2e secteur.	963	Marcadet, la Villette, Belleville et les Carrières d'Amérique.	
8 juin.	Près la gare Ouest (Ceinture). ...	7	Sud.	
Id.	Au bastion n° 76...........	1	Id.	
Id.	Près la gare de Grenelle (Ceinture).	1	Id.	
11 id.	Près du parc Monceau.......	5	Nord.	
16 id.	Avenue de Ségur, à l'angle de l'avenue de Saxe...........	2	Id.	
18 id.	Marché aux bestiaux de la Villette.	1	La Villette.	
19 id.	Ministère des Affaires étrangères.	1	Passy.	
30 id.	Boulevard Malesherbes ...	1	Batignolles.	

DATES DES EXHUMATIONS	LIEUX OU AVAIENT ÉTÉ INHUMÉS LES CADAVRES	NOMBRE DE CADAVRES	CIMETIÈRES DANS LESQUELS CES CADAVRES ONT ÉTÉ RÉINHUMÉS	OBSERVATIONS
1er juillet.	La Muette, bastion 58.	1	Passy.	
3 id.	Id. id. 59.	11	Id.	
4 id.	Id. id. 60.	13	Id.	
5 id.	Rue de la Tombe-Issoire.	15	Sud.	
Id.	Champ de l'Alouette et terrain voisin.	2	Id.	
6 id.	Rue de Vanves, 213.	4	Id.	
Id.	Cité Blanche	2	Id.	
Id.	Gare Montparnasse	1	Id.	
Id.	Id. id. Terrain voisin.	1	Id.	
7 id.	Entre la rue Jouffroy et la rue Cardinet.	1	Nord.	
Id.	Bastion 45, talus des fortifications.	1	Id.	
Id.	Rue de Vanves, 175.	4	Sud.	
Id.	Id. 171.	1	Id.	
Id.	Gare de l'Ouest (Ceinture).	8	Id.	
12 id.	Chemin de halage, en aval du pont de la Concorde.	26	Passy.	
Id.	En amont du pont des Invalides.	2	Id.	
Id.	Près du pont d'Iéna.	8	Id.	
Id.	Pont de Solférino.	1	Id.	
1er, 2, 3, 4, 5 et 7 août.	Hôpital militaire de Courcelles.	15	Nord.	
8 et 9 août.	Bastion 48	4	Batignolles.	
Id.	Rue Ampère.	1	Id.	
10i août.	Porte de Clichy.	11	Id.	
16 id.	Caserne Babylone	6	Sud.	
22 id.	Rue Erlanger, 29, à Auteuil.	1	Passy.	
24 id.	Place d'Armes, porte de Vitry.	1	Ivry.	
25 id.	Bastion 91, en face de la caserne.	1	Id.	
1er septembre.	Rue d'Allemagne, 204.	1	La Villette,	
6 id.	Chemin de fer de l'Est.	7	Id.	
	Total	1328		

RÉSUMÉ

Otages. 52
Militaires. 53
Fédérés. 1223

Total des inhumations et réinhumations opérées. . 1328

FIN DES PIÈCES JUSTIFICATIVES.

TABLE DES MATIÈRES

CHAPITRE PREMIER

LES MAIRES DE PARIS ET LE COMITÉ CENTRAL

I. — LES PREMIÈRES CONCESSIONS.

Prétention des apologistes de la Commune. — Le 18 mars. — Révocation du général d'Aurelle de Paladines. — Le colonel Langlois. — Il se rend à l'Hôtel de Ville. — Nommé ou élu ? — Le Comité central est le maître et le prouve. — Tout le monde a perdu la tête. — « Nuit calme et sans incident. » — Les maires abandonnés sans instructions. — 50 000 francs pour solder la garde nationale. — L'administration de Paris est déléguée aux maires. — Pourparlers inutiles. — L'amiral Saisset nommé commandant supérieur des gardes nationales. — Forces de l'insurrection. — Forces de la légalité. — Disproportion. 1

II. — LES PRÉTENTIONS DU COMITÉ.

Les communications militaires entre Paris et Versailles sont coupées. — Deux courants d'opinions divisent la réunion des maires. — La Commission permanente. — Le Comité central prend l'initiative des négociations. — Les délégués et les propositions du Comité. — On paraît se concilier. — Un mot de Jourde. — La prophétie d'Arnold. — Le Comité manque à ses engagements. — Projet de décret. — Protestation des journaux. — M. Jules Favre demande pardon à Dieu et aux hommes. — Toute la contestation se concentre sur la date des élections municipales. — Manifestation pacifique. — M. Saisset à la réunion des maires. — L'intendant général de la Commune. — Léo Meillet et l'amiral Saisset. — Concession du Comité central. 10

III. — LA MAUVAISE FOI DU COMITÉ.

La conduite des maires est approuvée par le gouvernement. — Concession législative. — Le Comité central veut livrer bataille. — La jeunesse des écoles se met spontanément à la disposition de l'amiral Saisset. —

Proclamation de l'amiral. — Mal appréciée à Paris et à Versailles. — Le Comité nomme trois généraux. — Leur proclamation agressive. — Le « général » Brunel marche contre le premier arrondissement. — On se prépare à résister. — Projet de conciliation proposé par Brunel. — On croit que la paix est faite; soulagement général. — Les maires ne repoussent pas la proposition de Brunel. — Le traité est signé. — Les élections sont fixées au 30 mars. — Victoire du Comité central. — Les concessions de la réunion des maires n'ont rien réservé. 18

IV. — LA CAPITULATION DES MAIRES.

La séance du Comité central. — La guerre à outrance. — Proposition pacifique de Billioray. — Arnold et Gabriel Ranvier. — Le traité Brunel, ratifié par les maires, est repoussé par le Comité. — Indignation des maires. — Le Comité exige les élections pour le 26 mars. — René Dubail, maire du dixième arrondissement. — Sa ferme attitude. — Protestation des maires. — Proclamation de René Dubail. — Les pourparlers sont rompus le 24. — Ils sont repris le 25 par le Comité. — Incident. — Fortuit ou préparé? — Faux bruit venu de Versailles. — Les maires capitulent; René Dubail se retire. — Adresse à la population. — Dénaturée par le Comité. — Seul texte authentique. — L'Assemblée de Versailles condamne la conduite des maires de Paris. 26

V. — LES ÉLECTIONS DE LA COMMUNE.

Proclamation de M. Thiers à la France. — L'amiral Saisset licencie la garde nationale. — A-t-on sérieusement voulu négocier? — Vains efforts pour déterminer M. Thiers à envoyer du secours à Paris. — Entrevue du comte de Turenne et de M. Thiers. — Ce que M. Thiers a voulu faire. — Sacrifier momentanément Paris pour sauver la France. — Les concessions *in extremis* sont toujours inutiles. — 24 février 1848 et 29 juillet 1830. — M. Thiers a gagné du temps. — Les affiches. — Félix Pyat. — Une prédiction qui s'est réalisée. — Jules Vallès et le *Cri du peuple*. — Vermersch et le *Père Duchêne*. — Le scrutin du 26 mars. — Les abstentions. — Retour à la féodalité. — Ce que Mazzini pensait de l'insurrection du 18 mars. — Un vers de don Juan. — *A perfect farce*. 34

VI. — LES PRÉTENDUES REPRÉSAILLES.

De l'échec des négociations date la guerre civile. — Double jeu. — Les purs esprits. — Incapacité, violence, manie d'imitation. — Ils se sentent odieux. — Les « crimes » de Versailles. — Conduite de la Commune avant l'ouverture des hostilités. — Assassinat du docteur Pasquier. — Arrestation des commissaires de police. — Incarcération du président Bonjean. — Le Comité central érigé en tribunal révolutionnaire. — Ses jugements. — Le général Ganier d'Abin. — Wilfrid de Fonvielle condamné à mort. — Le premier otage ecclésiastique. — Excitation à l'assassinat. — La légion des tyrannicides. — L'armée repousse la force par la force. — Effarement après la première défaite. — Il a fallu sauver la France. . . . .

CHAPITRE II

LE PALAIS DE LA LÉGION D'HONNEUR

I. — LES BATAILLONS FÉDÉRÉS.

Ce que l'on aurait pu faire après les premiers combats. — Les fédérés sont toujours battus. — Causes de leur infériorité. — Calcul proportionnel. — *Item faut vivre!* — Les éclopés. — Un bossu. — Absence de convictions. — Modification dans les bataillons fédérés. — Les vieillards et les enfants. — Précocité. — Les femmes. — Utilisées par Rigault et Ferré. — Ambulancières. — Institutrices. — Leur rêve. — Déguisées en soldats. — L'ivresse furieuse. — Abolition de la prostitution. — Les crimes. — Devant les tribunaux. — Ordre du jour de Rossel.   55

II. — LE GÉNÉRAL EUDES.

Entrée des Allemands à Nancy. — Blanqui. — Le 17 août 1870. — Assassinat. — Le 4 septembre délivre quelques meurtriers. — Eudes élu chef de bataillon. — Garçon apothicaire. — Le 31 octobre. — Ses résultats. — « Si Dieu existait, je le ferais fusiller. » — Eudes nommé général par le Comité central. — Le sans-culottisme héréditaire. — Délégué à la guerre. — Bon cavalier. — La maison militaire. — Le spahi. — Le chef du peloton des exécutions. — Lettre de recommandation. — Eudes au fort d'Issy. — Au palais de la Légion d'honneur.   63

III. — LA GÉNÉRALE EUDES.

L'autel de la nature. — La fille Victorine-Louise Louvet. — Aptitudes masculines. — Pillage. — Les robes de Mme Leflo, les vestes fourrées du général Gallifet. — Une révélation. — Vol continu. — L'argenterie de la Légion d'honneur. — L'expertise de l'opticien. — Les divers domiciles. — Les réceptions. — Réquisition. — Le colonel Collet. — Mégy. — L'ouvrier stupide. — Eudes au Comité de salut public. — Les naufragés. — Le Comité des trente-trois. — Eudes dictateur. — Son ministère. — *Plusieurs* et *plusieures*. — Brûlez tout!

IV. — L'INCENDIE.

La matinée du 22 mai. — Nous sommes trahis! — Pillage des hôtels particuliers. — Effarement. — Premier centre de résistance. — Espoir déçu. — Les premières barricades. — Un avertissement donné par Jules Vallés. — Le marchand de vin Théodore Benoist. — Chef de la mairie du septième arrondissement. — Le couvreur Louis Benoni Decamp. — Les *Enfants perdus*. — Les pétroleuses. — Le diable noir. — N° 23654. — Mégy fait fusiller le concierge Thomé. — Le Conseil d'État et la Cour des Comptes. — Les médailles de Sainte-Hélène. — Haute paye. — Eudes donne le signal de l'incendie. — Tout est en feu. — Le lampiste Rochaix, le cocher Cartier. — Courage et dévouement.   80

V. — LA RUE DE LILLE.

Le n° 59. — La fin du monde. — A l'hôtel de Béthune. — *Taïéb!* — Les maisons incendiées. — La responsabilité du crime remonte à Eudes et à Mégy. — Le pasteur Rouville. — Il y a de quoi mourir d'épouvante. — Aumônier des prisons. — Il résout de sauver sa maison. — La parole. — Émotion des fédérés. — Un vieux sergent. — Les officiers. — « Tant pis, je désobéirai. » — « Je crois en Dieu! » — Les explosions. — Le départ. — Carrefour Bucy. — La maison est intacte. — « Regardons aux choses invisibles! » — Les derniers ordres du général Eudes. — Type du général communard 91

CHAPITRE III
LE PALAIS DES TUILERIES

I. — LE GOUVERNEUR MILITAIRE.

Le pétrole. — Appareil Parisel. — La proposition Grélier. — Alexis Dardelle. — Vélocipédistes. — L'orgue de la chapelle. — Les ivrognes. — Louis Madeuf. — Cabotin et chef d'escadron. — Étienne Boudin. — La chambre de veille. — Voleur. — Jacques West. — Un égaré. — Le Comité central et la paix. — Un billet échappé à l'incendie. — Antoine Wernert. — Double jeu. — Le planton Minot. — Les communards dans le château. — Parc d'artillerie. — L'égalité selon la Commune. . . 101

II. — PRÉPARATIFS DE DÉPART.

Lettre de Fontaine. — Domaine privé et liste civile — Jourde. — Commission spéciale. — Aux enchères. — Armes de luxe. — Brocanteurs. — Collection de médailles. — Victor Bénot, gouverneur du Louvre. — Repris de justice. — Réquisitions et vols. — Kaweski. — Arrestation de Dardelle. — Motifs présumés. — 40 000 bouteilles de vin. — La cave au pillage. — Intervention de Jacques West. — Les objets mobiliers appartenant à M. Thiers. — Les munitions emmagasinées aux Tuileries. — Les Versaillais. — Déménagement. — Conduite d'Antoine Wernert. — Doute 114

III. — BERGERET LUI-MÊME.

Ce que Bergeret laisse au Corps législatif. — Lui-même. — Ses antécédents. — Chef militaire de la révolte au 18 mars. — Ministre de la guerre. — Destitué. — Général de brigade. — L'industrie des sacs à terre. — La partie de billard. — Arrivée aux Tuileries. — Résistance et canonnade. — Encore le souterrain. — Construction des barricades. — M. Koch, pharmacien. — Arrêté. — Conduit au Palais-Royal et aux Tuileries. — A l'Hôtel de Ville. — A mort! — A la cave! — Trois inconnus arrêtés et joints à M. Koch. — Les blousés blanches. — Crédulité. — Étienne Boudin. — Cour martiale. — Urbain, membre de la Commune. — L'exécution — « Ainsi périssent les traîtres! » — L'intervention de Délescluze. — Trop tard. — Le crime appartient à Bergeret et à Boudin............................. 128

IV. — LE BOUVIER VICTOR BÉNOT.

Nouveau pillage de caves. — Bergeret inquiet. — Ne défend même pas la position stratégique. — *Que ferons-nous des Tuileries?* — Conseil de guerre. — Ordre d'incendie. — Boudin et Bénot. — Préparatifs. — Pétrole, poudre, goudron. — Dardelle prévient les employés. — Madeuf facilite leur fuite. — Départ de Dardelle. — Le feu. — Le souper. — Bergeret Néron. — L'explosion. — Le commissionnaire Clément Thomas. — Joie, rhétorique, bêtise, erreur communardes. — Bergeret s'esquive. — Bénot et Kaweski aident Boursier à brûler le Palais-Royal. — La bibliothèque du Louvre. — Qu'importent les livres à qui ne sait pas lire ? — Tout brûle........................... 142

CHAPITRE IV

LES MUSÉES DU LOUVRE

I. — LA DÉLÉGATION AUX MUSÉES.

La fédération des artistes. — Administration imposée par la Commune. — M. Oudinot. — Jules Héreau. — Transbordement de tableaux à Brest. — La Vénus de Milo. — Disparus. — Mandat d'arrêt. — Le citoyen Brives. — Les conservateurs. — Les fédérés évacuent le Louvre. — Le docteur Pillot. — Ses états de service. — Toujours le souterrain. — Les surveillants sont arrêtés. — Forcés de travailler aux barricades. — Un conservateur s'offre pour otage. — Inquiétude. — Héroïsme. — Les délégués sont moins arrogants. — On les enferme. — Tout va-t-il donc périr ? — Au nom de la loi ! — Deux capitaines du génie. — M. Barbet de Jouy. — Sur les toits. — Immensité du désastre............ 153

II. — LE MARQUIS BERNARDY DE SIGOYER.

Le 26° bataillon de chasseurs à pied. — Son commandant. — Un engagé volontaire. — A Thionville. — Évasion. — A Saint-Omer. — L'armistice. — Haine contre la Commune. — L'avant-garde. — Les instructions précises. — Le capitaine Lacombe. — Il faut sauver le Louvre. — Décision énergique. — On attaque le feu. — On recule. — On fait la coupure en avant du pavillon Lesdiguières. — Ordre de départ. — Refus du commandant de Sigoyer. — Il veut achever son œuvre. — Les capitaines Delambre et Riondel au pavillon Richelieu. — La clef des conduites d'eau. — Arrivée du colonel des pompiers. — Sauvetage méthodique. — Dangers auxquels les musées sont exposés. — Le drapeau tricolore amené. — La Commune a-t-elle voulu brûler le Louvre? — Fils télégraphiques. — Note de Bergeret. — La chalcographie. — Est-ce un foyer préparé ? — Le 26° bataillon reprend sa marche en avant. — Un billet du commandant de Sigoyer. — Prise de la place Royale. — Disparition du marquis de Sigoyer. — Prise de la place de la Bastille. — Le cadavre. — Légende. — Les probabilités. — Dépouillé et volé. — Récompense nationale...................... 165

CHAPITRE V

LA COLONNE DE LA GRANDE ARMÉE

I. — GUSTAVE COURBET.

La Commune calomniée. — Prétendus fourneaux de mine. — Déclaration de M. Belgrand. — Matérialisme. — Libres penseurs. — Réalisme. — Les théories de Courbet. — Ses amis se moquent de lui. — Sa vanité. — Ses portraits peints par lui-même. — Diagnostic. — Les fous d'orgueil. Héroïsme facile. — Pétition pour le renversement de la colonne. — L'Arc de Triomphe et le fumier. — Courbet à la séance de la Commune, le 27 avril. — La probité professionnelle. — Obscénité. . . 181

II. — LES PRÉPARATIFS.

Proclamation de Courbet. — Décret du 12 avril. — Les prophéties. — Indifférence de la population. — Le dôme des Invalides. — Les vieux soldats. — Mauvais vouloir des ouvriers. — Le Comité de salut public se fâche. — Premiers projets. — Opération facile. — Craintes exagérées. — Les papiers sur les vitres. — Le 16 mai 1871. — La place Vendôme. — M. Glais-Bizoin. — La population est très émue. — Dépêche de Ferré. — Rochefort. — Digression. — Son rôle pendant la Commune. La bourgeoisie a été sa complice. — Triumvir. — Cuisine trop épicée. — Son départ de Paris lui sauve la vie. — Les Invalides. 190

III. — LA CHUTE.

Le comte de Cambis. — Dispute. — Le moignon. — La foule intervient. — On vire au cabestan. — Accident sans gravité. — La foule gouailleuse. — Le drapeau tricolore. — Simon Mayer. — La colonne est brisée et renversée. — Joie des communards. — Promesses de Gabriel Ranvier. — « L'autel du genre humain! » — Le *Nunc dimittis* de Félix Pyat. — Le *Cri du peuple* de Jules Vallès. — Arrestation de Courbet. — Son procès. — Frais à payer. — L'Allemagne n'a point favorisé la Commune. — Elle a respecté nos trophées militaires placés sur son territoire. 203

CHAPITRE VI

LES BARRICADES

I. — LES CHAMPS-ÉLYSÉES.

Sparte, Rome, Athènes et Charenton. — La vie tumultueuse. — Les boulevards. — Un mot de Montaigne. — Départ. — « Faute-de-Mieux premier. » — La solde. — Les journaux. — « Les harnois de gueule. » — La grande allée des Champs-Élysées. — Les obus. — Guignol. — La fuite. — Le bureau des passeports. — Agents dévoués. — La corde à nœuds. — Passeport suisse. — Port d'armes badois. — Paris se dépeuple. — Les denrées. — Place de la Bourse. 215

II. — LA SUSPENSION D'ARMES.

Les quartiers populeux. — Près de l'Hôtel de Ville. — Les prêtres déguisés. — Le 25 avril. — Le canon se tait. — Neuilly. — Ville à sac. — Promenade à Neuilly. — L'Arc de Triomphe. — Déménagement. — La maison des jeunes infirmes. — Une fille publique. — « Pour les petites. » — Les lilas au pillage. — Espoir déçu. — La brèche au Mont-Valérien. — Défense intérieure. — Après le 4 septembre. — Les cordonniers. — Napoléon Gaillard. — Directeur général des barricades, commandant en chef le bataillon des barricadiers. — Manifestation Baudin. — Gaillard, orateur des réunions publiques. — Duel proposé. — Rossel apprécie le père Gaillard. — État-major du bataillon des barricadiers. — Gaillard destitué par Delescluze. — Ses quinze barricades. — Gaillard réfugié à Genève. — Opinion de Rossel sur les ouvriers révolutionnaires. 222

III. — LE RECRUTEMENT.

Accessoires à portraits. — Photographie. — Dénonciation par vanité. — Rossel et Cluseret ne revêtent point l'uniforme. — Rossel assiste à la rentrée de l'armée française. — Ce qu'il pense des fédérés. — Le mot de la situation. — La souricière. — La chasse aux réfractaires. — Arrestations. — Le cas de M. R. de..... — Vermorel. — Arrête lui-même M. Rabut, commissaire de police. — Le sergent de ville Hippolyte Rothe. — Refuse de se mêler aux fédérés. — Est conduit à la mairie de Belleville. — Le cordonnier Trinquet. — Se transforme en cour martiale. — Assassine Hippolyte Rothe. — Crime démontré. — La Commune et le gouvernement de Dahomey. 234

CHAPITRE VII

LE COMBAT DANS LES RUES

I. — LE HUITIÈME ARRONDISSEMENT.

Dénonciations intéressées. — Police. — Les transes de la Commune. — Les suspects. — Aliéné gâteux. — Jules Allix. — Escargotomanie. — Les découvertes scientifiques de Jules Allix. — Gymnases de femmes. — Le commissaire de police Mekarski. — Pillage des maisons particulières. — Les Carmélites. — Ordre à la huitième légion. — Alerte dans le quartier de l'Europe. — Les fédérés au chemin de fer. — Les wagons de première classe. — Boudoirs. — Les wagons blindés. — Un chanteur. — La *Prolétarienne* de Savinien Lapointe. — L'œuvre de haine. 243

II. — L'INCIDENT DUCATEL.

Le 4ᵉ corps d'armée. — Négociations. — Abondance de vendeurs et d'acheteurs. — Puérilité de certains projets. — Négociation sérieuse. —

Intervention de M. Thiers. — Le colonel La..... - Instructions de M. Thiers. — Rien ne réussit. — Pourquoi? — Les informations communardes. — Précautions bien prises. — La Cecilia. — Lisbonne. — Sécurité de M. Thiers. — La porte de Saint-Cloud abandonnée le 17 mai. — Opinion de l'amiral Saisset. — Position des troupes commandées par le général Douai. 255

III. — LA PORTE DE SAINT-CLOUD.

M. Ducatel. — Le tir trop long. — M. Ducatel entre en relations avec le général Douay. — Ses rapports. — Instructions données par le général. — M. Ducatel fait sa tournée d'inspection. — La matinée du 20 mai. — Abandon et débandade. — Départ pour Versailles. — Il faut tout risquer. — Le drapeau blanc. — Le commandant Trève. — Le sergent Coutant. — Le capitaine Garnier. — Ordres du général Douay. — Tout le 4ᵉ corps en avant. — On pénètre dans Paris. — Arrestation de M. Ducatel. — Une erreur de nom. — La barricade du quai de Passy. — Nous nous rendons! — M. Ducatel prisonnier. — Condamné à mort. — Débâcle à l'École militaire? — M. Ducatel est sauvé. — Les mouvements de l'armée française. 265

IV. — L'ARMÉE FRANÇAISE.

La matinée du 22 mai. — La retraite des fédérés. — Déguisement. — « Ma botte d'asperges! » — Les pantalons rouges. — Enfin! — Une allocution. — Coups de fusil. — Exécution sommaire. — L'attitude dans la mort. — La fuite. — La tranquillité du soldat. — Le plan de la Commune. — Une lettre de Cluseret. — La rage du meurtre. — L'enfant tué. — Le coup de revolver. — La barricade de la place Clichy. . 275

V. — LE PÉTROLE.

La marche sur Montmartre. — La fusillade. — Le drapeau tricolore. — La Commune exaspérée en apprenant la prise de Montmartre. — Le feu partout! — Derrière les barricades. — Un seul homme à la barricade de la rue Neuve-des-Capucines. — La batterie du Père-Lachaise. — Les obus. — Aurore boréale. — On dit que le Louvre brûle. — Le jardin des Tuileries. — Le Louvre est intact. — Fureur de la population. — Paris devient fou. — La légende des pétroleuses. — On maçonne les soupiraux. — Un chiffonnier intelligent. — Les *godillots*. — Désespoir. 281

VI. — SAUVE QUI PEUT.

A l'Hôtel de Ville. — Imitation jacobine. — Ineptie des chefs de la Commune. — Cluseret. — Recueilli par un prêtre. — L'évêque des Thermopyles. — Fausses nouvelles. — Le récit de la mort de Jules Vallès. — Le dernier jour de la lutte. — La dernière barricade. — La place de la Bastille — Semailles en septembre, moisson en mai. — Sainte-Pélagie. — Au Jardin des Plantes. — Le conducteur d'une voiture d'ambulance. — Jules Vallès. — Émotion. — Félix Pyat. — Razoua déguisé en valet de pied et Napoléon Gaillard en vidangeur. 290

TABLE DES MATIÈRES.

VII. — LES PERTES DE L'INSURRECTION.

Le défilé des prisonniers. — Cruauté de la foule. — La basse lâcheté des femmes. — Brutalité de la répression. — Exécutions au Père-Lachaise. — A la Petite-Roquette. — Les prétendues mitrailleuses de la caserne Lobau. — Les exagérations des apologistes de la Commune. — Fables et mensonges. — Le nombre exact des morts. — Inhumations sans mandat. — Exhumations sur la voie publique. — Les arrestations. — Les condamnations. — Les ordonnances de non-lieu. — Étrangers. — Parisiens. — Provinciaux. — L'élément provincial révolutionnaire à Paris. — Paris sera « à nous », ou Paris ne sera plus........ 298

PIÈCES JUSTIFICATIVES

N° 1. — Arrêtés contre la prostitution et l'ivrognerie............ 309
N° 2. — Les hommes de la Commune jugés par eux-mêmes..... 312
N° 3. — Lettre adressée par M. le pasteur Rouville à sa fille, Mme F..., à Puteaux.................. 327
N° 4. — Le concert des Tuileries.................. 333
N° 5. — Les musées du Louvre. — La délégation aux musées.... 335
N° 6. — Les barricades.................. 335
N° 7. — Rapport de M. le capitaine de frégate Trève à M. le ministre de la marine.................. 355
N° 8. — Note pour M. le chef du Pouvoir exécutif concernant les services rendus par M. Ducatel, piqueur des ponts et chaussées de la ville de Paris.................. 357
N° 9. — Exécution d'un faux Jules Vallès.................. 359
N° 10. État des exhumations faites après la Commune....... 361

FIN DE LA TABLE DU TOME DEUXIÈME.

407. — Imprimerie A. Lahure, rue de Fleurus, 9, à Paris.